U0566604

游

大 / 道 / 与 / 优 / 游

见君 / 著

磨镜书札 / 主编 / 宫晓冬

社会科学文献出版社
SOCIAL SCIENCES ACADEMIC PRESS (CHINA)

理需顿悟，事需渐修

《磨镜书札》要出版了，缺一个作者的序。

书札囊括了《唯止一心》、《道法天然》、《大道与优游》、《历史艺术与禅韵》四本书，其内容涉及三教文史哲，甚为庞杂，且是十几年前甚至是二十年前出版的书，现在重拾，有些茫然……一时不知该怎么写。

老了，就倚老卖老，硬着头皮从"磨镜"说起吧。

"磨砖成镜"是说南岳怀让教导弟子马祖道一"磨砖成不了镜，打坐成不了佛"的禅门公案，这个典故我想大家都熟悉，就不重复了。既然磨砖与打坐都不是"正法"，那我们的这个"磨镜"指的是什么？

指的是磨那面铜镜，也就是磨自己的心性……

心性怎么磨？禅宗不是讲顿悟的吗？

要说清这个问题，可以一言以蔽之："理需顿悟，事需渐修。"如果你觉得这话太敷衍，那咱们就再说透些："修行全是磨性子，开悟只在机缘中。"这句话的意思是说：要顿悟、要明心见性，磨性子的修必须要有。这如同种下菩提种子，想开花结果还需要阳光、水分、土壤和时间，急不得。功夫不到、火候不够，那个顿悟的机缘绝对不会来。换言之，顿悟的机缘根植于你十几年的磨性子中——这也算得上是禅宗的一个"密"了。

那，这十几年的磨性子，怎么磨？

别急，咱们先撂下这个话题，说点儿别的。

在艺术圈里流行着这么句话：好作品"拼"到最后"拼"的不是技巧，而是哲学与美学。再往上，"拼"的是宗教。当然，作为中国人来讲，这个宗教指的就是儒释道，而非其他宗教。

可见，讲故事、讲情节、讲构图、讲音色、讲笔触……这些技巧，都只是基础，连"拼"的资格还没有呢。何时你艺术院校毕业，工作了三五年，有实际经验了，这时，该"拼"哲学与美学了——你的性子已经磨了近十年了，还差那么一点点儿，千万别放弃；何时你对你的工作有了足够的经验积累与情感积淀，你的作品也小有所成——该"拼"宗教了，你的性子已经磨得差不多了，机缘快来了……

那，宗教（儒释道）怎么"拼"？

这个东西因人而异、因时而异、因地而异，还真不好说。但咱们可以反过来说：大凡"拼"宗教"拼"出来的人，应该是"真风流的人"。

"真风流的人"有什么标准吗？

有。冯友兰老先生认为"真风流的人"必有"玄心、洞见、妙赏、深情"。说细点儿，就是"无我之玄心"、"直觉之洞见"、"对美的深切感受而不可言说的妙赏"以及"与万物为一体的深情"（见《南渡集·论风流》）。如果把冯老先生的这四条标准换成禅宗的话讲，那一位悟道的禅者必有"无念之心"、"直观之见"、"不可言说之禅意"以及"万法归一之大有情"。

刚才咱们撂下的话题，现在有了结论：要用十几年的时间修炼"无念之心"、"直观之见"、"不可言说之禅意"和"万法归一之大有情"，这就是正经的磨性子的功夫。

那，"无念之心"怎么修、怎么磨？

《唯止一心》讲的就是这个。具体的内容大家去看，去实修、实证，光说没用。提醒一句：要有点儿悟性。比如"至道无难，唯嫌拣择"（三祖僧璨《信心铭》），你怎么理解？你要认为这是大师在告诉我们"要修行，可选一适合自己的法门一心去修，别挑三拣四，别这山看着那山高，总想着换个法门"也说得通，行得通。但三祖接着说："但莫憎爱，洞然明白，毫厘有差，天地悬隔。"所以啊，你刚才的理解太肤浅了，三祖是说：修道一事非常简单，只要你不生心，不分别什么好坏善恶，你就会有洞然明白（见性）的那一天。但凡你有一丝意念，则难以见道。可见，有念和无念有天地之别啊！

诸位读者，如何？肤浅之见让你失却了禅门本色，深刻之见才是顿悟法门⋯⋯

那，"直觉之洞见"怎么修、怎么磨？

《道法天然》和《大道与优游》讲的就是这个。还是老话：具体内容大家去看，去实修、实证。提醒一句：你不但要有悟性，还要有点儿"傻劲儿"。比如"致虚极，守静笃；万物并作，吾以观复"这句话吧，既然虚到极致、静到极致，什么都没有了，拿什么来"观其复"？谁来"观其复"？你有此怀疑，就是悟性，大疑生大悟么；你傻乎乎地就是信了，就这么修炼，这就对了，这叫"不可思议之成就"。就怕你不信，整天琢磨——铜镜磨不出来了，整天仍在磨砖。这如同有人问我《心经》的问题："既然五蕴皆空了，拿什么来照见？"我说："你没真正修到五蕴皆空，如何明白什么叫照见？"不讲理了对不对？对啊，"不可思议"不是说这东西需要你使劲想，而是说你绝对不能想——使劲想，什么都不是；绝对不想，"直觉之洞见"要来了……

那，"妙赏"与"深情"怎么修、怎么磨？

《历史艺术与禅韵》讲的就是这个。我也不说老话儿了，也不提醒了，诸位自己去看吧。"看"，就是"有悟性"后"傻乎乎"地去实践，有了实践，再来说什么"妙赏"与"深情"，否则都是纸上谈兵，一无是处。比如儒家三纲八目中的"格物致知"，《大学》中只说"欲诚其意者，先致其知；致知在格物。物格而后知至，知至而后意诚"，至于什么叫"格物致知"，没解释。虽然后世的朱熹诠释为"研究事物而获得知识、道理"，但这远不能囊括其全部内涵……于是"如何格物""怎么致知"成了儒家之谜，争论至今。其实啊，有些事儿"说起来容易，做起来难"，这是指一般的事儿；但想做个"真风流的人"这种事儿，恰恰相反，它是"做起来容易，说起来难"——你没悟性、不傻、不实践，只知"聪明"地说，那就一直说下去吧，风流、智慧、顿悟与你无缘；只要你"傻乎乎地去做……"，甚至只有一个"去……"，你已具有禅风、禅骨、禅趣……了，有一天你会突然明白"格物致知"是什么意思，但就是说不清楚——这就对了，悟道了。

好了，东拉西扯说了这么多，是不是挺吓人的？

其实，四个标准只要你有了一个，其他三个自然会有；四本书只要你读懂了一本，其他三本自然会懂——"高僧不忌道，高道不忌僧"嘛。

同理，禅宗、哲学、美学、武术、中医、书法……其高处都是相通的，要不怎么达摩曾面壁的少林寺武术天下第一？

要不怎么叫"不二法门"？

您说呢？

这个序就写到这里吧，但愿读者们能喜欢。

2017 年 3 月 3 日

编者序
方寸一念度无名

　　见君师父是临济宗第 46 代传人，师从普陀山觉正法师。曾欲出家未果，遵师嘱隐修于红尘。师父对佛教、基督教、伊斯兰教都曾经研修，对东西方哲学均有独到见解。曾经写过十几本书，内容涵盖宗教、哲学、历史、艺术、军事等多个方面。我全部都读过。虽然大部分都只是泛读，仍然感觉受益匪浅。

　　2001 年，工作上遭遇重大挫折，当所有事情尘埃落定，我突然产生疑问：人生就是这样的吗？2002 年，我第一次读到见君师父的著作《原本的真实》（本次出版重新命名为《唯止一心》），顿有振聋发聩、醍醐灌顶之感，我认识到，自己真的活错了！经由此书，我开始认识佛教，认识禅宗。多年以来，这本书我反复读过多次，是我最喜欢也是对我影响最大的一本书。也曾放浪形骸，也曾闭门静思，也曾与同修激辩，也曾行游万里河山……在这本书的指导下，我开始了心灵寻觅之旅。

　　2007 年底，当我再一次突破工作上的困境，得以放松下来，在一个寂静的晚上，半梦半醒之间，一阵莫名的恐惧袭来，感觉自己的内心世界彻底崩塌，似有一物，随着一声叹息，离体而去。醒来时，心境如古井无波。来到办公室，遥望远处的颐和园万寿山，阳光下的西山，不见冬日的肃杀，只觉得一片祥和。提笔写下一首诗：

> 斗转星移伴独行，江山草木亦含情。
>
> 灵台万法归空寂，方寸一念度无名。
>
> 御风低叹世间苦，驾鹤高歌彼岸滢。
>
> 回首前尘愚痴泪，映日莲花唤解铃。

我定诗名为《行僧》，也想告诉自己：放下万缘，方见超脱，整个世界仅在一念之间。

此后的十年，我选择了另一条路径。不断增长见知，破除见知，以用为修，打磨心性。回首往事，感觉自己就像一只上蹿下跳的猴子。如今，真正明白了见君师父所说的，圣人即常人，佛是觉悟了的人。感觉自己终于有点儿人样了。

人生一世，挫折不可避免。绝大多数人只能把伤口尘封于光阴，不得解脱。我们的时代正在从工业文明飞速向互联网文明发展转变，需要有新的主流价值观作为指导。而禅宗有可能成为互联网时代的共识。征得见君师父的同意，决定把《唯止一心》（《原本的真实》）、《道法天然》（《走上原本真实之路》）、《大道与优游》、《历史艺术与禅韵》这四本关于宗教的书重新校对整理，作为丛书出版，并由师父命名为"磨镜书札"。见君师父的书，是他的读书笔记和实修实证心得。语言通俗，旁征博引，行文自然流畅。不避传承之密，每有直指人心之语，如同棒喝，发人深省。

对于我来说，这又是一次极好的机缘：借校对书稿之机，将这几本书全面精读一遍，必然会有新的收获。有明师指路，是我今生难得的福报。感谢见君师父！

　　衷心希望各位读者，能够藉此丛书，入大道之门，善护一念，度尽无名（无明），找到心灵的平静与祥和。

2017 年 3 月 27 日

目 录

杂　篇

前　言

一

写这本小册子要干什么？

为什么"再看庄子"？看了两千多年了，直看到八国联军打进了北京、火烧了圆明园……义和拳那么念咒都没管用，还没看够么？

"神奇产生于腐朽！"这是把"化腐朽为神奇"这句话反过来说，我想这也应该成立吧。化腐朽为神奇这种事，并不是圣人神人才能做到的，而是人人都能做得到、中国人外国人都能做得到。

凭什么让我们去化腐朽为神奇呢？

自19世纪初，西方文明主宰了世界文明的潮流。但在这二百余年的时间里，我们看到的却是人类物质文明进步了、富强了，但精神文明呢？战争频繁且惨烈、人与人关系疏远、自然环境恶化、无数物种灭绝……这一切都无言地说明：西方文明、工业文明不是万能的，它偏执而短见，少人性且少人情味；它只知竞争又心胸狭隘，它异化人们的心灵，它放纵人欲而不讲良心道德……

当一个理想或设想没有实现，失去了人们对它所预期的光明前景时，人们并不是马上就能设计出另一个理想或设想，而是先回过头来，看看自己犯了什么错误。这是人类的本性，也是人类前进的必然。因为我们只能从我们自己知道的东西里面

找一条可能冲破束缚的路，我们不能指望着有一个上帝告诉我
们该怎么办，也不可能把希望寄托在未知上。

于是全世界的人文大家都在反思——当工业革命来临时，
我们是不是打倒的东西太多了？很多古代的文明是不是被我们
无知幼稚地轻视而抛弃了？于是历史又给人类上了一课，来了
个活生生的螺旋上升，使我们重拾农业经济时期的文明。

当然，这个文明是于高层次的再现，也可以说是腐朽所获
得的神奇的新生。

咱中国话叫——凤凰涅槃。

当重人性、重人本、重道德被人们重新提出来时，就不由
得不使人想起欧洲的文艺复兴，也让人想起中国的春秋战国。
依我看，如今的世界更像中国两千年前的春秋战国。那时的中
国人认为全世界就这么大，有齐、楚、燕、韩、赵、魏、秦七
大国及数不清的芝麻绿豆小国，再剩下的就是不值得一提的西
戎、北狄、东夷、南蛮了。人们的思想与地域相对应后，便产
生了诸子百家的思想，以及秦帝国的大一统文明。

工业革命的18世纪中下叶，人们认为世界是无限大的，
资源是无限多的……与无限地域观相对应，于西方文明中滋生
出殖民与掠夺的观念：不抢白不抢、不夺白不夺；你不抢人家
抢，你不夺人家夺。随着达尔文"进化论"的问世，弱肉强
食的"社会达尔文主义"诞生了。这种理论表面上科学得很，
用在解释自然科学时也正确得很，但用它来解释社会科学和人
文科学时，却错了。因为生物物种在进化时，是要有非人性的
暴力因素的，而人类社会的市场竞争、科举制度、学术争论等
却不能有暴力，需要的是公平竞争；人与人的交往不能有暴

力，需要的是自由与感情。

如今，人们再一次进入了一个有限的地域观念——地球村。人们忽然意识到：世界原来并不是无限的，资源也不是用不完的，强者并不总是强者，世界不需要霸主……这个世界除了近两百个国家外，再也没什么了。火星上就算是有生命，也是非常低级的细菌，估计再有个几十亿年也不会来侵犯地球人……此时，爱护自然、尊重自然、人类和平、共同生活于地球村，这样的多元观念渐渐成了人们的共识。单边与多元、和平与霸权成了新的观念冲突所在。而多元观念的建立，实在与诸子百家太相像；世界论坛也颇似放大了的战国时期诸子百家的思想争鸣，这实在是有趣且值得深思的事情。有个北大的老教授比我还敢想。他说如今的某某国就是过去的齐国、某某国就是过去的秦国、某某国就是过去的楚国……

我没那么大的胆子想，因为我觉得这么比喻也算有趣就可以了，问题的实质在于：我们应该从那时的文明中提取些什么有益的东西？

我想：当务之急应该是道德重建吧？既然大家全挤在一个有限的空间里，那谦让、宽容、尊重、恕道等"过时"的道德，就一点儿也不过时了。

所以道德重建应该是当务之急，尤其在中国。

道德的重建，是需要从一定的资源中汲取养分的。

而春秋战国时的百家，不正是这种资源所在吗？

庄子不正是人文资源中最富营养的资源吗？

当我们经历了全盘西化、全盘苏化、"文革"与改革后，当我们全力驰骋于经济快速发展这条高速公路上时，我们突然发现我们除了物质在逐渐富裕起来外，别的一无所有。我们几乎丧失了所有传统文明的资源，我们真是穷得只剩下钱了。政治改革、法律意识、道德观念、伦理观念……我们缺乏得很，这些东西离我们也遥远得很。这不是哗众取宠，也不是危言耸听：假货遍地、邪教萌生、越反越贪、豆腐渣工程、股市黑潮、找三陪养二奶……如此叫人心惊的现象，正是我们在精神文明上一贫如洗的后果。

这个后果是怎么演化来的，这真需要历史学家们或考古学家们好好去研究研究。

过去的事儿先放一放，说一说下面应该怎么办吧！

如果说光喊喊"重建精神文明""让道德回归"等口号就能使活生生的人于精神面貌和道德水准上有什么改善，那也天真得可以、幼稚得可以了。

人活于世，口号是最不值钱的东西，而理性与情感却是极生动地与人相伴、朝朝暮暮须臾不可分的。

理性是什么？是思考、判断与分析。

情感是什么？是人的七情六欲。

如果简约地归一下类，这理性与情感都可以说是人性中的一部分。

那人性又是什么？它有什么特点？

说到此时，我们已不知不觉地进入了"人本主义"领域。人本主义就是以人为本来对待事物的一种观念。如果说这种观念太不革命、太温情，那持这种说法的人是在用社会科学的观点来看待人的行为。我们犯这种错误也不是一时半会儿了，有年头了。这种错误的本质是用一种理想和口号来代替人的思考与情感，也就是代替人性。当然，这种理想与口号是经过深思熟虑的，但它毕竟是社会科学范畴里的东西，把它直接用在人文科学上就错了。人性的问题，是要从人的生活中，于理性与情感两方面下手进行研究与探讨，才可以对症下药、有所收获的。也就是说：精神文明的建设，必须从人本入手。不管你叫它"人本主义""人文主义"或是什么别的主义，其特点就是从人出发、从人性出发、从人的理性与情感出发去想办法解决，这才是关键与根本。

说了半天，人性到底是什么？这个题目太大了，需要我们看完了庄子的著作后，在"后记"里边试着说一下吧。但人性大约含有三大内容，这一点是专家们认可的。

哪三大内容呢？

人性包括人的情、理、法三大内容。

在人性所含的成分中，伦理为情、道德为理、法律为法。其实道德这东西既不纯情，也不纯理；既含有情，也含有理，它呈中性，是情与理的中庸。

所以，纯情的是伦理，纯理的是法律，中庸的是道德。伦理讲情不讲理，法律讲理不讲情，道德什么都讲一点，什么都讲得不多。

说伦理只讲情不讲理，举一个例子说明："孝"之一字，只讲情，不讲理。孩子要爱护，老人要尊敬，没道理可讲，只需你去做。几个月的孩子半夜要吃奶，你多累也要起来喂，不可能跟孩子讲理："我和你妈累得不成了，你先忍一忍，明早再说。"70岁的老人忽然看着儿媳妇不顺眼，你只有想办法顺着说，让他老人家消气，不可能跟他争辩道："没儿媳妇哪儿来的孙子?"可见，这伦理是最不讲理的地方。

说法律只讲理不讲情，也有这么一个现成的例子：某省电视台播出了一个反腐败的节目，不几日，该台台长受到上级的严厉批评："这种闹出人命的节目，是谁让播出的？你知道这是什么后果吗？这是什么性质的问题吗？啊？……什么形象？这意味着什么？"原来那个腐败分子被枪毙后，他的老婆跑到省委大门口吞了一包灭鼠灵，七窍流血，抢救不及，死了。于是这叫出了人命……这个挨了批评的台长觉得挺不是味，也不敢找上边去评理，私下里嘟囔："她爷们儿该枪毙，她愿意跟着死，这关我什么事？法律本来就是不讲情的，要是讲情面，怕死人，还要法律干什么？"

可见法律只重理字，不讲情字。虽然这类节目再也没人敢播了，但这不说明法律应该含有情的成分，只能说这是社会主义初级阶段，具有中国的特色而已。

书归正传。

说起我们传统的道德和伦理的资源，到如今已经是少得可怜了。

现在不少的年轻人，除了对真诚和风骨尚能认可外，其余的谦逊、勤劳、忠孝、礼让、自省、信用……统统打翻在地，还要踏上几脚。还算万幸，这真诚和风骨，居然没遇上后现代解构主义信徒的洗劫，只要遇上这伙人，定然也落得上下赤裸裸。因为依周星驰们看，不真诚就是真诚，没风骨正是最酷的风骨，不信咱们再看看《大话西游》，保证你能找到证据。例如："曾经有一份真情……我没有珍惜……"；"你拿出个理由来我听听，先。""人和妖都是妈生的，人是人他妈生的，妖是妖他妈生的，你妈贵姓？"一下子你就明白了什么叫后现代风骨，什么叫解构式的真诚。

从 20 世纪初的新文化运动到 70 年代的批林批孔，中国传统思想的主体儒家、道家、释家（佛家）已彻底被颠覆，取而代之的是阶级斗争的哲学。细论起来，传统的中国其实是外儒内法，也就是外表宣扬的是儒家，骨子里行的是法家。皇帝老儿一边以儒家的"存天理，灭人欲"给每个人心里压上一座沉重的石碑坊，另一边却在私下里用"编户齐民"的法家办法打击所有的宗族、宗派、宗教。"告亲"和"禁止容隐"这种不仁不义、不忠不孝、不节不烈的法子，正是法家用以对付门阀制和一切血缘宗法与非血缘党派的手段。

所以认真地说，只有法家的一些东西因为和阶级斗争相似而得以生存下来了，其余九十九家全没了踪影。可是问题又来了："文革"使大家实在是厌恶了法家，于是相反的人情风、无原则、拉关系、搞交际……这些东西一下子滋生蔓延起来。

看来，我们一边要大讲法治，一边又要细心地研究祖先留下的儒家与道家的宝贵遗产，任重道远啊。

这也就是我要写这本书的动机。

也许我是杞人忧天？

但我认为对的，就会尽力去做。

二

让我们的思路先超前点儿，往下想想还有什么可注意的。

在知识经济时代里、在市场经济大潮中，如何才能使弘扬传统文明不走入闭关锁国、妄自尊大的老路？

"弘扬中华传统文明"本是句不太新的话题，急着办"弘扬中华传统文明"的事、人，也是早已有之。

康梁维新的带头人之一梁启超梁大人，就曾掷地有声地教育着后人，曰：我们可爱的年轻人啊，立正，开步走！大洋对岸那边有好几万万人，愁着物质文明的破产，哀哀欲绝地喊救命，等着你来超拔他们，我们在天的三大圣和许多前辈，眼巴巴望着你完成他们的事业，正拿着精神来加佑你咧。

不过凡是出国去超拔人家的人，全成了出国留学生，不但没在人家那里建私塾、立三大圣的牌位，反而在人家的学堂里学了人家的东西回来冲击本民族的文明，这是梁先生没想到的。

原本要教化洋人，不小心被洋人教化了，这让咱们的祖宗们从骨子里都恨得不行。

于是先哲杨光先对在北京建立"天文算学馆"一事怒斥曰，宁可使中国无好历法，不可使中国有西洋人。

众大德们也上疏曰："立国之道尚礼义不尚权谋，根本之图在人心不在技艺。""变而从夷，正气为之不伸，邪气因而弥炽，数年以后，不尽驱中国之众咸归于夷不止……"

眼见得这"弘扬中华传统文明"之大业，成了一场"保护中国传统文明"之战了。等到人家真枪真刀地打了过来，仍有人相信用中华之传统、礼义忠信之法宝足可以御敌于国门之外。其办法就是：用礼义忠信对船坚炮利，大干它一场，煌煌大中华帝国这么有德行，我就不信老天不加佑之……

后果当然大家都明白了。凡是中国人都永远记得 1840 与 1860。

　　还是有头脑比较清醒的人，谁也不信啊，八国联军来了，义和拳的咒语加血气方刚以及一切想得起来的中华传统、美德、三圣、列祖列宗都顶不住火枪大炮……

　　天啊，文明与文化的多元化本是一件好事，弘扬中华传统文明也本是一件好事，可一旦弄成东西方文明与文化你死我活的生死大拼搏，这里面就加入了民族情绪进来，把好端端的事情给搞砸了。

　　直到当代，随着亚洲四小龙和中国大陆的崛起，一边有"后现代主义"在那里解构西方文明，一边有新儒学和文化保守主义在重塑中华传统文明……这事本来干得轰轰烈烈有声有色，又是一个不小心，金融风暴冲垮了四小龙，刮跑了新儒学，文化保守主义也停了盘。另一场试图"弘扬中华传统文明"之战宣告收场。也不知是谁胜谁败，就算打了个平手吧。反正人家西方没败，我们也说我们没败。

　　我看弘扬传统不是简单的事，最起码不能把它简单地和爱国、世界观、什么什么主义结合在一起讨论，否则弄了半天，又弄出个"变而从夷，正气为之不伸"来。

三

　　我们的传统文明，属于人生学问中的哪一类呢？

　　人生的学问无非是两大类：一类是为什么活着，一类是如何活着。前者人人会讲，例如：为共产主义而活着。后者人人不说，因为不会说，不知道怎么说。

　　为了共产主义，那我们怎么活着才算是为了共产主义？

　　不知道，没人知道。从前我们曾一股脑儿地认为"宁啃社会主义的草，也不吃资本主义的苗"这么个活法儿，才更对得住共产主义；后来邓小平同志让我们知道除了计划经济外还有个市场经济，于是经济学家们说"越会花钱，越对国家和主义有利"；再后来有的高参说"腐败对发展经济十分必要、十分有利""繁荣昌盛"……

何去何从？真不知这个家那个家都是从哪儿弄来的这些学问。

我认为，"如何活着"和"为什么活着"应该是两个属性不同但有关联的问题，它们不是从属关系，而是相生相克的关系。所以，不应该把这两个问题放在一起用简单的因果关系串起来考虑。如果非要说"为什么活着"为主，"如何活着"为辅，那将会活生生地扼杀"如何活着"这个命题，一切都将走入工具论的死路。我们大讲"政治挂帅"的年头，不正是犯的这种错误么？

为什么活着属于世界观范畴，它只是理论上的东西，是信仰，是心底里的一种泛宗教的崇敬、一种向往、一种意识，而不是实际、真实的生活。

如何活着、怎么个活法属于如何对待生命的范畴，它是具体而真实的，它是对待生命的态度，它和世界观在很大程度上有联系，但绝不能把它定位于世界观的从属与工具。

不论你信仰什么主义，都有活得潇洒、活得明白、活得愉快和活得执着、活得糊涂、活得阴郁之别。所以为什么活着是一回事，怎么活着是另一回事。谁要是非把买名牌衣服的人说成是资本主义者，把买地摊上衣服的人说成是共产主义者，我看这个人正在继承"四人帮"的衣钵，最起码他是个糊涂蛋而不是个真正的思想者。

是时候了，我们是该分开来看为什么活着和怎么活着这两个问题了。

而依我看，中华传统文明大多属于怎么活着这个内容。

在我写的这本庄子的小册子中，也着重讨论如何活着、如何活得更好这些问题，算是对诸位、对华人能活得更好献出绵薄之力。

"活着就是享受人生"，这个理论你敢不敢承认？

"活着就是要实现自我完整"，这个论调你喜不喜欢？

带领中国足球冲出亚洲的南斯拉夫籍教练米卢先生，曾说过两句不为人注意的话："一是态度，一是要享受足球。"其实这两句话是一回事，就是要以享受的态度来踢足球。于是咱们冲出了亚洲，圆了中国人44年的梦。

我年轻时曾在书桌前写下过"座右铭"："努力、刻苦。"随着年纪大些，改成了"努力、专一"。再后来完善成"努力、专一、不刻意"。年近五十，后边又加上了一句，叫："任性挥洒。"我认为很完美了。然而又过了几年，才觉得这话啰唆之极，完全可以一言以蔽之，曰："享受人生。"

一个热爱生活、享受生活的人，才会热爱生命、拥抱阳光，难道不是这样的吗？一个把踢球当作享受的球员，能不爱自己的事业吗？能踢假球吗？一个热爱自己事业的人，能不尽力完成自己的工作吗？一个在自己的国家中感到温暖和爱的人，能不爱国吗？

生活的艰辛与磨难固然可以锻炼人的意志，我们大力歌颂《钢铁是怎样炼成的》，歌颂的就是这个方面；但同时艰辛也可以摧毁人的精神，所以"文革"中那么多的优秀人物自尽。难道"穷山恶水出刁民"就一点儿道理也没有吗？我们不是常宣传说某某地区提高了文化普及程度，民间风俗大有改善，打架斗殴无理取闹的人没有了云云么？

勇于感受爱，勇于享受人生，勇于实现自我价值与人格完整，本身就是爱国爱民。

如果你认为这不对，我看你不是没经历过坎坷，就是不懂得什么叫真心实意。

当一个人的心不再骗他自己时，他的回答是什么？

偶尔从报上看到了三段小花絮，转抄给大家，我想可能会对我们"如何生活"这个问题的深刻理解有些帮助吧。

谁妨碍了我们致富

——你跑步追上了一辆公共汽车，可是刚要跨步上车时，售票员潇洒地把车门一关，按铃起动，汽车绝尘而去；

——你写信时忘了写对方的邮政编码，结果信被邮局退了回来；

——马路上有人吵架，男女老少、各色人等纷纷兴趣盎然地驻足观望，必欲穷其所以然，直至彻底乏味、无味，才肯离去；

——红灯抢行，十字路口乱作一团，彼此挤得动弹不得；

——警察把乱摆摊位的小贩的货物掀翻在地，把小贩的三轮车扔上卡车，扬长而去；

——开会时，因某人未到，大家等上十几分钟……

从经济学的角度看，这是浪费；

但法律、民俗、公约……哪一条对此都无能为力。

年四旺在美国受敬重

1966 年，年四旺面对呼啸而来的火车，推开了横在路轨上的石头，成为英雄。后因种种原因，默默无闻。不是人家想闻或不想闻，而是中国人太忙，把人家忘了。

1997 年，他到了美国。开始生活很艰辛……

后来他的事情在媒体上曝了光，引起轰动……

一位记者来采访他，问："如果美国的铁路上出现了一块大石头，你还敢不敢不要命地冲上去搬掉？"

年四旺很肯定地说："只要我发现了，我还是会去。"

记者："如果你在美国的大街上，看见有人在行凶或者行窃，你敢不敢冲上去把那个人抓住？"

年四旺憨厚地说："只要我碰见了，我会冲上去。但抓住抓不住就没把握了，因为我已经 50 多岁了，力气不如从前了。"

记者紧紧握着他的手说："你的谈话和你的为人一样实在，你的这种精神令我们美国人敬重。"

此后，不及半年，年四旺的绿卡就顺利地办下来了。

一个民族的文明有什么作用？

没有传统价值观的民族、没有道德责任感的民族、没有自信和自尊的民族、没有刻苦耐劳精神的民族，是一个没有任何希望的民族。非洲从殖民形态解放出来近 50 年，他们打了 50 年。上溯 150 年，从殖民者进到那块土地就开始打，你可以说这是西方人干的坏事。可后来西方人走了，那里还在打，且越演越烈，死人越来越多，一直打到今天。这一回怎么说？看来，除了西方人的阴谋外，使这阴谋能得逞的，还是非洲人自身的原因。而这个原因让美国中情局说就是"扼杀他们民族的传统、道德、自信、自尊及吃苦耐劳的精神"。好在那里原本就没这些东西。但中国有，且有了五千年。能不能再保持下去，这就是如今东西方文明碰撞和交锋的真正含义。

妙在于斯也。吾辈舍弃功名利禄日夜为之奋斗的根源，亦在于斯也。

作为一名中国人，不知诸位有何感想。

你认为你自己应该怎么活着？

四

庄子的思想，显然属于"人文科学"中"生命哲学"的范畴。

庄子是心灵的塑造大师，他的文学作品是"穷而后工"的作品。

"穷而后工"是什么意思呢？

"穷"，并非指仕途的失意，而是泛指一切人生的逆境。

——有失意有逆境，那就有牢骚，于是就有了这一类的作品。

——可是采取这样的方式去抵抗现实中的种种既成的黑暗或不公平，恐怕并没有真正地说服自己，也没有产生自我支撑的力量。

——要想真正维护自己，必须要有一种更为真实的洞见。

——这种洞见能够重新审视人生的种种价值，揭示出其虚妄的本质，看清最真实的东西却是最自然的……就在眼前，就在脚下。

——生命需要什么是一回事；为了生命而活得更好是另一回事！

循着"穷而后工"的路子剥离下去：庄子没有了功名、富贵、爱情……生活也不稳定，天地之内，只剩下他那一颗不死的心……

——这颗不死的心，面对四季转换、人世沉浮，经过一番减除，使生命回到了它的根底处，也就是纯粹的"个人和世界"……

——这是一个人的世界，世界就他一个人；赤裸裸一条身子站在天地间，谁是无？谁是有？哪里是来处？哪里是去处？人生只是一场幻景幻情……

在这个世界里，庄子的感受是什么？

——不就是敞开自己，应对自然、社会、人生？种种感受来自种种境遇，那就应对种种境遇吧！让一切来得更猛烈吧！……不要管它是正面还是负面，何必在意它是夏秋与冬春？

——偏偏人在得意时是"春风得意马蹄疾"，写不出能万代流传的东西；

——偏偏人只有在失意时才能写出点儿活生生的人爱看的劳什子来。

有了这种感受和心境又如何？

——正因为庄子有了这种生存体验，他的视野拓宽了、生命的体验变纯了，一切在更大的背景下被重新审视，切身由己的东西便从心灵中汩汩地流淌出来……

——正是这种苦涩而又甘甜的流淌，才会使庄子对纷纭喧嚣的繁华场面表现出拒绝的态度和勇气。

——当流淌出来的东西慢慢冷却凝固……化为他的文学作品时，这作品就成了他精神上的寄托，这寄托能使他于失意中得到安慰，使他的心灵得以"优游"地飞翔……

所以："穷"是人生的契机，"工"是在作品中对生命的至深体认，是用生命最终的真实来支撑和说服自己。

这种人生体验不是学来的，它是通过具体的、亲身的感受得来的。

这个世上总有那么一些像庄子一样的人，他们天生就有一颗看似大而无用的心，里面空空荡荡……人世间一切具体的拥有和成功都喂不饱他们的心。只有丰富深切、全面完整的人生感受才能让他们满意。如李白、杜甫、苏东坡、曹雪芹……

我们谁也写不出《逍遥游》这么灵气飞动的东西，我们谁也没像庄子一样对中国文学有着那么大的贡献，对中华文明有着那么大的影响……

前人先贤对庄子的注释不计其数地多而精美，今天我在这里要挤出一小块地盘讲什么"再看庄子"，讲"清点传统文明"，显然是不自量力且有点儿河伯的味道。

　　我想知耻近乎勇，如果人人都敢想敢说，不怕笑话，中国的事也许好办了许多。

　　当然，因为能力有限，不妥之处在所难免。

　　但我会很诚心、很尽力。

内　篇

一　逍遥游

[原文演绎]

北海有一条鱼，人们叫它鲲。这鲲实在是太大了，也不知道它大到几千里。它变成鸟时，就叫鹏。鹏也非常大，光它的脊背，就不知有几千里。当它展翅而飞时，两个翅膀好像天边垂下来的白云。这么大的鸟、这么重的翅，要想飞起来可不是那么容易的事情，所以只有等海上起了大风，才能乘机飞到南冥去。南冥，就是南方的尽头，据说那儿有个叫天池的地方，大鹏就是去那里。

有一本叫《齐谐》的书，里面记录了不少的怪事。书中说："这个大鹏鸟往南冥飞时，两个翅膀激起的水花有三千里那么远。它的起飞，必须乘着强烈而旋转的风，一下子冲上九万里那么高，如此，才能开始远程的飞行。这强烈而旋转的风啊，就是海上六月的龙卷风。"我想大鹏在天上飞时，天空中肯定是一片混沌，尘埃啊，游气啊，小虫子啊都被大风搅得在空中上下翻动。我们看天空，是一片苍茫的青色，这难道是天空本来的颜色吗？还是因为天太高远而我们看不到它幽深之处，才造成的错觉呢？我想大鹏在九万里的高空往下看，也是一片苍茫的青色吧。

如果水积得不深，它就没有能力载负起大船。把一杯水倒在客堂里的低凹处，那只能让一粒草籽浮在上面。如果把一个大杯子放在水上，那杯子就要挤出凹处的水，而落在地上了，这就是水太浅而船太大的缘故啊。同样的道理，如果风聚积得不强劲，那它也就无力托起巨大的翅膀。所以，大鹏能飞九万里那么高，实在是因为强劲的龙卷风在下面托着；也只有这么强劲的风，才可能托得起如此巨大的大鹏，并使它背负青天、超越高山，直达南冥。

蝉和斑鸠实在是有点儿看不惯大鹏的作风，讥笑着说："我们活得可没大鹏这么不自由，我们基本上不受什么时空限制。我们何时想飞就飞，如果一头撞到榆树、檀树上，索性就歇一会儿；什么时候飞不动了，干脆就掉在地上，这又有什么呢？正好在地上溜达溜达、散散心。我们从来不那么死心眼，既要等六月的龙卷风，还要抓住时机飞九万里那么高，更可怕的是居然要飞到南冥去……太远了，太累了，到那儿干什么去呢？"如果去郊外旅游，那只带三餐的饭就够了，回来时说不定肚子还饱着呢；如果要到百里之外去旅游，就要用一个晚上春米来准备途中干粮；如果要到千里之外去旅游，就必须筹备好三个月的粮食。这个道理，蝉和斑鸠那两个家伙是不懂的啊。

智慧小的不及智慧大的，活得短的不及活得长的。为什么这么说呢？因为只有一天寿命的朝菌，绝不会知道月亮有阴晴圆缺；只有几个月寿命的蟪蛄，绝不会知道四季还有春秋，这是小年，寿命太短的原因啊。听说楚国的南边有一头神龟，它以五百岁为一个春季，五百岁为一个秋季；而在上古时有一棵叫大椿的树，以八千年为一个春季，八千年为一个秋季，这就是大年，也就是活得很长的概念了。据说彭祖活了八百岁，算得上是人间奇闻，大家都羡慕得不得了。可是比起真正的大年，这也太短了点儿吧。

人生苦短，不亦悲乎。

从前，汤曾向棘问过一个问题。

汤问棘道："宇宙中上下左右有没有边际或极限呢？"

棘说："无极之外复无极，没边之外还有没边的东西。在北边非常非常远的地方，那儿寸草不生，有一个无边无际的大海，叫天池。天池里只有一条鱼，这条鱼的身体宽有几千里，它的长度根本无法丈量和知晓，这鱼就叫鲲。天池上空只有一只鸟，叫鹏，它的脊背大得像泰山一样，翅膀像天边垂下来的云彩。这鸟乘着强烈的龙卷风能一下子飞九万里那么高，简直就是云气之外、背负青天了。它向南方飞，看那意思是要到南海去啊。沼泽地里的小鷃雀十分严肃地说：'这个狂妄自大的家伙，它要飞到哪里去呀？我们生活在湿地里，腾跃向上、振翅一跃，一下子就超过了好几尺，然后掉下来，可这也就足够啦。你想芦苇与水草之间能有多远呢？所以会那么一宸足矣。可是这家伙它要飞到哪里去呢？'"

这就是志向大小的差别啊。

一个政府官员，如果他的智慧能胜任其职位，他的行为能得到群众的首肯，他的品德能使君主满意，从而取得国民的信任，这原本就是应该的呀。如果他的自我感觉好得不成，认为自己很了不起，那他就和沼泽地里的小鷃雀一样，太不思进取了。宋荣子就很看不起这种人，他面对世人的赞誉，从没觉得受到了什么鼓舞；面对世人的诽谤，也不会觉得有什么沮丧。他清楚地认定了内与外的区别、荣与辱的界限，所以，他才有如此的境界啊。他对于世俗有一定的距离，从不急着去追求什么，但他还是有做得不够的地方。这情况和列子有些相似。列子可以乘风遨游，飘逸得很、自得得很，十五天才返回。他对于世俗的大福大贵和长寿，从不去追求。像他这样的人，虽然可以免除旅途劳顿之苦，但还是要有所依托的啊，他必须等待着风，有风才可以御风而行。所以宋荣子和列子，都有不足之处。

倘若所乘的是天地之华，所御的是六气之风，要游的是无何有之乡，那还有什么需要等待的呢？

无所待，才是得道者的风采啊。

所以说：至人不知有己；神人不知有功；圣人不知有名。

想当年，尧要让位于许由，就对许由说："太阳和月亮出来了，还点着火星儿一样的火把，这不是太可笑了么？下大雨时还浇地，这对于已经滋润了的庄稼来说，不是徒劳么？您许先生出来当国君，那肯定是天下大治，而我还占着这个位子，我自己都感到羞愧啊！请您为了天下赶紧接过我的职位吧！"

许由答道："您治理天下，已经治理得很好了。而这时我来代替您，那我这不是在追求名吗？名这个东西，是大量实际工作的附属，您是要让我做一个附属于工作的人吗？鹪鹩就算在树林里做巢，也只占一个树枝；鼹鼠就算在河边饮水，也只能喝下它肚子能装下的那么一点点。请回吧，我的君主！天下已经治理得没什么事可做了，更用不着我来干些什么。再说了，一个大厨师就算不做祭祀的饭，那掌管祭祀的人也不能代替他而亲自下厨啊。"

一个叫肩吾的人，问于连叔说："我认为接舆先生的话大而无当、往而不返。他跟我说了很多事情，我听了甚为惊讶，就好像天上的银河一样漫无边际、不着情理，与我们的常识相去甚远，离谱得不近人情啊。"

于连叔说："这个接舆说了些什么？"

肩吾道："他说：'在很远的地方有一个叫姑射的山，有个神仙居住在那里。这个神仙皮肤白皙、体态婀娜、冰清玉洁，简直就像个花季的姑娘。更有甚者，他不吃粮食，只吸清风、喝露水；还乘着云气、驾着飞龙，到四海之外、无何有之乡遨游。越发让人不信的是，这位神仙一凝聚起他的精气神儿，就可以使天下的庄稼统统不生病而获丰收。'这些话可太疯癫，离谱得出了圈，我不信。"

于连叔叹了口气，说："是这样的啊！瞎子无法阅读惊世之文章，聋子无法欣赏钟鼓之音乐。但这些只是生理上的残疾，并不可怕。可怕的是心理和智慧上的残疾啊，它会使人变得狭隘与偏执。听了你刚才讲的话，我认为你身上就有这种毛病。接舆所讲的那个神仙，他的德行是含摄万物，合而为一的，其高深是他人难以理解的。世人都希望他能来治理一下如今的乱世，可他哪里是喜欢干这种事的人呢？他这个人，不为事物所伤，不为洪水所害，连熔化岩石的大旱也不能伤及他的皮毛。他热衷的是把极腐朽、极平常的东西化为神奇，怎么肯干治理天下的事呢？"

宋国的商人贩帽子到越国去卖，可越国人都是光头文身的风俗，他们根本不需要什么帽子。尧一心治理天下，使四海升平。如果有一天他到汾水北岸的姑射山，拜见了那里的四位贤人，我想他一定会悟到什么，并马上丢掉治理天下的事情啊。

有一天惠子对庄子说："魏王给了我一粒葫芦籽，我把它种了下去，没想到它长得跟树一样大，结的葫芦能装下五石的东西。用它盛水吧，它的强度不够，肯定会破裂；切开它当瓢吧，又没有那么大的水缸放这个瓢。看来这真是个大而无用的典型啊，我只有把它砸碎了。"

庄子说："你真的是笨到不会用大的东西呀。宋国有一个人世世代代靠漂洗蚕丝为生，他发明了一种冬天在冷水中洗丝，而手不会冻裂的擦手药。一个商人知道了这事，就找到他要用一百两金子买他的药方。这个人马上把全家人召集到一起，说：'咱们家世世代代都以漂丝为生，这样干一辈子也挣不了几两金子啊。如今有个愚蠢的商人要用一百金买咱们这个药方，趁他没转过弯来，咱们赶紧卖了吧。'于是，商人就用百金得了药方，并马上跑到吴国来游说吴王。当时越国正在攻打吴国，吴王就派这个商人领兵抗敌。时值隆冬，两军水战，商人用这个药方保证了士兵的手不冻裂，于是大获全胜。吴王得胜后，赏了这个商人一大片土地。呜呼！同样是一个防冻疮的药，一个用来得到了大片土地，一个用来漂蚕丝，这个差异来自不同的用处啊。今天您有这么一个能盛五石的大葫芦，何其美哉，何其壮哉！为什么不用它当作飘在水上的腰舟，坐在里面畅游四海呢？你总是愁这个玩意儿太大，没地方放它，看来你的心眼还被蓬草堵塞着，没开窍啊。"

惠子想了想，对庄子说："我有一棵大树，人们称之为臭椿。它的树干大而臃肿，开不出像样的木料；它的枝杈曲而多旋，根本成不了材。这树长在大路的边，所有的木匠都见过它，却都绕着走开了，从来没一个人想用它做点儿什么。你今天所言，如同臭椿，大而臃肿、曲而多旋，不成材啊！所以人人都远离你。”

庄子说：“你见过狸猫吗？它弓身伏在地上，准备偷袭老鼠。在它捕捉老鼠时，东西跳跃、不避高低，灵活得很啊。可就是这么个聪明的家伙，却常常中了猎人的机关，死于猎人的网里。再看那牦牛，个儿大得像垂在天边的云，却不能抓老鼠。你有这么好的臭椿树，却发愁不知如何用它。可惜啊可惜！你干吗不把它种在无何有之乡的旷原之上呢？当你闲来无事时就在它身旁转转，自由自在地在它的树荫下眯上一觉儿，多惬意啊。

不怕刀斧、不被万物加害、没什么用处，这样的好东西哪能有什么困苦啊！”

［延展思考］

《逍遥游》是《庄子》三十三篇中的第一篇。开宗明义，庄子告诉我们，他的理想是于审美境界里“优游”。

优游，就是无忧无虑、自由自在、绝对而惬意地闲逛。

优游，也叫逍遥游。它高于大鹏的九万里之游和列子的御风而行之游；更高于蝉与斑鸠们往上一蹿之游。可以看出，庄子在这里暗示我们游有三种：优游、远游、一蹿；人的志向有三类：无极、九万里、十几尺。

插一句题外话。

当代中国大美学家朱光潜先生认为，人的生活有三个层面：一为俗务，也就是柴米油盐、各种应酬；二为事业，也就是说人总要从事一个具体的工作，并要把它做好；三是审美，这是诗意的层面了（我们把这三个层面叫三个境界：物质境界、伦理境界、审美境界）。

朱老先生说：对于一棵树，木材商人考虑着如何砍下来卖钱；科学家研究这树有什么特性；画家欣赏这树的形象与气韵。人生的三个层面对人生都是必需的，三个都不可或缺，它们相互贯通、相互转化。

我们再回到主题上来。

优游的本质是"无所待"的绝对的自由。"无所待"，就是不用等六月的海风，也不必隔十天半个月就得回来补给。用现在的话来说，就是不用托儿，没有关系网，只凭自己一个人的能力。当然，大鹏要等"海运"来，列子要等刮起西北风，所以都不符合"无所待"的优游；蝉与斑鸠则离优游更远，那是"小康"类地往上一窜，不算是大富之家的手笔，不可能高出云气之外、背负青天九万里。

于是新的问题就产生了。

新问题就是"绝对自由"是否可以实现？

历代评论家认为这是庄子式的梦想，说好听点儿算是理想吧！但它于现实生活中是绝对不可能实现的。在极"左"思潮的年代里，评论家们更是凶狠至极，他们就像对待阶级敌人一样地对待庄子，他们认定庄子的"绝对自由"是自欺欺人、是阿Q的精神胜利法、是对社会的悲观失望、是逃避现实……当然，如今是没人这么讲了，但仍然认为庄子的"无所待"与"优游"只是文学中的一种神话。

既然优游不可能实现，那庄子写文章是在宣泄一种情绪，还是炫耀自己的文采？难道庄子真的这么无聊，真的是在拿后人开玩笑？如果我们也在这样的观念里打转转，那重提庄子的

"无所待"之"优游"，就显得是为了出名或是为了挣稿费，大有"天下本无事，庸人自扰之"的味道。

我们是否委屈了庄子？还有什么新意么？

我总觉得，要想真正地了解庄子，一定要有一个足够大的场子和一个公正的裁判。这个场子大得能容下人的非理性的情感；这个裁判公正得必然是有血有肉的人，而不是谁的工具或机器。更不能存心要整庄子，再来研究他的著作。

林语堂先生就是这么一个有血有肉的人，他心中也有一个足够大的场子。于是他读了庄子的书后总结道："人具有隐藏的情愫，愿得披发而行吟，可是这样的行为非孔子学说所容许。……故，道家哲学乃所以说明中国民族性中孔子所不能满足之一面。……一个民族常有一种天然的浪漫思想，与天然的经典风尚。"

所以，"一个是游戏姿态，一个是工作姿态"。

林语堂先生说庄子的"优游"是中国民族性中的浪漫一面，另一面就是孔子的经典一面了。林先生不顾许多人文大家的批判，愣把人活生生地劈成两半，弄得心理学家们疾呼：这是人格分裂派……

我是人格多重派，比林先生狠得多。我认为人性有许多面，何止这两面呢？不过在这里，我先粗略地把人也劈成两半，把林语堂老先生所说的两个姿态变通为：一个是怎么活着，一个是为什么活着，两个问题。

当我们在谈怎么活着这个游戏范畴的东西时，首先要意识到这已经是"审美境界"的问题了。游戏，总归是娱乐身心。身心就是健美操一类加精神愉悦一类两者的集合。前者又归体育类，庄子很少谈这事儿，所以庄子写文章，多是写后一类的如何让精神愉悦了。

让我们小结一下：人生有两大问题（或说两大姿态），一个是怎么活着（游戏姿态），一个是为什么活着（工作姿态）。在怎么活着中包括锻炼身体与愉悦精神两类，而庄子的著作主要是后者——如何愉悦自己的精神。

把"无所待的绝对自由"这个梦想，放到"如何愉悦自己的精神"这个命题中去，你就会明白"优游"是怎么回事了。也就是说，庄子强调的是精神世界里的绝对解脱、绝对自由。只有如此，人的精神才可能愉悦，人的思想才可能优游，人活得才可能有趣味、有意思。

不是这样的么？懂得幽默的人长命，懂得生活乐趣的人长寿，笑口常开的人活得有劲，今朝有酒今朝醉的人挺乐，吃摇头丸的人挺狂……

人们不是总在想办法解脱自己精神上的桎梏么？不是总想让精神自由些么？不是更有一些人哪怕吸毒丧命也在所不惜么？

如果说我举的例子有点儿太极端，那我就举一点人们日常会体验到的例子：

诸位听马三立老先生的相声，笑得忘乎所以时……

——这正是精神上绝对自由的那一刻。

当我们看到一幅大师的画，一下子脑子里一片空白、茫茫然激动得不知说什么好时……

——这就是诸位到了庄子的无何有之乡。

霍金先生说他自己幸福的时刻是听音乐。但能令人终生难忘、能令人为之牺牲一切的最大的幸福，是他研究的成果被社会承认时、是他的《相对论简史》发行时，那种幸福是灵魂深处的、无限大的、无法言说的……

——成就感，这就是霍金先生得道之时啊，也是禅宗所讲的开悟之时。看来霍金先生和庄子追求的都是从北海到南冥，那种必须付出辛苦才能获得的幸福，不是小麻雀在草窠里窜几下的幸福。也可以说：精神上的优游别人是看不见的，于实际的生活中，他人只能看到霍金先生做大鹏之游与列子之游。如此而已。

贾平凹先生的愉悦是什么样子的呢？他说："写作的快感就是常常有飞来的灵感。突然在这儿加个这，在那儿加个那，这就是兴奋点。……水流着流着，流出个浪花，这是动笔前不曾想到的。写到这种状态，就特别高兴和痛快淋漓……"

——正因为没事先想到，才能使精神进入到绝对自由，才能使优游来得痛快淋漓。绝对自由来自绝对没有限制、没有框框，哪怕是自己设定的、美好的限制与框框。

斯琴高娃在谈到表演时说："很多角色，大的东西可以事先设计，但过分细腻的东西，千万不要去设计。……只要把握准了人物的脉络，就等于是狐仙鬼魂附体了，怎么演怎么对。……如果设计得太周到，反而扼杀了兴趣和灵感。"

——事先没设计、大处把握住脉络、细腻处万万不可设计，于是优游得附了体……这些东西怎么听怎么像是迷信？这种话真怕让卫道士们或一点灵气没有的大人们听见。但这又是真实的人生体验啊！这是一个人花若干年的时间亲身实践得来的珍宝啊！

以上就是庄子讲的"审美境界"里"绝对自由"来临时

的味道；是大鹏往南冥飞时，从九万里高空往下看时的心理感受……"野马也，尘埃也，生物之以息相吹也。天之苍苍，其色正邪？"你这时看斯琴高娃，只见她挺高兴而已，但她的那个高兴和你一生中所体验到的最高兴的高兴是一样的吗？你附过体吗？你来过灵感吗？你痛快淋漓地优游过吗？

打住，我们往下进行另一个话题：如何才能活得愉悦而有味呢？

首先是要学会精神上的无所待，其次是要提高自己的审美品位。不能一窜几尺就心满意足了，不能工作让领导满意了就自鸣得意了，不能学静坐坐得昏昏沉沉就以为是得道了……我们必须从宇宙与人性在本质上的联系处寻找美的真谛。

人性的本质说到底是泛宗教性的，人生于自然，必然与自然有这样那样的联系。

宇宙的无穷、无限、无极和神秘感，是与人思维及情感上的无穷、无限、无极和神秘，有着某种相通的神韵的。

宇宙所呈现的开放性，难道不是和人的思维及情感的开放性一样的诱人？

宇宙在时空上的复杂性与人在思维及情感上的复杂性，不是一样让人头痛？

宇宙变化的不可预知性与人生发展变化的不可预知性，都有着相同的恐惧因素。

宇宙依时间流逝有着混沌—秩序—混沌……的发展模式，这与人的智慧与想象力的发展模式奇妙地相一致。

宇宙在混沌中产生的"自组织现象"与人思维及情感中"突然大彻大悟"也太相似。

其实孙悟空就是联系宇宙本质与人之本性的人物，虽说是神话中人，但每个人心中都有或多或少的孙猴子气味。最起码每个人都做过梦吧，每个人都有自己的理想吧……

理想的本质是什么？是对宇宙无限的一种预测、一种期待；

梦是什么？梦是人于审美境界里，对美好进行追求的具体实践；

孙猴子气是什么？它暗示着人们对解脱和获得绝对自由的渴望，是每个人"优游"之气的体现。

多说无益，这个东西需要自己去品。

其实，当思维或情感升华到一个更加广阔的境界后，每个人都会有一种无边无际的亲身感受。如果我们能品尝到这种感受，那对生老病死的畏惧就会缓解，对喜怒哀乐的情绪就会有新的认知，我们就会不知不觉地对什么是美、什么是幸福、什么是永恒有了新的诠释。我想每个人在小时候都曾有过夜望星空的时候吧，那时你感觉到了什么？

咳！这种东西说不清道不明，咱们还是打住。

总之，庄子努力讲的，正是超越物质境界、伦理境界后，于审美境界中的一种切身感受——精神上的绝对自由。而这种自由带来的幸福与愉悦，是人生最高级的享受。

那这种人生体验、这种精神上的绝对自由有什么用呢？

我看有用。当然这也是见仁见智的事。有的人认为一生都没尝过附体，活得也不错。看来只有各自走好了，没办法。

但有一点是可以肯定的：一个人要想活得愉快而有趣，怕只是想想而已。这种东西装是装不来的，学也学不来、买也买不来。再说了，总这么想着，像是害单相思，神经兮兮挺让人害怕。所以我奉劝诸位还不如踏踏实实干点儿实事，干专一门、专到"成了精"。精到如同刚才咱们说的马三立、霍金、贾平凹、斯琴高娃以及解牛的庖丁一样。一旦你做到了别人所做不到的时候，你已经进入了一个很高的层次了。这时别人离不开你了，你也有益于他人了……此时灵感也经常来了，你也经常附体了……不定何时，你无意中发现自己早已活得十分愉快而有趣，常常不知不觉地优游了——你成了现代的庄子。

庄子为什么会在战国那个时代有这种感受呢？

这个问题，各评论家实在是讲了不少，不在此重复了吧。反正不能简单地说庄子仕途无门、行商无术，干什么什么不成，吃什么什么不香，于万般无奈之中，才选择了这么一条没出息又走不到头的路。这是你说的，凡懂得点儿艺术享受、懂得点儿审美意境的人，都不会这么说。当然，社会上有这种人，他们从来没有产生过灵感或内心深处突然悟到过什么，他们听相声不乐、一辈子不做梦、一看周星驰就烦……于是他们真的不知庄子在说什么。

到此为止吧。

至于庄子在文学上的手法，多是极度夸张。

他的文学风格，深受楚文化的熏陶，有着一种野性的激越和神秘的气韵。

而庄子在艺术欣赏时，要求人们远离功利，进行审美观照。

因为庄子在文学上的建树，不是我们的重点，所以按专家们的说法，抄袭了这么点儿，算是搪塞诸位，也请大家将就着看吧。

下面让我们看看本篇文章中的一些精彩之处（以每一个大段落为一章）。

第一章里，庄子讲述鲲鹏的志向，嘲笑了蝉与斑鸠，这是人所共知的内容。但我们应该把重点放在庄子漫不经心所讲的东西上，即要想成为大鹏，一是"水之积也不厚，则其负大舟也无力"；二是"小知不及大知，小年不及大年"。

这是什么意思呢？

庄子是说，要想志向高远，那不是说一说、想一想就能成的，一定要付出辛苦。如同我们说得那些成了精、附了体的名人们，他们不是哪家媒体炒出来的，是辛辛苦苦干出来的。正因为要长时期地苦干，所以"四十而不惑、五十知天命"，也就是一定要有足够长的寿命，才能知晓人生是怎么回事、大鹏是怎么回事。不能刚二十几岁，搞对象不顺心，就大谈什么人生啦、情感啦……那个东西不听也罢。

所以，活得不长，也没苦干，算是白来一世；

活得挺长，一点儿没苦干，基本上也算白来一世，庸才一个；

活得不长，苦干了一生，是悲哉惜哉，英年早逝也；

活得长，苦干了一辈子，那是人才，是至人、真人、圣人。

在论述官员不可自鸣得意的一章中，有句名言："至人无己，神人无功，圣人无名。"这句话最好不要理解成有三种人，一种不知有自己的人，是至人；一种不认为自己有功的人，是神人；一种不认为自己有名的人，是圣人。虽然从字面上翻译是这个样子，但庄子是在告诉我们——于审美境界里，一般可以分为三个层次，一个人可处于三种状态。

这就是：忘记自己的存在，为最高层次；不觉得自己很有本事，为中间层次；不觉得自己很有名气，为低层次。

我认为庄子的分类可能不太适合当代人的口味，但分成三等是没什么错误的，而最高级的审美状态也确实是"忘记自己存在"的状态。佛说"无我相、无人相，即可见如来"也是这个意思。而下面的两个状态只是忘记自己的成分递减而已，很难说是"忘记自己有功""忘记自己有名"这样的心态哪个高哪个低。诸位名称可以自己定，意思是"自我感觉逐级递减"就可以了。如有的人听马三立的相声，开怀大笑只一秒钟，马上四顾而归严肃，此时是三等忘我；笑了十几秒，抹去眼泪，重归严肃，是中等忘我；笑了近一分钟，想起来就偷着乐，这是一等忘我。

总之，忘我这种状态每个人都有，不论是听相声还是工作，只要长驻于此，就是圣人、神人了；烂熟此道，那是至人也。

肩吾与于连叔对话一章，有句名言叫"化腐朽为神奇"。这是于连叔讲的，是形容至人们的工作。其实这讲得就是要善于于平常之中发现乐趣，反过来说，也就是最大的乐趣源自平常。我们常说的"平常心""平平常常就是福"，其道理就在于此。

有的专家认为：你活在世上是不是幸福的，并不看你有多少财富，而是看你头脑里有多少"灰色情绪"。灰色情绪越多，你越不幸福；反之就幸福。那什么是灰色情绪？就是焦虑、担心、失望、恐惧、愤恨、不满、嫉妒……如何处理这些灰色垃圾？该专家认为要在自己头脑里建个垃圾站，把这些东西全扔进去就成了。说着容易做着难啊，怎么个扔法呢？江山易改，本性难易。要改这些东西，怕是非得按庄子所说的，先从世界观上入手，明白了人生后，才有改正的希望。如果觉得世界观这个东西太玄妙，那就从平常心入手吧。

做个平常人，怀着平常心。诸位可以试试。

全篇的最后一章，是通过庄子与惠施的辩论，来说明"大而无用"与"大而无害"这两个命题。惠施认为，人生不是为利就是为名，像庄子这样整天讲道学、讲德行而穷酸之极，是假大空的学问，是于社会于人类最没用的人了。而庄子认为只有如此，才可能避免各种灾害。而避免灾害是为了自己能常驻"优游"的境界。

作为辩论，都不免偏激。为人应该对社会有用，为己应该有更高的境界，两者结合得好，才是圣人。当然，像庄子那样不走门路、没有关系，又酷爱文学的人，还是在家"安贫守志"比较适合。

我曾听一个老教授讲：这个世界需要大多数人去搞市场经济，需要大家功利些、市侩些，这没什么不好；但这个社会也总是要有小部分人牺牲掉常人的一些观念，而潜心研究一些东西。他们是人类的精华，是默默无闻的精英。庄子就是这样的精英吧。但不能让每个人都成精英，社会更需要像惠施这样入世的人，为个人的欲望而奋斗，从而带动社会的前进。人类社会难道不是以人的欲望为动力的吗？

人类在进行智能创造时，是要付出巨大的成本的。

一个人一生的智能是有限的。所以，凡是能对人类文明做出贡献的个人，除了精于自己的专业、不学得太多太杂以外，还需要他付出比常人多得多的毅力与艰辛。在这里付出与贡献是成正比的。如果他把精力和时间用在太多的社交上，那将使大量的能量流失于灯红酒绿之中；如果他一点都不交际，又失去太多的生活机遇，他的思想将不会生动也不会鲜明。

在交际与独立思考上，所有的人类精英都有一个恰到好处的调节。

同时，只有天高地厚的时代才是人才辈出的时代。

这种时代的特点是：不需要人们付出太多的精力用在小家子气的什么斗争或什么理论的争辩与实践上……并且社会上要有为数不少的高水准的学术圈子，有为数不少的各种思潮的领头人。

也就是说：必须政策、气氛、待遇、希望全都到位，才有出大师的可能。

检查我们的中华文化，儒家告诉我们只有把个人放在集体中才有意义；庄子告诉我们想干什么就干什么才合大道；大侠们说忽略小节、率性而为、独往独来、笑傲江湖……

我看三者风范都要具备，何时用何招法，就看社会环境了。

说得太多了，到此为止吧。

人生一场戏，你要会演。否则别说大鹏了，连个小家雀你也当不成。

二 齐物论

[原文演绎]

有个家住城南叫子綦的学者，人们都称呼他为南郭子綦。这一天子綦先生练完气功，无精打采、四肢瘫软地靠在案几边上，望着窗外的天空叹气，好像没了魂一样。他的学生颜偃子游一见老师这个模样，大惑不解，轻轻走上前来说："先生您这是怎么了？练功只是让身体这个外在的形如同槁木啊，可今天您怎么连内在的精神也如同槁木了呢？别是走火入魔了吧……看看您今天靠在案几上的样子，就知道这和往常太不相同了。"

子綦回过头来看着子游说："颜偃啊，你的问题问得好啊，我这神如槁木的样子，正是练功又进了一个层次的表现。这种忘我的境界，是咱们气功的气定、形定、神定三个层次中的最高层次了，是出神入化的极致啊。今天我示范给你看，是希望你懂得万物如同气功，都有三个层次这个道理。比如说声音吧，大自然就有三个层次的声音：人籁、地籁、天籁。你听惯了人籁的声音，但未必听得懂地籁；听懂了地籁的声音，也未必意识到里面含有天籁之音啊。"

子游一听老师说万物都可以分成三个层次，很谦虚地求教道："老师，我想听听这个一分为三的道理。"

子綦打起了精神说："万物皆有灵性，是因为它们内部有气在运行，同时这个气还能生发出来。大地的气生发出来，就叫风。风不动则已，一动起来，就会吹得所有带孔和窍的地方发出声音。你总不会连这个道理都不知道吧？山岳之声，源自各个山峰的参差不齐、高低不同。而树木之声，是因为树干和树枝上长着各式各样的孔与洞。这些孔洞有的像鼻子，有的像嘴巴，有的像耳朵，有的像钟，有的像盂，有的像臼；有的深，有的浅。每当大地之气生发出风时，它们就激动、兴奋、愤怒，或吸气，或怒斥，或哭，或笑，或哀，于是发出种种声音。这些声音前后相随，左右响应。轻风时就是柔和的四重奏；强风时就是凝重的交响乐。而风渐渐停下时，大地的孔窍也全没有了情绪，安安静静。这时，你总不能说这个大地根本没出过声音吧，刚才树枝摇晃你看见了吗？"

子游说："老师，我既看见树在摇动，也听见了大地的声音。这个地籁，原来是地气运行招致大地的孔窍发出的声音；人籁，是人运气吹动竹笛或竹箫的孔窍发出的声音，那天的气与孔在哪里？我从没见过天有什么气和孔窍啊？那天籁是怎么发出声音的呢？"

子綦看了看这个缺少悟性的学生，说："天若有气，那就体现在万物有气之上；天若有窍，那就体现在万物有窍之上；天籁之音，就体现在普天之下所有的地籁、人籁的声音之中啊。是谁让人或大地的气在运行？在生成风？在生成情？在发出声？此不是天，又是谁呢？"

看着子游像是明白了的样子，子綦很高兴。加上他也从入静的状态中彻底地恢复了过来，于是他鼓起精神、拉开话匣子，给子游和我们讲出了如下的篇章——齐物论。

子綦说："我不管你今天是不是真的明白了，这问题以后再说吧，我们换个话题。告诉你，天下的人分这么两类：大智慧者与小智慧者。大智慧者，总让人觉得宽容大度；小智慧者，总让人觉得精确与小气。大智慧的人说话，总让人看到一个理论的左与右的两个极端，很全面；小智慧的人说话，总让人看到一个理论的一个方面，偏执地看不到另一个方面，同时执着地认为他总是对的。就拿这些小智慧的人来说吧，他们连睡觉时做梦都在算计着什么，醒来伸了伸懒腰，马上接着去算计、去计较，一刻不停地去拼搏。见到利益就冲上去争；见到危险就缩回头躲；遇到局势不明朗时，就掏出小本本潜心设计：这回该给谁打个小报告了？又该给什么官送礼了？怎么送？何时送？送多少？送到官太太手里还是衙内手里？抑或格格手里……一旦局势稍有点儿不利，他们就惶恐不安、烦乱浮躁；一旦遇到挫折，他们又万念俱灰、寻死觅活。在他们的一生中，因为算计得太精密、太周到，所以时时刻刻都要准备着向大大小小的利益发起冲锋，就像箭紧紧地扣在弦上，一辈子都不得片刻放松。因为利益能否取得，这在他们心里是大是大非的问题。也正是因为算计得太精密、太周到，他们还必须时时刻刻地看守住自己大大小小的既得利益，就像喝了鸡血盟了誓的邪教一样固执，一辈子都要双手抓住、双眼圆睁。因为利益能否守住，这在他们看来是抛头颅洒热血的生死大事情。如此的活法，使他们的精力迅速耗尽、生命迅速衰竭，就像深秋的万木在寒风里突然肃杀一样。他们永远沉溺于他们认为对和正确的理念里，他们永远生活在对物欲的追求上而不可自拔、无法教化啊。

为什么说他们没救了呢？那是因为他们认为自己一生都在上进、在奋斗，是一件值得歌颂的事情。

　　那他们的可悲之处在哪里呢？就在于他们永远不懂得精神的追求、精神的自由是多么可贵，永远不懂得一个人能独立地思考是一件多么令人心旷神怡的事情。哎！要想让他们回头，是不可能的了，这实在是聪明反被聪明误，害了卿卿性命。

　　其实这种小智慧者也不值得让我们去批评、去指责。喜怒哀乐、悲欢离合，故作姿态、戴着面具做人……这些人生百态，原本和声音出自风吹孔窍、菌菇出自潮湿的朽木一样的自然而然、真实不虚。既然是真实存在的，那何必分出个谁好谁坏呢？比如日夜相继，谁能说是先有的日，还是先有的夜呢？是谁生的谁？是谁好谁坏？谁对谁错？算啦！算啦！别在这里瞎费功夫了，日夜既然存在，那它们就是这么相生相克地一起生出来了。同理，大智慧者与小智慧者，也是这么一起自然而然地生出来了啊。"

　　阴阳相生相克、共同存在，这是自然的法则。没有阴就没有阳，没有阳那阴就无从说起。阴阳就是这么互为对象、互为矛盾，真不知这是谁造出来的。若是真有个造物主，那只能说他是上帝了，但这个上帝是找不着、看不见的。这个只见造福万物却不见踪影的上帝，正是佛说的大有情啊。可见真佛都在大有情地造福人类，他们是无影、无像、无照片、不搞个人崇拜、看不见、摸不着但可以感觉到的大自然之神。

　　人有上百块骨头、有九窍、有五脏、六腑……是这些器官共同组成了人。你说它们谁对人是最重要的？谁是次要的？你一定说它们都一样重要、缺一不可。这好比一个国家，如果大家都一样重要，没有一个比所有人都更显赫的领导，那大家都是佣人，是平等的。既然大家都是佣人，是平等的，那就各有各的分工，共同在治理着国家。一般人认为不论是宇宙、国家、还是人，总有一个上帝或皇帝在管理着，这种思维定式太陈旧了啊。当他找不出一个管理国家的人时，就认为这可能是每个人在轮流当皇帝，"皇帝轮流做，明年到我家"。其实大自然就是这么存在着，何需人为地加个什么皇、什么帝来管理呢？天道如此，地道如此，人道亦如此。

这个世上有这么一类道理，不管人们懂不懂它，都不产生什么或好或坏的后果。就像这万物，一旦它孕育成熟就生成自己的形状，到了它该消亡时那形状也就消逝了。而万物之间的争斗与亲和是谁都无法控制的，万物快速地生成和发展直到死亡也是谁都无法控制的。这当然太宿命论了些，太悲观了些，可这就是大自然的规律啊。你承认这个规律也好，不承认这个规律也好，你都要活一辈子。不管你学问多大、活了多少岁、怎么死的，都是一辈子，没有半辈子，依此法则，概莫能外。

虽然这个法则人人都知道，但大智慧者是身体力行悟出来的，所以活得不挑不拣，有滋有味；小智慧者是从书本上学来的，所以时时刻刻有挑有拣，活得很累、很悲哀。他们费心劳神地争着利益、躲着灾祸，就像一个物欲的奴隶而不见有什么建树。当他们老了、退休了，连当奴隶的力气也耗尽了的时候，怎么能不让人觉得可怜呢？比如吧，有的官员是白天文明不精神，晚上精神不文明。文明是他们的面具，精神是因为他们总在为私欲而奋争，如此而已。一旦他们老得没了精神，那个文明的面具随着退休也唬不住人了，这时，你说他们可怜不可怜？

凡是总认为自己能永垂千古的人，那本身就是个大讽刺啊。因为人死了，随着身体的消亡，他的思想也消亡了。一种不能活在他人和后人心中的思想和精神，怎么能千古呢？一个不把精力放在白天多为他人做点事上的人，他的所谓精神不是他一辈子最大的悲哀吗？

人生的意义到底是什么，从古至今没人能说得清。难道这个问题就这么茫然难懂么？是不是只有我在这里茫茫然，而有很多人早已清清爽爽了呢？不管怎么说，我们人类都是依靠前人和自己的经验来解决问题的，是从我们对客观存在的认识入手的。因为人人都有自己的实践、经验和体会。我们不可能完全抛弃自己的实践、经验和体会去判断和接受一个理论。咳，这事也难说，世上还真有完全不考虑自己的经验和实际情况就敢接受一个理论的笨蛋啊。这种不从实践和经验出发就敢妄下结论的人，如同说今天我要去越国，于是昨天就到了一样的荒诞不经。不以实事求是，而以虚无求是的方法，就算是水神大禹再世也会变成一个笨蛋，何况我这个既无名气，又无神气的人呢。看来，人生的意义是什么，还是要靠我们自己身体力行地去参悟啊。别人怎么讲，与我们的经验毫不相干；盲目地听从，只能是当一回笨蛋。

语言这种东西并不等同于空穴来风，语言是要表达一定意思的。但这个意思对不对，那又是另一回事了。有的人夸夸其谈，似乎讲得有点儿道理，又似乎没什么道理，他本人自我感觉好得不得了，像是在发布天大的真理。如果他讲得没道理，那就和一阵风吹响了一个树洞一样，只是出声了而已，他的嘴和那树洞、他的理论和那风声没什么本质上的不同。问题在于他讲得有没有道理呢？有？没有？是真知灼见的理论，还是风吹树洞？

在这个世上，最可恶的是真知灼见总是和风吹树洞在一起；坦诚的思想总是和虚假的造作在一起。这种风气自古至今，使风吹树洞代替了真知灼见，虚假的造作代替了坦诚的思想。风一样的大话空话可以明哲保身；虚假的阳奉阴违可以得到荣华富贵。换言之，是空话遮蔽了真话，是虚假遮蔽了坦诚。这不禁让我想起了过去的一件真事儿：古时候我们国家曾有过儒与墨这么两大家。他们天性怪癖，不论什么事、什么理论，一个说是，另一个就说非，总是对着干。也不管真的谁是谁非，那不关他们的事儿。他们党同伐异，一切宗旨就在于否定对方的是，肯定对方的非；一切的目的就是打倒对方。这就成了：凡是对方反对的，我方就要拥护；凡是对方拥护的，我方就要反对。结果理论界一片天昏地暗，不知谁是谁非，谁都是、谁都非，非是、是非、非非是、是是非……

别说真知灼见没有了，直落得个：既无树洞也无风，好一片白茫茫大地真干净。

任何事物、任何理论都含有阴阳两个相反的性质。如果有纯阴的东西，那纯阳的东西在哪里？如果有纯阳的东西，那纯阴的东西在哪里？难道我们真笨得要去找一个只有正面或只有反面的钱币，然后再把它们黏合起来成为能用的钱币吗？所以，真正的答案就在于：阴生出阳、阳生出阴，这才能成为一个事物或理论啊。

这种观念我们叫它方生之说。方生方死，就是说只要有生，那就证明这个人是要死的；一个人死了，那就证明这个人生过。方死方生也是同样的道理。推而广之：方可方不可，方不可方可；因是因非，因非因是……

这个道理虽然对，但这样推广下去，我们好像也成了儒家与墨家一样在那里打嘴仗，一下子也乱了套。说是的有道理，说非的也有道理，这种无休止的争论，全然失去了生活的真实味道。所以，懂得生活、珍惜人生的圣人们是不参与这种一个正方一个反方的辩论的。不是圣人们没时间，而是这种把正反两方剥离开的做法本身就幼稚可笑，也可以说这就是先把钱币一分为二，于是弄来两派专家讨论是这面重要还是那面重要。这种学问不作也罢。

在圣人们看，阴就是阳，阳就是阴；正就是反，反就是正。阴阳正反本是一物，它们随着空间位置的变化、随着时间长度的变化而呈现出不同的性质，怎么可以机械地、简单地分出阴阳而盖棺论定呢？如果一个事物和一个理论真的可以分出阴阳正反，那只能说明在空间维度上或时间维度上这个理论和事物在一定的时空范围内呈现出了阴、阳、正、反的性质而已。看来，明白事物或理论有着阴阳正反的变化，不简单地论定某个事物某个理论一定就是什么性质，站在不左不右、不上不下、挺中庸的这么个地方是最正确的了。这么说也对，但不全面。因为不明白这里面道理的才叫中庸；明白这里面道理的管这叫"道枢"。

道枢，就是老子所讲的大道的"眼"啊，是大道的最关键处。如果说中庸是一个尺子的中央，那道枢就是一个圆盘的圆心了。世道无常，儒家用中庸之道来明哲保身；道家用道枢之理来冷眼看世界。儒家认为这个世上有个左右之分；道家认为这个世界本是左右混元一气而成，世界本是合二而一的，如此而已。

当然，如果把圆心也算做个一的话，那事物就是合三而一的，我们看事物也应该是一分为三的了。因此老子说：道生一，一生二，二生三，三生万物。从混元一气的道家来看，这个世界处处有是有非，也可以说无是无非。凡持这种说法的人，正因为他站在道枢上。所以禅师们说即心即佛，也说非心非佛。在他们眼里，这个世界本无是非，本来清静。他们也是站在道枢上，但他们不是道家，所以管这个地方不叫道枢而叫：圆通、圆融、圆觉。

咳，大道全是一样的啊，只要站在那儿，就叫"一"。

我们知道道枢是什么了，知道它在哪里了，可是我们整天待在圆心那儿不动？这种道于我们的生活有何用呢？

要回答这个问题，让我先讲一个故事吧：有人用手指了指月亮说，天上有个手指，我双手长了十个月亮。有个赌徒认为筹码叫钱，钱叫筹码。如果大家都这么说，那就没什么不可以的。名称是随人的约定俗成而来的。如果我们的祖先一开始就这么称呼，那事到如今肯定人人都会说我们长了十个月亮，天上挂着个手指；我们天天炒股赚筹码好养家糊口……只要精神病医院不来抓我，我还敢说天地万物都叫手指，都叫筹码。

问题出在哪里了呢？手指与月亮、筹码与钱、肯定与否定……怎么全通用了呢？这难道就是老子讲的真理？这就是道家信奉的东西？那不是全乱了套了吗？问题的关键在于"行"啊。老子为什么写的是"道"德经，不是"品"德经？就是怕后人光开研讨会、光在那儿品头论足而不抬起腿实践啊。"道"，含有"路"的意思，更含有"行"的意思，不但理论是这样，事物也是这个道理。大道不去行，只是在那里研究与讨论，那就只能在好坏、左右、是非中纠缠。

论道而不行道，是静止不变地在看问题，虽然讲的也是大道，但草茎与栋梁、恶鬼与西施、宏大与藐小、精灵古怪与圣贤至人……全用道统一了去，这在实际生活中是行不通的。在实际生活中去行道，那就必然有了动的空间因素与时间因素。这时大道中的分合、成毁才是活生生的通达为一了。冲锋在前、逃跑在后；左手拿弓、右手持箭；求仙上山、找媳妇下山……这哪里有一切必须前、必须左、必须上、必须下的道理呢？所以，站在圆心、不偏爱任何一个方向、随着客观环境的变化而变化，该左时左、该右时右，这不叫中庸，而叫用道去行。只有这样，大道才有用处，才能对人有所得。当你行道到了很自觉而成了下意识的行为时，你就是得道的圣人了。

成不了圣人的人，实在是认为天下只有一个真理而不承认与其相对的东西也是真理，这叫"朝三"。什么叫朝三呢？这是说有一个养猴的老人，一天他对猴子们说："我每天早上给你们每猴三个栗子，晚上四个，怎么样？"猴子们一听，龇牙咧嘴大怒。老人马上说："那每天早上四个，晚上三个怎么样？"猴子们一听全乐了，"吱吱"地叫着表示同意。

猴子们不懂道，他们认准了先吃四个再吃三个是绝对真理，于是固执地拒绝任何变通。而这个老头儿是大智慧者，他懂道，他懂得顺其自然。该用四时用四，该用三时用三，既让猴子们乐意了，又稳稳地当好了它们的主人。圣人就是这样的啊，他们没有一个必须是三或必须是四的成见，顺应众生的喜好而教化众生。看来，有左有右是为正道，有善有恶是为人性，有佛有魔是为社会。在人的一生中，能掌握运用左与右这两种办法的人是圣人，这办法叫"两行"。

所以，论道者，只论及道枢，好像一个缩头藏尾、是非不分的躲在圆心处的人，什么也干不成；而行道者以道枢为车轮的轴毂，以上下、左右、好坏、善恶、三四、四三、不三不四、不四不三为辐条做成车轮，让这个车轮转动起来，载着他们行于人间大道。

古人运用天地人为一的原则，通过冥想自己的身体而去认识宇宙，有的人达到了很高的境界。为什么这么说呢？因为有的人参悟到了宇宙未生成时根本什么都没有，一片虚无，这就是最高境界了啊。其次，有的人参悟到了宇宙生成后的情况，那时万物生长，但还没有人类，没有人的认识活动，这也是很高的境界了。再其次的人参悟到了人类出现时，那时宇宙中已经有了人类的认识活动，但这个认识活动很原始，还没有产生是非观念。这也算是高级的境界吧。

是否是高级境界，标准在于你是否领悟到事物的原本状态是没有是非观念的。凡认为无是无非的，那就是高级的状态，为大道；凡认为有是有非的，那就不是高级的状态了，大道已被破坏了。为什么这么说呢？因为大道是不偏不倚的，而是非观念是有所爱有所憎的，是对事物有拣择的。也可以说大道的亏损产生了是非，产生了爱憎。

可是问题又来了，人是应该生活在无亏损又无爱的大道中，还是应该生活在有亏损有爱的非道中呢？我们举个例子吧，这就好像是过去的昭氏琴师，如果他奏琴，那就有音的高低和强弱，有曲调的铿锵与委婉。显然，这里就有了人为的好恶与拣择，虽然这叫艺术，但对大道来说是有损的。如果他不奏琴，那就没有高低、强弱，没有人为的好恶与拣择，也没有艺术了，大道也就无损了。

昭氏的演奏艺术、师旷的作曲技巧、惠子的辩论能力可以说是他们各自行业中的高手了，他们的才气与名气一直流传至今。他们试图用所长把自己和他人区别开来，这一点他们做到了；他们试图用自己的所长使大家明白——生活就是艺术，艺术地生活是在大道的亏损时才完成的——但这一点他们没做到。

不是他们不想布道，而是这种布道的办法太冷峻、太偏颇、太阳春白雪，大众不能理解。于是他们的愿望连同他们的艺术也消逝了。他们的子孙没明白这里面的关键，一味地学他们的父辈，一路阳春白雪地偏颇下去，所以也一世无成。

如果有人认为他们用艺术诠释大道是成功的，那我在这里大讲一分为三也是成功的；如果有人认为他们这种做法是失败的，那什么才是成功的呢？我们不能责备人民大众的不理解，我们只能责备自己的方法太脱离实际。所以，圣人是把大道寓于最平常的生活之中的，以平常心见道。而这个平常心就是：不要拘泥于大道的成与损，不要信儒家的什么礼与仁，该怎么活着就怎么活着，该爱就爱、该憎就憎，该说是时说是、该说不时说不，这样反而是行道。

天啊，理论上认定大道是无损的，而生活中要行于有损的大道，这正是大自然的法则啊，明白这个叫"明道"。

我这里啰啰唆唆讲了这么多，是不是也在脱离实际地瞎玩理论呢？如果和昭氏他们相似，那就是一类人了，和他们一样的白费工夫了。咳，虽然这样，还是请诸位接着听我瞎侃吧，因为我只会天马行空地瞎侃啊。

好吧，我们接着说。理论上的道是静止的，是空无的；生活中的大道是运动着的，是有与无交替出现的。一个事物，比如宇宙吧，它是真实存在的，但它源自于大爆炸前的无，也叫"奇点"。这个奇点是质量的无穷大、空间的无穷小……所以大得过分了，物极必反，干脆叫无。正是从奇点的"无"发生了大爆炸而产生宇宙。

让我们沿时间的单向坐标上溯，定然有大爆炸前的"有"，我们叫它"前宇宙"；再上溯，定然有产生"前宇宙"的"前奇点"的"前无"；再上溯，定然有产生"前无"的"前前有"，也就是"前前宇宙"……我讲的这些大家可能认为真的是瞎侃，定会说哪儿来的那么多的前前前啊？这纯粹是无中生有嘛。我告诉大家，正是无生有、有生无，再无生有、有生无，再……它们沿着时间的流程和空间的膨胀展开，永无止境……

算了，这反正是我的看法，你们是不是不相信这种有与无的说法呢？听其自然吧。

说点儿具体和实际些的例子。

我说天下最大的东西是鸟兽身上毛发的尖端，而天下最小的东西是泰山，这是从空间上看；我说刚生下来就夭折了的孩子是长寿的，而活了八百岁的彭祖是短寿的，这是从时间上看。如何？你能说我说得不对吗？不能！因为我这不是疯话，而是我所做的参照物不同，得出的结论就不同。以基本粒子比毛发，后者大；以宇宙比泰山，后者小。以闪电的存在比孩子，后者长寿；以月球的年龄比彭祖，后者短命。换言之，一切空间时间的大小长短，都只能是在相对比较下存在的，不是绝对的。没有绝对大、绝对长的东西。

我们的思维也是相对的，一旦我们的思维超出了相对，进入到绝对中，是什么样子呢？那你就会感觉到天地与我共生、万物与我为一。既然为一，也就没有有与无的分别。

反之，当我们从绝对回到相对的现实中来时，你会体悟到一生二、二生三、三生万物……直至事物生发到无穷大、无穷繁杂。所以，我们可以总结说：事物全是从无生出来的；这个出生的过程是一分为三的；再从三生出……好了，就讨论到这里吧。

当事物发展到无穷大时，我们根本无法进行讨论，只能一切顺其自然了。真的要想弄明白无穷大是多少？有这种笨蛋吗？

林子大了什么鸟都有，也许有吧。

既然我们生活在这么一个无穷变化、无限复杂的宇宙中，而且这个宇宙仍然随着时间、空间的流逝与膨胀在发展着，那么，寰宇内就不可能有到了顶峰的定理，也不可能有再也不用变化而永远正确的理论。没有理论的引导，没有定理的依靠，这显然让人觉得活着太被动、太没谱了。谁也不知明天会发生什么事儿的活法，又实在让人提心吊胆。为了尽可能多地掌握人类的命运，争取人类生存的主动性，我们可以做的是把我们的研究方法进行分类，使之能尽量准确地预测未来。

这八种方法分为四对，为：偏左的，偏右的；偏理论探讨的，偏实践经验的；有从时间上纵向研究的，有从空间上横向联系的；有独立思考的，有百家争鸣的。此为"八德"。

在上下前后左右这六合之内的地球外，有什么学问要研究是天文学家的事，圣人只管社会科学和人文科学，不管自然科学的那一段，顶多是听听而已。可是六合之内的有关人类的事，就是圣人们管的这段了，不能只是听听那么简单了。圣人听到问题后，要向人们讲解一些道理，但不能引起人们的争论。对于历史上的前辈先贤们，圣人可以采取批评态度，但不能进行比较。为什么有讲解与不争论、批评与不比较这些不同的做法呢？这取决于圣人对人们的爱护啊。讲解与批评可以让人学到好的东西，摒弃坏的东西；争论与比较容易引起自我炫耀，偏执地听不进对方的意见。

据此引申，可以说越是接近真理的大道，越不必宣扬；越是大声争辩的东西，越不见得有什么道理；真正的仁慈，未必是人们认为的满脸的笑；真正的谦虚，并不是从不说"不"；真正的勇敢，也不是人们想象的那样一副凶巴巴的样子。为什么会是这样子呢？这是因为真理越是被说得堂而皇之，就越被束之高阁而脱离了实际，成了假大空的玩意儿；仁慈的泛滥，养就一帮匪类；事事处处谦虚的人，多是真的腐败分子；号称勇敢的人，差不多只长拳头不长脑子。

我这么说有什么道理呢？因为所有的事物与理论都是在两个不同的极端内才成立的，是在两股不同的力的作用下才是正确的。而以上五种人，他们为人处世只知向一个他们认为正确的方向发展，完全不明白、不认可、不顾及另一个极端在平衡着他们的理论。这好比把车轮做成方的，怎么可以行于人生的大道呢？

所以，为人处世要在两个极端内知道自己该在什么地方停止，该在什么时候换一下方向。比如：准备高考，要在用脑子这方面多一些；放暑假，要在放松大脑多做体育锻炼上下些功夫。一张一弛，文武之道是也。只有这样的人，才能在生活和事业上发挥出自己最大的潜能。

谁能理解这不争辩的理论、不张扬的大道呢？若有人能理解，那他简直就是到了天堂了。他的智慧和能力将取之不尽、用之不竭，这些智慧和才能如同神助，自己都不知从哪儿来的。他具有了一个人最宝贵的、含而不露的、从身体和灵魂深处洋溢出来的光彩啊。

古时候的一天，尧帝对舜说："一想起要讨伐宗国、脍国和胥敖国，我面南坐在大殿上心中就不安，你说这是什么原因？"

舜回答说："这三个小国都处在穷乡僻壤，而他们的国君就像躲在草丛中度日一样的艰难。如果这时天上一下子出了十个太阳，把草木全晒枯萎了，那他们连保命的地方都没有了，死定了。而您作为一个大国的国君，没用仁德去加佑他们，反而打算用武力来解决他们，您的这个做法比那十个太阳还要过分。"

舜作为臣子，没好意思直接说出尧不施德，所以才心里不安这个道理。我看这个舜更没胆子说尧无道。尧只知暴力而不知施德，是为不懂大道是这两者的组合啊。

那什么都忽左忽右，不是让人琢磨不透了吗？这世上难道就没有一个大一统的标准？说到这个问题，不禁让我想起另一个故事：

尧帝时期，有个叫啮缺的人向他的老师王倪请教说："老师，我听人家说万物都有一个统一的是非标准，这是真的吗？"

王倪回答："我讨厌这种学问。"

啮缺道："这么说，先生也有不知道的事情了？"

王倪又重复了一遍："我讨厌这种学问。"

啮缺说："先生无知，难道万物也无知吗？"

王倪看了看这既固执又无悟性的学生说："虽然我讨厌这种学问，但我可以这么试着回答你，回答一个问题可以动一动嘴说知道或不知道，这似乎挺有老师味儿的，但凭什么能证明老师说知道时是不知道，而说不知道时是知道呢？

记得我曾问过你，人总睡在潮湿的地方会得风湿病，那泥鳅为什么不得风湿？人爬上树就会感到不安和害怕，那猴子为什么不害怕呢？你认为在人、泥鳅、猴子，这三者里，是谁选择的居住处最好，能拿来做一个大家必须遵守的安居标准呢？

人类以豢养的家畜为食，麋鹿以草为食，蜈蚣以小蛇为食，猫头鹰和乌鸦以鼠为食，你认为在这几种生物的食谱中，是谁选择的最有营养，能拿来做一个大家必须遵守的饮食标准呢？

猴与猿相亲，麋与鹿交友，泥鳅与鱼在水中寻欢。毛嫱与西施是公认的大美人，人见人爱。可鱼见了她们就沉入了水底，鸟见了她们就飞入林中，麋鹿见了她们撒腿就跑。不是让她们的美给比得不好意思了，那个沉鱼落雁、闭月羞花纯粹是瞎说呢。这些鸟啊鹿啊，是怕这二位把它们抓住做成佳肴啊。你再说说这母猴、雌鱼、母鹿、毛嫱与西施，谁才是真正最美的，能拿来为所有人和动物做一个大家都必须遵守的搞对象的标准呢？

依我看，在这个世界上为所有的生物找一个仁义的标准、是非的标准，实在是太繁杂了，可以说繁杂到根本不可能。因此，有些所谓的君子和一些什么动物爱好者，刚从餐馆里吃完大餐，抹了抹嘴走到电视台镜头前一脸的酸文假醋、满嘴的种种标准，真是让我讨厌极了。我最不想听的，就是这些什么普天下通用的仁义标准。"

啮缺听了一愣，马上说："老师，看来您是不知道兴仁义有利，灭仁义有害这个道理了，可是得道的至人也不懂这利害么？"

王倪道："至人，因为得道了，所以神得很。天气热得连湖水都烧着了，他们也不热；所有的江河湖海结了冰，他们也不冷；雷电把大山劈开、狂风把海水卷上天，他们也不惧。为什么会这样呢？因为他们早已是行于日月云气之上的神人，早已属于畅游四海之外的神人了。他们不存在凡人的生死问题，哪里还关心凡人的什么仁义、利害和标准呢？"

又是左右不定，还没有标准，这道家可太深奥了，怕是十个人有五双学不会。而毕业了的博士和当老师的圣人该是什么样呢？为了解答你这个问题，我再讲一个故事吧：

孔子的学生问隐士长梧子说："我请教了不少有学问的人，他们都说圣人之所以是圣人，是因为他们不从事俗务，不为自己谋利，不避讳灾害，不给权势送礼求个什么，不朋比结党弄关系网。圣人有时没说什么，但他们的风采和行为让人感觉到比千言万语都顶用；而有时他们讲了不少东西，我们听不懂，就好像什么都没说一样。看来，他们的精神境界和思维方式跟我们大不一样，那真是凡尘之外才有的啊。我的老师孔夫子认为这种圣人根本不存在，走关系、送礼、弄关系网的事儿，凡是中国人都必须干。所以，说有这种圣人全是在胡说八道扰乱视听。可是我前思后想，总觉得中国这么大，应该有也必须有圣人，他们的行为也确实是那样的。但是老师一口咬定没有……谁对谁错我吃不准，所以请您说说是我老师孔子说得对呢，还是我猜测的对呢？"

长梧子想了想，说："你刚才讲的关于圣人的事儿，就算黄帝听了也是半信半疑啊，孔子何德何能，他那点本事哪儿能明白这里面的道理呢？我看你对答案要求得也太急了，就像看见鸡蛋就要求它马上变成鸡能啼叫，看见弹弓就要求打下个猫头鹰马上吃它的肉一样，这可不成，凡事要慢慢来。

今天就算我瞎说，你瞎听吧，别太认真。

怎样才能把太阳和月亮放到一起？怎样才能左右宇宙？看来谁也做不到，圣人也不成。圣人之所以是圣人，因为他为人处世的道理在于一切按自然规律办。他们不太重视人为的杂乱的事物，平等地看待自然与人，从不妄想谁管着谁、谁战胜谁。而众人正相反，总要领导谁一下、整治谁一下、争夺个什么东西，所以显得忙忙碌碌。相比之下，圣人就显得迟钝和反应慢得多了。

那圣人们慢腾腾地在干什么？

他们在宇宙这个大尺度上看问题、在人生这个宏观角度上看问题，于是把万事万物的一阴一阳的变化看明白了。

明白了什么？明白了一阴一阳、一正一负为宇宙；

明白了一生一死、时好时坏、有喜有悲为人生啊。

悟到这种大智慧的人，处事就圆融、圆通，就是圣人了。他们不再急着去挑什么、捡什么，风来好凉、雨来好爽，如此而已……天要下雨、娘要嫁人，没法子，怕也没用。所以显得慢腾腾、傻乎乎的，一点儿机灵劲儿都没有。

以上就是圣人大略的样子了。"

懂得齐物论道理的人，真的可以左右于一个观念的两端吗？这不是以自己的后者在否定自己的前者吗？否定自己是很痛苦的一件事啊。

是的，但圣人总是在否定自己啊。

我问你，你怎么能知道贪生的人是不是得了精神病？你怎么能知道怕死的人就如同从小跑到国外而总不想着回家的人一样呢？

在丽国有一块叫作艾的封地，这个封地的长官姓姬。他的女儿太漂亮了，所以被晋国国君抢了去。在被抢去的路上，她连哭带闹，弄得衣服都湿了。但当了娘娘，同国君共眠一床、共餐鱼肉，那个美就别提了。于是她又后悔了，后悔当初傻乎乎地哭个什么劲？连衣服都弄湿了，真够丢人现眼的。我怎么能知道死去的人是不是也后悔当初那么贪生呢？后悔整天打美容针、吃法国药、烧香礼佛、求神弄鬼那么丢人现眼呢？

梦里高高兴兴饮酒的人，醒来后悲悲切切地哭了；梦里悲悲切切流泪的人，醒来后兴高采烈地打猎去了。在梦中的人，并不知道自己在做梦。有的人在梦里还在占卜过去梦到的东西是凶是吉，醒来发现自己是荒唐上加荒唐，可笑中加可笑了。

是不是把我们过去犯错误时的生活也可以说成是梦呢？看来是可以的。

生理的梦与人生的梦它们的区别在于：梦时不知是梦，醒来后知道是梦；而生活是活生生的真实，不是梦。

生理的梦与人生的梦它们的共同之处是：梦中认为真实的，醒来发现是假的；生活中认为是正确的，但被以后的实践证实过去的活法是错误的。

所以，从否定过去的经验这个角度上说：一个人有做梦的梦，有生活的梦。我们不是常常在认识到自己的错误时，大喊如梦方醒么？有的人不是在临死时说人生如梦么？

否定梦而肯定现实的人，是常人；

否定自己过去的人，是圣人。

好了，我们看看周围的人们，有时时在警惕自己是否生活在虚假中的智慧者；有只把梦当成虚假而认为生活是真实的笨蛋。大智慧者用脑子思考人生与社会；笨蛋们用嘴大侃自己的梦多么有趣，梦中找了多少老婆。更可笑的是这些笨蛋还总爱侃人生、信仰、理想。拿这话骗骗小姑娘还可以，一旦把自己也骗了进去，那只有等死前大骂人生如梦了。

你以为这些笨蛋都只能是草民吗？错了，官越大越笨，直笨到皇帝那一级。你的老师孔子和你都在做人生大梦，连我也是这样的啊。孔子和我的见解根本不同，为什么却都是梦话呢？这就是吊诡。

吊诡，也就是悖论啊。你说梦是假的，这不是吊诡；可是说生活是假的，这就是吊诡了。因为真实的生活就在我们面前，所以它是真的；但我们真的是活在真实里吗？当我们老了的时候真的认为今天我们的生活是真实的吗？否定的可能会更大一些吧……

算了，既然是悖论，我们今天何必在这里再议论下去呢？也许一万年后遇到一个大圣人能说清这个悖论。也说不定一会就能遇上一个这样的大圣人。谁又知道呢？这就是生活啊。

如果你不想等什么圣人，非要和我辩论，那不管出现什么结果，又有何意义呢？好吧，就算你说人生无梦的观点胜了，我所持的人生如梦的观点败了。可你真的胜了吗？真的人生无梦吗？不否定过去的观点的人，他的一生还叫人生吗？他不是永远活在十几岁里长不大吗？

　　反过来的道理是一样的，我真的胜了吗？人的一生真的是这么虚无缥缈的吗？我们的爱真的是虚假的吗？我们对国家的忠诚真的是在骗人吗？

　　如果说我们两人之间有一个人肯定是对的，另一个人是错的，那谁对？谁错？

　　也许我们俩都是对的？或都是错的？是不是我们都太偏颇了，应该找个人来当裁判？但找谁呢？是找向着你的人呢，还是找向着我的人？不成，这样就太不公平了。

　　那找一个对人生没观点、没看法的人来，可是这种人有这个能力当裁判吗？

　　要不就找一个既同意你的观点，又不反对我的观点的人来吧，但这种和事佬敢得罪咱俩而判定谁对谁错吗？我看算了吧，你、我、他谁都不能在悖论里辩出个什么对错来。我看别靠他人，只有靠自己。这叫如人饮水，冷暖自知。也叫言语道断啊。

　　人世间越是大而深远的人生哲理，就越不能讨论它，更不能让辩论双方拉开阵式，找专家当裁判来炒作它。这样干只能是越弄越空洞、越来越华而不实，误国误民是早晚的事儿。

　　对于人生的道理，人们只能独自感受它：感受风风雨雨，感受大自然变化的魅力，感受一切真实与虚假的变幻，感受人生的美好……顺其自然，不可言说，不可言说……

　　有这种体悟的人，才能过好他的一生啊。他这叫活明白了，叫享受人生。

　　怎么才叫顺其自然了呢？

　　你认为一个事物是好的，那你必须明白有人认为他是不好的。这没什么可大惊小怪的，更不要和那个认为不好的人争个你死我活。为什么呢？因为你和他都在随着自己的本性说话，各自按自己的味道在生活，一切挺自然的。这里没有是非的争辩，只有各自的生活啊，请不要破坏这种自然，请不要破坏各自的生活。同理，如果在你生活里遇到顺利的时候，你必须明白它预示着不顺的因素。所以当逆境来临时，别和自己过不去，整天愁眉苦脸的。小心老婆跑了、儿子走了，自己还得上了癌。

站得高点儿、看得远点儿，不要留恋于过去，不要纠缠于是非中。当你的思想意境达到一个天高地迥、无限广阔的境界时，你发现你已经真真实实地生活在那个时空里了。

你已经顺其自然了。

顺着个什么，不是很被动么？人的主观能动性哪儿去了？

我最后再给你讲个故事吧：白天，人在太阳下就会出现影子。而影子的边缘是很虚的，模模糊糊的，它叫罔两。人一动，影子必然跟着动；影子一动，那罔两肯定也跟着动。本来这是挺自然的事儿，可是一天罔两生气地质问影子："我说影子大哥，主人走，你就走；主人坐，你也坐。这么跟来跟去的，你不累吗？你是不是太没独立性啦？是不是太奴性而没有气节啦？"

影子说："罔两老弟，别一张嘴就用奴性啊、气节啊来违反自然规律吧。我之所以能存在，正是因为我牢牢地跟着主人才成为我的。其实谁不在跟着别人呢？我的主人他也必须跟着别的什么东西，才成为人的啊。比如跟着节气种田啊，按年龄娶媳妇啊，难道让咱的主人喝西北风？让他老人家打光棍没后代？就说我吧，难道让我依附在蛇蜕的皮或蝉的翅膀那样透明的东西下面？它们根本挡不住阳光，形成不了影子啊，那我不是没了吗？你这不是害我吗？而且连你自己也受害了啊。

因此，我之所以是影子，你之所以是罔两，正是我跟着主人，你跟着我的缘故啊。可大自然为什么这么安排？我不知道；为什么不换个方式来安排？我也不知道啊。"

好了，咱们就说到这里吧。

总之，人生的大道理是不可言说的，但变化是肯定的、绝对的。没办法，再给你讲个故事吧：很早以前，庄子曾做了个梦，梦见自己变成蝴蝶自由自在地飞着。他那得意劲儿别提了，根本不知道庄子是谁。一会儿，他醒了，浑身上下看了看，哪儿来的蝴蝶啊？还是自己庄子啊。过了很长时间，庄子都在思考一个问题：是庄子做梦变成蝴蝶真实呢，还是蝴蝶做梦变成庄子真实？反正一个庄子、一个蝴蝶必有一个是真实的，不可能两个都是真实的。

其实庄子那时还没得道，所以整天在死钻牛角尖儿。后来庄子老了，得道了，也明白这里面的道理了：人生时而是，时而非；时而逆，时而顺；时而佛，时而魔；时而庄子，时而蝴蝶……

所以，变化是事物发展的真实；非认定一端食古不化，那是个什么东西？

[延展思考]

《齐物论》是庄子三十三篇的第二篇。如果说第一篇的《逍遥游》是庄子的理想与志向，那这第二篇就是支持其理想与志向的理论了。

我想，大凡有信仰、有理想的人，恐怕都是先于感性上有个理想的目标，然后再于理性上确立其理论的吧。也就是说先有信仰或理想，再找理论来说明它的唯一性、正确性与伟大性。当然，我说的是某个理想派别或学术门派的创始人，不是门徒。因为门徒得先从诸子百家的文集中学习理论，认为哪家的理论比较好，才投身于哪家门下的，这是先有理论，再有门徒。这和先有开山祖师再有理论是不一样的。

既然庄子的理想是于审美境界里的优游，那他的理论就要为这个目标服务。于是为了这个理想，也须从两个方面进行论述：第一，绝对自由是否可能以及它的作用；第二，这个绝对自由如何在人世间施行。

下面我们就从本篇分章来看一下庄子是如何论证的。

第一部分，庄子通过子綦与子游的对话，把万物分成了三个层次：地籁、人籁、天籁。地籁暗喻着客观的历史，人籁暗喻着社会风气，而天籁就是造成地籁与人籁能够运行的"精""气""神"。

每当社会变革时，各色人等望风而动、招降纳叛、设立门派、各自成为一家之言，闹得沸沸扬扬、不亦乐乎。但庄子认为所有观点与学派的产生，全是来自人的精气神。所以，一切争论的动力与来源，都是——精神的绝对自由。当没有人为或社会的束缚时，便产生了精神上的自由；有了精神上的自由，才可能出现这么多学术门派与思想界的大论战。而精神的自由度越高，越是接近绝对的自由，学术思想越丰富，越多彩。庄子就是这么轻松地指出了精神自由产生的时机与其功能。

同时庄子还提出一个连当代人也应该注意的论点：任何一个理论，都处于左右两个极端的谬论之中，它本身也具有正确的一面和错误的一面，而正确与错误是随时间与环境变化而不断转换着（庄子把这比喻成：理论的极端是车轮的轮边；理论的主体是车轮的辐条；所有理论归结、消逝于轮轴处）。如果不看到这一点，肯定会从正确走向荒谬。看来儒家的孔子与道家的庄子也是两个偏向极端的东西了。所以，坚持自己的原则，但又不可固执；时刻警惕自己的论点现在处在何处、将走向何方。是将走向极"左"的错误？还是走向极右的错误？它在何种范围内才对于当前的社会有积极的作用？

为什么会是这样子的呢？因为万物都是阴阳相生相克而组成的。阴阳是一切的根本，在它之前只有混沌，没有上帝。混沌之外仍是混沌……在这里，庄子引进了"无限"这个概念，这不能不说是巨大的进步。庄子把"无限"看成是"绝对"的，所以"绝对自由"也等于是"无限自由"（庄子认为这里就是轮轴了）。同时，无限也是大道的特点之一，虚无、无极、无穷都是无限的别称。因此，大道就两个东西：无限的阴与无限的阳。

于是又引申出一个理论：阴阳平等、万物平等。

第二部分，讲阴阳平等。

阴阳平等，是说我们对阴、对阳都应该一视同仁地看。虽然随着时间、地点不同，会有阴阳的不平衡——只有不平衡才会有社会的变化与前进；但总体上阴阳是平衡的——也只有阴阳平衡，才会造成社会于某阶段或局部产生不平衡。

万物平等的观念，可是说是庄子对大道的尊重。他并没意识到自然界万物都是自然界的主人，他仍认为人才是天地间最有灵气的东西。但出于万物都是从大道生出的，所以一个娘的孩子，理应平等看待。他的平等观是和咱们现在的平等观不相同的。庄子的平等观，不但含有人与人、人与物的平等，更含有美与丑、善与恶、好与坏、阴与阳的平等。这虽然有些不近人情，但庄子认为要懂得大道，这种平等观是必须确认的（也就是所有的车辐条都要一样的长，这样才能组成圆的车轮）。

庄子的齐物论，有两个含义：一个是万物平等的含义，一个是万物源于"道一"的含义。而万物平等、阴阳平等这个含义只是一个台阶，庄子是要从这个台阶走上"道一"之路的。而"道一"的概念又是为"道枢"服务的。庄子把大道比喻成一个车轮，而道枢就是车轮的轴——即圆心（所有的车辐条都要汇集到这里，所有的理论都要归结到这里，万物也生于此，消失于此）。

庄子认为孔子的中庸之道，是一个直尺，中庸的点只是直尺的中间，这显然是呆板得很，并且它是静止的、不可能做到的，在丰富多彩的生活中总是站在不左不右的中间，实在是累人且不可能。而道家的"圆心"不是静止的，而是在流动的时间长河中不停地转动着的。车轮不是总在时间的大路上滚动着吗？不是总以这一点、那一点……无限多的点来接触地面的吗？而车轮的车轴不是永远在中间吗？这样一来，道枢就不再是一条直线上的不左不右，而是一个平面上的中心了。

可以说庄子比孔子进步之处在于强调了流动性。

这是老子"道在通流"的发展。

在讲平常心即道的一节中，有一句很关键的话："为是不用而寓诸庸，此之谓以明。"这句话的意思是："明了道枢这个原理后，并不是把它当作理论供起来，而是要把它应用到世俗的生活之中，这叫明道。"庄子是说：儒家的中庸只是理论上的事情，万事你都不可能站在不左不右、不前不后的一个位置上，这在实际生活中实在难办。而道枢则却可以运用于生活中。

怎么把道枢的理论运用于生活之中呢？这个问题庄子没明讲。

其实就是该干什么干什么，不要计较现在是善这一点接地，还是恶这一点接地。善恶是非，总要轮番出来，前后左右，总有大头朝上和大头朝下的时候，这才叫社会进步；性善性恶，人皆有之，喜怒哀乐，谁也躲不过，这才叫人性。事物左时，你不要怕，马上它就要右了；事物右时，你不要急，马上它就要左了。时运顺了，你就春风得意；时运不济，你则蓬累而行。这是老子在《道德经》中讲过的圣人处事之法，庄子在此运用得得心应手。

从大的尺度上看，事物是一直向前发展的；从具体事件上看，有的事情办得靠左，有的事情办得靠右……左左右右，就是直走。我们人不也是分左右脚一左一右地在走吗？两脚一齐向前蹦，那不是僵尸吗？

至此，庄子走出了这样一条论证的路：宇宙是无限大的——这个无限大含有无限大的阴与无限大的阳——阴阳的无限说明两者的平等（等量与作用相等、性质相等）——阴阳源于"道一"，道一就是一个车轮子——阴阳善恶是车辐条，而道枢是车轮的轴——当车轮行于生活之路时，我们不要只看到阴阳分别在上或在下、在前或在后。因为车轮是转动着的，这个前后上下的位置是不停地转换的，而不动的只是圆心。圆心总是与地面保持着半径的距离，与地面平行前进的——于是，大道的真谛在于：一是阴阳不停地前后上下换位；二是圆心的直线前进。

至此，庄子完成了他"道枢（圆心）通天"的理论。通天之处的道枢，也就是可以优游的精神的绝对自由了。在那里各种理论、各种事物全复杂到无穷多、无限大，反而变为了零。所以，生活中具体的善恶、美丑都是暂时的，人们不必人为地加以干涉。因为它们总在转换，形同车辐条与轮边。

随后，庄子又为我们引出了"相对主义"。这"相对主义"是评论家们给起的名字。我不喜欢这名字，但"相对论"这个词又让爱因斯坦占了，所以只好将就着用它吧。

相对主义，说的是万物由阴阳组成，有阴才有阳，有阳才有阴；无阴即无阳，无阳即无阴。推而广之：有大才对比出小；有长才对比出短；有美才对比出丑；有善才对比出恶……一切都是在相对比较下才成立的。相对主义从现在的眼光看实在是不怎么先进，但在两千多年前的战国，却是极先进的一个哲学概念，它已经含有了朴素的辩证关系。

庄子的相对主义大意是：一切没有绝对的东西。一切都是平等而有用的（车辐条都是两两相对的，都一般长，都不可少）。

引进万事万物都是相对的这个概念，庄子的用意是：不要为阴阳大小着急，一切都由老天爷安排好了。地球诞生 50 亿年了，最起码有 49 亿年没让圣人、领袖、伟人操心，没有一个上帝在安排是让仁义长久些或是丑陋短暂些。一切该来的就来了，该走的就走了……一切不都挺好的吗？

庄子的相对主义在哲学上是个很大的进步。

——相对论阐释时间——这是哲学有了相对真理，否认绝对真理。

——层次论阐释空间——这使哲学有了不同层次的真理，否认一元论，欢迎多元论。

因为常人的真理观总是绝对的，尤其是僻居一隅的人，他们认为自己和周围的一切事物都是普适的、绝对的。只有人们的视野接触到相当大的范围后，才能逐渐接受相对的看法。

——庄子以相对主义反对维护封建宗法的儒、墨独断论。

——庄子否定了认识本身可以检验认识的可靠性、正确性。

……

随之而来的问题是：一切都是相对的，那绝对的东西是什么呢？

庄子认为绝对就是虚无。大道虚无、精神虚无，所以大道是绝对的、精神自由是绝对的。没有相对正确的大道，只有绝对正确的大道；没有相对自由的精神，只有绝对自由的精神，或是受压抑而绝对不自由的精神。

至此，终于到了正题——优游是绝对的，是高于一切相对事物的。

说点儿题外话：

庄子思想的精华产生了禅，庄、禅的思想基本上不是社会政治哲学，它们属于尊重人格的心灵哲学，它给人们消极虚无、被动忧郁以安慰的作用。

——庄、禅不是社会科学，更不是自然科学，而是人文科学。

——人文科学，必含有进与退的鼓励与安慰。

"既来之，则安之"，识事、识势，知度、休闲，本无可非议。

庄、禅最终合流于儒，奠定了中华民族文化心理结构的基础。庄子思想精华的内涵不是悲观主义，而是乐观旷达；禅宗的本质则是反宗教仪轨的豁达。

庄子认识到每一种行动、每一个愿望都可能走向反面，于是产生了强烈的无可奈何的悲哀。

书归正传。

第三部分，讲了一个道理：不要用统一标准扼杀万物的灵性。这是对精神的绝对自由的保障。按现在的话说，就是不要用统一认识来扼杀个性和独立思考。思想统治有很多方法，比如：文字狱、焚书坑儒、引蛇出洞、阳谋……但庄子认为最为可怕和最为隐蔽的，是统一标准。当自然科学、社会科学、人文科学全面地用一个统一而理性的标准来界定时，精神自由已经被扼杀，思想繁荣已经不存在，万木开始肃杀。

人的思想是独立的，人的情感是独立的，所以艺术与优游肯定也是独立的。

全文的最后部分，讲的是——万法归一、一归大道，大道即顺其自然。也就是不要人为地定下好坏善恶，一切要顺其自然，这样就可以达到精神的绝对自由。而精神上的绝对自由就是让思维畅游于无何有之乡。精神与无限发展的可能性相结合，是合大道的，是合宇宙真理的。

总览《齐物论》全篇，我们可以下这样的结论了：庄子以顺其自然为做人的标准，极力宣扬精神的绝对自由。他认为精神上的绝对自由是可以做到的。因为世间的一切原本就不必用心，把心省下来吧。省下来干什么呢？去由鲲变为鹏，行万里路、读万卷书，做一个精神自由的人吧。

掌握一种方法，要比学会一种知识更为重要；懂得解放思想，要比学会一个现成的理论更为重要。庄子一生追求的就是这个——掌握解放思想的方法。

庄子以万物由一所生，论证了万物自然平等、阴阳自然平衡；所以人的观念就应该站在道枢的立场上，超越出分别、超越出相对，从而让精神走入无牵挂的绝对自由。这种论证方法有点儿天真，也极不严谨。但这不是自然科学的论证，不是如今水平的论证。

我只想说：历史与社会，可以轻易地磨灭一个人的身体、毁灭一个人的前程……但，怎么可以灭掉他心中的一泓清水呢？

随便啰唆几句：一分为二是自然科学的法宝，而一分为三是人文科学的定律。不信你可以试试：人有左中右、性有善恶中、情有浓淡无、味有甘淡苦、色有黑白灰……

一分为三是让我们不要走极端。在对待人的问题上，不能非好即坏，非坏即好；不是阶级兄弟，就是阶级敌人……

一切要留有余地。

这是中华民族的传统，也是人类文明的瑰宝。

三　养生主

一个人的生命是有限的，但所需要学的知识是无限的。以有限的精力去学无限的知识，肯定累死也学不完。看来，只提倡拼命学习而不知引导大家适当地休息这种做法，实在是对人身体有害而无益的事情。

我们总是在讲与人为善，总是在宣传好人好事，这当然是对的。但为了出名而做好事，怕是有些不妥。人都有七情六欲，都有食与色的本能，但我们的正统观念从来不讲这些，好像名人、伟人、圣人根本没这些东西。其实只要不犯法，做点远离刑法的"恶事"又有什么错呢？这些"恶事"原本都是挺正当的事儿啊。只要我们"缘督以为经"，就可以养脑、健身、赚钱养家，活到你该活的寿命。

以上这段文学，是庄子写的，文惠君怎么也看不懂，不明白什么叫"缘督以为经"。直弄得头痛了，也想不出个究竟，索性放下书到后院看姓丁的大厨师剔牛肉。只见这个丁大厨师对架子上的整只牛用手摸、肩靠、脚蹬、膝顶……随着他的动作、随着刀子所到处，发出一种有节奏的"唰唰"声。而这个声音竟然与《桑林》舞的节奏相同，与《经首》乐的旋律相合。

文惠君吃惊地说："哎呀，太妙啦！一个剔肉的活儿，怎么也能达到这种艺术境界呢？"

厨师老丁放下刀，对文惠君说："我所喜好的，无非是'道'，这是在掌握了技术之后再进一步的境界了。干什么事都可以合'道'，我说不太清楚'道'是什么，但我可以告诉你我的经历和感受：当我刚学剔牛肉这门技术时，眼中看到的是一头头的整牛。三年出师后，我再也看不到一头整牛了，所看到的是一块块的牛肉、皮毛、牛骨、筋腱拼凑堆积在那里。有了这种感觉，剔肉的技巧自然十分高超。从那时起到现在，这一行我又干了十几年了，如今我索性连看都不用看了，再也不用去感觉什么，一切不像是我在剔肉，而是另有一个人在干啊。我只是下意识地在牛身上的天然缝隙中运刀，于是关节分开了、皮肉剥离了。但经络、筋腱是完整的，我从不碰它们，更不会用刀去碰骨头。这就是我的解牛之道和我的感受了。

可能我还是没说清楚，那就换个角度说吧。比如这刀，好的厨师一年换一把刀，因为他们总是用刀去割筋腱，不这样他们就剔不下肉来；一般的厨师一个月换一把刀，因为他们不得不用刀去砍骨头，不这样就分不出肉与骨。而我这把刀用了十九年了，用它宰杀的牛有好几千头，可这刀刃像是刚磨出来的一样锋利。为什么会这样？因为牛的骨节是有缝隙的，而刀刃却非常薄。以这么薄的刀刃进入那么宽的缝隙，怎么运刀都绰绰有余啊。所以十九年了，我这把刀还像刚开刃的一样。虽然是这样，当遇到筋骨交错的地方时也不可掉以轻心，我总是眼盯着那些筋骨间细微而曲折的缝隙，放慢速度，让刀刃沿着如丝的纹理上下左右游走……突然'哗啦'一声，大块的牛肉像一筐土一样掉在地上，架子上只剩下摇动着的筋和全副牛骨。

这时我提着刀，总爱四处看看，看看是不是有人在注意我，是不是有人挺羡慕我。不管是否有人注意，我算知道了什么叫踌躇满志。这种自我成就感，实在是妙不可言啊。过一下这种瘾，我马上把刀擦拭干净，细心地用布把它包好，精心地把它收藏起来。以上就是我享受'解牛之道'时的真实感受啊。"

文惠君听到这里，惊喜地说："太妙了！听你讲述得道的感受，我明白了什么叫技术、什么叫道，同时也明白了庄子说的养生的诀窍啊。原来'缘督以为经'是要让人的性命在为善与为恶的缝隙间小心地活着：为善近名，如同刃遇筋腱；为恶近刑，如同刃碰牛骨。'督'乃纹理、缝隙之意也。'以为经'是遵照纹理宽松的缝隙为生活准则啊。"

生活的纹理和间隙在哪里？它不是人为的，它是先天存在的啊。

宋国有个叫公文轩的，一次他看见少了一只脚的右师，不禁吃惊地说："你是谁呀？怎么少了一只脚呢？这是受了刑被砍下去的呢，还是天生就这个样子的？"

右师说："我这是天生的，不是受刑被砍的。老天爷让我生来就独脚啊。这并没有什么可奇怪的，人不是也有天生俊秀的和天生丑陋的吗？这又有什么不好呢？先天存在的，就是合理的，不要试图用人力去变动它吧，不要用主观去肯定或否定它吧。"

生活在沼泽地里的野鸡，它们走上十几步才可能找到一点儿吃的，走上百余步才可能找到一口水喝。生活如此艰难，但它们还是不愿意被人们养在笼子里。笼子里虽然有吃有喝，也挺有精神的，但这个精神是被囚禁而难以飞出去的，这个精神是不自由的啊。

生命的关键，就在于精神的自由啊。

多么注重养生，也有仙逝的一天，而精神的自由却可以永存于世间。

老子死时，有个秦国人，也不知他叫个什么，也来吊唁。只见他冲着棺枢干号了三声就出了灵堂。老子的弟子们见这个狂人这么轻慢死去的老师，全都怒火中烧，追了出来，质问他道："你是我们老师的朋友吗？"

这个秦国人说："是老朋友啦。"

弟子们更生气了："既然是老友，那你为什么不伤心地哭？反而干号三声就走呢？这可太没交情了吧！"

秦狂人说："这没什么不可以的呀。我们秦国之腔全是这么高亢地号，不似你们宋国只会咿呀呀地出豫剧味或黄梅戏味儿。再说了，我刚进灵堂时，以为今天来的和我一样全是老子的朋友，是理解老子并与他思想境界相同的道友，后来才觉出不一样。这些人里，岁数大的人如同在哭儿子；岁数小的人如同在哭母亲。他们对我死去的老友说过头的溢美言辞，对一代大师的故去做过分的伤心状，这都是违背了真实情感的啊。这种违背真实情感的故作悲痛，是老天爷对他们的惩罚，就让他们在那里哭个没完吧，可是为什么非要我学他们呢？这没道理呀。

再者说了，老子曾跟我讲他生于当生的时候，死也一定死于他该去的时节，这就是顺其自然，我很赞成他的豁达，才和他成为好友。你们是他的弟子，难道没听他老人家讲过吗？具有这种安时处顺思想境界的圣人，他们的生与死，是不能用悲伤或欢乐来表达我们对他的尊重与思念的。他们的死，古人称之为：大自然解开了束缚他们肉体的绳结。这是最后的大解脱，是好事啊，佛说这叫'得大自在'，是最终的圆满。

这里的玄机和道理你们明白吗？"

什么玄机？什么道理？

一个人的生命和肉身，是有穷尽的，这如同一根木柴早晚要烧成灰，化为乌有一样。但一个人的精神是可以永存的，如同这木柴之火，它在燃烧自己时点燃了别的木柴，将这火从古燃到今……

并将永远燃烧下去……

[延展思考]

《养生主》是庄子的第三篇文章。第一篇庄子讲了自己优游的理想；第二篇庄子讲了人为什么要优游以及如何达到优游；而这第三篇，庄子讲了达到优游的具体操作办法。

"主"，"炷"的意思。是说养生如同呵护一支点燃的蜡烛，时刻小心不要让它被风吹灭了。同时庄子借秦狂人之口告诉我们：不管怎么呵护蜡烛，也有燃烧完了的时候；不管怎么养生健身，也是必死无疑。

说了半天养生，最终只是做人，这就是庄子式的大调侃了。

所以，说庄子在讲养生，不如说庄子在讨论如何达到精神上的绝对自由。

怎么达到这种精神自由呢？庄子用庖丁作了很好的例子。也就是说：一要烂熟于人生技艺；二要"缘督以为经"。

首先，什么是烂熟于人生技艺？这东西听起来怎么这么让人耳熟？刚才的《齐物论》讲得不就是要做个车轴吗？这不就是人生的技艺吗？我现在正在学呢。完了，凡是理解到这个程度的人，跟文惠君的笨劲儿没差多少。有的人进步了些，说庄子在《齐物论》里讲的意思我明白，不就是万事不必操心，一切听其自然吗？这不就是人生技艺吗？能理解到这儿的人，也算是比文惠君强了一点点儿。悲乎，文惠君总在找一个督脉，而什么都不干的人，总在找闲，一直走到闲极无聊、一事无成那里去了。

庄子的烂熟于人生技艺是什么？就是——干好自己的工作，干精它，干到出神入化。你要是宰牛的，就宰到庖丁的程度，再来谈道；你要是搞文的，你就学到庄子的程度，再来谈道；你是要搞自然科学的，那就以爱因斯坦为师……

爱因斯坦说想象力比什么都重要，这就是得道以后真人所说的话。你什么时候也能有类似的"唯心主义"的感受，有点儿接近道了。

爱自己的工作，对自己的工作有兴趣，这是基础。如果为了生存，干着不爱的工作，那是社会的悲剧。这时你要不在业余时间干点儿爱干的事，怕是一辈子白来。如果连这个条件也没有，那实在是老天爷不公平。如果工作是自己爱干的，但自己不努力，没干到出神入化，那是你个人的问题了，不能怨庄子。如果工作是爱干的，也干得出神入化，但就是不悟大道，这有两个原因：一是悟性差，一是没一个好的老师。

悟性差是谁也帮不上忙的，但好的老师就在眼前——庄子。

庄子告诉你：当你的刀在肉与筋骨之间"唰唰"地游走时；当牛肉像一筐土"嘭"的一声掉到地上时；当你提刀四顾，得意得不知东西南北时，此正是优游之际，精神绝对自由之时啊。美哉自由，美哉优游……师傅领进门，修行在个人。庄子只能讲到这儿，下面就是诸位自家的事情了。

其次，什么叫"缘督以为经"？不要和文惠君一样，一听督脉，就好像有什么秘密。人生无秘密。禅宗里有一句话，叫：真传一句话，假传万卷书。一句什么话？"老老实实做人，规规矩矩唱戏。"什么时候你把你该唱的戏唱好了，你也就知道人生可由自己掌握的缝隙在哪里，它有多宽了。

我们前边讲过，人类、人生在很大程度上是宿命的。比如：有生必有死，自然规律不可以违背，欲望不可能全部达到……那人类、人生的主观能动性体现在哪里呢？就体现在一个不太宽的缝隙处——肉与筋之间……

咳！这种事如人饮水，冷暖自知，具体在何处？有多宽？还要诸位自己去品尝、去寻找。

找个缝隙活着，这有点"识时务者为俊杰"的意思。让人一下子想起叛徒、汉奸对爱国志士们说的话，很让人觉得不舒服。但这句话本身并不是为汉奸准备的，而是汉奸利用了这句话而已。"识时务"，就是知道历史的潮流；"为俊杰"，就是做个杰出的人士。"为"是做个的意思，"俊杰"是你认为对社会有贡献的那类人。当然，这里也是见仁见智。至今仍有人认为秦桧对南宋的贡献是巨大的，他给赵家王朝带来了一百年的繁荣……

啊——呸！这种俊杰少点儿也罢。

"缘督以为经"，不是钻空子、搞投机，而是知道人的主观能动性是在束缚和压力下才可以产生的。这个道理太艰深了，咱们谈到这里为止吧。

下面，我们从全篇的章节中看看还有什么值得我们注意的东西。

第一部分，庄子认为干点儿挺"恶"的事，但只要不犯法，就是挺好的事儿。这一点应该说庄子是有所指的，是针对儒、墨两家的仁义、非攻而提出来的。我们不能理解成：庄子提倡"坑蒙拐骗不偷，吃喝嫖赌不抽"就是好人。那是腐败官员们的座右铭，与我们老百姓无关。

第二部分讲了庖丁的感受，此章结束于"生命的关键，就在于精神的自由"。我想这句话很少有人认可吧，但这是真理。因为精神不自由，就没有想象力，也就没有爱因斯坦，也就没有庄子，没有古往今来的所有的大师，没有人类的全部文明……

那我们至今还在山顶洞里过着猿人或比猿人还猴气一些的生活哩。

最后，庄子是站在人类历史的高度上看人的生老病死。

这种观点太不近人情。但人类文明中，总要有这么一个人看过，并告诉我们他的感受。这没什么不好。只是我们没那个水平时，别站得那么高，省得看出个六亲不认、一点儿人味儿也没有的东西来。

在最后结束这一篇时，我突然想到了一件事：我们对庄子不公允的批评，是来自我们总认为庄子是唯心主义者，他的观点是只重视精神而不重物质的反动哲学。所以我们对庄子一直没什么好感。

我听说国外有个人文科学家做过这样一个试验：把一个人放在一个没有其他人的环境里，有吃有喝，就是看不见任何人，也没个人可以说话。当这个人实在受不了时，可以按电铃停止实验。人们都觉得这有什么，不愁吃不愁穿，没人还清静呢。但不论是谁，都住不了多少天。那份寂寞与孤独是一个活人难以忍受的。

人不只是个吃喝的机器，人需要思想的交流，需要精神的满足。对于人类来说，不能说物质与精神哪个重要，应该认同庄子所讲的：一律平等，两个都重要。

但一个人要成为精英时，是物质更重要些呢，还是精神更重要些呢？

大家自己想吧，任何时候独立思考都比听别人乱讲来得亲切。

总之，《养生主》一篇，似乎是讲生理上的养生之术，实则是讲做人之法。

而庄子讲的是生活的艺术，是艺术地做人。这里的关键是追求精神上的绝对自由。这种自由虽然极短暂，如同佛说的"一刹那……一刹那"，但正是因为有了这种一刹那的精神绝对自由，我们的思维才可能飞翔，我们的想象力才可能冲破习惯与模式的束缚，我们才可能于约束与压力之中去优游，才可能处理好世俗间的一切事物，才可能于生活中酿造出醇厚的韵味与审美的境界。

随便说一下：艺术，是在限制与压力下才产生的。

纸笔限制着绘画，乐器限制着音乐，土木砖瓦限制着建筑，舞台限制着戏剧……牛骨与筋腱间的缝隙限制着刀……

于是艺术产生矣。

生活的艺术即道，它产生于生活中的种种限制与压力之中。

千万别说这是油滑、投机、欺下媚上……

做人的品质与懂得生活的艺术，与那些杂碎是两回事。

谈一下庄子与楚文化，以及其对后人的影响。

庄子虽生于宋，但却为楚文化所孕育成长。

楚文化的特点是整体性、多元化、交叠性，同时又有着野性的激越。

楚文化具有一种神秘和超现实气韵的殷文化气味。宋本是殷商后裔，宋国使用殷商礼仪，鲁国使用周天子礼仪，分别代表着不同的文化传统。前者出现庄子，后者出现孔子。看来庄子和孔子总相互看对方不顺眼，怕是河南人和山东人早就相互看不惯的原因吧。

——玩笑话，别当真。

郭沫若说："殷商文化崇信鬼神，故其文化色彩充分地带着超现实的气韵。"这话说得有道理。

庄子和竹林七贤的"竹林玄学"都强调自然本体论。他们重"自然"而轻"名教",公然将二者对立起来,主张"越名教而任自然"。

庄子的艺术虚构,是一种由痛苦人生通向自由人生的必由之路。

——有痛苦,才有虚构,才有自由。艺术虚构本身就是一种大解放,一种彻底的满足。

——艺术的本质就是希望。所以它以宣泄、揭露为主,赞颂为辅。

——而这一切的基础是:只有认识到苦、品尝到苦,才可能有艺术和宗教。

——艺术承担着发泄不满;宗教承担着赞颂未来。

那庄子的希望是什么?

是"神与物游""思与境偕",这是新的时空层面的东西。

庄子思想培养了陶渊明的达观放任的精神品格,以及追求去雕饰的自然美的艺术风格。

培养了李白物我两忘、遗世独立思想,追求绝对自由,蔑视世间一切的个性。

陶冶了苏轼的"胸有成竹"、辛弃疾的激情……

庄子美学与柏拉图美学,二者是中西美学史上的两大基石。黑格尔说:"美的内容和哲学的内容是同一的。"也就是说:一定的美学思想来源于一定的哲学内容。庄子的哲学主要是以相对主义为标志的"齐物论";而柏拉图哲学则推崇"理式",永恒不变的理式乃是世界的本原。

一个"道",一个"理式",二者绝对都是先验的形而上学的东西;

二者都提倡凝神反思的审美方法；

二者都认为现实世界美与丑是相对的、完美无缺的。

柏拉图指出："美本身存在于天外的理式世界"，"要把握美本身，首先要对美的形体凝神观照，达到狂迷状态，就是要通过对形体的观赏回忆，抽象出美的观念来。"同时，美本身（理式）就是唯一真实完美的，万物由于模仿这个（理式的）美才美。

有一点庄子和柏拉图是不一样的。

庄子的美学是生命美学（我们放到后面讲），换言之，一切生命的东西，都是美的。

而柏拉图则是"模仿美学"，他认为一切艺术和美，都产生于对自然的模仿，是自然的影子；而自然又是理式的影子。因为理式才是美的，所以自然是美的影子、艺术是影子的影子……艺术美是通过模仿万物之美而获得的理式美。

四 人间世

［原文演绎］

颜回来见老师孔子，说是请假要出远门。

孔子知道颜回学习一直很用功，为人也厚道，现在又没放假，为什么要旷课呢？难道家里出了什么事儿？可看他的神态又不太像，所以挺疑惑地问："你要去哪儿啊？"

颜回说："去卫国。"

孔子问："去卫国？去那里干什么？"

颜回很严肃地说："我听人讲，卫国的君主现在越来越不像话了，仗着年轻把什么都不放在眼里，听不进任何不同的意见，一味地独断专行。他一边奴役自己的人民，一边把国家推向战争之中。被奴役而死和战死的士兵满山遍野，他却从不妥善埋葬，如同对待草木一样随便一扔，卫国的人民真是没有活路了呀。颜回我常听老师您讲：'遇到治理得很好的国家，咱们就离开它；遇到治理得很糟的国家，咱们就留下。如今卫国正用得着咱们，就如同医生遇到病人一样。'所以我愿意以您的教导为准则，去治理一下卫国。希望我有这个能力办好这件事。"

孔子一听，真是又好气又好笑。他的这个学生太认死理儿了，所以不能直接地去批评他。于是孔子想了想，说："你要是真去了，必遭祸害啊。为什么这么说呢？因为治病和治国这里面都有一个道理，就是专而不杂。治病有内科、外科、妇科、骨科、耳鼻喉科，治国也要根据不同国情、不同国君分各种专科啊。你以为只凭一个好的愿望就什么病、什么国都能治吗？这种眉毛胡子一把抓的治法就是杂，杂就导致乱，乱的后果将更让人担忧啊。古时的至人，都是先学会了自己的专业。你现在还没学到专门修理暴君的学问，你凭什么去纠正卫王残暴的本性呢？

先不说你是不是有这个专业的本事吧，你想过没有别人会怎么看你吗？

你知道一个人的德行是如何泯灭的？一个人的智慧是如何丧失的？我告诉你吧：德行泯灭于争名，智慧丧失于争利。争名，就必须相互攻击、相互倾轧，名无第二，只有第一；争利，就要机关算尽、不择手段，利无知足，多多益善。争名与争利，都是招来祸害的事情，你千万不可让人觉得你是为了争一个好名声，是为了沽名钓誉才去卫国的。那样不但赔上了你的性命，还是不能解决卫国的问题啊。

我是说别人可能会那么议论你的动机。当然，我知道你颜回诚实、厚道、德行端正，但具这种品质的人，很难和他人交流，因为你们不在同一个层次里；你遇到名利不去争取，而具这种品格的人，很难让他人理解，因为你们不在一个境界里。

现在说一说你到卫国最可能出现的第一个情况：你面对的不是一般的常人，而是更加难以教化的暴君。显然，你和他根本不可能交流与相互理解。在没有任何情感基础和理解的可能性时，你开口闭口用仁义、道德的标准来约束他，他一定认为你是在用他的丑陋来反衬你的美德，他会大骂你是个伪君子，是欺世盗名的贼，是在陷害他的小人。陷害他人的人，必遭他人陷害，这个道理大家都知道。于是，自认为受了陷害的卫王会组织全国的御用文人、南书房行走、东厂、西厂……对你罗织罪名，严厉声讨、蹲大牢、下大狱……恐怕你这次贸然去卫国，就是这样的下场吧。

当然也可能出现第二种情况：你没被陷害，而且卫王还特别喜欢同你一样的贤人而讨厌小人。如果真是这样，那卫国肯定已经有不少的君子大德了。既然本国就有栋梁之材，谁还会请一个外国人来管理自己的国家呢？

第三种情况是：卫王根本不会理你，但听说你是我的高徒，出于礼貌，只好派他得力而善辩的大臣来试试你的水平，然后再决定见不见你。你想他的那些手下会喜欢一个外国人得到大王的恩宠而失去自己的地位吗？再说了，这德行与治国，哪个是可以辩论得清的呢？于是，前来与你见面的大臣一定会和你死缠烂打，于文字和悖论中与你作无谓的诡辩。这样，你对暴行的愤怒、你对正义的冲动将被消磨；你将说话说得口干舌燥，你的语气将会平和，言语不再激烈；你表达思想的逻辑将开始混乱，可以让对方抓住把柄的地方越来越多……最后你实在顶不住了，不耐烦了，心想：算了，不和这种没水平的人瞎费力气了。于是你不得不同意对方的一些不重要的观点，以便草草地结束谈话。好了，这大臣终于得胜了，他回去准和大王说你根本没什么水平，只是想混碗饭吃，是个想出风头的街头混混儿。这种说服一个暴君的结果是什么？结果是：以火救火、以水救水，不但没说服人家，反而让人家更加目中无人、刚愎自用。以致以后说服的人越多，灾害越无穷啊。

而第四种情况是：卫王根本不信任你，但出于种种原因，还是让你留在他身边。看来，这是你认为的最好的情况了。你是为了说服他而去的，所以你一定会找机会劝阻他。你一次两次地劝谏，他不理你。一旦三番五次、五次三番地把他弄烦了，你必死于他面前。

古时夏桀王杀忠臣关龙逢，商纣王杀叔叔比干，这二位是什么原因被杀的呢？真正的原因就是他们太注重自己的修行，以至于德高望重；以德高望重的人来治理国家，人民肯定拥护；于是德高震主了，大王觉得不安全了。

从来的忠臣只是为国为民，单纯得成了为国而死很值得，没想别的；从来的大王只是为了自己王位的巩固，单纯得成了武大郎开店——高我者不用，也没想别的。可这是两种不同的'爱国'的观念啊，这里细微的差别是能要人命的。只是这些忠臣竟然弄不懂这里面的利害关系，于是历朝历代总是有大王杀忠臣、排挤有德者的事情发生啊。换言之，也可以说这些人是因自己的好德行而被害啊。

再给你举个例子：过去尧攻打丛枝和胥敖，夏攻打有扈，虽然领土扩大了，但国库空虚、兵源枯竭、民不聊生。而先帝们这么圣贤，依然用兵不止，只因为掠夺能带来利益，武力能带来声望啊。说白了，一切是为了名利，这个道理你不明白吗？获得实际利益之心，圣人都难以克服，何况你呢？

我认为你是明白这个道理的。虽然这样，你仍是挺有信心请假而去说服卫王，是不是有什么比我更好的办法呢？不妨说出来我听听。"

颜回说："我用自己的行为感化他，我作风端正而虚心、办事兢业而忠诚，这样长期熏染他，总可以让他回心转意了吧。"

孔子摇头道："不可，不可以啊。你想啊，卫王这个人阳刚气盛，以个人的独断意志决定着他的全部情感和行为。他处处以自己的领导欲为出发点，所以显得喜怒无常，无人敢违背他的意愿；处处以压制打击他人意愿为能事，以显出自己当大王的威风。教育和感化不是万能的啊，如果是万能的，这个世上还要法律干什么呢？还会出现战争吗？卫王这种人连听人劝说而做一点点好事都不可能，怎么能接受你的大道和教化呢？再温柔的示范和说服，都是和他的权力欲相违背的啊，他肯定会置之不理。就算表面上虚以接纳，最多也是为了说明他礼贤下士而已，哪里能真正改正呢？不可能。"

颜回想了想说："如果我采用内直外曲的办法，并用前圣们的遗训来教诲他，而不用我的言语和行为来刺激他，这总可以了吧？

所谓内直，就是我以天为师，说话办事全遵照客观现实，并使卫王明白他和我都是按天意在办事，大家都是为了同一个目的，大家都是为天服务的，是平等的。这样就不必在意我讲的话是不是非要博得他人的赞许，也不必在意他人是不是反对。我想如此长期坚持下去，慢慢地在人们眼里就形成一种观念，说我这个人像小孩子一样的纯真、不避利害，是大自然的儿子，此为内直。

所谓外曲，就是我以所有的人为师。对卫王，我也鞠躬抱拳，行君臣之礼。大家都这样，我怎敢不这样呢？我何必特殊呢？我想如此长期坚持下去，我和所有的大臣都相同，别人也就找不出我的毛病了。这种以人为师的做法，就是外曲。

所谓以先贤古德的遗训来教诲他，就是让卫王以前人为师，不是以我为师。话虽然出自我口，但却是实在话，同时这些实在话是前人早已讲过的，不是我颜回发明的。话虽直率，难以入耳，但前人的德行，不会威胁到他的地位吧？这样就不会刺激他了，不会让他觉得挺没面子的了。没了权力的危机感，也就不会专挑我的毛病了。这就叫以古人为师。

有了这三条，总该可以了吧？"

孔子叹了口气说："不成，还是不成，你真是不明白一个暴君是怎么回事啊。你想用这么肤浅而烦琐的方法去触及一个人深处的灵魂，这怎么可能呢？大道理你讲了，还没流于谄媚，也没招来祸害，看起来挺不错，但仅此而已。这些小聪明什么也改变不了。不但不可能教化卫王，反而显得你的心机太重啦。"

颜回说："这回我可是没办法了，但为民请命刻不容缓，请先生教我一个方法吧。"

孔子说："先别急着走，你去静坐斋戒吧，该告诉你时我自会告诉你。斋戒时不要胡思乱想，不要再耍小聪明了。你以为这世上仅凭着雕虫小技就能建功立业吗？不成，老天都看不下去啊。"

颜回仍想急着去卫国，于是说："老师，我颜回家很穷，不喝酒不吃肉已经好几个月了，这算是已经斋戒了吧？"

孔子说："你那是祭祀时的斋戒，不是静心的斋戒。"

颜回说："什么是静心的斋戒？"

孔子说："前提是专一用心。你要听，要专心地听，不要用耳朵，而是用心去听。进而不用心去听，而是用气息去听。用耳听，只能听到声音；用心听，能明白语言声音后面的意思；用气去听，你才能体会到什么是产生万物的空虚。大道出自空虚，与虚无合一，就是心斋。"

颜回说："老师，在我没听到您今天的教诲前，我自思自己只是颜回而已；今天听了您的教诲，反观自性，乃虚无也，哪里有什么颜回啊？这算不算是心斋的境界呢？"

孔子说："言语道断啊，从语言上讲，心斋的最高境界算让你说到家了，是这个样子的。但这不是自己体悟到的，是依逻辑推理达到的，不是真的见道。真的见道，岂是一时三刻一听就能开悟的呢……

算了，看你去卫国的决心很大，要真不让你去，也得把你急出病来，我就告诉你到卫国应该怎么办吧。你到了那里，千万不要从心里有什么名分的分别，不管谁是大王、谁是大臣、谁是仆人……他们把你当外国人，你也把他们当外国人，把他们所有的人看成是一样的人。在这些人里，只要听得进你所讲的，你就说给他听，不管他是仆人还是马夫；只要听不进你所讲的，就不要开口，不管这人是朝中重臣还是卫王本人。你不要四下找门路，也不要高筑门槛不让人家来访。你要目的专一，不要参加游猎、庆功、道德论坛等无意义的活动。你的言行举止要让人觉得你是在完成别人交给你的任务，你是不得已而为之，这样你就能平安地回来了。

灭掉自己行走的踪迹容易，想不留踪迹离地而走难。

一心想完成上级交给你的任务就容易做假，干自己天性爱干的事就'去伪存真'。

我只听说有翅膀的动物才能飞，没听说过无翅膀的东西在天上行。

我只知道有知识的人才成为知识分子，没听说过没知识的人成了知识分子。

修心斋反观自性一片虚空的人，心灵里只存一片洁白，所有善行与美德将在他的心中永驻。如果不能达到这种境界，只是头脑中闪过许多美好的景象，这叫'坐驰'，也就是表面上在入静，实际是心猿意马地在胡思乱想。

如果真能外闭五官、内通心识，不受外界干扰、不生狂乱杂念……久而久之，连神仙鬼魅都会来帮你啊，更别说人了。这时，你就有了大智慧去教化万物，禹和舜就是用这种智慧去治理国家的，伏羲、几蓬就是用这种智慧安身立命的。可见连圣人们都全修心斋，何况我们这些草民，不是更应该修行了么？"

一个姓高，名诸梁的人，在楚国的叶县当官，人称叶公子。一天，叶公子在出使齐国前，跑来向孔子求教，说："楚王这次让我出使齐国，任务很重。我想齐国出于礼节，接待我的规格也会很高。可是齐王一边是这种高规格的接待，一边迟迟不作答复；一边以贵宾相敬，一边推三阻四。这种让人急不得恼不得的局面，我将怎么办呢？我这个人您是知道的，我连说服一个平头百姓都很困难，如何去说服一个诸侯呢？因此我很担心啊。老师您常对我说：'凡事不论大小，只要是人之所为，很少能皆大欢喜地既合自然之道，又获成功的。您说得太对了，我是深有体会的。凡没办成的事，上级就要责备你办事不力，不是处分就是降级，这叫人道之患；凡办成的事，虽然不挨批评了，但总是累得上吐下泻、阴阳失调，这叫疲劳综合征。看来只要办事就有麻烦，没有后患而能办事的人，怕是只有德行高尚的人才可以吧。'我平时饮食就很简单，厨房里三天两头不生火，所以从没因太热而使人生病的事儿。可今天早朝时我刚接到出国任务，晚上就浑身发热，烧得直想着喝冰水，看来这是急火攻心所致。我这个官当得啊，还没出国办事，就先犯了阴阳之患。这要是出国的任务没完成，不但政绩完了，肯定人道之患接踵而来，两患齐下，再也不能为楚国尽什么忠心了。老师您可千万要指点我一下，要不我的官运和命运全都走到头了呀。"

孔子说："天下有两条根本大戒是不能违反的：一是命中注定的，一是义不容辞的。

儿女孝敬父母，这就是命中注定的，你不能用任何理由来违反它。推而广之，一切亲情、爱情，激情之情，都难以用理性去解释它、消除它。

臣子对君主的忠心，是义不容辞的，无论在哪儿都有君臣关系，你不可能摆脱它。推而广之，一切忠于国家、忠于民族、忠于人民之忠，都不能用一个理由去否定它。

以上两条就是根本大戒。

所以孝敬长辈不以人的职业、职位而有区别，当君王的和作草民的一样要孝敬父母；忠于君王，不以君王所交给的任务轻重、缓急而有区别，多难办的事和多容易办的事同样要全力去办。注重内心修养的大德们，他们从不让哀乐驻于心间，内心永远保持一片宁静。因为他们知道很多事因为孝和义，成了'不可为而为之'的两难的事情，失败与痛苦早已注定了。既然不能用道理来躲避孝与义，那这些失败与痛苦也是不可躲避的；既然是不可躲避的，那还不如泰然处之，不以悲苦论之。这就是德行的最高境界了。

为人臣子的人，总会遇到迫不得已的事情。怎么办呢？只有忘掉自己吧，该怎么办就怎么办，哪儿有时间讨论个人生死的问题呢？我看你就抱着这种心态出使齐国吧。"

看着叶公子不安的样子，孔子又说："我把过去曾和你讲过的道理再讲讲吧。

　　首先，要根据两国远近不同而策略不同。大凡和相邻的国家交往，必须抱着诚信的态度以求和好；大凡和相隔较远的国家交往，必须抱着中肯的态度以求公正。这不同的态度都是要靠使臣或信使来完成的。你这次使齐，也是传达一种态度去的。而世上最难办的事，是传达使双方都高兴或双方都憎恨的信息。双方都高兴的信息，会生发出过溢的赞美的言辞；双方都憎恨的信息，会激发出过溢的攻击的话语。不论赞美和攻击，凡过溢的话语，就接近妄语，说妄语就将失去信任。一旦两国关系出现危机，当年去传话的使臣就要遭殃了。所以《法言》这部书中说：‘使臣要传达的是正确的姿态与态度，而不可传达过分的倾向与情绪。这样，使臣就可以保全自己了。’这对于你也很重要啊。

　　其次，要有始有终，不可虎头蛇尾。你看技巧型的角斗士，开始时他们总是中规中矩，合于竞技的规则；结束前他们总是越出规则，各种阴损狠毒的招法都暗地里用上了。技巧之争发展到极致就是阳谋加阴谋、诡计而多端了。你再看宴席上喝酒的人，开始时他们总是相互礼让，合于宾主的身份；结束前他们总是吆五喝六，东倒西歪分不清上下左右。酒席之宴发展到极致就是长幼无序、尊卑不清了。看来事物发展都有这样一个规律啊：开始时双方冷静而谦让，结束时相互欺诈而怨恨；开始时简单而明了，结束时繁杂而冗长。所以，办事要有始有终，不可留下个烂摊子，令今后不可收拾。

　　最后，要言语有度，不可过分。言语如风，行动有果。所以言语可以挑起风波，行动可以引出危机。而冲动至愤怒的人，说话就偏颇失当。濒临死亡的野兽，呼吸急促，吼叫也尖厉失声，绝望得想咬人一口。人同此心、心同此理，过于严厉苛刻的逼迫，使人失去理性顿生歹意，连他自己也未必能意识到自己的失态。既然不知道自己失态，那他就更不会意识到后果，什么也都不顾及了。所以《法言》一书中说：'传达命令不要人为地加以改动，达不到的指标不要劝说下级非要办成，不准确的传达和不切实际的指标就叫过分。'凡过分地去办事，必生危机。而知度地去办，不但有好的结果，还能产生持久的效益；可是无度所造成外交事务上的坏的结果，却连改正也来不及了啊。外交无小事，这怎么能不让人小心谨慎呢？所以，办事要依事物的规律，该做什么就做什么，水到渠成、不要多事。事来则应、事去不留就算是中道了，挺不错的了。"

"如此看来，那么我该如何使齐呢？如何向齐国传达楚王的信息？齐王做出了反应我如何应对？怎样才能报答楚王对我的信任。""这都是人为的问题啊，我看你不要在这里胡思乱想瞎猜测啦，不要自寻烦恼，一切听其自然吧。这有什么可难的呢？"

孔子见叶公子仍是有些犹豫，又讲了下面一个故事：

颜阖接到聘请，将成为卫灵公太子的老师。颜阖心里没底，就去请教卫国的大德蘧伯玉先生，说："先生啊，现在有这么一个人，他的天性就喜欢杀人这种残暴的事儿。如果让我当他的老师，你不拿做人的规矩要求他，那将祸及我的国家；如果拿做人的规矩要求他，那将祸及我的性命。他的智商和智慧，刚好到了能看明白别人的过错，而看不到自己的过错的程度。咳，对这样的学生，我该怎么教育他呢？"

蘧伯玉说："你问得可是太妙了。其实只要小心、谨慎，让你的行为端正也就够了，这是总的原则。再说细一点儿：从表面上看，你和他的关系挺不错、挺亲近；从内心上说，你和他也谈得来，挺投脾气。可是要做到这两条，是有很大风险的。表面上的亲近不要真的成了他的亲信；内心上的随和，不要真的成了气味相投的一小撮而不可自拔。为什么这么说呢？因为亲近得成了亲信，你将成为众矢之的而迟早败灭；随和得到了气味相投，你的名誉与声望将随着你的助纣为虐而遗臭万年。

那亲近与随和以什么为标准呢？怎么样才能既亲近随和又不同流合污呢？这个标准和区别就是：他要小孩子脾气时，你也拿出小孩子的样子；他办事太离谱时，你也看上去挺离谱；他放纵得没个边儿时，你也跟着不着边际。总之，顺着他的脾气和习惯，让他觉得你是他的朋友而不是师爷。于无形中慢慢进行教化、熏陶他，这样才不会有大的乱子啊。

你看见过螳螂吗？当它被激怒时，就举起双臂站在车辙中，试图挡住车轮前进，它根本不知道以它的能力是不适合这项工作的啊。它的勇气和精神可嘉，如此而已。就算它有多大的理由要挡车，可它挡车的方式是不对的，哪儿能站在车辙里白白送死呢？你的目的是要教育人，而不是像螳臂当车那样展示你的勇气和精神吧？所以你就要小心、谨慎，不要以自认为对的方式使他成全了你的美德而杀了你，要以暴君所能接受的方式来教育他，这样就差不多了。

你知道养虎的人吗？他们都不敢用活着的动物喂老虎。这是为什么呢？就是怕老虎在扑杀活物的动作中，恢复了野性。他们也不敢用整个的动物尸体来喂老虎，怕老虎在把整体撕扯成碎块这个过程里，恢复了野性。养虎人知晓老虎何时饿了、何时饱了，明了它什么情况下才会发怒。有以上的规矩和经验，驯服老虎就不是难事了，也不必让老虎成全自己成为英雄人物了。老虎与人不是同类，但它为什么听养虎人的话呢？这是因为养虎人顺其脾气秉性，控制着它的情绪，并给予它食物使之生存，有了这三条才能成功啊。违反这三条里的任何一条，非要以自己认为正确的方法驯虎，这位老兄不被老虎吃了那是天理不公。

　　我听说有一个特别爱马的人，他的爱实在是诚心诚意地让人感动。他用一个筐挂在马屁股上接马粪，用一个大蚌壳挂在马身下接马尿。这时，有一个大牛虻叮在马身上，这个爱马的人太心痛马了，不顾一切地拍打牛虻，非要打死它。一下子马惊了，挣脱了辔头，踢掉了筐子，撞碎了蚌壳。于是筐子的竹条刺伤了马头，蚌壳的碎片割破了马肚子，美好的愿望反而被自己一厢情愿的爱毁掉了，这怎么能不让我们时刻小心、谨慎啊。"

　　有个姓石的木匠带着他的徒弟来到齐国，在曲辕这个地方，他们俩看见了一棵被人们当作神供奉的栎树。这棵树大得出奇，树冠如云，其树荫可以遮蔽几千头牛；其树干周长有近百尺；其树高与它背后的高山相齐，就算它分枝的地方，也离地有七八十尺；其树伐成材，可以做十条大船。可是这儿成了神圣的地方，前来观赏和上香的人多如集市。石师傅好像没看见这棵树，径直向前走去。

　　他的徒弟看够了这树，赶紧追上石师傅，说："师傅啊，自从我拿起斧子跟您学艺起，从没见过这么好的成材之树啊。可先生您连看也不肯看它一眼，停也不肯停一步，这是为什么呢？"

石师傅说："算啦，别提那树了，那是棵派不上用场的树啊。如果你用它取材做船，船下水就沉；取材做棺，棺烂得非常快；取材做家具，很快会裂开；取材做门窗，很快会流出讨厌的树汁；取材做梁柱，很快会长满虫子。这是棵不成材的树，也正因为它派不上用场，所以才能长寿，一直活到现在。"

晚上，石木匠回到住处休息，梦见那棵作为神的栎树前来质问他，说："你拿什么样的成材标准来衡量我呢？你们木匠认为是材料的树，刚长成就被伐了；你们人类认为有用的山楂、梨、柑橘、柚子倒是能活得稍长一些，但只要果子一熟，人们就不顾及树的感受，迫不及待地来采摘，大的树枝被拉断，小的树枝被拉伤……使它们蒙受了巨大的屈辱。正是因为它们能结果子招人喜欢，反而害了它们的一生啊。它们没有一个可以享尽天年的，全是中年就夭折而亡。凡是人类认为成材和有用的标准对我们树而言，都是有害的，这就是媚于世俗反被世俗所害的例子啊。

其实所有事物都是这个道理。明白这个道理后，我就追求对人类来说最无用这个目标。在我生命的漫长的岁月里，有多少次被看差了眼的木匠认为有用而险遭砍伐。还好，总有你这样比较有眼力的木匠最后救了我，使我活到今天，成了神树。成了神树而被供奉也算是一种'大用'吧。但这个'大用'是让你们这些木匠认为无用造成啊，如果让你们认为有用，我岂能活到今天成为神呢？你和我都是大自然中的一种生物，凭什么你认为的有用无用才是正确的标准呢？依我看，你才是早该死几回的无用之人，你根本没资格品评我们树木。"

石木匠醒来，觉得怪怪的，心里总不踏实，于是就把这梦告诉了徒弟。徒弟想了想说："它讲得太没道理了，既然不想对人类有用，那为什么当上树神了？让人天天用香火供养着，不是最大的有用么？"

石木匠赶紧说："轻点儿声，别说了，这是它安身立命、躲避灾害的处世哲学啊。不了解它的人骂它无用，正是这套哲学的心机所在。这心机的表层为无用，而深层却是'被骂而长寿，长寿而当树神'。你想啊，不当树神，只是无用，也早让人砍了当柴烧了。如今它不但没让人砍掉，不但不是柴、不长果、不成材，反而却成了人人不敢侵犯、人人要对它下跪的神，你能说它的心机不深邃、不高远吗？可见这棵树被奉为神是有道理的，它的心机太独特了。你用常人的心机度量神的心机，那不是差得太远了吗？"

有一天南郭子綦在宋国的商丘游玩，看见有一棵树大得出奇，它的树冠能遮蔽住一千辆四匹马拉的车。子綦惊讶地自言自语道："天啊，这是棵什么树啊？它长得这么大，那木质一定是很棒的了。"于是子綦走到树下，抬头细细地观察它的细枝，却发现所有的细枝全是卷曲着，根本不是栋梁之材；再低头看它的树干和树根，谁知那纹理从地下就旋转盘绕着长上来，不要说成材，连副棺材也做不了；摘下一片树叶尝了一下，嘴巴里竟然给烧得烂了一大块儿；在树下闻久了这棵树的味儿，使人就像喝醉了一样，三天都醒不过来。

子綦醒过来后，感叹道："看来只有不成材的树，才能长这么大啊。由此可以推论：大凡有光环、带神气的人，都是不成材的人而已。"

宋国有个地方叫荆氏，那里特别适合种楸树、柏树、桑树。可是这些树木刚长到一把长、一虎口粗，就被人们砍下来做抓猴子的桩子；好容易长到有一抱粗时，就被有钱人砍下来去做房屋的柱与梁；再长到两三个人才能抱过来时，就被贵人或富商买走，把树心挖空做独木棺材去了。所以这些树都不能享尽天年，而只到中年就被刀斧夺去了生命，这就是有材带来的灾难。由此看来，那些不能用来祭奠河神的白额头的牛、翘鼻子的猪、有痔疮的人，这些被巫师们称为不吉祥的东西，实在是河神把他们造成了牛神、猪神和人之神的。巫师们认为不吉祥的东西，实在是吉祥得很。

一个姓支离的人是个驼背，因为残疾得厉害，不能干什么事儿，所以人们都叫他为疏。这个支离疏伛偻畸形的身躯使他的下颌痛苦地贴着肚脐，双肩高过头顶，后脑勺的头发指向天上，五脏六腑的位置高高在上，两肋紧紧地靠在大腿上。他靠给人家缝补和浆洗衣服而养活自己。如果赶上节假日，上街给人算个命卜个卦，所得卦金居然可以养活十个人。每当官府招兵募卒，都是男丁躲之不及的时候，但支离疏非但不躲，还总是挥动着双臂在招兵处看热闹。赶上国家有什么大的建设项目需要大批劳力时，壮年汉子们都怕给抓了劳工，但支离疏却因残疾而免除了徭役。而当国家大赦、赈灾、发粮时，他总是能领到上百斤粮食和十捆柴。

咳，支离这个人啊，只凭着自己的身体就足以养活自己，还能活到寿终正寝。你能说他不是沾上了神气，吉祥得很吗？

一次，孔子饿得到楚国去找饭碗，有个叫接舆的，是楚国有名的狂士。这个接舆跑到孔子下榻的鸡毛小店，站在门口唱道："凤凰啊，凤凰，听说你的德性十分完美，可如今怎会沦落到如同逃荒？凤凰啊，凤凰，你不要期盼有什么将来的灿烂，更不可追忆以往的辉煌。天下有道而安定时，圣人才是凤凰啊；天下无道一片混乱时，圣人只能苟延残喘，怎可痴心生妄想？活在今世，你要拿出本事来免除刑戮，就已经算是大大的圣人了，千万别想着再去追求什么幸福，谁知这轻如鸿毛的幸福会把一个人带到什么地方？灾难将发展成什么样子？谁也不知道啊，更没人知道我们该如何躲藏。

算了吧，歇会儿吧，不要再把你宣讲的德行加在人们心中。人们早已处于水深火热的灾难里，你怎么忍心再禁锢人们的心灵？这好比画地为牢，不让乞丐出门讨饭，还说讨饭有伤国风。天啊，你是暴君的帮凶！你是道貌岸然地要人们的性命！

迷阳草啊，迷阳草，你千万别用你那有毒的刺划伤我的脚。

我从这里经过实属无奈，看见了你，我总是尽量躲开。

迷阳草，让我过去吧，我还要继续赶路，

请你千万别划伤我的脚。"

[延展思考]

《人间世》，就是人入世。"间"者，进入也。

庄子在前三篇讲了理想、实现理想的理论及实现理想的方法，但面对如此多彩纷乱的世界，只有一个目标再加上一个总纲怕是远远不够，所以庄子在这一篇里又对一些重大的问题进行了讨论。

在第一部分里，颜回要去说服暴君卫王，孔子劝他不要去，师徒二人展开了精彩的对话。第一，孔子认为人生在世，所学的东西只要精通了，就必定是一门专科而不是杂家。所以，办什么事都要量力而行，看看自己是不是懂这一行再下决心。第二，为人处世，尤其是做那些人人都知道是好事善事的事情时，不要让人觉得自己是为沽名钓誉才去做的。而品德越是高尚的人，让人误会的概率就越大。第三，多英明的人，也怕死缠烂打的人。所以，老实人碰见不老实的人，总是吃亏；守规矩的人碰到不守规矩的人，总是倒霉；有德行的人遇到小流氓，总是失败者；杨志撞上泼皮牛二，也只有杀了他，没第二条路好走。第四，不要拿出师爷的样子，把人家说得烦了，更不要为个名声而献身。

总之，感化教育不是万能的，有的事情必须有些准备才能办好。

你说，什么准备呢？

庄子说，就是"心斋"。

你说，什么是心斋？

庄子说，就是用"心"去听，进而用"气"去听。

你说，如何用"气"才能听到空虚感呢？这要用多少时间呢？这个功夫要修炼到什么程度才可以？用不用静坐……

庄子说，你不觉得你的话太多了么？还没练，先来那么多话，不让人烦吗？你能不能先练起来，然后有什么问题再有的放矢地问你的老师去呢？总之，要达到"返观自性，一片虚空"，再也不"坐驰"，脑子里也没什么想法了，这才算是毕业了。

你说，如此就可以上路了？不是说到了这个程度连神仙鬼魅都来帮着我了么？怎么哪位神仙也没来啊？

庄子说，不是那么回事，我是说你一定要仔细认真地思考。鬼神帮你，是说帮你想办法。也就是正当你冥思苦想时，感动了神仙，于是他把堵住你心窍的塞子拔了下来，你也灵机一动来了灵感，想出办法来了，这就叫鬼魅来帮忙了。但颜回没这悟性，没这灵感，所以孔子只好当一回鬼魅，亲自告诉颜回了一个办法。这个办法太……你不要告诉别人就成了，这就是：拿出一种姿态，这是上级交给我的任务，我也没办法，不完成不行。如此无咎矣。

你说，这个办法挺灵的，多少汉奸都用过，说："这是皇军交给的任务，完不成要杀头，我也没办法啊，我也是中国人，不想这么干啊……"

庄子说，止！止！此法妙难思。只可意会，不可言传也。其实我在现实社会中也有很多无可奈何的时候，也需要使用一些伎俩。当要使用这种不光彩的阴谋或阳谋时，不能算在我庄子的头上，我一定要把这种丑事算到儒家头上，说成是孔子在教育其弟子颜回。其实这正是我思想体系里的东西。

第二部分是叶公于外交事务上的事求教孔子，这种不光彩的事儿，仍是庄子的思想，还是让孔子来顶缸。

首先，叶公说出了庄子的想法：当官没好处，不是"人道之患"的撤职丢命，就是"阴阳之患"的得病长癌。但"天下有两条根本大戒不能违反"，所以只有忍了吧，谁让你当官呢？看来庄子当了个漆园小吏，没多久就辞职不干了，这正好验证了庄子的当官没好处的思想。而孔子是为当官累死也在所不惜的。

其次，是在这种无小事的外交事务中，也有三条值得注意的地方：不可有过分的倾向与情绪，不可虎头蛇尾，言语不可过分。

所以，只要你当了官，那就跳河一闭眼，不能在乎得病啊、撤职啊、丢命啊什么的了。如果你这个官想当得长一些、稳一些，那就注意以上所讲的三条。剩下的事就听其自然了，不由你管了，一切听老天爷的安排了。

第三部分，是颜回请教蘧伯玉。因为这一招更加的龌龊，所以庄子也没好意思放到孔子头上，而是又找了个所谓卫国的大德蘧伯玉来顶缸。

这位大德的主意也够损的："与暴君亲近但不同流，随和但不气味相投。"这也太像"白皮红心的汉奸学说"了。这个标准用计算机来划分都困难重重，那个分寸谁拿捏得准呢？既不能学螳臂当车，又不能为名而死，还要像驯虎员一样慢慢驯教、熏陶暴君，这实在是不得不用非线性函数，才能算出个大概模样来啊。

最后一部分，讲的是两棵大树与支离疏的故事。通过大而无用和残疾来躲避人世间的灾难，这是庄子万不得已的办法了。我倒觉得庄子并不是一味地假清高，他也有很入世的地方，有无可奈何的地方。反过来说，孔子也有很出世的地方。

总之，庄子实在是不善于人事，所以他只能祈祷："迷阳草，让我过去吧，我总是在躲着你，你不要挡我的路……"

庄子《人间世》一篇，让人觉得不太舒服。怎么为人处世？当草民总被抓壮丁，总被抓官差，不好；当官活得不自在、不自由，也不好；做个大而无用的闲人？那也有不安全的时候，遇上战争也要被拉去当兵……

那……做个残疾人？

庄子哲学与尼采哲学。

首先，尼采的"利己"与庄子的"贵身"都是对于个体生命的珍惜与热爱。

尼采认为，人的本能基本上是"利己"的，所以我们总是要求"自我肯定""自我保全"。尼采反对基督教的禁欲主义，要求生命的自我肯定、自我颂扬，要求对自己的胜利认可，只有这样才能让世界充实、丰满。这些主张显然与庄子是一致的。

"利己"和"贵身"，二者思想深处都是不满现实、愤世嫉俗，都是反对旧的道德传统的，因而都具有各自的时代进步性。

其次，尼采的"醉境"与庄子的"道"是相通的。

现实世界给人以不安和恐惧。只有艺术才能把人的目光从现实的苦难中引开，化苦难为快慰，使人获得一种回归家园的安全感。

庄子的"齐生死，同人我"，同尼采的"醉境"，都是为了进入人生的最高的肯定状态而做的准备。要肯定人生，赞美人生，必有"道""禅"的宗教气息才成，哪怕它是一个理想。

反之，终日庸庸碌碌、追逐名利，是不可能达到人生的最高境界的。

　　这个世界太复杂，我们有太多的理由可以大声地抱怨，却很少有满足的瞬间……

　　不尽人意的事情啊，时时刻刻都在发生；它缠绕着我们，月月年年……

　　不尽人意的事情啊，像毒蛇一样吞噬着我们，吞噬着我们的心灵与尊严……

　　别再讲大道理了吧，停一停……让我们用宗教似的虔诚和对自由的渴望来换掉抱怨！

　　所以——让我们张开双臂，迎接更加美好的明天。

五　德充符

［原文演绎］

　　鲁国有一个叫王骀的学者，他只有一只脚，另一只脚是受刖刑给砍去了。但他的学生却多得和孔子一样。受过刖刑的犯人却同时是个老师，这让常季不太理解，于是问孔子说："老师，王骀这个人是有前科的，却还敢为人师表当老师，跟随他的学生竟然多得和您平分了鲁国的天下。

　　这也就罢了，可是他是怎么教学生的呢？他独脚站在学生面前从不讲什么，一条腿和学生坐在一起也从不讨论什么，他只会和学生们神侃。怪就怪在这里了，那些只听他神侃的学生们认为自己来时什么都不懂，回去时学到了不少的东西，真让我闹不明白。虽然我听说有一种不说话的身教，可是这个王骀连个身教都没有，居然把学生们蒙骗得心悦诚服。这个人到底是什么样的人啊？"

　　孔子说："你千万不要乱讲，王先生可是大圣人啊。我一直想去拜访他，只是没抽出时间罢了。你想想，连我都要拜他为师，更何况不如我的人呢？从我的心愿上说，岂止鲁国，我真愿意率天下的读书人全都拜他为师呢。"

　　常季说："这么一个独脚的犯人，您却称他为先生，可见他的学识绝非等闲。我想他的学识比那些平庸的人不知高出了多少倍。如果是这样，学生我倒愿意听听他的学识有什么独到之处。"

孔子说："对于人来说，生死是大事情了吧，可王先生面对生死，他的人生情趣并不为之改变；对于自然界来说，天翻地覆是大灾难了吧，可王先生身处灾难，他的意志并不随之增减；审视他的人品，是那么率真纯正而不为外物所左右；细察他的行为，总是能顺应事物的规律而恪守齐物的观点。"

常季是越听越糊涂了，问道："齐物？齐什么物？"

孔子说："齐物，是看事物的一种观点。你要是站在万物具万象、各不相融的观点上看，所有的事物就像肝与胆、楚与越一样，一分为二，泾渭分明，具阴阳两大性质。但要是站在万法归一、万象如一的观点上看，所有的事物又都具有同一性，合二为一，阴阳和合，齐万物为道，这就是齐物之论啊。

有了这种境界的人，并不在意所见、所闻是不是合什么道、合什么德，他只是品味着齐物之道、齐物之德。为什么他不在意某个具体事物的生生灭灭呢？因为从齐物的角度看，所谓生灭只是这一物转化成了那一物，哪里有什么生生灭灭呢？这样你就理解王骀为什么不在意自己失去了一只脚了，正像我们不在意失去了一些土地一样啊。那些土地原本还在那里，何尝少了一分一厘？何尝没有了呢？只不过成了他人的财产而已。"

常季有些不以为然，说："他的这些所谓智慧只不过是为了他自己，是为了他自己心态平静、心理平衡而在塑造自己的心。如果人人都用他的这种心态来入俗入世，来处理平常事务，那哪里还有什么好坏善恶的区别呢？一切物全被不好不坏齐了去，那哪里还能剩下什么物呢？"

孔子说："不然。人们要照镜子时，全都去静水处，没人去急流那儿，这是因为只有静水才能反照出自己的尊容。同理啊，只有心态平和的人，才能让人们看到自己的肤浅与急躁，才能让人们领略到真正的平静。这就是人们都到他那里去的原因啊。

从大地上生长出的万物，唯松与柏最有正气，所以它们冬夏常青；由上天培育出来的人类，唯舜帝最有正气，所以他成为万物之首。有幸能具有这种正气的人，就能以这正气教诲众生。他们并不用讲什么、议什么、论什么，王骀就是这样的老师啊。能保持这种正气的人，就能不惧生死。如果这个人参军，他将以自己的英雄气概震慑敌胆、名扬全军，他可以不犯任何错误而成为一代将星。怎么会这样？难道这世上真有神仙相助这种事情？不是，不是的，而是得正气的原因啊。得正气者，仰，取法天地；俯，含摄万物。藏精气于脏腑，运神气于耳目，对事物只需见到一、听到一，便知事物的二、三及全部。之所以有此神助，是因为正气乃天之所授，以天为母者，精气神对于他将永远不会枯竭啊。

好了，先说到这儿吧。我听说最近王先生要出远门了，很多人都要跟随他而去。就凭这一点，你能说他是那种靠行为怪异当个老师，弄一帮子人在那里哗众取宠、故弄玄虚的人吗？他是那种为物所转的人吗？"

郑国有个叫申徒嘉的贤人，也受过刖刑，他和郑国的相爷子产都是伯昏无人的学生。一个有前科的人和宰相同坐在一张席上学习，这有点让子产内心不太平衡，但又没法说什么。好歹在学校里也就罢了，可是出学校时让人看见，这多没面子啊？一天放学，子产对申徒嘉说："以后我先出学校，你就稍等一下；如果你先出学校，我就稍等一下，你看如何？"

第二天，两人又在同一个教室、同一张席上学习。下课时，两人神使鬼差地一起走到了校门口。子产一见很不高兴，对申徒嘉说："昨天我们说好了，我先出学校时，你就等一下；你先出学校时，我就等一下。今天我有事，要先出学校，你看你是稍等会儿呢，还是非要和我一起出去？退一万步说，你见了执政官不应该回避一下吗？难道你要和我一同当宰相吗？"

申徒嘉讥笑道："没想到在大名鼎鼎的伯昏无人老师门下，居然有当官当成这种德行的学生啊。你说你当了执政官，想炫耀一下也未尝不可，也算是人之常情。但谁给你的权力可以看不起有前科的人呢？我听说：'要想铜镜明亮，就不能让它沾上灰尘，尘土久留铜镜之上，定然不明亮。长期和贤人相处就可以无过错。'今天你来学校为的是什么？为的就是学习人生大道理的。谁知你学了半天道理，竟然说出这种没道理的话来，是不是太不够人味了呢？"

子产一听，脸上顿时变颜变色，厉声道："你已经是犯了法被砍下去一只脚的人了，居然还敢在这里和尧帝争德行。把你一生一世的德行加起来弥补你的罪孽，可能还不够呢，你怎么还有资格、有脸面奢谈德行？你为什么不好好反省反省自己？"

申徒嘉说："反省？反省有两种：一种是用文字写出自己的过错，然后自己怎么看也够不上刖刑的罪过，这种反省的人太多了；另一种是不用文字掩饰自己的过错，认为自己够得上刖刑的惩罚，这种反省的人太少了。知道自己要受刖刑，又没处申冤、没处说理，于是泰然受之，这种心态是只有贤德的人才具有的啊。

把人们放在神箭手羿的射程之内，让羿来射杀。站在中央的人，肯定是危险性最大而最该先送命的人。然而一阵箭雨后，站在边上的人全死了，而站在中央的这个人竟没被射中。显然，这完全是命啊，与那个人的德行怕是没什么关系。

看看自己长着两只脚，而申某人却只有一只脚，于是自傲地嘲笑他，这样的人简直是太多了。每当我听到这种恶意的嘲笑，总是怫然大怒：这只是我的命不好，凭什么糟蹋我的人格和德行？直到我做了伯昏先生的弟子，我才幡然醒悟：人脚多少，不碍人生路；耽于喜怒，断了天之道。看来是老师的善良感动了我，是老师的行为感染了我，使我懂得了大道，懂得了人生。

我跟随老师十九年了，在这十九年里，不但老师和同学们没人理会我有几只脚，连我自己都忘了自己是个独脚人。谁知今天是你提醒了我啊，是你提醒了我曾是个犯人，是你提醒我少了一只脚就不该来学什么道德。真不知是该我脸红呢？还是该你脸红？

你和我在老师这里，本应是神游形而上之中，而你却偏要把我从空中拉下来，让我注意形而下的脚，这是不是太离谱了？"

子产听罢，羞愧地说："你别再讲了，千万别再讲了。"

鲁国也有个受刖刑少了一只脚的人，叫叔山无趾。因为没有脚掌和脚趾了，他只能用脚后跟挪动着来见孔子。孔子一听是他来了，很不高兴。当时的风俗是管无耻的人叫无趾，可见这个来人是个刁民、泼皮加混混儿，因此他才受了刖刑。于是孔子对他说："你为人处事孟浪而不谨慎，看看你被刖去的脚，就知道你以前的行为和人品了。虽然你今天找我来学习仁义与德行，那又怎么能挽回你的腿和你的名声呢？"

无趾说："我年轻时的确不识时务、任性轻狂，从而招致了刑罚，我失去的这只脚就是证明。可是今天我来你这里，并不是让你品评我少了什么。我之所以很虔诚地一点点儿蹭过来，是我认为自己身上最宝贵的东西尚在，我想让你看看我怎么做才能保全它。

我听说天笼罩着万物、地承载着众生，它们从不会嫌弃某一物或某一人。我把老师您当天与地来看待，我认为您一定不会嫌弃一个年轻时犯过错受过刑的人，谁知你竟然这么刻薄地对待我……"

孔子一听，大惊失色，说："止！止！看来是孔丘我德性浅薄行为卑陋了。您为什么还在门口站着？快请进来吧，您给我们讲一讲您所听到的道理好吗？"

当无趾走后，孔子对学生们说："弟子们，你们要努力学习啊。你们看见刚走的这个叫无趾的人了吧，他是一个有前科而只剩下一只脚的人，可他还在努力学习以求弥补过去所造的孽。你们没有任何前科而不需还债，你们没被砍去什么而四肢俱全，你们没犯过轻狂的过错而起点比他高……所以，在学习仁义的道路上，一定会有更好的成绩啊。"

无趾从孔子那里回来后，一气抛弃了儒家而改学了道家。他找到老子，说："李老师，孔丘这个人和至人相比，是不是还有距离呢？依我看不但有，还蛮大呢。因为我不明白他为什么一会儿傲慢地看不起我，一会儿又卑下地以学生的口气和我说话。看来他对人的名誉和声望太重视，所以就喜欢一些刁钻古怪的枝节理论来炒作扬名。他哪里知道，名誉与声望对于至人来说，是束缚人的枷锁啊。"

老子反问道："你在这里说他的坏话，对他是没用处的。你为什么不直截了当地跟他讲生死一如、是非同源的道理呢？以他这么聪明的人，一听就可以了悟生死大道，彻底解脱束缚啊，这岂不更好？"

无趾叹口气说："李老师，我不是在背后说人坏话啊。我就是因为执迷而走上犯罪道路的，我太明白执迷不悟是怎么回事了。我的执迷还算是年轻不懂事，而执迷名誉的老人、名人，那个固执就万分可怕了。要和孔子这种徒有虚名的倔老头子讲生死大道？罢了！罢了！别说是我了，就是您去跟他讲，他也不会悟的，这和聪明不聪明不相干。

能悟道者，全看他是不是有胆量否定自己；天要罚人不悟，就会让这个人总觉得自己一贯正确，一辈子正确，正确得出了鼻涕泡都还是正确……连神仙也不能解脱他呀。"

鲁国的国君鲁哀公烦得不成，于是派人找来了孔子，请教说："卫国有一个奇丑无比的人，叫哀骀它。这个人啊，魅力实在是太大了。凡是男人和他相处，都高兴得不愿离去；凡女人看见了他，都马上跑回家跟父母摊牌：'如果要让我嫁给一个男人做妻子，我宁可嫁给哀相公做妾。'你说说，这叫什么事儿啊？可光我知道这样的女子，就有十多位了。

我曾仔细地想过，你说论才华吧，从未见他发表过什么，只见他赞同人家的论点而已；你说论权势吧，他绝没有能把死刑犯捞出来的官职，也没有能让人填饱肚子的地位。他的丑陋可以吓杀天下人，他的本事只是随声附和，他的知名度也仅局限于只有四个城池的卫国。但就是这么个人，简直是人见人爱，就像磁铁的异性相吸一样，分也分不开。

虽然我不知道这原因在哪里，但我想这一定是一个与一般人很不同的人了。于是我就派人把他从卫国找来。刚一见面，我马上明白了什么叫吓杀天下人。那个丑劲啊，别提了。为了找到他身上的与人不同之处，我强忍下对他的丑的厌恶，让他留在了我的身边。你说也怪了，还没到一个月，我也决心向他学习他的为人了。不到一年，我已经很信任他了。当时国家正好没有宰相，于是我想让他来担任这个职位。他一声不吭地憋了半天，总算答应了下来，我看得出他不愿干，答应我是很勉强的。同时这也让我自己很不安：仗着自己的权势把自己的意愿强加于人，总觉得自己很委琐。没过多久，我的担心果然应验了，这个哀骀它悄悄地离开了宰相的位置，离开了我，独自回卫国去了。他的离去，使我一直像丢了魂魄一样，悻悻郁闷，怅然若失。鲁国有这么多人啊，却没人能让我愉快起来。你说这个哀骀它是个什么人呢？"

孔子说："我也曾经出使楚国。在楚国的路边我看见一群小猪正围在已经死了的母猪身旁吃奶。一会儿，它们都惊恐地四下逃走了。这是因为它们突然发现自己的母亲再也不像往常那样看着自己，再也不像往常那样有甜美的奶水了。可见小猪们爱它们的母亲，不是爱这个形而下的身体，而是使这个身体能成为一个母亲的形而上的爱心与亲情啊。

战死沙场的士兵，本是为了国家牺牲了性命，但埋葬时竟然不准用羽毛装饰棺木，好像一个流氓混混儿与人打架斗殴致死一般的不受重视；给受了刖刑的人送去一双鞋，人家本来就只有一只脚，你却送去鞋两只，谁能认为你这是对他们的体贴与关心？以上这两件事之所以办得这么离谱，实在是因为这一切流于爱的形式，而失去了情的本质；只注重形而下的样子，失去了形而上的精神啊。看来形而下为表，形而上为本。

对形而下不要追求什么，因为上天给予我们的就是最完美的了。为天子挑选嫔妃时，不让这些美女剪指甲、戴耳环。因为人为地加上点儿什么或减少点儿什么，都会使形体失去天然的本色啊。而不假修饰、不加雕琢就更贴近自性与天然之美。成年累月在外劳作的男人，在他要娶老婆时，政府规定有婚假而免服徭役。这就是让他能于结婚前恢复一下被劳作扭曲的形体，使之还原于自然天成之美啊。

对形而下的美尚且尊重天然，何况是形而上的道德之美呢？

哀骀它，他既没发表什么政见就得到了你的信任，又没建立什么功勋就成为你的亲信。这也罢了，他还能忍受。但当你把国家政权硬塞给他，不要还不成时，这种无功受禄的做法就严重地破坏了自然而然、水到渠成的规律，所以他再也不能忍受，悄悄地走了。看来他是个追求人格与阅历的完整，追求内心平静而充实的人，也就是我们所说的德行完美的人啊。"

鲁哀公忙问："什么叫人格与阅历的完整呢？"

孔子说："人格与阅历的完整，也叫'才全'，就是具有应对各种境遇的阅历与能力。有这种美德的人，对于生与死、存与亡、困境与逆境、贫穷与富贵、圣人与流氓、诽谤与赞扬、饥寒交迫、寒暑相连……种种境遇和人间的悲喜，统统见怪不怪，看成是命运的正常运行，是事物的必然转换。这就好比是日与夜相互交替，说明了时间在流动；夜与日相继不断，说明了历史在前进。没人对这种现象表示出诧异，谁都知道大自然的变迁是人力所不能左右的。既然人力不可以左右它，那就没必要让它干扰我们的情绪，不可以让它深入我们的灵魂中左右我们的行为。

于是人格与阅历完整的'才全'之人，他们内心总是保持着平和、宁静、通达的心态。是是非非、善善恶恶不能破坏他们这种心态；时时刻刻、分分秒秒他们也不会离开这种心态。他们对万物似春天一般，你一接触到他就会感受到这种温暖。这就是人格与阅历完整的'才全'之人。"

鲁哀公问："什么叫内心平静而充实呢？"

孔子说："内心平静而充实，也叫'德不形'，意思是说心不起波澜，德不向外溢。举个例子：世上什么东西最公平？那就是静止的水了。静止的池水可以作为镜子客观地评价我们的尊容；静止的盆水可以鉴别建筑物的地基是不是水平。显然它是公正公平的一个标准。而达到这个标准的要件就是：第一，水在容器内不激荡、不起波澜，以保持稳定。第二，水不能向盆外溢漏，以保持足够的水量。水起波澜不能照人，不能测量水平；水量不够也不能起到应有的作用。

人的身体好比是盆，而德就是里面的水啊。德性是一点一滴修来的，当它积累到一定的量时，当他做到了'才全'与'德不形'后，就发生了质变。这个人就超越了常人了，他可以发挥出无比的魅力，使万物都不愿意离开它啊。"

鲁哀公听后，感触颇深，数日后仍是念念不忘。

这一天，正好孔子的徒弟闵子来了，鲁哀公对他说："原来我以为做一个面南背北、掌管天下的人，只要严格法律又记挂着百姓的生死，那就是挺通达、挺不错的一个君主了。自从听了孔圣人的话，我觉得我没有治理一个国家的德行。如果仍一味地按自己的愿望办事，很可能会让鲁国灭亡啊。今后我一定要多和孔先生来往，多向他学习，我和他已经不是君臣关系了，而是共同修炼道德的道友啊。"

有个驼背、瘸腿、兔唇的残疾人去游说卫国国君，结果卫灵公挺喜欢他。从此，这个卫灵公看到不残疾的人，反而觉得这些人脖子又细又长，身体也显得单薄瘦小，极不中看。

有个脖子后面长了个如瓮那么大的肿瘤的人去游说齐国国君，结果齐桓公挺喜欢他。从此，这个齐桓公看到不残疾的人，反而觉得这些人脖子又细又长，后面光秃秃的，极不中看。

所以，当一个人的德行超过了常人后，人们就不再注意他的外表了。看来我们真是应该记住一个人的德行而不要总记着他的外表啊。如果有人总是不忘掉该忘的外表，总是忘掉不该忘的德行，那这个人可算是真正的健忘者了。

古代的圣人们并不去各个国家游说，并不去讨国君喜欢。他们认为我们常人的知识只是用来为自己谋私，法规只是为了弥补人与人、国与国的关系，德行只是结党营私、招降纳叛的招牌，技术只是为了行商而牟取暴利。这些事，圣人们是不做的。他们不想为自己谋私，学那些知识干什么？他们不在意朋友的多少，学那些法规干什么？他们不需要有人来吹捧，要学那些德行干什么？他们不想去当什么大款，行商干什么？

知识、法规、德行与行商四条，常人是离不开的，是上天赋予人类社会的必然，是人类赖以生存的技巧与文明。可是圣人们的情况就要复杂得多了，他们也要依赖这些技巧与文明来生存，但他们又讨厌自己作为人的肉身。于是圣人们有人的形状，而无人的情感。有人之形，才能生活在人类的社会中；无人的情感，才能在人群中不招来是非。说起来，圣人们其实很渺小，他们只是如蚂蚁一样多的人群中的一个；反之他们又很伟大，他们是另类境界的，其精神与天地合一的圣人。

当梁国相爷惠施听到老友庄子的这段议论后，十分气愤，找到庄子质问道："难道人就应该像你说的那么无情感吗？"

庄子挺严肃地说："是的。"

惠子问："人如果没有情感，那怎么算得上是人呢？"

庄子说："天道给了人成为人的可能，自然把人养育成人的形状，你说这人算不算是人呢？"

惠子说："既然称之为人，怎么能没有感情？"

庄子说："你认为的感情，并不是我所说的感情啊。我之所以否定你所说的感情，是指一个人不应该用喜好和憎恶这些情绪来伤害自己的身体和心灵。人是自然的产物，好恶、悲喜也是自然的产物，不管你愿意不愿意它都会来的。所以作为人就应该顺应自然，该来的就来了，该走的必然会走，何必在意它们呢？以这种态度生活，不要给生命增加负担吧。"

惠子说："人生没有喜怒哀乐这些负担，怎么能有人的身体？如何算是人生？"

庄子说："天道给了人成为人的可能，自然把人养育成人的形状，那这个人有什么权利不孝敬和不顺应天道与自然呢？凭什么他要人为地用喜怒哀乐这些你认为的情感来摧残自己的身体呢？就像今天吧，你大老远地跑来找我辩论，劳筋骨、伤精气、费神思。我想你从我这里回去后，一定不会服输，一定会靠着棵树急得嘴里自言自语，脑子里冥思苦想能战胜我的办法。你说，你这样是与天道相合吗？与自然相合吗？天授予和养育了你，你却整天想着与他人辩论什么'白石头等于：白色加上硬、加上石头，就是白石头'这样无聊的论题，这就是你所说的人应该具有的情感吗？"

[延展思考]

《德充符》的"德"，不是儒家仁义之德。老子著《道德经》，其意为：合道，即有德；道为天然之道，德为顺天之德。所以这个"德"，就是顺其自然的一种品质了。

"充"，充足、充满之意。就是说：当这种顺其自然的品质在人身上久而久之形成习惯、形成下意识后，不由自主地就贯彻于人的一举一动之中，这时的德性就叫"充"了。

"符"，可以理解成人的身体。当圣贤们于日常生活中一不留神使那充足的德性流露了出来，并使我们真实地感觉到了，这就叫"德充符"了。

《德充符》这篇文章，讲述了六位至人其思想、行为、情感与常人相异的故事。

这是庄子内篇的第五篇，继理想、理论、实施的办法、具体的策略之后，庄子还怕大家不懂优游、不信优游、不会优游，于是索性给我们举了六位圣贤当例子。"不要教导别人应该怎么活着，尽量告诉人们前人怎么活过"，这也是庄子文章的一个特点。所以，这一篇也可以算是优游的"榜样"篇。它的论证性并不强，也没暗含着多高多深的理论，但文中的人物形象古怪、行为奇特，读起来兴趣盎然、暗香盈口，真可以令诸公轻松一下，优游一回。

让我们先来看看这六位圣贤。

第一位，鲁国的王骀，男，中年，大学教授，有前科，被砍掉一条腿。犯的何罪不详，是否也是话太多太直而中了阳谋呢？这位教授不怕天灾、不惧生死，得道也久矣，就是不知为什么没躲过人祸，所以不得不金鸡独立地来教课。他不用说什么，也没任何著述，却比纪晓岚本事还大，一站在那儿，学生们全都有收获。这就是我们所说的人格的魅力吧。

庄子强调的审美境界，正是精气神所在的领域。而神气逼人、魂魄摄人，就是精气神使人格产生了个性化的、耀眼的光芒。听说曾国藩只要用眼睛盯着你，就能把你吓得两腿发软；西施只要瞟你一眼，登时你就酥到骨头里，还要入骨三分；你只要接近周总理，立刻就会感到从心里往外暖洋洋的……王骀也是这类人。

人格的魅力是不是属于唯心主义的东西，我不知道；人格的魅力不是理性可以说清的，但却是真真切切的，它是一个人最重要的个性的风采。

不管怎么说，这位王骀教授能不说话就感染人，算是个至人了。

第二位，郑国的申徒嘉。这又是个有前科的人，但他是运气不好，被错判了刑，可同样没人给他平反。他也是知识分子，但不是教授，只是个大学生，还和当朝宰相同班同席。于是招来这当大官的同学不满。他的感人之处在于：他敢和宰相理论理论，敢冲着高官说："我学道学得忘了自己有前科，谁知您这个当宰相的又提醒了我……"于是宰相子产汗颜。

就凭他这胆子，算个至人也不为过。

第三位更惨，连个名字都没留下，只知他是鲁国人，叫叔山无趾。这位先生年轻时不学好，让政府砍掉一只脚，这一回是真的有罪，所以更没人给平反。但他还是心存上进，出狱后四处求学，想当个独立思考的知识分子。孔子看不起他，于是他一气之下弃儒从道。他的精彩之处在于：深切地懂得了什么叫执迷不悟。

难道懂得这点儿东西也叫圣人？

对！当一个人能时时反省自己、能放下屠刀立地成佛、能懂得苦海无边回头是岸、能如陶渊明一样"觉今是而昨非"……那他就是响当当的圣人。

世上最顽固不化的人，就是总以为自己一贯正确的人。

尊重过去、尊重历史、尊重自己用血换来的教训、尊重一个使我们曾经受益的理论，没什么错误。错误在于不知道这些东西会随着时代的变化而变化。

宇宙在变化、万物在变化、四季在变化、社会在变化……你辛辛苦苦得来的正确的理论，它可是不会主动地变化。不懂得这一点，不懂得否定自己，把自己的尊严看得比什么都重要，把曾经正确的理论纹丝不动地保持一辈子，还当成圣经来念，能不犯错误么？

自从1840年以来，我们中华民族遭受了一百五十多年的欺辱。我们一是吃不饱，二是腰不壮。而今，再也没有哪个帝国主义敢来打我们了；改革的大潮使我们再也不挨饿了。回望这一百五十年，毛泽东用革命的阶级斗争的理论使我们甩掉了屈辱，邓小平用改革开放的理论使我们走向了富强……哪个东西不在变呢？当"文革"结束后，我们不能轻描淡写地说一句，这都是"四人帮"捣的鬼，就完事大吉了。我们必须认识到，之所以犯错误的真正原因是我们对曾经正确的理论抱以简单、机械、僵化的态度，一点儿都不能改、不敢改。只要不改掉过时的阶级斗争的理论，那不出"四人帮"，也会出"五人帮""六人帮"。

在这一点上，全世界的华人都从心里感谢邓小平，正是这个原因。

真盼望着中国多出邓小平这样的至人、真人、伟人。

跑题了，书归正传。

第四位越发地惨，是个奇丑无比的草民，鲁国人，叫哀骀它。这个人倒没有前科，但总像是要犯法的样子。因为男人见了他离不开他，女人见了他要嫁给他……一个无权无势的家伙有此伎俩，是不是有什么秘而不宣的功夫呢？

鲁哀公不知道这里的秘密，还是孔子告诉他的：这个秘而不宣的功夫就是"才全"与"德不形"。"才全"，就是直面人生，一切人间的冷暖是非都泰然处之；"德不形"，就是德性再多也不外溢，其实就是不宣扬罢了。德充符讲的就是不由自主地外溢，否则谁能看出你与常人不一样的地方？谁能看出你是圣人呢？

仔细地品一下，一个见啥啥都不乐的人，实在也够讨厌的了。一切见怪不怪的样子，谁能喜欢他呢？但他一听说要当宰相，赶紧跑了，就凭这一点，将就着算个至人吧。因为时至今日还有跑官买官的呢，所以宣扬一下见官不当的榜样人物，也算是让老百姓心里有个出气的地方，嘴里有个可嚼的故事。

这个庄子越来越让人心寒，第五位至人（算起来是两个人）简直就没法说了：残疾、瘸腿、兔唇……脖子后有一个瓮那么大的肿瘤……居然让战国时期最有名的暴君卫灵公、齐桓公爱个不够?！没知识、不懂法、没德行、没有钱，这两位爷全占满了，可庄子还说他们伟大，是另类境界的人，是天地人三合一的圣人。

只这个"另类"，大概就和周星驰差不多了吧？那也能算是至人了。这年头大家全浮躁得不成，"扎钱"全进步到"圈钱"了，人人见钱眼珠子都是红的，哪里找得到不爱钱的"另类"呢？如今有了这么个活宝，虽然老了点儿，总算是"我们中国曾经有过，不稀罕！"

最后一位就是庄子自己了。他当然更算得上是至人了，要不咱们挺费劲地看他的书干什么呢？再说了，他宣扬的顺其自然，也算是一家之言，他本人也是老庄思想的开山祖师爷。

总之，庄子在这一篇里给我们举出了六个活生生的例子。该怎么看、怎么学，全在诸位自己的好恶取舍。反正这一篇不算是论文，只算是庄子和咱们闲聊而已。

庄子举出的这六位榜样，没钱没权只有德性，于是全是至人。这种连个小小的业绩都没有的人物能成为至人？显然不合常理，太情绪化了。德行这东西又不能当饭吃，德行再好又有什么用呢？反正如今的年轻人看见这些至人就不顺眼。不过这没什么可大惊小怪的，行为乖僻、不可理喻的人古今中外都有。他们大约不是圣人，就是艺术家，或是酷爱生活的人。他们最显著的特点就是——绝对是个思想者。

不说咱们中国吧，省得年轻人不爱听。人家意大利弄出个文艺复兴运动，就全是一帮怪人干的。这帮人遭的罪可不只是被砍了一只脚这么幸运，他们有被吊死的，有被砍头的，有被活活烧死的……他们的德性是什么？是对纯理性的反动！他们这些怪人异口同声地要求用非理性的爱唤起人们对人性的尊重。从本质上讲，这是一场由封建社会转向资本主义社会的大革命，是一场人本主义的革命。这场大革命进行了三百至五百年，才最终在人们的头脑里树起了民主、自由、平等的资产阶级的观念。我们一直高喊着反对资本主义，其实先清理一下我们头脑中的封建主义倒是当务之急。

所谓的"中国特色"，就是浓厚的封建主义思想；所谓"中国国情"，就是我们至今还没认识到封建思想的危害……西方人用了三百至五百年才根除封建思想，我们要用多长时间？我们要等到什么时候才能重人本而轻理论呢？

人总是要活着的，讲演是次要的。可我们中国人一说起世界观，就觉得伟大得不成，激动得满脸通红、浑身发热，话也越说越多，理也越弄越玄。

"为什么活着"这个题目虽然动人，但那是理论，并不是一个活生生的人的感受和体验。从重人本、轻理论这一点上看，庄子列举的这些又丑、又穷、又有前科的人，不但可爱，还可敬，当个至人是足够的了。

我看是这样，您说呢？

想起一个话题：

有人"说活到老，学到老"；

有人说"越老越坚定，至死心不移""老而弥坚，僵而不死"；

有人说"活到老，适应到老""跟着感觉走，拉着大款的手"；

有人说"挣钱不挣钱，不在前六十年；老了老了，拉他妈倒了……"

全对，没错。就看你指的是什么。

六　大宗师

明了天的作为，知晓人的行为，具有这样的智慧就已经算是最高的智慧了。

天的作为属自然科学，明了自然科学的人，就会明了人类是由大自然演化而来的；

人的行为属人文科学，知晓人文科学的人，就会懂得人是以自己的智慧从已知的世界里去探索未知的世界，于探索中不断增长知识、见识与才干，从而达到对未知世界的了解。

在未知的无限与人生的有限中，一个人能于这两种学问里穷毕生精力研究它，不三心二意而半路改行，一以贯之、不灰心、不气馁，那不管他活了多少岁，都算得上是大智慧者了。

虽然这个人是个大智慧者，但还是有让人担心的地方啊。因为人类的知识是建立在前人研究成果的积累之上的，我们是从这里出发向前发展的。问题就在这里了，谁能保证前人给我们留下的知识是真实的、正确的呢？谁又能知道我们认为是大自然作为的，其实是人类所为的呢？而我们认为是人类所为的东西，原来是大自然的作为呢？

看来只有真人出现，而后才会有真知啊。

什么样的人是真人呢？古时候的真人，不忽视少数人的意见，不靠权威的牌子和气势压人，不用心计去为自己谋取职称。像这样的真人，他们做事做错了，过了头了，也不会停在无止境的悔恨里。他们做事做对了，恰如其分了，也不会沾沾自喜。像这样的真人，他们于高山之巅不会害怕，于水中不湿，于火中不热。这是因为他们的智慧与大道相合，他们的境界与天地合一啊。

古时候的真人，他们睡觉不做梦，醒来也高高兴兴。吃东西不挑拣，连呼吸都很缓慢而深沉。真人的呼吸直深到脚后跟，而常人的呼吸只是在喉咙。弯腰驼背的人，他的呼吸就更浅，可能还有点儿哮喘。其实从呼吸可知人的智慧与灵气啊。你看欲望太强的人，他们就像既驼背又有哮喘的人一样，呼吸紧而浅，缺少悟性、没有慧根。

古时候的真人，不知道贪生，也不知道怕死；他们对出生不欣喜，对死亡不拒绝；说来，呱呱坠地就来了，说去，一口气上不来就去了，如此而已。他们永远牢记自己出生的故乡，热爱它、思念它。他们并不在意死在穷山恶水的什么地方。命运安排给他什么，他们很高兴地接受；命运收回了什么，他们很高兴地放手。拿起与放下、有舍有得，是大道的必然。何必用心思去助长拿起之得，而阻止放下之舍呢？不人为地做作，任其舍得，这就是真人。

这样的真人，他们的心志与道同，他们的容貌安详宁静，他们的额头宽大方正；他们的神情在冷淡时如秋露，在温暖时如春风；他们的喜怒哀乐随四季变化而变化，他们的情绪有利于万物的生成；他们对自然和人类的情感，真可谓是深厚无穷。

所以，圣人若是用兵伐国，当他们灭亡了敌国时，给那里的人民带来的是富庶，所以人民拥护他而不失人心；他们为官行政，恩泽万代，却从没有要讨好人民以获取声望的私心。

看来，为了万物能自然发展而提供人为的方便者，不是圣人；对万物有亲近倾向者，不是仁人；利用天时以达人为目的者，不是贤才；不懂得万物一端为利、一端为害者，不是君子；为了一个好的名声去奋斗，弄到最后连死都不怕的人，不是有道之士；不怕牺牲而为一个不切实际的目标玩命者，只能算是无知加固执，不算是人类理想的殉道人。用这个标准来衡量，像狐不偕、务光、伯夷、叔齐、箕子胥余、纪他、申徒狄这些人们所认为的圣人，实在是把他人加给自己的意愿作为自己的意愿、把他人加给自己的要求作为自己的要求，从来不知按自己的本性办事的人，这怎么能算是圣人呢？

古代的真人，他们总显得孤单而不合群，总显得欠缺了点儿什么却不去奉承人；

他们总显得很有主见但不固执，总显得性情豁达却不流于浮华；

他们总是喜滋滋地充满了幸福感，却不知他们到底喜的是什么；

他们办事总是不紧不慢不着急，也不知他们是不是有些不情愿；

他们和颜悦色，使人觉得很容易亲近，但高深莫测的德行又让人觉得总和他有距离；

当他们严厉的时候，好像是世界的主宰，喷薄的激情与高洁的孤傲简直没什么东西可以阻挡和遮蔽；

他们慢慢地在街上行走时，好像也在修道，但要让他说出个中三昧，却什么也道不出来。

真人们把刑法看成自己的身体，把礼义看成自己的双翼，用智慧洞察时机，以道德为其准绳。为什么会是这个样子呢？因为把刑法看成自己身体的人，会不知不觉地远离惩处；把礼义看成自己双翼的人，畅游世间而不招人讨厌；用智慧洞察时机的人，总会身不由己就事半功倍；以道德为准绳的人，就像是被一个善于登山的人推搡着上了山，别人以为他也是善于登山的人。

总而言之，真人与常人都有所爱，这是一样的；真人与常人都有所不爱，这也是一样的。在真人与常人这两者中所爱与不爱有一致的地方，也有不一致的地方。一致的地方是两者都是大自然的学生，都以天道为师；不一致的地方是圣人只是以天道为师而已，但常人总难以揣摩到大自然的启迪与暗示，天道对于他们来说实在太难以理解了。所以他们还要以人为师，也就是以圣人为师。

天道与圣人这两者没什么高下：圣人演绎着天道、科学家阐释着大自然，如此而已。这就是真人的本质啊。

生死相继、代代相传，这是命中注定的事情；日夜有序、明暗更迭，这是大自然不可更改的规律。人之所以有办不成的事情，不是因为主观的不努力，而是客观规律决定的，是那个事情的本质所决定的。当人们发现自己的能力并不能战胜大自然时，就称大自然为天父，愿意服从它，更不用说对大自然的规律也就是对天道的臣服了。当人们把自己国家的君主看成主宰自己命运的神时，就会不惜生命地去保护他，更不用说对真正主宰万物的天道了。

泉水干涸，鱼儿们都在即将龟裂的泥地上挣扎着。它们相互呵以湿气、相互以唾液涂抹，以求推迟死亡的到来。这是它们难以忘怀过去在江河湖泽中生活时的恩情啊。但与其这样痛苦地死去，还不如忘记这些江湖恩怨，大家坦然地直面死亡的来临。而我们人类也好不到哪里去。我们总是一边努力地歌颂着尧的伟大，一边咬牙切齿地骂着桀王，那都是早已过去的事情了，真不如省省力气忘掉这些恩恩怨怨，把我们的情感化入大道吧。

不要埋怨大地冰冷，更不要埋怨大自然冷酷无情。是大地承载着我们的身体，是大自然赐我们劳作使我们息息相生；是大自然使我们年老时得以享受悠闲宁静，是大地在我们死时又把我接回家中。正是大自然在我们生时给我们以欢乐；正是大地使我们走时无牵无挂重回自然的大道中。

把一条船藏在山涧里，把一座山藏在湖水里，看来这是挺保险的事情了。然而晚上来了个有力气的小偷，还是把它们背走了，而失主还懵懵懂懂自以为得意呢。物件不论大小，无论怎么藏，都可能丢掉啊。但是把天下藏于天下，那就无法偷，偷了也无处藏，也就无所谓丢了。看来，不藏、无法藏，也就不丢、无法丢。这是大自然的真理啊。

当我们人从大自然那里得到人的形状时，欣喜万分。和这情况一样，当无穷的万物得到它们自己的形状时，宇宙中充满了欣喜与无限的生动。所以圣人遨游天下变化于万物之中，不论是化成什么物，他们都高高兴兴地与天地共存。所以我们凡人们啊，不论是夭折还是寿终正寝，不论是怎么死的，都叫善始善终。

为什么这么不近人情？不是的啊，我们要向圣人学习，视万物为一体，一切都有始终；视变化为根本，视变化为真理，变化才是不朽的永恒。难道不是这样的吗？

大道是大有情，是大诚信，但它无作为也无形状；

大道可以传授却不可以赠予，可以领悟却不可看到；

大道自己就是根，就是本，再也没有比它更原始的根与本。在还没形成天地之前，它早已存在很久了。既然它是万物的根与本，所以妖魔鬼怪、神仙玉帝全都是它所生，连天和地都是它所孕育而成。

你要说大道在太极生成之前就存在了，如此高深的描述并不为过；

你要说大道于上下前后左右这六合之外还存在，如此深邃的比喻也不算错；

你要说大道先于天地就存在了，如此久远的说法也不算是夸张，因为它确实比上古要古老得多。

想当年，正是狶韦氏得到了它，才把浑黄的宇宙分割成天与地。

是伏羲氏得到了它，才理顺了阴阳二气。

是北斗七星得到了它，才使星辰开始运转。

是太阳和月亮得到了它，才使人间有了日夜轮回，永不停息。

堪坏得到了它，成为昆仑之主。

冯夷得到了它，成为黄河之神。

肩吾得到了它，成为泰山之王。

而黄帝得到了它，一下子乘龙而上，直达天庭……平步青云。

得了大道，颛顼处于玄宫，管理着北冥的宗教。

得了大道，禺强盘踞北极，掌管着那里的行政。

得了大道，西王母稳坐少广山，成了西方的女神。她何时得道坐上神位的？没人知晓。她何时才会当烦了神女而下凡重当民女？也没人清楚，怕是无始无终。

彭祖得道，生于虞舜年间，一下子活到了春秋五霸时代，怎么说也有八百岁。

傅说得道，生前辅助商王武丁战诸侯、平天下，死后乘东方之苍龙，雄踞箕星之尾，位列星宿之间，闪烁寰宇之内。

南伯子葵，复姓南伯，名葵，人称子葵。这位子葵先生也是闲来无事，听说一个叫女偊的道姑，道行有多大倒是其次，可驻颜术很是了得。于是前去拜访，问道："按说您也好大一把年纪了，但容貌却像小女孩一样，这是怎么回事呢？"

女偊说："我得道了。"

子葵说；"道？这么好的东西，我可以学吗？"

女偊说："不！不可以！你根本不是门里人啊。过去有个叫卜梁倚的先生，他具有成为圣人的悟性但缺少成为圣人的修道方法，而我只有成为圣人的修道方法却没有成为圣人的悟性。因此，这个卜先生找我学道，我想他缺的主要是方法，只要把方法告诉他，他很快就可以得道而成为圣人了。于是我就收他为徒，开始教他了。谁知绝不是这么简单的事啊。我手把手教他，让他静坐，并亲自守着他、看着他。

三天后，他终于学会了忘却外界事物了。既然能忘却外物，好歹也算是进了一步，于是我还是挺有信心地让他继续静坐，我还是亲自守着他、看着他。

七天后，他总算是能忘却万物了。到了忘却万物的水平，还要继续修，我仍守着他。

九日后，他已经能超脱生死了。到了这个水平，一切只有靠自己，师傅看着也没用了。师傅领进门，修行在各人。

下一步修行的境界叫'朝彻'，也就是时时刻刻要像清晨时那样清醒；'朝彻'后的层次是'悟道'，'悟道'也叫'见独'。何为'见独'？因为寰宇内万事万物都不是永恒不变的，唯独道是亘古不变、永恒常存的。所以能悟到这个永恒不变的道，为'见独'也。

'见独'后的层次是'无古今'。

首先，为什么悟道了，还有层次呢？这就是道门里讲的：悟后真修。悟后的修持才算得上真正的修持啊，才算得上真正走上了成为圣人之路。

其次，什么叫'无古今'？'无古今'就是失去了时间概念。为什么可以失去时间概念呢？是不是因为醉酒了？吸毒了？麻木了？不是！不是的啊，当你处在一个往返不止的圆形中时，哪里是头？哪里是尾？何为先？何为后？大道难名，各自去悟，在此多讲有害无益。

'无古今'的层次后，就是'不死不生'的最高境界了。修道修到这个份儿上，算是大功告成。那什么是'不死不生'呢？勉强解释出来就是：杀灭一个生者，这个生者并没有死；产生一个生者，这个生者并没有生。我知道你听不懂，这么说吧：大道只有在产生万物后，万物才有了接送、成毁等因果关系。大道本身何尝有什么因果呢？无因果、不昧因果，就无时间的先后，就无空间的上下，就无生死的轮回，无是非、无无是非、无无无……

总之，从刚开始学静坐到'无古今'的境界，整个的修道过程叫'撄（yīng）宁'。简单地说，'撄宁'就是引导而后成。也可以说是由躁动而致最终的宁静啊。"

子葵先生一听修道这么复杂，早就烦了，挺不高兴地说："你是从哪里听来的这么多稀奇古怪、令人生厌的学问啊？"

女偶说："这可太幽深奇妙了，让我细细跟你说，你可要好好记住啊：这修道的学问，我是从许多高人那里东一点、西一点辛辛苦苦拼凑来的；高人们是他们祖上背诵给他们而代代相传下来的；他们的祖上是从见地高明那儿学来的；见地高明是从自言自语那里听来的；自言自语是从干活干得麻木迟钝那儿累出来的；麻木迟钝是从瞎喊乱唱那儿偷来的；瞎喊乱唱是从昏暗幽深、头脑发昏那儿吓出来的；头脑发昏是咱们很古很古时的一个大贤人，一天在半夜三更时跑到坟地里参悟什么叫大无边，什么叫大无穷，什么叫生后死，什么叫死后生……正在眼看要悟道这节骨眼上，'忽'地刮起一阵阴风，'嗖'地蹿上来一条黑影，'卟'地一下就把咱们这位大贤人扑倒在地动弹不得……只见他登时中风不语、口眼歪斜、四肢抽搐、大小便失禁……虽然后来紧着治慢着治，总算治得好了七八成，但还是留下了这两三成的'头脑发昏'的病根儿。

这病根儿来自虚虚幻幻、真真切切、渺渺茫茫、确确实实、来来往往、是是非非……不真不切、不虚不幻、不渺不茫、不确不实、不来不往、不是不非……你听明白了吗？反正修道的玄密、机密、绝密都告诉你了，你可以修驻颜术去了，好自为之。拜拜！"

有这么四个人，是子祀、子舆、子犁、子来。他们四个人本来互不相识，但都听说有三位修行者的道行不浅，只是苦于无法印证是不是赶得上自己的水平。一日，四个人碰到了一起，于是四个人齐声说："谁要是能把无当脑袋，把生当脊梁，把死当屁股，深知生死存亡是一回事，我就和他交朋友。"

四人说完相互看了看，一笑而心领神会，从此成为莫逆之交。

时间不长，子舆得了病，子祀前来看望他。刚走到院子门口，只见子舆正在院子里感叹地说："伟大啊，造物的老天爷啊。您老人家将把我设计成一个佝偻而弯弯的形象啦。到那时我腰如弓背如驼，五脏六腑高于头，脸儿贴肚脐，双肩耸过顶，后脑勺冲着天……"

子祀看了看子舆，见他是因为阴阳失调而导致的疾病。听到他刚才讲的话，心里有些不是味……

这时，子舆仍是满不在乎的样子，悠闲地走到井边照了照自己的尊容，接着说："哎呀，造物的老天爷就要把你变得佝偻而弯弯啦。"

子祀再也看不下去了，走上前说："子舆兄，你是不是挺厌恶变成那个样子呢？"

子舆看了看是他，说："哪里话呀，我怎么会厌恶呢？假若老天爷把我的左臂化为一只公鸡，那正好让它给我报晓；假若老天爷把我的右臂化为弹子，那正好帮我打个猫头鹰来烤着吃；假若老天爷把我的屁股化成轮子，把我的精神化为马匹，那就更妙了。我可以乘着自己这现成的车，再不用费心借车和马去了。

再说了，什么是得到，那只是时机的安排罢了；什么叫失去，那只是顺应事物的变化罢了。能安于时机、顺应变化，哀与乐就不能扰乱你的内心世界。这就是古人所说的心灵解脱。

不能解脱自己心灵的人，不是哪个人捆住了他，而是外在的物质利益引诱着他，使其作茧自缚罢了。况且，事物的发展变化是不可违背自然规律的，这是古人早已证明了的，我也不可能违背老天爷的安排啊。

知晓自己的心灵只有自己才能解脱它；明了身体的变化是自然的规律支配着它。这就够了，我还有什么可厌恶的呢？"

说来也巧，不久子来也病了，气喘得紧促而短浅，像是将要不久于人世。他的老婆孩子全围着他哭个不停。子犁听说子来病了，赶紧过来看看，正撞见屋子里哭成一团。子犁挺生气，厉声地说："去！全躲开！不要干扰了生死大化！"等屋子里就剩下他们两人了，子犁反关上门，靠着门说："伟大啊，自然的变化！老天爷不知这一回又要将你变成个什么，不知又要把你送到哪里去啦。大化难测、大化难料，是让你变一回老鼠的肝呢，还是变成虫子的胳膊？"

子来忍住了剧烈的喘息说："父母对于儿子来说，是绝对的权威。父母之命，不论是东西南北，儿子都必须去执行，不能违抗。阴阳大化对于人来说，更是绝对的权威，这个权威比父母之命更加的不可违抗啊。老天爷让我濒临死亡而我不听从，那不是显得我太强横而不讲道理了吗？大自然的造化有什么过错呢？

是大地承载着我的身形，是大地使我能劳作而得以生存；

是大地在我老时供养着我，是大地在我死时为我安魂。

所以，凡是热爱生命的人，同样也应该善待死亡啊。

我听说有一个叫大冶的铸造师，一天他正要铸一些器物。突然一块矿石开口嚷道：'我要铸成一把宝剑'，大冶师傅一定认为这是块不祥的矿石。如果大自然造化出一个人形，这个东西马上喊道:'我成人啦!我成人啦!'那管造化的老天爷一定认为这个人是个不祥之人。而今我子来把天地看成是一个大熔炉,把自然的造化看成是大冶师傅,哪里有什么让人厌恶而不可去的地方呢?"

说完,子来坦然地睡去了,有点累的样子。

他永远不会回来了。

谁知遽然醒来的,又是谁呢?

子桑户、孟子反、子琴张三人本不相识。这一天三人慕名聚在了一起,声称:"谁能相处于不相处之中,相助于不相助之中?谁能登上天,在雾里畅游,盘旋于无穷的宇宙里,忘却自己的生死,领悟那宇宙的永恒?"

三人说完相视一笑,心领神会,遂成莫逆之交。

没过多长时间桑户死了,还没来得及埋葬。孔子听说桑户去世了,赶紧让子贡到桑户家里去帮着操持丧事。刚到桑户家门口,就看到院子里有一个人在编织裹尸的苇席,另一个人在弹琴。两个人一边干着活儿,嘴里还不闲着,相应相合地唱着:"哎呀桑户兄啊!哎呀桑户弟!你可倒好啊,归入纯真的世界也不顾我们,害得我俩还得苦苦地继续做人!"

子贡一听这歌,吓了一大跳,赶紧走进门来说:"敢问二位,对着尸体唱歌,这合于礼仪吗?"

显然,这二位就是桑户的好友子反和琴张了。两人相视一笑说:"你不知道礼仪的真实含义啊。"

子贡回到学校,把他在桑户家的所见所闻告诉了孔子,并问道:"老师,这二位都是什么人呢?他俩内在没一点儿修养,外在空有一副人的躯体。对着好友的尸体没有丝毫悲伤,还脸都不红地唱着歌。我真不知该怎么说这二位呀，咳，这二位都是什么人啊！"

孔子听后，平静地说："他们这类人，都是畅游于世外的人啊，而孔丘我却是周游于世内的人。出世与入世本各行其道、互不相干，而我却让你去吊唁桑户，这就是我考虑不周了。

他们这些出世的人，追求的是与大自然为友，使天人一体；向往的是遨游天地之间，使天地人合为一气。他们以生于世间为累赘，以死为割去累赘而获解脱。以他们这种观念去看人与自然的关系，怎么能知道是先生后死对呢？还是先死后生对呢？

他们把自己的身体看成是若干物件偶然凑在了一起，于是有了他们；

他们忘记自己的肝胆，忘记自己的耳目；

他们认为一切事物都是生生死死、阴阳相继，没有个头也没有个尾；

他们茫茫然彷徨于人世之外，逍遥哉以无所作为为作为。

像他们这种具有出世风范的人，怎么能强迫自己摆出一副凄凄然被世俗所认可的哭丧相？做出中规中矩合于礼仪的样子让世人观看呢？"

子贡说："如果真有这么两种截然不同的做人之道，那么先生您到底是哪一种呢？"

孔子说："孔丘我啊，是个天生就该入世受罪的命啊。虽然这样，我还是愿意和你一起努力向出世做一些努力。"

子贡挺有兴趣地问："请问老师，咱们怎么个努力法呢？"

孔子想了想说："鱼的造诣深浅靠水，人的造诣深浅靠道。靠水的，能于池中放满水就可以了；靠道的，能于人世的烦乱中入定就可以了。咱们努力学出世，可以从学入定开始。

可问题也就在这里啊：鱼儿于干涸的泥地里才会相濡以沫，而于宽广的江河湖海里各自忙各自的，早就相互忘记了；人们于危机灾难时才会相互同情和帮助，而于大道中各修各的功夫，早就相互忘记了。咳，越是游得快的鱼和入定久的人，越是被看成造诣深，全然忘了相濡以沫和相互帮助时的恩情啊，这也是人性的一种畸形。"

子贡说："敢问老师，出世与入世，哪个是畸形的啊？"

孔子说："都够畸形的。我不是说某个类型的人畸形，而是说人类共有的人性上的畸形。

入世的人，富贵时相互疏远，危难时相互帮助；

出世的人，不修道还顾及家小，一修道就远离社会与家人，亲近自然。

这两者不是都够畸形的吗？

所以说：天认为的小人，世俗却看成是君子；世俗认为的君子，老天却看他是个小人啊。"

有一次，颜回问孔子说："孟孙才这个人，在他母亲死时哭而无泪、心中不悲，居丧期间一点儿也不哀伤。有这三条大不是，可鲁国竟然认为他是全国丧事办得最好的人了。难道这个世界上还真有无其实而徒有虚名的人吗？这让颜回我百思不得其解。"

孔子说："你说的那个孟孙才先生算得上是彻底懂了办丧事的道理，更难得的是他明了了办丧事的意义啊。为什么这么说呢？你看，有的程序省略掉就不成其为丧事，他就从俗而办，但减去不少枝节；而那些不碍全局的礼仪，全让他省略掉了。这还不是最懂得办丧事的人吗？

孟孙才先生是个不知贪生、不懂怕死的人；他不贪图比同代人生得早几年，比同代人死得晚几年；他只喜欢随着自然的变化随遇而安，期待着也不知将变成什么的大化的到来。大化啊，很让人琢磨不定：即将变化的人，怎么能知道没变化前的自己是什么？暂时不会变化的人，怎么能知道变化后的自己是个什么？这就好比我和你啊，自己似乎很明白自己是谁，但很可能我们俩现在是在梦里没睡醒呢。

孟孙才先生在丧事期间，有悲伤的样子而无悲伤的心；有惊诧的样子而无死别的情。他是个有觉悟的人啊，当来吊唁的人哭时，他也哭，这就是他入乡随俗的表现。这也好像我们称自己叫'我'，可怎么能证明我们所说的'我'就是自己呢？假若你梦见你是一只鸟在天上飞，是一条鱼在水中游，那现在能说话的你，是醒着的颜回，还是梦里的鸟或鱼呢？是人做梦梦见自己变成了鸟或鱼，还是鸟或鱼做梦梦见自己是颜回呢？这些都没搞清，那谁死了？哭谁呢？我看咱们也要学学孟先生了，大家哭，咱们也哭就是了。

造作的刻意追求，不如淡淡地一笑。

出自内心的笑总不能是人为设计出来的，而是人性的使然，是大自然的安排。所以，放弃人为、付之一笑、顺从自然、恬淡坦荡，这样就可以和寂寥的天空和合为一了。"

意而子前来见许由，许由问："尧帝又教诲了你些什么？"

意而子说："尧帝教导我说：'你必须亲自去实践仁义，

你必须明辨是非。'"

许由说："那你到我这里来干什么呢？尧已经用仁义二字刺在了你的脸上；用明辨是非割掉你的鼻子。一个五官不全、满脸仁义是非的人，早已不自在得很了，你怎么还有脸在逍遥自得、顺其自然的大道上晃来晃去的呢？"

意而子说："虽然如此，我还是希望能在大道的边上走一走、看一看。"

许由说："不成啊。一个盲者，他怎么可以领略眉目传递的情感呢？他怎么能认同色彩所表达的情绪和图案所展现的境界呢？"

意而子说："我听说为了听闻大道，一个叫无庄的美女放弃了自己的美貌，一个住在梁国的大力士放弃了他的神力，连黄帝都放弃了他原来学到的知识。他们为了道，都勇于接受一个锤炼重塑的过程。怎么知道造物的老天爷不会在这个过程中抹掉我脸上的字，补好我的鼻子，使我以一身清净地成为先生您的学生呢？"

许由说："哎呀，这倒是有点儿意思了。好吧，我先把学道的大概情况给你说一下。我的老师啊，我们的大宗师，他碾碎了万物而不能说他是义，他恩泽了万世而不能称他是仁，他的年龄远于上古却不能叫老，他覆着天、载着地雕刻出万物而不能看作是巧。这就是你即将踏上的大道啊。"

自上次孟孙才哭丧的事颜回让孔子教诲了一番后，颜回回去潜心研究大道。这一日，颜回找到孔子说："老师，学生我有所长进了。"

孔子说："这话怎么说起呢？你是指什么方面？有何长

进呢?"

颜回说:"我指在修道方面,我现在已经忘记仁义了。"

孔子听后点头道:"是道学啊……当然,你修得不错了,但还早着呢。"

过了几天,颜回又来了,对孔子说:"老师,我又有所长进了。"

孔子说:"是什么状态呢?说来看看。"

颜回答:"我现在忘记礼乐了。"

孔子说:"很好,不错,但……还早着呢。"

又过了几天,颜回见了孔子说:"弟子的长进更进了一步。"

孔子说:"这一回到了哪一步呢?"

颜回答:"我已经到了'坐忘'这个境界了。"

孔子吃了一惊,问:"什么是'坐忘'?"

颜回答:"我一人静坐在那里,马上就没有了四肢和身体,没有了听觉和视觉,思维也淡去,好像离开了身体一般,自己感觉与大道合一,与大化同一,这就是'坐忘'。"

孔子说:"与大道合一,就没有了是非善恶;与大化同一,也就没有了常与不常的烦恼。看来孔丘我以后要拜你为师了。"

子舆与子桑是好朋友,一次,大雨下了十几天。因为子桑家里穷,所以子舆很着急,自言自语着:"子桑一定会给饿病了啊。"雨一停,他就马上拿着饭菜赶往子桑家。

刚走到他家门口,就听见屋里传来琴声和子桑不知是唱还是在哭的声音:"是老爸,还是老妈?是老天爷,还是人啊?"

其声之断断续续，其情之悲悲切切……

这让子舆大吃一惊，赶紧进了房门，问道："子桑啊，你这是唱得什么调、什么词啊？你为什么唱这些啊？"

子桑见是子舆来了，放下琴说："子桑我并不比别人少点儿什么，怎么就穷到如此地步了呢？我想不明白啊。我父母岂能愿意我穷极潦倒？上苍无私地庇护着万物，大地无私地承载着万民，而天地为什么单单把我弄得赤贫？我是说什么也找不到答案了，可我确实又穷极致此……看来，这只能是认命了。"

［延展思考］

《大宗师》，老师的老师、老师之祖宗，也就是祖师爷了。

祖师爷不是人，而是道。这显然与其他诸家不一样。这种做法的好处是：一则避免了个人崇拜；二则宣传了本宗的教义：大道无形，大道无语，大道无声。

"听其自然"，就是庄先生认为的大道了。

还是回到我们前言讲的：为什么活着是一回事，在那个范畴里要讲斗争、竞争、进取、登攀……怎么活着是另一回事，在这个领域里不能比地位、比权势、比钱财、比美色、比谁活得长、比……省省精神、养养气力吧，学学听其自然吧。并不是让每个人都去练什么静坐与坐忘，而是让你学会放下、舍得、退一步、让一回……

不管是什么理论，不管是什么主义，有退才有进，有舍才有得，有静才有动，难道不是这个样子的吗？你要是不明白，那谁也帮不了你。

难道人的一生就不应该追求点儿什么？不该拿出精神干点

儿什么？

谁说没有啦？庄子嘴上说不用，信誓旦旦地只要求诸位追求大道、顺其自然就成了。可人家是大文学家、大散文家、大哲学家，两千多年来少有的浪漫主义大家。你要是先有了这点本事，那你不论是拿大顶入静、翻着跟头养性……反正是不管你干什么，都有两万多人效仿，十万多人说你"帅呆啦"，上百万人的追星族追你，嘴里喊着："酷哥，给签个名！"直至追得你"毙"了。如果你什么本事都没有，只会入静和养性，免谈吧！诸位不如去学贾府门前的石狮子，或皇陵前的石像生——那个东西入静入得最深，养性养得最好。

这点儿心得体会，是从几位老上电视的公众人物哪儿学来的。我们都是朋友，所以也无话不谈。他们挺不解地问我：为什么他们没成名时，练什么真功夫都是狗屁东西，根本没人理你；他们成了名，练什么狗屁东西都是真功夫，几万人跟着模仿。我只是说："这就是人们为什么爱出名的原因。"

至于为什么这样，我没敢说，怕扫了这几位爷们儿、姐们儿的兴头。

"学道不怕晚，也只能晚。"

这话是我说的，我负责任。"不怕晚"，是说先有了安身立命的本事再说学道，先有了庖丁的本事再说解牛的快感；"只能晚"，是说不到而立之年，学道一事想都不要想。老老实实先入俗上学、工作、安家立业、娶妻生子……过了三四十岁，机缘巧合，又碰到个好师傅，你的身体也适合，这时学道才算对了机。四十不惑嘛，四十岁懂了人生，尝尽了人世间的酸甜苦辣，此时才有资本想想是不是学静坐，还是学太极拳、学钓鱼、学书法……路有的是，人的悟性各不相同；一切要对缘，这也是听其自然的事情。

"佛法在世间，不离世间觉。离世觅菩提，如同寻兔角。"
这话不是我说的了，是禅宗六祖惠能大师说的。

下面我们分别看一下这篇《大宗师》。

第一部分，庄子说：凡大智慧者，全是爱一个行业并是此
行业的专家。为什么他能成为专家呢？因为他既站在前人的肩
膀上，又敢推翻前人的一些结论，并推动着该专业前进。同时
他们谦虚谨慎、不骄不躁……这就是"天人合一"的境界了。

他们呼吸沉稳、心地坦荡、不惧生死、亲近自然……一切
按自己的本性办事。也就是以自然的本性为师。

凡是这样的人，全是道家的门人啊。

完了，古今中外一切精英，不知不觉地全成了道家的门
人、庄子的弟子了。但不管庄子说的诸位认不认可，有一点却
很重要：不要自己给自己在精神与名声上强加上什么东西，更
不要给他人在精神与名声上强加什么东西。要尊重自己和他人
的意愿和本性。不要刚进体育馆就想着：这一回的奥运会一定
要得冠军，否则爹妈不答应……

人活于世已经很累了，怎么能让人们轻松一些？

过去我们的做法是制定一个东西，让大家往那里努力，以
此减轻大家心里的负担。一如士兵们正不知往哪里冲，指挥官
说："就往前边的那个山头冲，冲上去咱们就回家。"于是大
家全不胡思乱想，一门心思地往那个地方冲。问题是这个法子
在军队里、在打仗时是对的，可是于和平建设年代就大大地不
妥了。因为前者的士兵只能服从，没有独立思考与讨论的可
能，军规规定的就是下级服从上级，这个东西不二价；后者是

见仁见智，大家齐心合力才能办好的事情，并提倡人人献出自己的智慧。可我们经常干绝对服从的傻事，一声号令，于是"放卫星"，大炼钢，呼啦啦全国一夜之间都成立了人民公社……

除了绝对服从或大家讨论，还有别的法子么？庄子说有，那就是听其自然。也不下命令，也不讨论，先放手让大家各找门路，都跟下了岗一样，孔雀东南飞。谁看哪个方法好，哪个方法可行，就试一下；谁看哪一家好，挺对自己的脾气，就学一下。尤其是思想和文艺战线，也应该和战国时期的百家一样，解放思想、鼓励创新、百家争鸣……我想不用几年，诸位就会摸索出门道来了。最起码这种办法叫百花齐放，叫多元化吧。

邓小平说：不管姓资还是姓社，贫穷不是社会主义。好，说得好。深圳特区不就是试出来的吗？最起码我们自己可以在自己的头脑里搞一个特区吧！自己试试，又不妨碍他人干革命，自己试试听其自然是什么样，是否对想象力有帮助，是否灵感来得多了一些……这有什么不可以的呢？

所谓不可，大多是放不下！放不下名和利罢了。

第二部分，真人全孤单、不合群、走路慢吞吞的、不近人情……缺点毛病一大堆。

庄子认为：不到危机时刻，鱼儿们也是相忘于江湖的；只有水干涸以后，鱼儿们才相濡以沫。所以，人与人在平时生活中距离远点儿无妨，君子之交淡如水嘛。但危机时如何？是不是亲近点儿？庄子没说。

第三部分，庄子说真正的有情叫"大有情"，也就是"大诚信"。但这种东西凡人是看不懂的，因为它就是大道，而大道无形。这显然和佛教中释迦牟尼说佛是"大有情"，有异曲同工之妙了。

庄子在这里列举了若干得道的人成了名、成了家，道行高点儿的还成了仙……这里怎么有点儿像电视里名人做广告的味道？这是庄子的败笔啊。修道的人不是最不爱名利么？既然如此，何必举这种例子呢？

我也曾和儿时的朋友或同学聊过天，一说到今天的时尚，他们一口一个看不惯世俗、闻不得铜臭味儿，那不屑一顾的样子比嗤之以鼻远远强烈得多，可以说是嗤之以脸了。但只要二两酒一下肚，一说起其他同学的近况，马上一脸神秘地跟我说：某某如今可是鸟枪换炮了，一下子圈了几百万，神了；某某更牛了，包了两个"二奶奶"、置了六七处大"别野"……某某真傻，贪污了就贪了，这年头谁不贪？不贪的是没门子，干瞪眼！只有他这么个大傻叉，愣去自首，一下子官没了，还给判了十二年……要是我，我才……

你说这些仁兄是真不爱钱，还是假不爱钱？是真不爱名，还是假不爱名？我看最起码是干瞪眼一类的人吧。这一点准确无误，否则也没工夫跟我大讲廉洁。

庄子怎么也走这下三路的棋呢？败笔啊，败笔！

第四部分，子葵跟女偊学道。这里的门道在本文中已经讲得很清楚了，在此不多述。哪位爱修这个功夫，可以自己总结一下吧。这种修法是正宗正教的东西，不会走火入魔。当然，如果有个师父就更好了。

第五、六、七、九部分，这四部分都以有丧事而不悲为事由，强调不做作这个道理。这种行为显得有些不近人情、不合中国当代的国情……但庄子要讲的东西仍是听其自然。该哭就哭，差不多就得了，如此而已。反正是一家之言，诸位爱听就听，不爱听就当耳边风。

第八部分，是于第七和第九部分中间插入了意而子向许由学道的故事。内容简单，不再赘述。

第十部分，也就是最后一部分，是子桑向子舆哭穷。两位宗师级的人物，穷得直哭，是不是有失大师风范呢？

禅宗里有句挺有名的话，叫："饿了吃饭、困了眠。"可恨啊，不知是哪位没悟性的弟子把后面的两句删了去了，太可恨了。人家原本是四句"饿了吃饭、困了眠，痛了喊娘、穷了哭天"。多好的禅宗宗旨啊！多好的大师风范啊！指着这样的人闹文艺复兴，一定能闹出中国的达·芬奇、伽利略、牛顿……

为什么这才是大师风范呢？因为自从"文革"后，为了彻底地根除人们头脑中极"左"的流毒、彻底地改换阶级斗争的观念，最起码中国在一百年里需要的不是说教，不是假大空，不是风高放火、夜黑杀人，而是歌颂人性，歌颂人的情。

十三亿人，要做到这一点，还真得下点儿工夫啊。

总之，此篇大宗师，给我们开了眼界，让我们看到了形形色色、林林总总的大师们的情感世界和他们的入世行为。我的感受是：大凡事业有成者，可能于一万件事情里，放弃和退让了九千九百九十九件，谁要说什么就说去吧，只要于一件事上用庄子学道的精神锲而不舍、专注专一，再加上付出辛苦和悟性，那是否成功是次要的，当上一代大宗师，是板上钉钉地肯定的了。

我想，爱因斯坦、居里夫人、曹雪芹、陈景润……都是这样的大宗师吧。

万事不退让，事事要争先，这样的人，我们在生活中也常见。不过这种人一般都没有太大的作为，也没见被人们称为什么积极、上进，先锋，怕是多被人们在背后称为母老虎、人尖子、鬼怪精灵。

看来凡是大宗师，一定是挺傻的人，怎么说也有99%的地方傻得不成；可那1%却比人精子还要精，比精灵古怪还要古怪出万分。

七　应帝王

[原文演绎]

啮缺这个人总是爱提一些挺古怪的问题。

这一天他又想好了四个问题去问自己的老师王倪。连着四问，王倪摇了四回头，表示自己不知道。啮缺一见把自己的老师都难住了，高兴得跳了起来，三步两步跑到老师的老师蒲衣子那儿，告诉了祖师。蒲衣子看了看得意忘形的啮缺说："今天问倒了你的老师，你是不是挺得意的？你是不是觉得这都是你的智慧所致？你是不是觉得自己的学问比你的老师大了去了？跟你说吧，虞舜的智慧不如伏羲。可虞舜为什么当上了皇帝呢？主要是他会一些伎俩而已，他心藏仁义以笼络人心、巴结百姓，这和贿选没什么两样。经过他这么苦心运作，才当上皇帝的啊。这种做法不是大自然本身应有的规律，不是人类应有的品格啊。

而伏羲这个人，从不做有愧于天的事，睡觉时沉沉寂寂，醒来后清清纯纯；为国为民，甘愿以自己为牛为马；他对人民的情感真诚可信，他的德行充溢着朴质无华的气息，他从不做违背大自然规律的事，这才是真的有学问啊。"

肩吾拜见狂人接舆。

接舆问他："那个叫日中始的，跟你说了些什么？"

肩吾说："他跟我讲，做君王的，首先要自己制定法度，然后自己也严格遵守法度，这样就没人敢不听教化而触犯法网了。"

接舆说："他这一套是虚伪的东西啊。用他这套法子治天下，就好像在大海里开挖一条河，让蚊子搬走一座山一样的不可能。为什么这么说呢？你想一想，圣人治理天下，是靠外在的手段吗？是用法度的严肃性来震慑人民吗？不是，不是啊。圣人治天下，先正人民之心，再根据各自的条件安排工作，使其有所劳、有所得。当人们心情舒畅且心理平衡时，谁会去犯法呢？你看，连鸟儿都知道高飞，以避弓箭与粘网的捕捉；连鼹鼠都知道把洞穴挖在神坛之下，以避烟熏与挖掘之灾。有工作、有吃穿、有老婆孩子的人，难道比这些动物们还笨，不躲开法网好好过日子，非往法网上撞吗？"

天根先生在殷山的南坡处游玩，当他信步走到蓼水河的上游时，碰到了一个不知名的百姓，天根觉得这个人不是一般的人，就问道："请您告诉我该怎么治理天下好吗？"

无名氏说："去！你可真是个小人啊，净问些让人不高兴的无聊事情。我正打算与造物的老天爷合伙，烦了就乘上又大又缥缈的鸟，飞出六合之外，游于空无之乡，处在大无边的野地上……你怎么可以拿治理天下这样的问题扰乱我的心呢？"

天根很诚恳地再问，无名氏说："人之心就像你一样，总喜欢四处游荡；人总是挖空心思琢磨一些损人利己的伎俩。所以，你只要让你的心静下来、冷下来，顺乎自然而不留私心，天下可大治也。"

有个叫阳子居的来拜见老子，问道："李老师，有这样一个人，他思维敏捷、身强力壮，博学多才、逻辑清晰。他不但有这些过人之处，还是个学道不倦的人。您说他可以和开明的君主相比吗？"

老子说："对于圣人来说，县衙里的刀笔吏是被他们的才干束缚住啦，他们整天为告状的状子和来往的公函弄得劳其身形、损其心智、提心吊胆；虎与豹是因为皮毛上的花纹才招来被捕杀；猿与猴是因为敏捷才被拴在绳子上让人戏弄；猎狗是因为能抓狐狸才被人奴役驱使。像这些小吏、虎豹、猿猴、猎狗都有过人之处，干得也挺敬业，那它们可以和开明的君主相比吗？"

阳子居有点开窍，往前凑了凑说："恕我大着胆子问一下，开明的君主是怎样治理天下的呢？"

老子说："开明的君主治理天下，他的功劳誉满四海却好像不是这些功劳的主人；他的恩泽惠及五洲，而不让百姓们为自己歌功颂德、树碑立传；他最大的丰功伟绩是让万物顺其自然、各有其劳、各有所得。他不制定固定的法律，而是随着变化着的实际情况做出相应的对策。最好的治理天下之法，正是针对变化着的阴与阳、有与无，做相应的、顺其自然的调整啊。"

郑国来了个齐国的神汉巫师叫季咸。他能预测一个人的死生日期、生存状况、遇什么福、遭什么灾、活多长……何时、何地、如何发生……都灵验如神。可是郑国的人看见他，全都扭头跑掉了。谁愿意早早地就知道了自己何年、何月、何日死呢？那不是一点儿希望都没有了吗？

列子也是个修道的人，他听说这个人神乎其神的，就和他见了面。谁知才说上三言两语，列子就败下阵来，他的道行显然是不成，于是对季咸为之倾倒、为之痴迷。列子回去后对自己的老师壶子说："原来我认为老师您的道行是最高的了，没想到自从我看见了季咸，才知道人外有人，天外有天啊，他才是道行最高的人啊。"

壶子说："我教你的道学，刚进入书本阶段，远没到实践的时候，你怎么能觉得从我这里学到了道学的真谛了呢？一群母鸡而没有公鸡，你能指望着它们孵出小鸡吗？你以书本上刚学的那些入门知识到社会上去招摇，想让社会上的各色人等相信你是得道的人，那还有不栽跟头的吗？世人好小术，你准是碰见玩小术的人了。人家装腔作势地掐指一算，什么天干地支、八卦五行，猪羊驴狗、雷雨电风，姑嫂叔侄、南北西东……一下子把你弄傻了。跟你说这些你也不信，这样吧，你把这个人叫来，让他给我看看命。"

第二天，列子就把季咸请来给壶子看命。

从壶子那里出来后，季咸对列子说："嘻嘻，你的老师要死啦，活不长了，最多能支撑个十几天吧。我见你老师一脸的怪相、浑身湿气、灰灰的，这就是要死的先兆了。"

列子送走了季咸，哭着把这噩耗告诉了老师。壶子说："别哭了，刚才我给他看的样子，是我入静很深时的状态，是我生命之气凝而不动啊。他没学过入静，更没见过有这种功夫的人，一见我所有的气机全停滞了，误认为是要死时大厦将倾的瞬间了。你明天再把他叫来给我看看。"

过了一天，列子请季咸又来给壶子看命。

从壶子那儿出来后，季咸对列子说："万幸啊，万幸啊！你先生幸亏遇上我了，这才捡回了一条命啊。这回他有救了，没事了，我这么一发功，他的气脉已经开始恢复运行了。"

列子送走了季咸，笑滋滋地把这喜讯告诉了老师。壶子说："别笑了，刚才我给他看的样子，是要出静时的状态。于空空寂寂时，一丝气机从脚后跟处涌入，通过督脉上行，过百会，正要进入任脉啊。他没练过周天，不懂督任二脉，一见有气机生成，就认为我是缓过劲来了，死不了了。你明天再把他叫来看看。"

又过了一天，列子第三次把季咸请来给壶子看命。

从壶子那儿出来后，季咸对列子说："你先生今天不太好，心神不定、气息紊乱、命相恍惚，我没法给他看呀。这样吧，什么时候他好点儿了你再叫我来看吧。"

列子送走了季咸，向老师讲了季咸说的话。壶子说："刚才我给他看的样子，是临出静时的状态。于最后的平静之中，任督二脉开始通畅，阴阳二气于太冲穴交合。他不懂这些，误以为我的气机乱窜、命相不稳、生死难料、走火入魔，所以不敢下断言啊。大鲵所栖息的水域叫深渊，此渊水底深藏生机；一潭死水也叫深渊，此渊一点儿生机也无；下有潜流的池水也叫深渊，此渊于平静处掩蔽着潮涌。此渊不是彼渊，彼渊不同此渊；渊渊不同，共有九种，我这几天只给他看了三种。这样吧，你明天再把他叫来。"

第四天，季咸又被请来了。他看了壶子一眼，连脚步都没立定呢，扭头就跑。壶子对列子说："快追他啊。"

列子追之不及，只好回来对壶子说："他跑得太快，没影儿了，我实在是追不上。老师，他为什么要跑呢？"

壶子说："刚才我给他看的样子，并没有越出咱们道家一门的功夫啊。这种状态叫无象为象、万象为象；无渊为渊、万渊为渊。也就是大化无形、大化万形啊。这是在任督二脉通畅后，入静者进入了天人合一的境界。在这种境界里，旁观者看练功的人成了虚幻而缥缈不清的影像，这影像还会随着观察者的主观变化而变化。比如：他认为眼前的练功者是风，就会出现被风刮起的草屑；他认为眼前的练功者是水，就会出现水的波纹……他不知出了什么事，他从没见过这种状态，于是害怕，跑了，如此而已。"

列子听后，真是后悔自己不学正道而信小术；刚学一点儿大道的皮毛就轻狂地招摇。于是他三年足不出户，一边潜心学道，一边安心于家务琐事……

后来，人们再也看不见当年那个列子了，只见一个为其妻子精心烧饭的丈夫，像对待家庭一员那样细心喂猪的主人，像对待亲人一样对待所有人的修行者了。

得道的人就是不假雕琢、返璞归真的宝玉，是傲然于世、独立思考的孤寂者，是恬淡清贫、布衣粗食的平常人啊。

不要追求虚名而成了虚名的行尸走肉，不要玩弄谋略而成了官府的帮凶走狗，不要为了成就事业而担上责任，不要为了知识而沦为知识的奴仆。用人的生命和经验去体会什么是无穷吧，要学会让我们的思维在缥缈的境界里去遨游。

如果这样的努力一生也没见什么成果，这本身正是虚明大道的一种。

至人用心如镜子一般，物来则应，物去不留；其应对人生的事与物，如同镜子一般，不多加什么，也不减少什么，更不窝藏什么。持有这种心态的人，才能让精神凌驾于万物之上，活得自在而逍遥啊。

南海的皇帝叫倏，北海的皇帝叫忽，中央的皇帝叫混沌。倏和忽二位常常到混沌这儿来做客，总是受到混沌的热情款待。长此以往，倏和忽二人有些过意不去，打算想个什么法子答谢一下混沌的美意。两人商量了半天，说："这样吧，人都有七窍，才可以吃东西和喘气儿。而混沌却是一个窍都没有，那得憋得多难受啊？干脆，咱们帮它凿出七个窍吧，谁让咱们是老朋友呢？"

于是二位一天帮混沌凿出一个窍来……

七日后，七窍终于全有了，混沌也终于死了。

[延展思考]

《应帝王》的"应"，就是"当"的意思。"应帝王"就是当帝王。按全篇所讲述的意思，就是"应该如何当帝王"。

那怎么当帝王呢？庄子说：只要具有"不违背自然规律""以自身甘为人民的牛马"这样两种品德就可以了。真的吗？看来庄子是没当过官，有了这两种品德，当个圣人、至人，最多当个小官，这倒也罢了；但要当个帝王，保证是天下大乱。因为这里还缺最主要的一条：法——法律的法。

圣人、至人，用不着法律，他们完全可以做"以德服人"的事。反正是大家服不服都无所谓，他说的话谁爱听谁听，谁爱信谁信，各随其便。但作为一个帝王说话没人听？说话没人信？这可大大地不妙。再说了，面对一个国家的全体人民，大撒把、放任自流？只要给他们人人安排个工作就可以高枕无忧了？这一回又是庄先生错了，败笔啊，败笔，老先生越老越天真。

法、理、情三者，是以法律为主；习惯、民俗、民风、教育、群体意识等理性的自我约束为辅；佐以人格、榜样、情感的浸染、认同、沟通为基础。不知道这三条，不全方位地运用这三条，要当好一个帝王，管理好一个国家，绝对不成。

至于神游太虚之说，别太较真。有爱练功夫的，也有爱养鸟种花的；有爱旅游的，也有爱扭秧歌的。让思绪飞翔起来，敢于打破思维的模式与框架，这没什么不对。但一定要像钱学森先生说的那样，搞逻辑思维的人，必须学点儿形象思维。反之，我说，搞形象思维的人，也必须学点儿逻辑思维。如果仁兄一不会逻辑，二懒得思维，我看还是好好回家卖红薯去吧。

"生命的意义在于过程"这个命题，您认为如何？

可是从古至今，总有不明白的人，弄出个算命的本事，特异的功能，把精彩、有趣又充满悬念的世界弄得从生到死明明白白、清清楚楚，连哪一天吃了几碗干饭，放了几个屁都预测得丝毫不差，那还不闷死人么？还活个什么劲儿？

季咸就是这么一位会算命的"特异先生"，郑国的人都很反感他。这才是报应啊！

那庄子对算命这事是什么态度呢？庄子恨算命的，并不是说庄子坚信科学、反对迷信，而是庄子恨算命这种东西抹杀了人们的希望，扼杀了心灵的飞翔。一切太宿命了，那人的主观能动性就完了，人的想象力也枯萎了……这个人就成了等死的活死人。

庄子站得很高，他是艺术地谈人生，他关注的是——不要束缚人的心灵。这和唯物、唯心、社会主义、资本主义一点儿关系没有。

21 世纪的文明人怎么看这个问题呢？

宇宙物理学家们认为：人类命运和事物的发展，在"大尺度上"具有规定性，也可以说是"宿命性"。如：有生必有死、有喜必有悲、有得必有失、有善必有恶……能量守恒、物质不灭……这种"宿命性"从基本粒子到宇宙，概莫能外。

同时，人类命运和事物的发展，在"一定尺度上"又具有无限的"随机性"和无穷大的"复杂变化"。也就是难以预测、无法预见。如：明天是刮风还是下雨？我是学工科还是文科？彩票我是买尾数 8 呢，还是尾数 6？让主观如此任意，这才使一切生命摆脱了宿命论的阴影，充满了生机与活力；这才使死气沉沉的规律得以存在，使生命的过程有了鲜明的色彩。

人文学家们认为，如果我们强调的是结果，其实大尺度上毁灭的结果是早已注定了的；如果我们强调的是过程，那明天的生活一定会更加美好。

艺术家们认为，演戏演的是过程，人生的意义在于过程。过程的生动，不就是人生的生动吗？结果……难道有结果的生动或生动的结果吗？

哲学家们说，把目的当过程的说法，不是如何活着的范畴，而是人类为什么活着的范畴了。也就是说：重视过程，是"钢铁是怎样炼成的"的问题；重视结果，是"我们缺什么样的钢铁"的问题。

我说，一个过程，一个目的，不能掺在一起说。

至于人活着到底为了什么？这个学问太深，庄子没说。只有孔子和理论家、哲学家们说过，而且不停地说，至今仍是在说……

说说而已。

下面仍是按节为单元，大略地看看其内容。

第一节，蒲衣子告诉啮缺：真正的学问和德行，在于顺其自然。而人世间最可耻的东西，莫过于心机了。

第二节，庄子用接舆的嘴，正式提出对法律的质疑。

第三节，庄子有些烦了，用无名氏骂天根的话道出自己对政治的厌恶。

老子教导阳子居一节，帝王的标准是：不求功名、不立法律、顺其自然。

列子一节，壶子一练功，就吓跑了江湖术士季咸。什么功夫这么厉害？大道之功。什么大道之功？那就是世上最难练的：照顾妻子、当好父亲、烧好饭、喂好猪、热情地接待朋友……此大丈夫也、酷哥也、真男人也。——庄子如是说。

最后一节，庄子公开反对心机。人活于世，没必要存那么多心眼。

混沌总比倏忽强得多。

《内篇》小结

　　庄子《内篇》共七篇，基本构成了庄子哲学思想的框架与雏形。

　　《逍遥游》，讲述了一个理想：精神上绝对自由的——优游。

　　《齐物论》，论证了优游之所以能实现，是你必须在人世间学会站在道枢那儿，对万事万物要听其自然。只有当烦心的俗事少了，人才可能有精力达到优游。

　　《养生主》，是说要想在人世间学优游，先要学会一门生存的本事，再把它学精了，于是你就能养生了，同时你也理解生活之道了。所以，养生就是——养心；生活之道就是——在束缚中和规定性中寻找自由与涵养优游。

　　《人间世》，说的是官难当、官差难办，而外交官最难当、外交的事最难办……所以，要想成圣就——别当官；当了官就——别后悔。如果先当圣人后做官呢？庄子在这一篇里没说，只是在《应帝王》一篇中才讲。

　　《德充符》，给诸位列举了六位优游者的例子，这些人原先因不懂大道而碰了壁，被砍了一条腿后，后来才明白了大道，成为圣人。或者是天生极丑的人，一下子成了圣人。这说明顺其自然的大道并不是常人能懂的，只有受了苦或奇丑的人，才有机缘懂得它。因为他们——不再有人为的妄想。

　　《大宗师》，再一次强调了大道是顺其自然，而要学道必先热爱自己的本职工作，再做好它、做精它，并成为这一行业的先锋。所以，真正大宗师所教出来的人，全是——热爱工作、解放思想的精英。

《应帝王》，是说英明的帝王应该是什么样子。庄子的标准简单了些，只有两条——顺其自然加甘当人民的牛马。

庄子道家哲学是以自然为本的。自然分为天道与人道。天道即天性；人道即人性。

那天道、天性是什么？——这属于自然科学，咱们放到后记中去讲。

人道、人性又是什么呢？

墨家提出"食色，性也"这个命题后，儒家也是认可的，孔子也把它拿来当成了自己的话。而庄子并没有反对这话，看来我们的传统文明在这一点上是一致的。

所以：

人的本能：生存欲。

生存欲包括：食与色的追求欲、占有欲；

当然还有避免遭受伤害、趋于安全的欲望。

人性的基本特点：复杂性与开放性。

复杂性是指：有大鹏一样的人，也有斑鸠一样的人。世界上有多少人，就有多少种人性。不但指纹不同、DNA不同，主要是人性不同。其次，这个复杂性还包括人性变化的复杂。孔子既可以在见到叔山无趾时轻慢得不理不睬，又可以在听完他说的话后恭敬得像个小学生。这也是人性复杂的内容之一。复杂性的最独特之处是人性的反叛性，大家越是趋于名利，庄子及圣人、贤人们就越是要安贫守志。这种反潮流是否正确是一回事，敢于反潮流本身就说明了反叛性是人格中最鲜明的个性特色。

开放性是指：所有复杂性都向着无限大发展。

从人的最基本需求食色，一直到我们在《逍遥游》的"延展思考"中总结出的三个境界，这中间还有太多太多的东西需要我们填补上。

看来只有在下面外篇与杂篇中慢慢寻出个头绪来了。

为了方便，我们是不是把人性这样分一下类：

（1）人的本能

（2）人性的基本特点

（3）社会中人性的特点

（4）发展中人性的特点

（5）生活中人性的特点

以上五点，是我这里胡乱弄出来的东西，并不见得科学。我想，过于笼统地讲人性，容易搞乱人的思路，所以试着用分类这种方法从庄先生手中讨出个结果。

也许是弄巧成拙吧。

但愿大家能接受、能喜欢。

外　　篇

一 骈拇

[原文演绎]

大脚趾与二脚趾连在一起叫骈拇，大拇指旁多了一个手指的叫枝指。这些畸形本是天生的，是先天就比正常的人多得了一些，才造成的畸形。长在身上的肿瘤和瘊子，不是先天的，它们是后天生成的。这些畸形也是比正常人多得了一些，才造成的畸形。看来比正常状态"多"的东西，就是非自然而畸形的东西了。更可怕的"多"，正是让人们想着、说着、念念不忘的仁义啊。把这些如骈拇、如肿瘤的玩意儿放入人们的心中，怎么能是正常的呢？怎么能合自然之道呢？

所以，骈拇的"多"，多在连接拇趾与第二趾的皮肉上；枝指的"多"，多在拇指旁又长出一根无用的手指上。比骈拇与枝指更无形的、依附于人们心性之外的"多"，是沉溺于以仁义为行为标准去办事上，同时仁义又使人们在办事时不得不耍小聪明啊。

所以，眼力过分好的人，就会让五颜六色弄得眼花缭乱，会使文章华而不实，会使服装煌煌然炫人眼目，难道不是这样的吗？而离朱正是这种人啊。

听力过分好的人，就会因嘈杂的声音扰乱了五音六律，使原本清纯的音乐成了喇叭、板鼓、琴筝、笛管、钟磬一齐奏响的大杂乐，难道不是这样的过？而师旷正是这种人啊。

于自然本性上侈谈仁义的人，不得不弄点儿小聪明。于是他们夸大自己的德性、隐藏自己的本性，以攫取名声。这就好像让天下的笙与鼓非要凑在一起，演奏不合音律的噪音一样，难道这种事还少？而曾参、史鱼正是这种人啊。

善于诡辩、狡辩，长于强词夺理的辩论者，不得不玩小聪明堆积资料、罗列证据、编织论点、修饰辞藻，把全部心思和心血放在"白石头是白为本性，还是石为本性？它们有什么同与不同"之上去了。这种辩论有什么意义呢？是不是一种精力过剩呢？他们为的是挖空心思捞取名誉，杨朱、墨翟不正是这种人吗？

所以，凡多、多余、过分、过度之道，都是邪道，不是天下最正经的正道啊。

正道的最大特点，就是正本性。也就是一切形体的塑造与行为的准则都应以其本性的需要为原则，不应歪曲和篡改这个原则。在这个原则下，该合起来的趾不叫骈，该多出来的指不叫枝；腿该长的不能叫有余，腿该短的不能说是不足。你看野鸭子的腿虽然短，但合于它的正道、正本性的原则，你要是给它加上一截，就会给它带来忧愁；仙鹤的腿虽然长，也合于它的正道、正本性的原则，你要是给它锯去一截，就会给它带来悲伤。

同理，既然仁义违背了人类的正道与正本性的原则，所以那些满嘴仁义的家伙们，在攫取了声誉后的微笑里，隐藏着巨大的忧愁与悲伤啊。

倘若我们生来就有仁义，那我们何必去苦苦追寻？倘若我们生来没有仁义，那我们何必非要把它纳入本性之中？对于骈拇的人来说，你要是把他的连趾割开，他一定痛得流泪；对于枝指的人来说，你要是削去他那多余的指头，他一定疼得泣不成声。对于这二位，不论是比他人多了什么或少了什么，那已经成了他们的本性。可你非要以常人的标准代替他们的标准，那给他们造成的痛苦不是和仁义家们一样的吗？君不见当今仁义之人，整天苦着个脸忧虑人性的堕落；不仁义的人，拼着性命昧着良心下狠招施毒计去跑官骗钱追求富贵……

看来，仁义这东西不是人类本性中固有的啊。不然，为什么自夏商周三代以来，有那么多人呼唤着仁义，而呼唤来的竟是越发的纷乱、战乱与不太平呢？由此可知，仁义绝不是人类的正道、正本性。

况且，当我们用钩、绳、规、矩来矫正一个事物时，是我们用人类的标准来削弱它的本性；当我们用绳索、胶漆来捆绑黏合一个事物时，是我们用人类的标准来加强它的本性；当我们臣服于礼乐，让步于仁义，用这种方法慰藉天下人之心时，就失去了天下的常态。

天下自有天下的常态啊，这个常态就是万物各有各态、各有各性、各有各命。弯曲的东西不要用标准的曲线去要求它，直的东西不要用直尺去修正它，圆的东西不要用规去测量它，方的东西不要用矩去改正它，合在一起的东西不要再用胶，分开的东西不必再用绳索。

所以，这个世界上悠然生存着的事物并不需要明白自己为什么生存着。

同理，该得到的东西也不需要明白自己为什么能得到。这个道理从古至今都是一样的，不可篡改。可为什么仁义这东西总是接连不断地像胶漆、绳索一样，流连于人的道德观念之间呢？这不是叫天下人困惑吗？

　　小的困惑只是改变了方位，大的困惑则是错乱了本性。为什么这样说呢？自从虞舜树起仁义大旗扰乱天下人的本性后，天下人都像没头苍蝇一样，没有一个不为仁义而疲于奔命的。这就是用仁义错乱了人的本性的大困惑啊。所以我从这个论据推理下去，得出的结论是：自从三代以来，天下人全都因为追求物质利益而改变了自己的本性。小人以身殉利，士人以身殉名，大夫以身殉家，圣人以身殉天下。这四类人因事业和追求不同，名声也不一样。但他们用伤害本性、用生命换取他们认为最宝贵的东西这一点上，是一样的啊。

　　有两个牧羊人，一个叫臧，一个叫谷。这一天两人一起去放羊，不巧，两人的羊全丢失了。人们都很纳闷，两个大活人看着，羊怎么会丢了呢？于是问臧当时在干什么，臧说他正拿着竹简的简册在看呢。又问谷，谷说他正在下棋呢。这两个人事业不同，但在丢羊这一点上是相同的啊。

　　伯夷为名声而不食周之粟，死于首阳山下；盗跖为利行窃时被抓，死于东陵之上。这两个人死的原因不同，但他们生前用事业伤害自己的本性这一点上是相同的啊。为什么我们非要褒伯夷而贬盗跖呢？难道非要让天下人都以身殉名么？

　　一个人为仁义而死，我们就叫他是君子；一个人为钱财而死，我们就叫他是小人。为了一个东西而死，本来是一样的不值得，可人们非要整出君子与小人之分；从歪曲本性而死这个角度上看，盗跖与伯夷一样行的是非正道、非正本性。既然相同，何必在他们中间分什么君子和小人呢？

　　况且把自己的本性硬生生地改为合于仁义，就算做得比曾参、史鱼还得心应手，也不能达到我所说的道德完好、人性纯美啊。

把自己的本性硬生生地改为合于五味，就算赛过了俞儿，也不能达到我所说的合于自然的美食家啊。

把自己的本性硬生生地改为合于五音，就算比过了师旷，也不能达到我所认为的耳根聪慧啊。

把自己的本性硬生生地改为合于五色，就算胜过了离朱，也不能达到我所认为的眼根慧明啊。

这是为什么？为什么总达不到我的要求呢？那我所说的道德、美食、聪慧、慧明是什么？

我所认为的至善至美者，不是以非本性的仁义为标准，而是以正道的、顺其自然的正本性为标准；我所讲的聪慧，并不是用耳朵来听外界声音，而是用心来听自己的心声；我所讲的慧明，并不是用眼来看外界的事物，而是用心来看自己的心性，如此而已。

所以啊，不反观自己只会看别人，不想自己需要什么只依别人的说法定自己的需要，这种人啊，总想得到别人要得到的东西，不想自己真正想要什么；总想达到别人要达到的目的，不想自己真正想要达到的目的。如果一个人这么活着，你说不是和盗跖与伯夷一样的走入邪道了吗？

我这个人啊，一谈到道德就脸红，实在是愧对大家了。说好听点儿，是我不敢以仁义装点我的人品；说难听点儿，是我不甘堕入歪门邪道而失去自己做人的本性啊。

[延展思考]

《骈拇》，以一种畸形的病态为本篇篇名，实在是不知庄子恨什么恨得这么狠。看完全文才知道，庄子是恨儒家的仁义学说啊。

本篇共分三部分，因为比较简单，所以不再分别讨论。

"骈拇枝指，出乎性哉。"这个世界奇妙就奇妙在万物有万物的本性，各人有各人的个性。多元化、复杂化是宇宙发展的必然，是"热力第二定律"所规定了的不可逆的发展方向。而在尊重规律的前提下，保护这种"不齐、不一"，爱护、培植个性的发展，正是心性自由和人权自由的理论基础。同时，这也正是在大尺度的规定性下，人类最能获得自由的地方，是最能打破有生必有死这种沉闷气氛的地方，是人类给大自然带来生机的地方。

用仁义礼教去大一统中国，是儒家的任务。当封建社会即将冲破奴隶社会的桎梏时，反对奴隶主贵族对人身的束缚，反对用恢复周礼宣扬仁义对人性的束缚，怕是庄先生最具革命性的一点了。当然，庄先生并不懂政治经济学，他看不了那么深。但他从人性的本来面目应该是什么样入手，给我们呈现出一片清新的天地。

中国人太实际了，如果稍有点儿浪漫和轻狂，就会让中国人惊喜与激动。

不论是庄子还是李白、苏东坡还是龚自珍……在中国人眼里都是让人敬佩的人。虽然在官样文章里，这几个人不能提起，但知识分子们心里何曾放下过他们呢？

人之初，性本善，是儒家的说法；人之初，性本恶，是法家的说法。前者打算用人性善的部分存下天理，灭去人欲；后者打算用刑法把人性恶的部分着着实实地修理掉。于是中国人一边喊着忠、孝、仁、义，一边采用了世界上少有的"有罪推定法"。只要有一个人告你偷东西了，好了，不管你偷没偷，肯定有罪。无风不起浪，有浪就有风嘛。先抓起来，打你二十大板是开胃菜，关你十天半个月是磨性子……折腾个七荤八素，最后……发现你没偷，于是放人、平反。你总该感恩戴德吧，你总该认为自己碰上青天大老爷了吧。于是送锦旗、献旌表、上万民伞……这里仁义呢？爱民如子呢？官是父母也，父母打儿子挺正常的，如果打错了，只有忍了吧。

这就是中国外表儒家内里法家，外表性善说内里性恶说的特色了。

记得插队时，村里有一老举人，九十有八。当他得知邓小平又被罢了官，不由得说了一句话："八股不废，满清不灭；党股不除，中华难兴。"好在老先生过世不久，"四人帮"马上被打倒了，党股在八股废除七十多年后，也废除了……

是邓小平带领中国人民废除了陈旧的观念，使中国人民走上改革富强的道路。

说到邓小平，还有一件真事。草原活佛卡尔文－扎木苏说："邓小平是活佛。他没让人流血，就悄悄改变了一面旗帜的颜色，他让人们从空洞的意识形态转到了过实际而富裕的生活。"

这位活佛的话对多少错多少并不重要，那是社会科学院的专家们讨论的事情。我们要注意的是：正如庄子讲的，人活于世也罢，治理一个国家也罢，怎么能让一个仁义、革命、阶级的理论牵着鼻子走呢？让全体人民走上思想解放、精神解脱、

心情舒畅的路，难道不正是革命先烈要办的事么？不正是
"五四"先辈们为我们子孙建立的理想吗？

这样理解无为，这样看待庄子，这样体会怎么活着，要比
空洞的理论有用得多。

用我们现在的话说，就是在情、理、法的允许下，各人发
挥各人的长处，这是富强中华的最可行的路。

如此说来，难道人们不需要仁义与德性么？全凭自己本性
办事，人人像个蹇驴一样的小少爷，人人都是拧种……那不也
是天下大乱了吗？

庄子所讲的东西是"本能""人性特点"的范畴；孔子所
讲的东西是"社会人性"的范畴（内篇总结时，我们讲过人
性五点，这是其中三点）。这两个范畴的东西，可以说社会性
高于本能与本性，可是一旦这个社会性是牺牲人类前途，为复
辟周朝奴隶社会服务的，那这个社会性就是——打着先进的旗
号，行倒退之实了。这是该打倒的。

人是自然人、生物人，但同时他也是社会人。所以，社会
要求人们必须受一定的约束，如要学会礼貌、礼节、谦让、宽
容……这从大的历史观上看是没有错误的。

庄子始终没看到人性的社会性，也是他的不足之处。但当
这种礼貌、礼节、谦让、宽容……是为等级制服务的，是为复
辟奴隶社会做准备的，那它就走到反动的一面去了，真的是有
还不如没有。虽然从最终的"社会人性"的意义上看，仁义
并没有错，但在战国这个特定的历史条件下，就成了"窃钩
者诛，窃国者侯，窃天下者仁义"了。而庄子反对社会对人
的束缚，忽视了"社会人性"，可能正是受到了这个历史时期

的局限吧。

　　总之，"社会人性"是必须具备的。但它必须有一个先决条件，这就是，不能从根本上伤害人的本能与人性的特点，不能妨碍社会的发展。

　　我们在这里在重复一下：

　　人的本能包括食与色；食与色都使人具有了人性上的"追求欲""满足感"和"求新欲"。

　　人性的特点包括人格的开放性与人格的复杂性。人格的开放性使人格变化、人格多重；人格复杂性使人格丰富、人格反叛。

二 马蹄

马，蹄子可以踏霜雪，皮毛可以御风寒；它吃青草、饮河水，跳跃追逐于广阔的原野上，这正是马的天性啊。虽然有琼楼玉宇，但这对于马来说，一点儿用处也没有。可是自从出了个叫伯乐的人，对于马来说不幸就降临了。伯乐说："我善于整治马。"于是把原野上的马抓来，开始对马进行修理。第一番处理是烧去它的杂毛，理顺它的鬃毛，削平马蹄钉上铁掌，用火铬铁烫上字记，戴上辔头、勒上嚼子、拴上缰绳，关进编了号的马号子内。这时，十之二三的马已经给折腾死了啊。

收住了马的性子，还要让马听话，好为主人干活，于是第二番磨难又来了：故意饿它，渴它，叫它狂奔，叫它突然加速，淘汰掉体弱的马，清除掉难以驯服的马，使之整齐划一。这样，在前有嚼子的束缚、后有鞭打的威胁下，马总算驯成了。可这时有半数的马已经给折腾死了啊。

陶匠说："我善于造陶器，我造的陶器，圆形的中规，方形的中矩。"

木匠说："我善于做木器，我造的木器，弯形的如钩，平直的合于墨绳。"

那些陶土与木料，难道就是为了中规中矩、合钩合绳而生存而存在的吗？可是我们人类世世代代都称赞道："伯乐善于治马，陶匠、木匠善于制作陶器、木器。"这种说法，就像是我们称赞国君治理天下一样啊。

前者是不合马性、土性、木性，后者是不合人性。

我认为善于治理天下的人，不应该是像我们称赞的那样。民众有其不变的特点：织布为了穿衣，耕作为了吃饭，这就是所有人具有的天性了。依照民众的天性，让他们在自由的土地上自己发展，不朋党、不偏依，使其自然放任，这种治理天下的政策就是——无为而治。所以在盛德时代，人们走起路来稳重而不慌张，人们的眼神安详而直视前方。在那个时代山间不需架桥和挖隧道，湖泽不用渡船和桥梁；万物生长在一起，家园连着家园，乡邻着乡；禽与兽结伴而生，草与木相映而长。所以啊，你可以牵着禽兽一起漫步，你可以观察鸟鹊如何生活在树梢上。

咳！盛德的时代啊，人与禽兽共处，民与万物同长，哪里来的君子与小人的分别呢？大家利益与身份相同，就无须计谋，人们自然地也就同心同德；既然是大同，也就没有特别的欲望，这就叫淳朴了。正是这淳朴，使人民的天性保存至今。

等到出现了圣人，怪事就来了。圣人们哭着喊着要大家学仁，死乞白赖地要大家取义。人们只有照着办了，于是天下乱得让人迷惑不解。当人们听着有板有眼的古周之乐，行着怪里怪气的古周之礼，不但大同没来，反而是天下从此分成了等级。想来也是，淳朴的大同不打破，谁愿意去当祭祀的牺牲品呢？天然的白玉不打破，怎么能做出各种玉器呢？自然天性不毁掉，怎么让人学仁义呢？人类的性情不丧失，怎么能那么听话地崇尚礼乐呢？人们对于五色的观念不被搞乱，怎么会去文章里找文采呢？人们对于声音的观念不被搞乱，怎么会从人造的乐器里定六律呢？

看来，打破物体原有的自然形状做成器皿，这是工匠的过错；毁掉人类原有的自然天性讲仁义，这就是圣人的过错了。

马，原本生活在原野上，吃草饮水。高兴时交颈而相互摩蹭，以此为戏；发怒时背对着背相互踢踶，以此发泄。马的智慧和行为也就到此了。可是给它们套上辕子，拴上缰绳，戴上辔头时，马就学会了折车辕、脱笼头、吐嚼子、咬缰绳等这些怪异的本事，马的智慧和行为之所以这么难以理解，全是伯乐的过错啊。

在赫胥氏时代，人们定居下来却不知干点儿什么，想走出去旅游也不知到哪儿去，人们吃着东西走在街上，腆着肚子到处乱逛。他们的智慧和行为也就到此了。等圣人出现了，他们硬逼着人们屈从于礼乐，并宣扬说这是人们应该有的形象；高悬仁义之旗让人们学习，并宣称这才是人们应该有的德性。从此，人们殚精竭虑照圣人所说的去做，崇尚计谋而夺取个人利益，此风一兴，再也无法加以遏止了。这显然是圣人的过错了啊。

[延展思考]

《马蹄》一篇，其篇名是从讲马的天性时信手从全文第一句中拈来的。

该篇是继《骈拇》之后，继续对儒家学说中的仁义进行批判。也就是对陈旧的"社会人性"进行批判。在这种批判中，庄子仍是沿用否定人性的社会性，歌颂人性的本能与人性特点入手。

　　庄子说尊重人性、莫加管束……

　　但如今的中国，凡是年轻的父亲母亲们，只要有一点责任心，没一个敢这么做的。孩子一懂事就要逼着他学钢琴、学围棋、学跳水、学……上幼儿园要乖，上小学要三好，上中学要刻苦，一定要考入重点大学，不是清华就是北大，再不成理工大也凑合了。

　　谁也不敢、不愿、不想让自己的孩子放任自流啊。

　　看来尊重人性这种事，好听但不好使。最起码那个人性要成熟并值得尊重时，再谈尊重才合道理吧?!

　　人不学，不知道；玉不琢，不成器。

　　中国的教育方式始自科举，于是重背诵一直就是中国教育的特色。这让有头脑的中国人，尤其是痛恨科举的文人们骂了一千多年。如李白、杜甫、蒲松龄、曹雪芹……

　　但全世界只有中国人最聪明、最智慧、最出色。平心而论，中国的教育模式在上大学以前应该说是没有大的偏差的。反正我也早就毕业了，年轻时上学的痛苦似乎忘得差不多了，所以才能大言不惭地这么说。我们在骂自己的教育制度的同时，又处处以美国的教育方式为榜样，变着法子要向人家学。可美国呢？2001 年初始，美国人开始反省：眼见得自己的孩子不如外国的孩子，尤其不如华人的孩子，怎么回事呢？最后他们弄明白了：原来教育不应该是他们认为的那个随心所欲的模式，而应该向中国学习中小学的教育方法，要重新认识死记硬背的填鸭式方法。

谁对谁错？反正庄先生的招法只是自然保护区内对野马野驴的招法，绝不是当代文明对孩子的法子。

人类发展到高度文明的今天，怀旧是人之常情，思念原始也是可以理解的。情归情，理是理，有几人真的跑到大森林中去生活十年二十年呢？旅游观光是一回事，真的要养家糊口是另一回事了。

但不管怎么说，庄子给我们弄出了一个文学上的旅游景点，观一观、品一品，愉悦心态，也算是祖宗们给各位留下的不错的遗产。

三　胠箧

为了防备撬箱子、摸口袋、开柜子之类的小毛贼光顾你家，你就要用绳子捆好你的口袋，加固箱子和柜子上的锁，这是大家都知道的常识。然而当大盗光顾你家时，他们搬走柜子、提走箱子、扛走袋子。大盗们还生怕绳子松了、箱子散了、柜子的锁开了，撒一地珠宝来不及捡……既不利索，还留下了痕迹。看来，我们一向认为最聪明的防小贼的绳子与锁，不正是兢兢业业地在为大盗积累财富吗？

所以，我尝试着这样立论：世俗所谓的智慧，是在为大盗积累财富吗？世人所谓的圣人，是在为大盗守护着财富吗？

为什么我把圣人与小毛贼区别开，却把圣人和大盗说成是一伙的呢？

从前，当齐国最富庶时，城镇发展得密密麻麻，相邻的村邑相互之间可以看得见，鸡鸣狗吠之声也可以听得见。渔猎布的网、农垦耕的田遍及方圆两千余里。而齐国境域之内，设立宗庙社稷，组织各级行政机构，都是依圣人们的主意办的。可是，当叛逆田成子杀了齐简公窃取了国家政权时，那田成子窃取的只是一个政权吗？不是，远不止啊，他是大盗，他懂得圣人的用处，所以连圣人的治国之道一并偷了过来，并打起圣人的旗号，招摇天下，让圣人保护他的国家。于是田成子虽然有盗贼的名声，但却身处尧舜一样稳定的地位。小国不敢说东道西，大国也不敢讨伐，致使他传位十二代，一直当着被他偷来的国家的国君。这正是圣人养肥了齐国，看守并保存到田成子来了就交给了他。同时圣人还教育了他怎么治国，并用圣人自己的名头保护了他十二代啊。

我说圣人是盗贼的帮凶，说错了吗？

通过这一番研究，我肯定了我的立论：世俗所谓的智慧，全部都是为大盗积累财富的学问；世俗所谓的圣人，全部都是为大盗守护财富的看门人。

古时关龙逢被斩、比干被剖心、苌弘被拉出肠子、伍子胥被迫自尽后尸体被沉江，这四个人算是够贤能的了，仍不免被大王处以极刑。圣人说：君要臣死，臣不得不死。于是这四人就这么死了，完了。

圣人的罪孽到此为止也就罢了，可实际上还早着呢。

有一次，群盗问他们的头儿柳下跖说："老大！咱们当强盗的，也讲究大道么？"

盗跖说："那是当然的啦，什么事要办得专业，都要有道啊，哪儿能瞎来呢？比方说一看这房子，就能猜中里面藏的是什么，这叫盗之圣；冲进事主家时在前，不怕牺牲、不避家丁算是盗之勇；退出现场时在后，拦劫官兵追击、掩护大家撤走，这是盗之义；能预见这次抢劫是否成功，为盗之智；分配抢来的东西时能做到人手一份、平等平均，称为盗之仁。一个老大不具备这五种品质而能成为笑傲江湖的大盗，天下从来没有过啊。

"所以无道不为盗，只为贼，盗亦有道是也。"

由此可知，老实的人不懂得圣人之道，就只能被人欺负，难以在这个社会上混；柳下跖不懂圣人之道，就难以在江湖上行走，只能算是个小毛贼。可是天下老实的人少，不老实的人多，于是圣人的那套学问显然是被大多数不老实的人学了去了。其效果自然是圣人之道对天下利少而害多了。

所以说，嘴唇没有了，牙齿就冷；鲁国献的酒淡了，就招来邯郸被围；圣人出现了，大盗也诞生了。这可该怎么办呢？

一个办法，打杀圣人，放走盗贼，从而天下大治矣。

山间的川流干涸了，山谷就显得空而虚；丘陵被铲平了，深渊也就变得充实。圣人们全死了，大盗也就没有了，于是天下也就太平了。反过来，圣人不死，大盗不止。杀一个冒出一对，杀十个就冒出十双。为什么呢？因为圣人的作用虽然是为了治理天下，但治理的效果却是更加有利于盗跖啊。圣人制造出斗斛用来称量粮食，可是盗贼们连粮食带斗斛全窃取了；圣人们制造出权衡用来测量物品，盗贼们连物品带权衡全窃取了；圣人们制造出符和玺用于印信，盗贼们连符带玺全窃取了；圣人们津津乐道的仁义，是用来匡正人民思想的，这一回盗贼们也一样不手软，连仁义带圣人们的思想都窃取了。

你若问凭什么就是我说的这个样子呢？

好吧，我告诉你：偷了一个小小的腰带钩的人，肯定会被处死，而窃取了一个国家的人反而成了诸侯。在这位大盗出身的诸侯家里，居然也在弘扬仁义，也在用圣人的法子治理着他的领地，这不就等于是大盗通过窃取国家而真正窃取的是仁义与圣智吗？有了以上的榜样，普天下追随大盗之风盛行，窃取国家的潮流泛起，窃取仁义及斗斛、权衡、符玺而获得利益者更比比皆是。虽然用高官显爵来赏赐也不能劝阻这种风气，虽然有快刀利斧严厉的刑罚也不能禁止这股潮流。这种有利于大盗却不能禁止的风潮，正是圣人们的过错所致啊。

所以说："鱼儿离不开水，国家的利器不可以让人知晓。"

什么是利器？圣人连同他们的圣智、圣法就是普天下的利器啊，这些东西绝不可以昭示于天下。可以肯定地说：铲除圣人、根除圣智、灭绝圣法，大盗就没有了；扔掉珠玉、打烂珍宝，小盗也不会兴起了；烧毁契符、砸碎印玺，民风就淳朴了；拆散斗斛、折断衡器，老百姓就没什么可争的了；抛弃圣智、废除圣法，老百姓就可以对国家大事畅所欲言了。

搞乱六律，毁掉笙竽琴瑟，塞住所有人的耳朵，连瞎子也不例外，这才能使人们反听自省而心量扩大、耳根聪慧起来；灭掉文章，清除五色，用胶把人们的眼睛粘上，这才能使人们反观自省而心境圆明，眼根更加透彻起来；毁绝钩绳，放弃规矩，折断匠人工倕的手指，那么天下才能人人都有技巧。

所以说："大巧若拙。"限制曾参、史鱼的行为，钳制杨朱、墨翟的口舌，排斥离弃仁义，那么天下的德行就可以慢慢地与大道相合了。当人们全都反观自性、涵养明慧，天下就可以不再迷乱；当人们全都反听自心、涵养聪慧，那天下就不会有那么多乱七八糟的学问了；当人们涵养智慧，则天下不再使人困惑；当人们涵养德性，则天下就不再有邪门歪道了。

至于像曾参、史鱼、杨朱、墨翟、师旷、工倕、离朱这些人，他们都是修那些外在的、让人看得见的德行，以此来迷乱天下。这对于自然的法则来说，实在是无用的东西啊。

你真的不知道至德的时代吗？

过去的容成氏、大庭氏、伯皇氏、中央氏、栗陆氏、骊畜

氏、轩辕氏、赫胥氏、尊卢氏、祝融氏、伏羲氏、神农氏所在
的就是那样的时代啊。

在那个时代里，人们结绳记事以处理日常事务，人们觉得
吃得好、穿得美，喜欢自己的习俗，安于自己的居处；邻国遥
遥相望，鸡犬之声相闻，人民老死不相往来，像这样的时代，
可以说是大治的时代了吧。可是今天呢？总是鼓励人们伸长脖
子，踮起脚后跟往前望着，还说"那个地方有贤人啊"，把人
们弄得全背上粮食向那个地方赶去。可怜的人们啊，对内，抛
弃亲人；对外，放下了该干的活计；足迹踏遍各诸侯国家，车
轮留下的辙印长达千里之外……这都是上面喜好心机、计谋的
过错啊。

上面喜好心机与计谋而失去自然的大道，天下哪有个不乱
的理儿呢？为什么我这么说呢？你想啊，弓箭、弩箭、罗网这
些机关，越是花样翻新，那鸟儿就越是在天上乱飞；钓饵、网
罟、鱼篓的机关和花样越多，那鱼儿就越是在水里乱游；格
栅、扣网、陷阱的机关越复杂，那野兽就越是在山泽里乱窜；
用狡猾、欺骗、强词夺理的诡辩方法，在无聊无用又费精神的
问题上反反复复地肯定、否定、肯定……你来我往、争论不
休，好像是在决定人类命运的天大的问题……最后连整个社会
都迷失在这种辩论里面了。

所以，每每天下大乱，这罪魁祸首必定是"上有所好，
下必甚焉"的喜好心计、喜好计谋的圣人之智啊。

人们都去追求自己所不知道的知识，而不去追求他们已经
知道的知识；人们都拒绝他们所喜爱的，而不知道拒绝他们不
喜爱的，于是天下大乱。这种品性，对上有悖于日月的光明，
对下有负于山川的精灵，对中破坏了四季的顺序；连爬动的蠕

虫、纷飞的甲虫都迷失了本性。这个错误太过分了啊，太过分！这实在是喜好心机与计谋招致的天下大乱啊。

自夏商周三代以来，已经是这个样子了。人们渐渐讨厌那些淳朴、率真的人民，不由自主地喜欢上了那些轻薄奸佞玩心机的人；人们放弃了恬淡无为的大道，追求不厌其烦的大而空洞的说教。

是这不厌其烦的说教乱了天下啊。

[延展思考]

《胠箧》，就是从旁边撬开箱子。干这一行的人，显然就是溜门撬锁的小毛贼了。

这篇文章，恐怕是庄先生所有文章中被抨击和被中伤最狠的一篇了。其罪名是明白无误的"反对进步与文明"。这么说不是没道理，但要引申到"试图让社会倒退"，"要重温原始社会的旧梦"等说法，也就过分了。为什么这么说呢？因为这是篇情绪化极强的宣泄之作，我们只能体味其情感，不妨跟着骂几句"窃钩窃国""圣人不死、大道不止"，出出火，降降温，这有什么不好呢？

不说庄子，就说说咱们吧。

当希特勒打着国家社会主义的旗号，口口声声说是为了日耳曼民族时；

当日本军国主义高喊为了国家利益而在中国的土地上发淫威时；

当国民党大搞"一个政党、一个民族、一个思想"而施行独裁时；

当有的人高喊"注重社会效益""严防精神污染"，挥舞着大棒乱打人，而事后发现他本人泡妞贪污、无恶不作时；

当有的人打着顾全大局的旗号而践踏人格尊严时；

……

你不生气吗？

如果此时有人以"安定团结"为借口不让你讲话，你能不憋坏了吗？

凡此种种伎俩，你不觉得在一个漂亮的"社会人性"的旗帜下，隐藏着太多的灭绝人性的勾当，隐藏着人世间最凶恶、最阴险的东西吗？庄子难道不是被这种人、这种事气得要疯了吗？

用道德观念写成条文来整治人，实在是中国的李林甫们和"四人帮"们的一大发明。

庄子的反对"社会人性"，实际揭示出这样一个道理："社会人性"源于并高于"人的本能"，但这个"社会性"必须是在尊重人的本能、人的本性时才成立的。

有一位社会科学专家说：一部人类的文明史，可以说就是人类对统治者的管制史。文明程度越高，对统治者的管制就越有效……这话意味深长啊。你说对不对呢？

如果统治者真的是人民公仆，生活与百姓的差距并不是那么邪乎，可就气不疯庄子了，也不至于所有的农民起义全打着"均贫富"的旗号了，"皇帝轮流做，明年到我家"的民间谚语也就没有生命力了。

让我们再换个角度看这个问题。

李白有诗《将进酒》，从这诗里"人生得意须尽欢，莫使金樽空对月"一句，就分析出李白颓废得很，喝酒丧志，这样的学问家大有人在。

把一句话从人家的文章中摘录出来，放在案头上来批评，那"庄子是奴隶主代言人"，"李白是颓废派"就很有理由。但是在生活中呢？在实际的人生体验中呢？如果一个朋友要自杀，你把他拉到酒馆里劝他，你说什么呢？最起码也要说"好死不如赖活着"，"罢你官的那个头儿，本身就不是好东西，是假圣人"……难道你不是这么劝你的朋友和亲人的么？一个人病了住在医院里，你去看他，你说什么呢？你肯定说："既来之，则安之"，"想开点、吃好点"。你绝不会说："你就是心眼小，总想着升官发财才得的病，你这是活该！"不是这样的么？这不是人之常情么？

当庄先生对战国时代的现实深恶痛绝时，当这种深恶痛绝达到了不可言表的程度时，咱们凭什么那么矫情，不让人家骂两句，不让人家写点儿情绪化的文章呢？人生在世有喜怒哀乐，文学大师也有悲欢离合。而在自己的文集中，把这种种情愫全部完整地表达出来，让我们体会到一个活生生的人的全部的真实的情感，这正是大师级的特点啊。

如果一个人只是单色，那他不是不懂得人生，就是个庄子所骂的"圣人"而已。

只有儒家的仁义，没有法家的刑法，那就是庄先生所说的"圣人不死，大盗不止"了。

真正的统治者，从来都是用圣人来看守住人们思想的。他们不让人们的精力干实际的事情去，而是让人们在仁、义、忠、孝，琴、棋、书、画，佛、道、易、禅这些无穷尽的学问里去打滚。看不透这些的人，死在里面一辈子不明白自己为什么没学出名堂？没参透玄机？看透这些的人，轻轻松松弄上个艺术大师当当，或是干脆不理这些劳什子，自得其乐地干自己想干的事去。

我并不是说这些东西不好，而是说这个世上有的东西是有硬标准的，这个标准一点儿也不含糊，一眼就能分别出来。比如：短跑百米你用 11 秒，人家用了 10 秒，那人家比你强，谁也不能在这里说东道西。但这个世上更多的东西是难以有标准的，就算有标准，这个标准也软得很，含糊得很，难以分辨。比如，钢琴比赛的第一名和第二名差在哪里？这幅画比那幅画好在什么地方？张三悟的道是不是比李四悟的道更加靠近道？今天出门摔了个跟头，是不是和早上让老婆骂了一顿有关？什么样才算忠于国家？何种程度才算是孝子？人与人讲不讲义气？如果说讲义气是不对的，那互相帮助、助人为乐、诚实守信、"投之以桃、报之以李"算是什么东西？

《骈拇》《马蹄》《胠箧》连续三篇，庄子都在抨击孔子的"社会人性"。如果单是因理论上的不同而争论，本无可厚非，但庄子指名道姓地开口骂谁是大盗、谁是毛贼，这就伤人了，让儒家子弟们受不了了。所以庄子也因这篇文章的问世，而招来人家的骂。

庄子反对"社会人性"在这篇文章中也走得很远。他的"绝圣弃智"虽然是针对儒、墨两家，但话说得太绝，终于让后人抓住了把柄——反对两个文明。而庄子列举的至德社会的例子，又都是原始社会，于是后人抓住的第二个把柄——反对社会进步。

尤其让历代统治者恨得牙根痒痒的，就是"上有所好，下必甚焉"这句话了。人家皇帝说："我也挺辛苦的，我也是人，难道就不许我有点人的嗜好？不能有点人的欲望？不能有点儿人性么？"对啊，庄子凭什么这么霸道，敢剥夺皇帝的人权？

四　在宥

[原文演绎]

只听说让天下宽松、宽容，万物才能自由生长，没听说这个天下非要由一个什么人来统治着才成。自然状态，怕是最适合天下万物生长之本性的了；宽松、宽容，怕是天下万物从大自然中学来的德行。如果人们不违背自然的本性，不改变宽容的德行，那还需要一个统治者来统治天下吗？过去尧帝统治天下，使天下人欣欣然地接受了吃喝玩乐的生活方式，于是人们远离了恬淡纯情；夏桀统治天下，叫人们无所措手足地过苦日子，于是人们远离了愉快率真。以上两位统治者，让人们不恬淡不愉快，这不是自然之德行啊。

不以自然为德而想社稷长久，天下没有这种事。

一个人大喜时，身形与心灵就发飘，这是失去阳气的缘故；一个人大怒时，身形与心灵就发沉，这是失去阴气的缘故。如果阴阳不调，连四季都不会按时令而至，寒暑相连也乱了顺序，这岂不是伤害了人类自己吗？使人们喜怒无常、居处不定、思考不自由、工作与劳作没有章法，这样天下就会先是出现矫情与固执、怪僻与邪说，紧跟着出现盗跖、曾参、史鱼这些人，他们用他们的行为生动地阐释和注解了阴阳失调的人间万象啊。

所以，用尽天下的财富赏赐善良也不够，用尽天下的刑罚严惩邪恶也不过分。可见用物质和法律实在是不能左右善恶的。可是自夏商周三代以来，社会上总是嚷嚷着以赏罚定善恶，于是怎么赏赐、如何惩罚，赏多少、罚多少，善的等级与类别，忠孝与见义勇为的定义，二奶与情人的划分……人们哪里还有时间干正经事？哪里还有时间平和自己的心态呢？

一般来讲，人有八种嗜好：眼力好的人，喜欢鲜艳的色彩；听力好的人，喜欢激烈对抗的辩论；爱讲仁慈的人，一切为了仁慈而扰乱了人的自然之德；爱讲义气的人，一切为了义气而违背了人的自然本性；长于礼教的人，津津乐道于礼仪的规矩与程序；喜好乐的人，沉溺于繁杂冗长的周朝音乐之中；动不动就谈圣论教的人，迷失在永远无休止又走不到头的说教里；开口闭口谈机智的人，整个就是为计谋、心思而浪费了一生。如果天下的人都安于自己的天然本性，那这八种嗜好本是人的品性之一，属于有也可、无也可；如果天下的人不安于自己的天然本性，非要依嗜好、依后天造出个什么"人性"来，那这八种嗜好将导致人们追求外物，从而又被外物所束缚，天下岂有不乱的道理呢？可是天下人就是痴迷不悟，对这八种嗜好无理由地爱护和尊重，太过了，人们被自己的嗜好迷惑得太久了。这哪里是说一说、劝一劝就能让人们回头的事啊？你看，每当圣人谈起这八种嗜好时，来听讲的人们总是先沐浴斋戒一番，然后恭恭敬敬地跪坐好，仔仔细细地认真听，载歌载舞地庆贺自己又学到了圣智。天哪，我又有什么办法说服人们呢？

所以，君子只有在情况无法收拾时，不得已才出来治理天下。其治理的方法，莫过于无为而治。因为只有无为，才能使人们远离嗜好，归于自己天然的本性。可以看出：无为而治就是以珍惜自己的身体为纲领来治理天下，那天下人自然也就都珍惜自己的身体了，这样的人才可以把天下托付给他；无为而治就是以爱惜自己的心性为最终目的而看待天下，那天下人自然也就都爱惜自己的心性了，这样的人才可以把天下托付给他。一个让人人都爱护自己的身体与心性的国君和国家，你说能不让人们爱戴自己的国君吗？能不热爱自己的国家吗？"我爱国啊，可谁爱我啊"这样的国家有谁会爱呢？不是吗？

所以，君子不能放纵欲望、声色犬马，不能玩阴谋、耍伎俩、抖小聪明；君子静如死尸一般枯寂，动如神龙一般飞腾；没有号令时如深渊一样沉默，有号令时如春雷一样惊人；这样的君子啊，神情一动而天下响应，从容无为而使万物蒸蒸日上、欣欣向荣。咳，既然这位君子把天下治理得这么好了，还用我来干什么呢？我……也没有这闲工夫啊！

崔瞿问老子道："不去治理天下，那如何安抚人的心呢？"

老子说："你千万要谨慎，不要去扰乱人的心啊。人心通灵，它十分敏感和脆弱。一听到不好的消息，心情马上沉闷下去，万念俱灰；一听到好的消息，心情立刻兴奋起来，狂妄得不知自己有几斤几两。人的一生啊，他的心灵就是在这忽上忽下的蹂躏和囚杀下度过的，最终是柔弱退让侵蚀了刚毅上进、棱角锋利蹉跎成了圆滑老成而进入棺木中。

人们想象的自由度可以任意雕琢。想象到热，那就其热如火；想象到冷，那就其寒如冰；思维之快可以在仰俯之间遍游四海之外；心思之静可以如深渊一般死寂；心志之动也可以纵情驰骋于天地之间。世界上最难以驯服的，恐怕就是人的心了。

过去，是黄帝开始用仁义来扰乱人心的。到了尧舜，为了以仁义治理天下，这两人累得大腿上没肉、小腿上毛都蹭掉了。他们的不辞辛苦说是为了天下人得以休养生息，可是让人民能休养生息不是难事儿，没这么累。只是要把这休养生息说成是仁义所致、法度使然，还要上承黄帝之传、下开三代之风，这活儿就变成难办的事情了。一边干活还要一边宣传仁义，虽然累得腿上没了毛，可还是顾头顾不了尾，漏洞百出。可见在尧舜时代也有不尽善尽美的地方啊。尧不能使人人都臣服他，于是把谨兜流放到崇山，把三苗流放到三危，把共工流放到幽都。流放政敌到边远荒芜的地方去，完全不讲仁与义，这正是他治理天下不完善的证明啊。

等仁义之毒到了夏商周，就使天下都大吃一惊了。下有夏桀、盗跖为非作歹，上有曾参、史鱼提供理论根据，儒家、墨家相机而起，争相做仁义的旗手。于是每一个论点或策略都有喜的有怒的，相互猜疑、各不相让。自认聪明的和自认愚笨的相互欺骗，自认善和自认恶的相互攻击，自认虚假的和自认诚实的相互讥讽……天下从一片大好局面开始衰落了。人们信奉的道德不同，而人性归于零乱，标准形同虚设；社会崇尚计谋，而百姓纠纷不断。怎么办呢？总要有个规矩吧。于是也不讲仁义了，像斧子、锯子这种砍木头的东西也用来惩罚而砍人了；裁判一个是非时不论情由，全像墨斗里的墨线一样整齐划一，一刀切了；对付人民就像凿子凿木头一样凶狠而无情了……

所以，天下乱成不可收拾，实在是因为人的思想被扰乱了啊。为了躲避这仁义之灾，贤者都跑到人迹罕见的山里修行去了，君王们坐在庙堂之上战战兢兢地又害怕又发愁。

　　当今的刑场上被处死的罪犯堆积在一起，监狱里戴上镣铐枷锁的犯人前胸贴后背地人挨着人，大街上随处可见缺胳膊少腿的受过刑的人。而儒家和墨家两派走在大街上一见面，就隔着走向刑场的罪犯队伍，相互踮着脚、捋胳膊挽袖子没完没了地争论。哎，太过分了，这实在是太过分了。他们的不会脸红，不知羞耻也算是太出众、太创新。我真的不知道圣人们的说教是不是关紧枷锁的木插销，而仁义是不是拧紧镣铐的铁铆钉。我哪里知道曾参、史鱼是不是在为夏桀、盗跖做幕僚出主意，吃着不小的回扣呢？

　　所以说啊，'灭除圣人、摈弃圣智，而天下大治啊。'"

　　黄帝在位十九年后，国家渐渐趋于大治，政府的号令终于可以通达天下了。黄帝也总算能抽出时间考虑一些深层次的问题。他打听到大学者广成子正在崆峒山上修道，于是前往拜见，说："我听说你的贤德已经达到了至道的境界，可否问一个至道的关键所在？我想用这至道的精华护佑五谷丰登，以养育我的子民；我想用这至道的精华调节阴阳的变化，以促进万物的速成，你看这是不是个好办法呢？"

　　广成子说："你所要学的至道的关键，是事物的本质；而你所要做的佑五谷、养子民、调阴阳、促万物，却是事物的残枝末节、鸡零狗碎的东西啊。自从你治理天下以来，天上的云都没聚集在一起下过一场雨，地上的草木还没长到枯黄全都早早死去，连日月之光也越来越暗淡下去。而你却怀着浅薄的小人之心，妄想学无上的至道关键，你怎么可能学会呢？就算我给你讲了至道的精华，你哪里能听得懂呢？"

　　黄帝听后，挺尴尬地退了下来。他丢开天下事不管，盖了一间样式特别的静室，坐在里面的白茅草上入定。这样清闲地练了三个月，再次进山拜见广成子。

　　广成子正在午睡，脸朝南在榻上躺着。黄帝赶忙在下风处跪下，恭敬地用膝盖行至榻前，叩头后问道："听说先生您德性通达于至道，敢问如何养身才能长寿？万望老先生开示。"

　　广成子突然翻身坐起说："这回你问得太好啦！来！我告诉你至道的关键吧。至道的精华，缥缈幽深；至道的顶峰，云雾朦胧。修道一事，粗看无从下手，其实路在脚下。首先，对外物你要不看不听，使自己的精神专注于内心的静，这样你的形体自然也就正了。第二步，长驻于静、习惯于清，不要过度劳累你的身体，不要无端滥用你的精神，这样你的心神也就正了。形而下与形而上这两者都正了，就可以长生了。以上就是至道的关键所在了。俗语说'师傅领进门，修行在个人'，下边的事就全看你的修持与悟性了。

　　难道修道就这么简单？是的。你可能还有疑问，所以我再给你解释一下：目无所见，耳无所闻，心无所知，这样你的心神不外泄，就叫神守其舍。舍就是人的外形啊，你想啊，人的外形总有神在，那不就是身体长生了吗？死人的身体与活人的身体，不就是一个无神而冰凉，一个有神而温热吗？所以，谨慎地守住你的内心之静，关闭你对外物的观察和思考。你要明白，多思多想就是失败。

　　好啦，我已经给你讲完了最光明无上的大道了，也算是把你领到了至阳的原野上了。

　　好吧，也可以说我讲完了最缥缈幽深的大道了，也算是把你领到了至阴的原野上了。

你一定要记住：天地自有自己的管理者，阴阳自有自己的藏身处，看守好你的身形，万物都将随着你修行的进步而茁壮成长。我广成子抱神守一、身心合一，一练就是一千二百年，至今还没见老啊。好吧，就说这么多吧。"

黄帝听后，再次叩头，感叹道："广成子可以说是天啊。"

广成子一听，高兴起来，不由自主地说："来来来，我再告诉你一些至道的道理吧。万物的繁衍变化是无穷的，从古至今，再到永远，时间上呈现出无止尽啊，而常人总认为有个再也不变了、到头了的终点；万物的变化其复杂与多样是不可测的，各种变化的可能无穷的大，空间上呈现出不可计数啊，而常人总认为可以预测、能够有个数量上的限度。知道这个道理的人，上可为皇，下可为王；不懂我这个道理的人，只是生于阳光下，死归泥土中。而如今的万物没一个懂我这个道理的啊，所以全是生于泥土而死于泥土。我修到至道这个份儿上，早晚是要和你分手的，我将进入无穷这个大门，畅游于无极这个原野上。我将与日月同辉，与天地齐寿。跟我一样修行大道的人，好自为之；远离大道流于世俗的人，随他去之。人们都死了，而我独存啊。"

管理云彩的将军叫云将，这一天他要到东方去游玩，于是驾着云高高地在天上飞着。当他飞过那棵叫扶摇的直通天庭的神树枝头时，正碰上地气之神鸿蒙。只见鸿蒙一拍大腿，就从地上蹦起来，蹦到半空再落下去，再拍再蹦再落，就这么挺费劲地跳着在旅行。云将不认识他，看着他这么个蹦法也挺新鲜，于是马上停了下来，恭敬地立在天上说："老人家，您是谁啊？您为什么事儿到这儿来呀？"

　　鸿蒙可停不住，于是使劲一拍大腿，蹦到半空抬起头对云将说"游"，说完又掉下去了。

　　云将冲下面喊道："我有个问题要问你啊。"

　　鸿蒙又蹦了上来，说："好！"气喘吁吁地又下去了。

　　云将喊着："天气要是不和，地气就郁结不畅；六气要是不和，四季就错乱无序。所以我想尽力调和一下六气，好让六气的精华养育万物，你看行不行啊？"

　　鸿蒙老汉实在顶不住了，这一回只蹦了一半儿那么高，冲上边喊着："我不知道……我不知……"掉下去再也没上来。

　　云将见问不出个所以然，只得走了。

　　又过了三年，云将神使鬼差地还想到东方来看看。这一回他没驾云，当他走到宋国的原野上时，抬头正看见鸿蒙老汉迎面走了过来。云将大喜过望，快步迎上去说："您忘了我吗？您忘了我的问题了吗？"说完不住地叩头，看样子真的是想听听鸿蒙老汉的教诲。

　　鸿蒙说："咳！我这个人啊，整天地四处游荡，不贪图个什么；行为狂放不羁，也不知自己要去哪里；优游闲逛的人，看过什么早就忘了，像我这种人能知道什么呢？"

　　云将说："别提了。我也以为自己是个狂放不羁的人，可是总有老百姓跟随着我；我实在摆脱不了他们，他们连一举一动都在效仿我。请您一定要教我，怎么才能独往独来做个真正的自由人呢？"

　　鸿蒙看他来真的，不得不说："乱天道之规矩，逆万物之情理，这些政策致使天下大乱而一事无成。离散成群的野兽，连带得鸟儿夜里惊慌地啼叫；草木发生灾害，其祸殃及昆虫。哎，这都是违背自然，非要治理百姓的过错啊。"

云将说："已经这样了，我该怎么办呢？"

鸿蒙说："这就是人为的律、策、令和仁义的说教造成的流毒。没法子，你还是驾着云当你的神仙去吧。"

云将有些不甘心，说："我遇到您实在是太难了，还是请您说点什么吧。"

鸿蒙说："修身养性而已。只要你心守无为，那万物自会依自己的规律变化。坐忘你的形体，空去你的聪明，就能达到你与外物皆忘；这时你就与自然混同，心神得到真正的自由而淡去，空茫茫，好像没了魂。这时，你会感到芸芸万物，各自回到各自的根本，这种各归本性的状态和过程，你也并不太清楚。只是混混沌沌地，觉得终身和某个东西不能相离了，这就是你和自然在一起的状态了。可是，当你清清楚楚地明白自己正和自然在一起，此时你就已经离开这种状态了。这和做梦是一样的：真在梦中不知梦，梦醒后才知道刚才是做梦，所以，知做梦者，不是梦；不知梦者，在做梦。同理，混混沌沌者为天人合一；清清楚楚者为天人分离。这种状态和境界，不必问它是什么等级层次，不必弄清它为什么会发生，一入静，自会有的啊。"

云将说："老天不但告诉了我入道之法，还昭示了空静无为的道理。我躬身求道这么多年，今天总算得道了啊。"说完再拜，驾云而去。

世俗之人，都喜欢人们赞同自己的意见，都厌恶人们反对自己的意见。赞同自己就高兴，不赞同自己就不高兴，这实在是想出人头地啊。其实那些想出人头地的人，哪个真的出众了啊？用大家都同意的思想统一人们的认识，这就妨碍了人们再探讨新理论的可能，丧失了新思想的产生。可见这位精神领袖实在是智慧鲜少，不如众人啊。想当一国之君的人，只是接下三代前圣人们的现成理论，只看到这理论的利，就是不见其弊。效仿前人用仁义统一思想而侥幸地想江山永固，到头来，有几个能既统一了思想而又侥幸保住了江山呢？能保住江山的怕没有万分之一；而丢掉江山的是有一个算一个，有万个那比万个还多。

可悲啊，拥有天下的人都不懂这个道理。

拥有天下，就拥有万物。拥有万物的人，就不能以适合某一个事物发展的规则来领导万物；领导万物不以某一物为准，才能使万物和这一物共同成长。那要以什么为标准呢？领导万物的标准是：明了治理万物和这一物的政策来自事物之外，是超越物质的，也不是简单地只把老百姓管好就可以的，这算是第一步。第二步，拥万物的君主，要修炼内心以合万物之自然变化，体会万物和思维一样，都具有出入六合、游于九州、独往独来、不受羁绊的本性。悟到人心本性的，称之为"独有"。有了这种智慧层次的君王，是至贵之人。

至贵的君王对人们的教诲，就像是形状和影子、声音与回响一样，有形就有影、有声就有响。他对人们的疑问必有答复，他以自己的感悟解决天下人民的困惑。

至贵的君王，走动时没有声音，也不知他要去什么地方。他引导人们往复于可与不可之间，走进从未涉猎过的领域；人们觉得他的行为没有任何理论上的依据，也没有可资对照的标准；只是回首看看他给天下带来的繁荣与业绩，又觉得他所有的言论和行为都合于大道。合于大道就显得没有他自己的存在，连他自己都没有了，他怎么可能是拥有天下的赫赫之君王呢？

凡是自认为拥有天下的君王，都是同过去的三代帝王一样的人。

凡是自认为什么都没有，什么都不是的人，才是得天地的真君王，我们的朋友啊。

低贱而不可任用的，是物；卑下而不可依赖的，是民。

隐晦而不可去做的，是事；粗略而不可细说的，是法。

疏远又不可执着的，是义；可亲但不可泛滥的，是仁。

有节止不可去积累的，是礼；中道而不可求其高的，是德。

虽然说它是一，但它又是千变万化的，是道；虽然说它神乎其神、难以琢磨，但不得不听它的，是天。

所以啊，圣人顺天而为，不去相助它；成事于德而不使德成为一个标准，这样才不会反受其累。办事以大道为准，而不处心积虑地谋求它。如果有的地方合于仁的标准，可这并不是以仁为原则得来的；如果说有的地方近乎义，那也不是因为执着于义造成的啊。合于礼教的地方并不避讳礼教；该办的事也绝不推辞。合于法律的地方就让它依法去办，不要扰乱它；人民都喜欢的事，不可轻视它。对于每个事物，都不要轻言放弃，但不可强为、不可不为。

总之，不明其自然规律的，德行就不纯正；不通晓天道的，自己办什么事也办不成。不明天道的人，可悲啊。

什么是道呢？

道分天道和人道。无为而成为君主的，是天道；有为而为人民辛苦工作的，是人道。君主，天道也；臣子，人道也。

虽然同是道，但天道与人道相去甚远，不可不明察啊。

[延展思考]

《在宥》，就是"留些宽松的生存空间以及精神自由的宽容度吧"。

大凡社会处在一个历史转型期，一些社会精英们都会呼吁自由。这不是偶然现象。要发展要变革，最需要的就是物质与精神上的空间和宽容度。否则这个转型将被扼杀而流产。

《在宥》所触及的，正是人性的第四个层次——"人性发展中的特点"。

让我们回忆一下，人性的前三个层次是："人的本能""人性的基本特点""社会人性"。这三个层次都是两维或是三维的，它们都不含有第四维的时间因素，所以是静态的、不变的。

而时间的特点，一是单向性；二是非线性。

单向性，是说时间的进程不可逆。

非线性，是说时间在发展的过程中，并不是总以一种形态存在着，一旦某些因素积累到一定的量，事物将会从量变跃为质变。

多个原子的组合并不总是形成巨原子群，而是跃升为不同的分子；多个分子的组合，也并不是组成巨分子，而是生成了有机与无机的元素；多个有机元素的聚合，也不是无限大的元素集合，而是生成细胞；多个细胞的结合，也不是一堆无意义的细胞群，而是生成了动植物……直至有了人。

虽然我们可以说：人是由原子组成的，但人的问题不能在原子的层面上解决，不能在分子的层面上解决……人的问题甚至不能在静止的"本能""人性基本特点"和"社会人性"上解决。时间因素加进来后，一切要照顾到第四维，于是"人性发展的特点"就纳入了我们的视野中。

下面，我们分节看一下庄子在此篇文章中有什么高见。

第一部分中，庄子极力称颂宽松与宽容。他认为宽容的美德是老天赋予人类与万物的。拿出胆量来给万物和人类一个空间，让他们自由发展，这总比搬出古时的仁义这种条条框框来限制发展强得多。一个叫合道，一个叫不合道。

庄子把道德捆绑进人类发展的动力这个因素中来，用以反对仁义的说教，可以说是成也萧何，败也萧何。

成，在于他以宽松、无为使人性得以发展；

败，在于使中国人把一切问题都与德性联系在了一起。这个流毒虽然是儒家、墨家为主，但也有老庄的责任。总之，中国人太喜欢谈道德，认为道德是历史发展的动力与源泉的主力军，实在是中国的特色了。

但是不管怎么说，庄子以宽容使人的本能、本性、嗜好、情感、理性在流动中得以实现，为我们在哲学上开辟了这样一个领域：

人的食色"本能"、"人性基本特点"的开放性与复杂性、"社会人性"中的个性与共性的冲突、先进与落后的冲突……统统只有在时间的流程中，才具意义。

换言之，人类的一切问题，只有用发展的眼光、流动的眼光来审视、来研究，才是真实可信的。

这对人类文明的贡献是非常巨大的。

第二部分，庄子用老子之口教训崔瞿，揭示出：人的想象力是无限的，而生动、活泼、朝气全来自于对历史发展时期的人性要给予宽容。如果用前人的仁义理论来处理当前的事物，那过去正确的东西，也正是扼杀当前发展的元凶。

这个见解不能不说是很超前。

至今我们仍常常用过去的正确理论指导今天的生活。我们连篇累牍地讲昔日的辉煌，就是不知明天将会是什么样子。

当然，庄子站在这个角度上大谈绝圣弃智，就把话说得太绝了。于是他从这个极端走到了另一个极端，坠入了相反的谬误之中。

黄帝和广成子的对话，是庄子给我们开的药方，即面对改革与转型的历史时期，统治者什么都不要干。也就是"政企分家""政经分家""政德分家"……一句话，政治和一切分家。

这是不是架空了政治？这将会有什么后果？庄子没说，可能他根本不知道。因为他实在是没有当官从政的经验。

但庄子讲了至阳与至阴两个极端的原理，其意思是让黄帝能知道人性可以宽容到一个什么范畴。这也算是大师的一点儿高见吧。

云将与鸿蒙对话，一边是歌颂无为，一边用梦与非梦来暗示人们总是看不到自己的错误。庄子建议人们在思考问题时先"归零"，即抛开一切理论与成见、自我与虚荣心，然后再思考问题。这个办法好是好，怕是大多数人办不到。

最后的部分，再一次强调：君王无为是天道；臣子为民工作是人道。

总之，正因为庄子不是官员、不是名流，所以他才能看清一些东西，这也就是旁观者清的意思了吧。有一句话说："爱情和孤独才可能产生创造性"，我们也听哲人们说："真正的思想者是孤独者"，这里面肯定有它的道理。

不管怎么讲，庄子让我们明白了一切宇宙间的事物，必须从动态这个角度去考察它，才能摸到它的客观规律。这一点，庄子是很超前的。

说点儿轻松的话题，说点儿不让人讨厌的话题。

怎样理解"无为而治"？

"无为而治"应该有两个含义：第一，并不是什么都不做，而是不要做人们刻意追求的仁义、忠孝。只要尊重自然规律，依规律去做，就叫无为。该播种就播，该浇水就浇，该锄草就锄，该收割就割，这就叫无为了。第二，给人民以宽松的政治环境、思想环境和经济环境。

从历史上看，春秋战国时期的思想宽松，造就了中国历史上第一个百花齐放、百家争鸣的文化氛围。

汉文帝、汉景帝时期的经济宽松，造成了中国封建社会第一个盛世——西汉王朝的"文景之治"。

魏晋南北朝时期对思想的禁锢和对信仰的宽容，造成中国人第一次接触玄学和宗教——道教的兴起，佛教、伊斯兰教的传入，莫高窟的修建。

唐王朝在政治、经济、文化、宗教、艺术等方面全面的宽松与宽容，造就了宏大的、史无前例的东方帝国——繁荣的经济、博大精深的文化、佛（尤其是禅宗的兴起）道儒的昌盛。同时，音乐、绘画、诗歌、书法、石雕、泥塑等共同组成了帝国的灿烂文明。

两宋王朝是软弱的，但它对文人的宽松和宽容，造就了中华帝国最绚丽多彩的传统文明——园林艺术、建筑制式、宋版书、中医、茶道、食文化、指南针、航海术、造船术、火药、理学、心学、活字印刷、纺织、苏绣……

如今我们讲的解放思想，就是造成一个在意识形态领域里的宽松、宽容的环境。思想不出新，哪里能有经济的突飞猛进？哪里能有如今中国的繁荣昌盛？

倘若说庄子的思想有很大的问题和争议，那这一篇应该是最不能争论，最没有问题的了。当然，愣说它最有问题，我看老兄是别有用心。因为除了战争年代，越能宽容思想上的不整齐、不划一、不一律，越能宽容这种多元、多种、多类思想、论点、观念的生存与成长，就越是庄子所说的天道无为。

理论的静态与动态。

有人说无为，就是放任，人不经过修理和管教，是成不了气候的。这话也对。世上的理论都有这么一个特点：你把它拿到桌面上，静态地来讨论它是对是错，那结果就会因权力一方的意愿而得出对或错的结论来。问题不在是不是一言堂，我是说我们现在关注的是——这种方式是不是有先天的缺点呢？

一个理论成熟于理论家认真调查后的独立思考，这本身没错；但当这个理论用于动态的社会与人世间时，天时、地利、人和等种种因素将会使这个看似美好的理论变得面目全非。问题出在哪儿了呢？就出在我们忘记了时间这个因素。时间因素实在是与我们太近、太熟悉，所以我们常常忽视了它。

同时，现在流行"质的研究"，它是和"量的研究"相反的一种研究方法。人文、人性、情感、情绪，哪一个是可以量化后来供大家放在会议室里讨论的呢？而这些领域又恰恰是质的研究的拿手好戏。当前这种研究刚刚起步，我们期待着她能解决我们的人文问题。

关于人的意志、信念与情绪、感情。

人性是多元的，在相当大的程度上，人们是依赖理性在战胜困难，在推动着历史前进。但这并不能说明人的意志、信念与情绪、情感就一无是处了，相反，当人们面对不可抗拒的死亡时，当一切理性的反抗都成为无意义时，一切"情性"的东西将焕发出惊人的力量，她会使人们挺起身，直面毁灭。

一个国家、一个民族的伟大之处不只在于它经济与军事的力量，更在于它文明的本身；

一个人是否优秀，并不在于他做了什么及他能做什么，而在于他坚强的意志与深沉的感情。

有时，人们宁可相信天地之间有杆秤；

有时，人们宁可相信天地之间有神灵。

怎样看待精英？

品味庄子的情感，体会他的无奈，感叹他的原始乌托邦，也是我们今天要从庄先生那里学的东西。最起码是学他的敢想吧。

因为任何一个社会，它再先进、再文明，总是有社会的精英会敏感地觉察到它的不足之处；

总会有些能独立思考的人，在抒发庄先生一样的忧国忧民之情；

总会有人发挥着超乎寻常的想象力，在搭建着某种美丽的乌托邦。

不要笑他们，他们毕竟是社会的精英。

我看我们中华民族多一些忧国忧民的人，多一些愤世嫉俗的人，多一些敢于"妄想"的人，那才是 21 世纪中国腾飞的先兆、世界华人的福音。只要我们的社会也"在宥"，那这种精英很快就会出现。我听说现在已经有了不少这样的人了，谢天谢地！

知识经济需要什么先决条件？

如今是知识经济时代了，知识经济需要什么样的人才？如何"在宥"呢？知识经济之本是什么？是以知识为本吗？

不，知识经济只能以人为本。人是本，知识是末；人是体，"才"是用。知识经济"在宥"之处，就是重视人、尊重人。

过去，不能说我们不重视知识、不重视教育，只是我们犯了两个错误：一是优先重视的是政治人才，其次才注重科技人才的教育和培养；不仅注重教育，而且注重对"知识青年"的再教育。二是知识被看成是第一性的，人是第二性的，于是人失踪了。人成了被动的、等待接受灌输的"容器"。也就是说，我们错在不重视人、不尊重人；只重视知识和我们认定的思想。

有这样一个问题：是通过进一步解放人，还是进一步束缚人来获得财富与经济发展？是更多的自由，还是更少的自由才能富民强国？其实这个问题不难解决吧，但我们总是弄不好。这是怎么了？

庄子说：人类的创造力是无限的，我们也承认这一点。但什么条件下才能获得这种无限的创造力呢？肯定要有一个合乎人性的制度吧？也可以说这是一个合于道德的制度吧？

财富的创造在于人的创造力的自由发挥；创造力的自由发挥以人的各种基本自由得到充分的尊重和保障为前提，以人作为人本身享有尊严和价值为前提。也就是说，只有尊重人，才能得到人的创造力，才能增加社会财富。秦国商鞅变法，大批地解放了秦国的奴隶，比其他国家更早地进入到了封建社会的经济模式，人由奴隶解放为自由的个体劳动者后，极大地激发出了创造力和劳动积极性，所以秦国富强壮大，并统一了中国。

知识经济的"在宥"，盼望着我们学商鞅，来一个打破对人的自由和创造性限制的变法，要彻底淘汰"外部压制、内部消耗"的旧体制、旧观念。听说中国历朝历代的变法都没什么好结果。只有邓小平领导我们进行的改革算是成功的例子。但不管怎样，改革之路是必走之路。

因为，没有宽容、自由，文明就不能昌盛。

文明并不是市场的产物，而是人类使用知识创造财富的产物；

文明并不是经济发展的产物，而是人的创造力自由发挥的产物；

文明并不是哪个圣人管束出来、教导出来的，而是人类自己"在宥"出来的。

五 天地

天地虽大，但变化却是无处不在、充满天地之间的；万物虽多，但自由发展和生老病死的规律是一致的；人民虽众，却都必须听任君主的统治。君主之所以能当上君主，因为他是从天道那里体会和悟到了德，所以说远古的君主统治天下，是以无为作为标准的，这也叫顺其自然的天德。

用大道的立场来纠正君王的言行，就可以使他行于正道；用大道的观点来处理君与臣的关系，就可以上下沟通；用大道的标准检察官员的能力，可以使天下的官员勤奋与敬业；用大道看待万物，则万物欣欣向荣。所以，通达天地的人，是有德之人；恩泽万物的观念，是大道的观念；上级考察下级的办法，是看工作能力；能力强而掌握领导艺术的人，是他有了经验与技术。

经验与技术源于工作，工作出于责任，责任生于德，德同于道，道法自然。

所以说，古时管理天下的人，因为他没有欲望而使天下富饶；因为他无为而治使万物自由地展示生老病死；因为他像深渊一样静，总不见有多少条手令、口谕等的下达，所以百姓们极其安定。

《记》这本书上说："通于一而万事毕，无心得而鬼神服。"

我的老师老子说："道啊，它笼罩天下承载万物啊，浩浩荡荡无际无涯。君子不可以面对它而心存自我的小聪明、小伎俩。我们的心思再巧再妙，也只是小巧微妙而不足挂齿，算不上是大智慧。

什么是真的大智慧？无为地办事，就叫天；无为地看自己，就叫德；爱他人利万物，就叫仁；容纳不同于同一之中，就叫大；行为不孤高怪僻，就叫宽；容得下万种不同，就是富。所以，严格地按德办事，就叫纲纪；依德办事而有功绩，就叫立德；遵循于大道，就叫完备；不以外在的事物挫伤自己的志气，就叫完整。

明白以上的天、德、仁、大、宽、富、纪、立、备、完十点的君子，他的心胸将无穷大，以至万物都会消逝在他的心里，一切显得空无一物。这样的君子，山上有金矿他不去开；深海有明珠他不去采；他不贪钱财、不图富贵，自己能活得长久也不因此而高兴，自己可能短命也不因此而悲哀。他不以名声显赫为荣，不以穷困潦倒为丑；他不把全天下的钱全拿来私吞，也不以自己是天下的君主而炫耀出某种光彩。

太有光彩的人总是觉得自己和别人不一样，他们总觉得自己实在是出众得很、特殊得很、出名得很……其实世上万物同在一宇宙内，生和死对谁不一样呢？"

老子还说："道啊，似乎深居渊底，但水何湛湛，隐约可以看得见它。铜钟与石磬没有它就不能出声，有了它，钟磬才能一敲就发出声音。万物种类无穷、变化无穷，谁能把这些种类与变化全弄清呢？所以，有德的贤人，只是抓住了种种事物共同的生老病死的变化规律，不止于繁杂的局部与细节，立足于自然本原，从而使自己的智慧能通达神明。故此，他们的德行广泛传扬，他们一有种种想法，就有种种事物来响应。这样看来，人的身形离开大道就不能出生，出生的身形离开德性就不会有明澈的智慧。爱护自己的身体、用毕生的精力研究大道，树立自己的德性，遵守自然即道的原则，这难道不是做君王应该有的行为与品质吗？

空无之中，忽然出现了宇宙，随之生机萌动，而万物跟随着生机充满天下。这生机岂不是万物的有德之君吗？生机啊，于冥冥中见不到它，听不见它。但正是这生机啊，给冥冥的混沌带来拂晓的微光，于万籁寂静中发出悦耳的第一鸣。

自然的生机就是大道，它深藏得不能再深，却造化了天下的'物'；它神奇得不能再神，却精细地把'物'塑成大小不同、性质各异的万种。大道造万物，她就是万物的母亲，她与万物互勾连、相沟通，她从虚无中向万物提供它们的所求……

随着时间的流逝，她关注着万物从生到死，直至最后，她又让万物归于自己的怀抱中。

道涵盖一切……大小、长短……她实在是广无边际、阔无极。"

黄帝出游，先到赤水北边，后登上昆仑山顶向南眺望。天下总算太平，心情也算凑合，可又好像缺了点儿什么……等回去后，发现自己身上佩带的玄珠丢了，于是叫学问最大的知去寻找，没找到；再让眼神最好的离朱去找，还是没找到；又派天下辩论的高手高高手喫诟去，仍是空手而回。最后黄帝不得不派像影子一样不成人形的象罔去，谁知他竟然把玄珠给找回来了。

　　黄帝一看，自己挺纳闷地自言自语："怪啦，太奇怪啦，这个谁也看不见的人怎么能找到没有形象的东西呢？"

　　咳，派没影的人找没影的道，这才是正好啊。

　　尧的老师叫许由，许由的老师叫啮缺，啮缺的老师叫王倪，王倪的老师叫被衣。

　　尧知道自己的老师许由是不愿意当君王的，一日，他对许由说："您的老师啮缺可以掌管天下吗？您看行的话，我让他的老师王倪去说服他。"

　　许由说："让我的老师啮缺管天下，那灾难就要殃及天下啦！啮缺为人，聪明睿智，机敏和灵性都超过一般的人，所以他的心气和志向也就大过了一般的人，他的口号是人定胜天，这不是想把天也改造一下吗？

　　他对于自己的过失也知道加以禁止，但他从来不明白这过失是怎么产生的。把天下交给他吗？他将充分发挥人的力量而根本不考虑自然规律；他将重塑自己的形象而使自己成为人们的唯一领袖；他将尊重知识而让天下人争学心机与计谋；他将受自己的情绪所使办一些看起来不错，但很激进的事；他太注重人们具体的疾苦和事物的细节，而反被这些东西纠缠得不能脱身；他早晚会因无奈而四顾，以求对应的办法。为了制定出适于万物变化的办法，他最终弄出了千千万万种办法、万万千千的法令……这些东西交织在一起，相互抵触，成了杂乱无序的一团乱麻……这个世上就再也没有一个稳定有效的法规了。他这个人太聪明了，怎么可以掌管天下呢？虽然他可以是一族之长，可以成为同族人的父亲，但他不可以成为同族人父亲的父亲。

人为地去整治人，本身就是乱的根源，是臣子们的灾难，是君王的仇敌啊。"

有个叫作华的边境地区，一天尧帝来这里巡视，华的封疆官吏前来参见，说："哇！圣人啊，请接受我的祝福吧——祝圣人您长寿！"

尧说："免了，不长也罢。"

官吏说："那——祝圣人您富贵荣华！"

尧回答："免了，不富也罢。"

又说："那就——祝您多生儿子、子孙满堂吧！"

尧又答："算了罢！"

官吏挺奇怪，说："长寿、富贵、多子多孙，是人之所欲。可您却不想得到这些，这是为什么呢？"

尧说："多子多孙就多了灾难和恐惧，多富就多事，多寿就多受辱。这三种东西，实在是与修养德性无关，所以我不想要这些。"

官吏说："原来我以为您是位圣人，今天看来，你只不过是个君子罢了。首先，老天爷让万民能生于世，不是让他们白来一趟的，而是有活儿派给他们的，是要他们办事的。人多好办事嘛，子孙越多越好，这有什么可惧怕的呢？其次，富了，你可以把财产分给大家，这能闹出什么不可收拾的事儿吗？第三，说说这长寿吧。圣人，本应像鹌鹑一样不择居住、不挑食物，像鸟儿一样从哪儿经过也不留痕迹。天下有道时，圣人也和人民一起享受着繁荣昌盛；天下无道时，圣人们就躲进山里赋闲修德；活到一千岁时烦了，就化为神仙骑鹤而去，乘着白云，到天帝所在之乡。你所怕的寿、富、多子这三种忧患，根本落不到他头上，更不会有灾祸殃及你，怎么会有受辱这种事儿呢？"

这个官吏说完就走了。

尧随着跟了上来说："请问……"

官吏说："请您回去吧。"

想当年尧统治天下时，有个叫伯成子高的人被立为诸侯。后来尧让位于舜，舜让位于禹，这时伯成子高突然请辞诸侯的官爵回家种地去了。禹听说了这事，十分不解，就前去看他，正好他在田野里耕地。禹马上跑到下风处，恭恭敬敬地站说："当年先帝尧君临天下，您愿为诸侯。而尧让位于舜，舜让位给我，您却辞去诸侯之爵回家来种地，冒昧地问一下，您这是什么缘故呢？"

子高说："过去尧治理天下时，政府不奖励人民，人民也勤劳向善；不惩罚人民，人民也畏惧而不敢作恶。今天，您赏罚分明而人民越来越不仁、不善，道德从此衰落而您一点儿也没有觉察。况且这刑罚一旦建立，后世之乱就从这里开始了啊。

好了，您为什么还不走啊？不要耽误我种庄稼。"

说完就旁若无人地接着耕地，再也不理禹了。

天地未生成的混沌之初，那时只有"无"，没有"有"，也没有"无名"，一切空无。

"道一"生成时，它还没有形象，其实也是空无。虽然它也是空无，但生机已存在了，于是万物得以生成，这一丝生机的"道一"，就叫"德"。

"德"也没有形象，但它已经由"道一"一分为二具有了阴阳两种不同的性质，这阴阳紧密无间、相生相克，就叫"命"。

阴阳变化的不均匀，使"命"产生了生物，生物有了生命的机体，这就叫"形"。

形体的作用是保护生物之神的，形体与精神各有各的特点与作用，这就叫"性"。

修行人，修自己的心性就是要返回到德的层次，而只有德，才能令人悟到混沌之初的境界。

混沌之初也叫太初、泰初，它是空虚无物的，所以那个境界也叫太虚。

太虚之境就是大无边，阴阳之气如鸟的喙，上下交错咬合在一起而不可分。这种交合孕育着天地，它没有明显的界线，只是昏昏昧昧、朦胧不清地相合在一起。

这种相合叫玄德，玄德等同于大自然，也就是大道啊。

孔子问老子说："有人在研修圣人之道时，讲出的理论总和实际相抵触，他们把可说成不可，把是说成不是，你又辩不过他们。他们还宣称：'白石头可以分成白颜色与石头两种截然不同的事物，这是高悬于天上的再明白不过的道理了。'请问您，如若修行得成了这么特殊的人，这么能说、能侃、能辩，就是圣人了吗？"

老子说："这种人就像是衙门里的小吏，终身劳苦，他们是被自己的一技之长所害啊。狗能看家，所以人们把它拴在门口，致使狗儿一辈子心怀愁苦。猿猴能轻便地跑上跑下，能供人玩耍，所以人们把它们从山里抓来拴在绳子上。你说的这些修圣人之道的人，实在是与小吏、狗、猿一样的悲哀。他们不知自己失败的根源正在于自己的一技之长。可以说是头脑聪明、好弄小术、口齿伶俐害了他们。这哪里是圣人之道呢？差远啦。

孔丘老弟，说起圣人之道，那我跟你说一些你从未听过也从未说过的道理吧：这个世上，有头有脚无心无耳的人太多了，他们怎么能学成圣人呢？有形状的人必须和无形无状的道共存于一身，这才是圣人。换言之，得道的人才是圣人，但现在哪里有这种人？

事物的活动与终止、死与生、废与起这些道理，常人是不知其所以然的。不明白这些就想凭着聪明研究出具体治理天下的方法，那这个方法肯定不是顺其自然的，而是人为的。那么研究这方法的人，肯定只知人为的伎俩而不懂顺其自然的道理。走这条路，岂能得正果？岂能修成圣人呢？

非人为的方法就是抛弃自己的一技之长、忘掉外物、忘掉自然，也可以说忘掉自己。忘掉自己的人，可以与天道相合，与天道相合的人，不是圣人是什么？"

将闾葂见到季彻，对他说："我今天遇到鲁国国君了，他挺恭敬地对我说：'请告诉我一些治国的道理吧。'我不想说，就再三推辞，可是鲁君不干，非要我说才成。没办法，我只好大略地跟他讲了讲。但说得对不对，是不是中肯，我也不清楚。还是请您给评一评吧。我是这么对鲁君说的：'您必须做到恭敬和节俭，选拔公正诚实的下属，这样的人没有私心。如此，草民哪个敢不听话啊！'"

季彻听完，笑得上气不接下气，好一会儿才说："帝王要是具有你所讲的德行，那他去治理国家就如同螳臂当车一般，一定胜任不了啊。如果他真的这么去做了，那灾难也就降临到他头上了。你想啊，他建造了那么多的亭台楼阁，住进了他所网罗的那么多的官吏大夫，你却让大王讲节俭。好了，大王一下子裁掉这些久住楼阁的人而另选贤臣……这些人被赶出亭台，断了荣华富贵，没了生计……一家大小、七姑八姨、鸡鸣狗盗、左右朋党……他们就能情愿？就躺着等死？你说他们会干出什么事来呢？这不是挺危险的事儿吗？"

刚才还有点儿得意的将闾菟先生，此时恍然大悟，可嘴里还是有点儿不服气，道："真会是这个样子吗？我有点糊涂了。虽然我不太信，但还是请先生您把这个中的道理说明白吧。"

季彻说："大圣人治理天下，鼓动人民之心，使他们接受向善的教育而改掉陋习，除掉民心中不善的意识，培养他们独立思考的能力和勇于承担责任的观念。如果这种教育达到下意识的自觉，人民根本没意识到为什么要这样，这就算是大功告成了。

如果是这样，那这个君王早就超过了尧和舜的治国之策，不必认为自己太笨，更不必认这二位先帝当老师了。

要想天地人同德，首先要自己安下心啊。"

子贡率领着一伙弟子到南方楚国去旅游，回来路过晋国的汉阴，看见一个老汉正在为浇菜园子忙碌着。这个老汉挺有点绝的，他在井旁挖了一条斜的隧道，抱着一个瓮从地面上走入隧道，沿着隧道到井底灌满水，再沿着隧道走出地面，到菜地后把瓮中的水倒下。这一趟趟的，把老汉累得不轻还收效甚微。子贡一见，大吃一惊，说："有一种浇水的机械，一天就可以浇地百畦，而且用力少而见效大，您老不想试试吗？"

浇地的老头抬起头看着他说："那东西什么样子？"

子贡饶有兴致地说："这是用木头做成的机械，它有两根立柱一根横梁，架于井上，横梁下系一长杆，长杆前轻后重。前边吊一木桶，后边有一长绳。这样松开绳子使桶到井底灌满了水，拉下绳子装满水的桶就升到地面上来。如此往返，水就像从烧开了的锅里溢出来一样快啊。它的名字就叫桔槔。"

浇地的老汉一听，一脸的不高兴，说："我听我师傅说过，做机械的人，必定做那些不肯吃苦、投机取巧的事；做投机取巧的事，必先有一个耽于计算、投机取巧的心。这种投机取巧的'机心'在胸中蔓延滋长，那胸中原本纯洁的品质就会失去；一个人失去纯洁的品质，他就会心神不定；心神不定的人，大道所不容啊。所以，我不是不知道有这么个桔槔，而是不齿于干这种有'机心'、没德性、失大道的事啊。"

子贡听老汉说完，一脸的惭愧，低下头无话可说。

过了一会儿，老汉问道："你是干哪一行的？"

子贡心生得意，回答道："我是孔丘先生的学生。"

老汉冷冷地说："你不就是那种想着自己博学就可以当圣人，想着自己学问好就看不起他人，想着自己边弹琴、边唱歌，满天下乱跑而弄出个名声来的人吗？当你混到了圣人、学者、大腕的名头后，又会有什么呢？你将丧失你的神气，疲惫你的形体。除了虚名、头衔与大腕之烘烘臭气，你没什么了。你连自己都治不好，有何本事治理天下呢？请你快走吧，别耽误了我干活儿。"

子贡听后，变颜变色、浑身不自在，悻悻地离去，走了三十里才稍微好了一点儿。他的弟子问他："刚才那个浇地的老农，原来是干什么的？怎么一见他您就浑身不自在？整天都缓不过劲儿来？"

子贡说："原来我以为天下只有我一个人，并不知道有你们的师爷孔夫子。后来我拜在孔子门下，只知天下有夫子而无他人。我常听夫子说：办事要办可以办成的事，既然办了就一定要办成功。要办成功，就要找用力少，见效快的办法，这就是圣人之道。可今天遇到的事，和夫子的道理全不一样啊。今天这个老汉说：学道的人首先要德性完备，德性完备的人必先身形完备，形全才能德全。神全的人，也就是精神境界达到了自我实现、人格境界达到了自我完整的人，这种修行才是圣人之道。想想自己这辈子托生在世，与老百姓一样生活着却不知该走什么路，茫茫然活了这么大，越学越与圣人之道相悖……

今天咱们遇到的这个老汉，就是圣人啊。你看他一瓮一瓮从隧道里抱水浇地，就知道他身上绝没有争名夺利、投机取巧之心。像他这样的人，不合他志向的事他不去做，不合他心思的事他不去求。虽然把天下的名誉都给他，这些名誉也恰如其分，但他也不会在意；虽然把天下所有诽谤的话都强加给他，这些诽谤简直离了谱，他也仍是不在乎。天下对他的诽谤也好，赞美也好，对他既没帮助也没损失。随波逐流，岂是圣人之道？这么看，这个老汉就是德行完备的圣人啊。

咳！相形之下，我只是被世俗之风吹得左右从之的一介草民啊。"

子贡一行人回到鲁国，见到了孔子。子贡就把这事跟老师说了，孔子听后不以为然，说道："这是个修混沌之术的人。古时有个混沌氏，这老头怕是他们的后人了。据我所知，混沌一法只重纯一，不重其他；只求内修而不求对外治理。他们这种修行人，只为明明白白入世，纯正朴直做人；他们体现着人的原始本性，慎守着自己的精气神，以此游于世俗之间。以后你还会遇到这种人，这有什么可大惊小怪的呢？再说了，我和你也不是混沌氏族的后人，他们的学说与法术，咱们怎么能全清楚呢？"

看来，一个为修身而不治外；一个为治外而不修身。两家都互不服气啊。

雾神谆芒要到东方的大海去，在东海之滨正遇上风神苑风。苑风在这里看到雾神，觉得挺奇怪的，于是问道："你要去哪里啊？"

谆芒说："我要到大海去。"

苑风说："去那地方干什么？"

谆芒说："我要去看看大海，我对它太崇拜了。你想，大海也是一个物，但这个物有很大的本事：多少江河的水注进去也不见它满；怎么往外舀水，也不见它干涸。这难道还不该令人刮目相看吗？所以我一定要去拜访它。"

苑风说："大海的神奇我知道是怎么回事。不过你先要回答我的问题：你再也不恪守雾神的职责，无心于人民了吗？我想听听你对圣人治世之道是怎么看的。"

谆芒说："圣人治世之道？这容易，无非是政府的政策与政令要符合实际情况；提拔官员要任用贤能；细心地察看民情而举措得当；政府的号令和政策要让百姓自己去主动执行，这样才能渐渐使人民归化。那时，圣人动一动手指，天下百姓都没有不顺从的，这就是圣人治世之道了。"

苑风说："那你认为的德人是什么样的呢？"

谆芒答道："德人嘛，无非是住下来不思考，行动时不思虑，心中不揣着是非、美丑这些东西。当四海之内大家都高兴时他才喜悦，所有人都有了给养他才安乐。除了这喜悦与安乐外，就见他整日像是婴儿失去母亲一样惆怅，神情像走路迷失了方向一样的恍惚。他的财产用不完，但也说不清其来源，他的饮食不讲究，也不知这些东西是怎么做出来的。这差不多就是德人的样子了。"

苑风说："那神人的样子呢？"

谆芒说："神人啊，他们浑身放着金光，当然这光和他们的身形都是看不见的，无形的。这就叫神光普照。他们让生命达到至情至性的尽头，于是天地于极乐境界中与万物共消亡……再慢慢地恢复其原状。这也叫混然空冥。"

雾、风与海，同是天然的神。形象不一、性情本一，职业不同、责任相同，何必非要把别人弄个究竟？

武王伐纣，大战朝歌城下。战斗之残酷，前所未有。伏尸成丘，血流成河……有个叫门无鬼的和一个叫赤张满稽的，两人正好看见这次战斗。赤张满稽太受刺激了，说："世道真是比不上虞舜时代了，所以才有这样的惨剧和灾难。"

门无鬼说："老兄，是天下太平了才让舜帝爷去治理，还是不太平才需要舜帝爷去治理呢？"

赤张满稽说："咳，我只是感叹嘛，何必非要评价舜帝呢。真要评一评，那还用问吗？天下太平只是人们的愿望罢了，舜帝他能有什么办法治理天下呢？他只能治一下头上长疮这点小病罢了。如果治不好，那就等人家秃了头，给他戴上假发，反正是病了再求医的本事，哪里来得让天下人不生病的德行呢？这好比孝子抓药给慈父治病，这孝子还一脸的忧伤。他早干什么去了？凭什么让老爸生了病才想起回家来孝敬呢？这不是让提倡孝的圣人们脸上无光吗？

至德的时代，人们不崇尚贤德，不选拔贤能；君主如同树梢高高在上，子民如同野鹿在树下戏耍；人们心地端正而不知道什么叫义，人们相亲相爱也不懂得什么叫仁；诚实而不知什么是忠，公平而不知什么是信。一家有事大家帮助，并不认为这是谁赐给谁的。既然一切都是理所当然的、没什么特殊的，所以那时人们的行为也就没留下记载，所做的事情也就没能留传下来。"

孝子不阿谀他的父母，忠臣不谄媚他的君王，这是世俗认为子女和大臣应有的德行。如果子女以父母所说得全对、所做得全好，那按世俗来说这不是孝子，而是不肖之子；如果臣子以君王所说的全对，所做的全好，那按世俗来说这不是忠臣，而是不肖之臣。

为什么世俗在这里会这么不俗？因为连世俗都看不下去这阿谀和谄媚的嘴脸啊。可这也正是世俗骗人的外表。把一个简单的、人人深恶痛绝的道理放在外面，深藏着的却正是这个人人深恶痛绝的嘴脸……

凡是能骗人的，不都是这样的吗？

揭开这个外表，我们能看到什么呢？

我们看到的是：如果一个人，以世俗所说的认为全对；按世俗所做的认为全好，那么这个人就不是阿谀逢迎的小人了，而是君子、贤人了。世俗这么伟大和正确，岂不是比父母还值得孝敬，比君王还值得尊敬了吗？谄媚吹捧本来就是可耻的行为，但是对世俗的谄媚吹捧凭什么就例外了呢？怎么一下子从不肖之人变成君子、贤人了呢？这个道理怎么没人想一想啊？同样啊，对某个人、某个理论进行谄媚吹捧，怎么会是最最最……了呢？

我们还看到：当人们听到说自己是阿谀之徒时，定会勃然大怒；当人们听到说自己是谄媚之辈时，肯定变颜变色。这是正常的，因为你吹拍的水平很低，你还不习惯吹拍，你吹拍得还不够专业，所以你才会大怒和脸红。可是你看那些终身以此为业的人，那些早已不会大怒、不会脸红的吹拍大师们……

他们拼凑逻辑、装饰辞藻、积群聚众……

他们的吹拍之肉麻与他们的理论之堂皇，显然是始与终、本与末那么不一致，那么相悖……可人家那才是大师风范啊！

他们身着垂地的名贵衣裳，配以色彩鲜艳的图案。

他们表情生动、慷慨激昂地随着局势变化而变化着嘴脸，迎合世俗呕心沥血、不遗余力地积攒着自己的资本。

他们阿谀了整个的世俗，却自认为不是阿谀，而是玩弄人民的行家里手。

他们以世俗为师，把世俗的是是非非当成自己的是非标准，却自称是高于世俗的大学者、大贤人、大圣人，这不是愚蠢之极的事吗？

知道自己愚蠢的人，并不愚蠢；感觉到自己受了迷惑的人，并没有受到迷惑。

真正被迷惑的人，一辈子都觉得自己正确，他从来不承认自己被迷惑了，他总觉得是别人受了迷惑。所以他永远不可能再悟到点儿什么新的东西了。

真正愚蠢的人，从生到死都没一点儿灵气，他认为自己掌握的"道"已经是无上大道了，是顶峰、极端、永远不变的道。他认为世上唯一要做的事，就是发扬人们的毅力、精神，执着于这个道就够了。他满足于他得到的"忠诚""如一""坚韧""坚定"等的荣誉。

咳！世上只有不变的世俗和不变的思想，哪里有不变的事物和不变的道呢？

三人行于路上，有一个人迷了路，那他们这个小团体还可以到达目的地，这是因为受迷惑的人少；要是两个人迷了路，那他们就到不了目的地了，这是因为受迷惑的人多。而今天哪，天下人都被世俗所惑，虽然有我在这里使劲地劝大家，那又有什么用呢？这可真是全天下的悲哀。

高雅的音乐难以使陋街穷巷的人们欣赏，而一曲男女调情的《折杨》《皇荂》却能让他们开心地大笑。看来，高雅的音乐在到达他们的耳朵之前就停止了。同理，深刻的道理在进入到世人的心里之前就停止了啊。于是大道不行，而龌龊不堪的陋言俗理盛行天下……还是我刚才说过的啊：有两人就会迷于途，那他们三人怎么可能到目的地呢？而今天下人都已迷惑，虽然有我声嘶力竭地劝，那又有什么用呢？

自己想想也好笑啊，"知其不可而强为之"，这不也是一种被迷惑的笨人办的蠢事吗？还真不如放下吧，舍掉吧，忘却吧……做一个不惑的明白人吧。又一想，如此明白了，那谁还和我共担天下的忧伤，共叙人生的不得志呢？

……忽听婴儿啼哭之声，原来是半夜里夫人为自己生了一个儿子，扔掉那淡淡的惆怅，取个灯火赶紧去看看……

儿子啊……

你该不会和我一样一生惆怅、一世忧伤吧？

百年的树木，被砍下来、伐成段、锯成块，一顿刨、削、镂、凿，最后做成一个祭祀用的酒器。用佛青和明黄给它上色，美轮美奂，和切下来扔在沟里的木料相比，美和丑是明显的。同一棵树，同一块料，差别为何如此之大？那是因为人为地改变了它们的本性啊。同理，盗跖和曾参、史鱼在行为与观念上的差别，也是社会使他们失去了原来的本性啊。

失掉本性有五种情况：一是五色乱目，使人失去明察；二是五声乱耳，使人不闻大道；三是五臭熏鼻，使人鼻塞而气不顺；四是五味浊口，使人不知何为清爽怡人；五是趋是避非，使人为了欲望而改变本性，本性的改变又造成人心的轻狂与躁动。这五种，都是人生中最有害的嗜好，而杨朱、墨翟之流却把它们当成宝贝，自以为得意。

这不是我所说的"得"，我所说的"得"，是得到解脱，而他们的"得"是得到了束缚，这能算是真正意义上的"得"吗？如果只满足身体的欲望就算是"得"，那笼子里的斑鸠、猫头鹰之辈，也算是有所"得"了。更何况用欲望这种像柴草一样的东西填满人的内心，用皮帽、上朝用的笏板、宽大的长袍束缚自己的身体，这算是什么"得"呢？是得到了一肚子的柴草，还是外在华丽的束缚呢？

如果被华丽的衣服束缚住还自认为有所得而沾沾自喜，那么依此类推：被送上刑场反绑着手臂，夹紧着手指的人，以及被关在笼子里的虎豹，更应该因有所得而沾沾自喜了。

[延展思考]

《天地》一篇文气相互不连贯，文思也断断续续。天南海北，讲的尽是人间之事；说东道西，谈的仍是自然、无为。

第一部分，有个比较新的观念，即"通于一而万事毕，无心得而鬼神服。"

先说"通于一而万事毕"的"一"。

什么样的"一"才是万事万物都具有的呢？恐怕只有生老病死了，万事万物连同宇宙都有生有死。知道了这个道理，并不见得对我们的生活和工作有多大的帮助，倒是对人们的情感生活有一定的用途：你可以写下爱情的不朽诗篇，可以画出爱的永恒，可以说某某人是永垂不朽，可以说下世我还和你做夫妻……

还有一种可能，就是明白对万事万物要顺其规律，去适应它、改造它。这一点对我们改造世界、促进文明是有帮助的。所以，我们从"先了解自然再改造自然"这个观念出发，就算是"通于一而万事毕"了。

至于"无心得而鬼神服"一句，有争议的是"无心"二字。"无心"不是说人们干事不用心，而是说我们办事时，不要有超越规律的妄想。从这种观点出发，也可以说是"无妄心而鬼神服"。无什么妄心呢？就是不要有超自然的想法，不要求超规律的结果。一切要像庖丁一样老老实实学解牛的本事，学到一把刀十九年不用磨时，鬼神就来帮忙了。

在自然科学里不要有妄想，这是科学精神所规定的。

但在社会科学里呢？这我不敢说应该"妄"到什么地方才合于度。

但在人文科学里，这种妄想的尺度可以放得很大。一旦它大得超乎常理而又艺术地展现在你面前，如"生当作人杰，死亦为鬼雄"时，这就是浪漫主义了。我们不能在这里批判李清照，因为在人文科学的氛围中，这种妄想是允许的。

这也使我们想起禅宗里的一句话，叫"有心求是妄想，无心求是感应"。当然，这时的"求"，是指在文学、文艺领域里的求。作为一个艺术家、禅师，很用心地要达到一个目标，有时根本不可能。越是想表现好点儿就越局促，越是想赢的球就越输……但于无心处，很可能就能茅塞顿开，从而一下进入你那个朝思暮想的非理性的境界。

在人文科学的范畴中，有很多东西是非理性的。

首先，宗教、爱国、礼仪、音乐……就是非理性的，但又是人们所离不开的。

宗教与爱国，是一种境界，是一种情境。它是把全社会的利益当成自己的利益后，才能达到的一种天人合一的境界。这一点让庄子说对了。具有这种思想境界与品质的人，与把自己的利益放在第一的人，有着天壤之别。

如果我们有兴趣，可以这样排列一下：宗教情境、爱国情境、党派情境、球场情境、家庭情境、个人的读书情境……它们依次从抽象回到现实中，依次由"虚无"归到真实里。其实它们都是真实的，又都是"虚无"的，就看你怎么看了。

宗教与爱国的情境是开放的，具有向外延展的性质。它可以使这种延展进入到礼仪和音乐等中去。同理，礼仪与音乐也具有保持、回忆这种情境的功能。

其次，善良也是一种宗教性的非理性的东西。

法律只能惩罚罪犯，但不能惩罚不良分子；同理，社会舆论可以称赞见义勇为，却很少称赞善良。更可悲的是，无人喝彩也罢了，而善良还没什么东西可以保护它，它可以被任何人欺负而无处申冤。

善良没道理可讲，因为她属于情感范畴，是无理性的，是一个人对生活的奉献，是一个人对情感的尊重。在这里，没有思维的一寸土地。

第二部分，老子讲述什么叫大智慧和十德。这已经是生活之道的内容了。我们把具体的讨论放到《杂篇》时集中讲吧。请大家原谅。

随后讲述大道的样子。还是后面那句话说得好：派没影的人找没影的道，这才是正好啊。大道无形，只可意会，不可描述与言传。

接下来，是庄子借许由之口说：人太精明了，不适合管理天下。

生活之道中，有很多事情是需要糊涂一些、含糊一些的。这也放到《杂篇》时再说吧。

然后讲了阴阳相合叫"玄德"。一切大道和德性全是玄而难以讲清的，所以才有了中国的玄学。

第三部分，子贡与浇园子的老汉讲"机心"，可以说这是庄子对科学的担忧了。反科学当然是不对的，我们现在正是讲科学、倡科学的时代，对中国人来说尤其更该如此。但谁让我们人类是有头脑的呢？难道不该对"纯理性""科学万能论""科学社会主义"有清醒的头脑和自己的独立思考吗？原子弹是科学家发明的，克隆技术也是科学的产物。它们再往下走会成什么样？纳米技术会成什么样？我们在批判庄子非科学、伪科学之前，是不是先抬头看看南极上空臭氧层的洞是又大了，还是小了？

还是那句话：不要把哲学家、文学家的庄子，当成自然科学家来批判，那样会让我们的子孙笑掉大牙的。

任何理论都是双刃剑；任何事物都有两个极端的可能。同理，庄子的理论也不例外，科学也不例外。沿着庄子的路，有修成枯木的，有修成狂士的，有写出狗屁不通的文章的，更有练道家弄得走火入魔的……

讲科学不也是一样的吗？

第四部分，讲述了不要相信外表，更要小心华丽的外表对人的束缚。庄子的全文至此戛然而止，但我的心潮却总也静不下来。我想说的是：何止这些啊，尤其要小心的是华丽外表下的暗箭！

什么暗箭？这么危言耸听？怎么庄子不知道呢？怎么他老人家也不提醒我们一下呢？

庄子生得早，好些暗箭是他身后才发明出来的，所以他根本就不知道有这种利器。其中比较狠毒的有几招，可以介绍给大家：用国家利益、民族尊严一类的话语去嫉妒人；用含糊的情节给人造谣；用吹拍的手法结党营私；用灭人欲的口号整倒异己……最后是用存天理之正人君子的法子给自己画个堂而皇之的大画像。

中国人啊，在儒家变成儒教后，自己就用平均、中庸、共贫、互贬把自己禁锢了起来。于是大家的道德底蕴就成了："吃他娘、喝他娘，闯王来了不纳粮"的中国式爱国与中国式误国。

这显然不是庄子宣扬的德性与德行。

把"道德"一词糟蹋成这样，怕是庄子听说之后，于九泉之下也要气得翻几个跟头。

这一篇就谈这么多吧。

前边谈得太多了，占了大家的时间，在这里还大家一个公道。

六　天道

　　老天有道，叫天道。天道就是自然按其规律运行永不停滞，运行不滞才有万物的生成；治理国家的道叫帝道，帝道也必须运行不滞，这样天下人才归顺；圣人之道也在于运行不滞，这样四海之内就会臣服。明了自然规律，通达圣人的教诲，懂得六合之空间与四季之时间都在运行、变化着；没有永恒的事物，没有不变的东西，只有相对永恒不变的规律。具有这种智慧的君主，算是有德之君王了。他们自会修去内心的烦躁，保持与自然一样的无为平静。

　　圣人们内心的平静，并不是为求修出个大师、天师、法师、超人而刻意地求静，也不是比着看谁静，谁就能成师做祖、成圣成神，他们只是想静一下，如此而已。这世上万物没什么可以让他们担心的，也没什么事需要马上解决的，那干吗不能静一下？

　　人静有什么好处？我不知道，但圣人知道。我只知道水静可照出人的胡子和眉毛；水静可以盛水，木匠用来找水平的基准。水静既然可以成为明镜，看来精神静用处就更大了。据说圣人心静时，天地全可以照得见人，万物都透明……不用说了：虚静恬淡、寂寞无为，是天地间最大的道行，最高的道德境界了。所以帝王和圣人们都在修这种功夫。

　　帝王的功课是——越不治理国家越好，越不觉得自己是大王越好。

圣人的功课是——越不修行越好，越不觉得自己是圣人越好。看来大家表面上挺闲，心里还是挺忙活的……忙活着，啥事都别干、别想。

静坐的心理状态大概是这个样子的：心闲下来到了一定程度就有虚空的感觉；虚空到了极致反而觉得一切都实实在在地存在着；这种存在到了极端，就会觉得一切存在于一种秩序里。这时由虚已经进入到静的状态了，静极就生动，这个动就是顺其自然的结果了，不是人为地想干什么去的那种动。有了这种静极而动的动，就与道相合了。

那静坐的理论根据是什么呢？因为静而无为时，身体内各器官不再接收到命令，于是各器官自然放松，各自办自己该办的事情，这是最好的休息。所以经常静坐的人必定长寿。也可以说：无为而怡然自得；怡然自得而长寿。也就是精神上的无为，使生理得以调整。这不但是生理上的现象，而且心理也会有愉悦油然而生。这种良性的调节可以使身体健康、百病不生，从而长寿。

虚静恬淡、寂寞无为，可以说是万物的根本。在南方，掌握这个根本的是尧帝；在北方，掌握这个根本的是舜帝；处在上方，可以是有德的帝王；处在下方，可以是无名的修行者或是圣人。也有明白了此根本的人，退隐而闲游江南，连山林里修炼的人都佩服他；也有明白了此根本的人，进取而入仕途，成了功名显赫、使天下归于大同的贤人。也就是说，掌握了万物根本的人，他们不干什么时是圣人；他们要干事业时是君王；他们不思不想也显得尊贵；他们的朴素，令天下没什么东西可以与他们相媲美。

明白了这天地之规律的，叫天地之德，这是万物的原本、根本啊，它与天地相合。

与天地相和的人，会自动调整自己与万物的关系，所以他肯定与人亦相合。

与人相和的人，叫人见人乐。

与天相和的人，可算是天见天乐。

庄子说："天道啊我的老师！我的老师啊天道！你碾碎了万物并不是为了个暴戾，你恩泽万世也不是为了个仁；你生于上古并不是为了显示长寿、你覆天载地雕琢众形也不是为了一个巧，这就是天之乐啊。所以说：'懂得天乐的人，他活着也是顺天而行，他死也顺天而化。他静时与地之阴同德，他动时与天之阳相合。'

知天乐的人无天怨、无人非、不受万物之累，没有心鬼前来作祟。所以说：'他运动时如天，他静止时如地，用心专一而一统天下；他的精气神永不疲惫，他没有心鬼作祟，用心专一而万物臣服。'

看来，虚静之道可以推及于天地，可以通于万物，虚静就是天之乐啊。

天乐的人，圣人之心，是圣人用以教化天下的根本。"

帝王们的品德，应以天地为宗旨、以道德为根本、以无为为方法。帝王们无为，那做臣子的就乐于办好自己的事，使帝王不必操心；帝王们有为，那做臣子的整天只会按上级的命令办事，把这操心的事全推给了帝王，而帝王要一刻不停地发号施令。所以，古人十分看重无为。

上边无为，那下边也无为，这叫下与上同德，下与上同德就说不上谁是君谁是臣；

下边有为，上边也有为，这叫下与下同道，下与下同道就说不清谁是主谁是仆；

上边必以无为而一统天下，下边必用有为而为君王效力，这是不能改变的道理啊。

所以，古时统治天下的君王，他的智慧虽然超过天下人，但他从不亲自去处理事务；他的辩才虽然能胜过天下人，但他从不开口辩论；他的能力虽然威慑四海，但他从不亲自去做什么。

老天并不是刻意要造出个什么东西来，所以万物生长；大地并不是有意要培养出个什么东西来，而万物茁壮；帝王并不想达到个什么目标，而天下大治。所以最神的莫过于天，最富的莫过于地，最大的莫过于帝王。帝王的德性与天地相合，因此他才能乘天地之时势，驾万物之利欲，教万民以和合。

本，为上；末，为下。本末不能倒置，本是源，末是流；本是树的根与干，末是树的枝与叶。

简要归于君主，详尽归于臣子。大权、政令这种简单明了的活儿，是君主的事；怎么办、何时、何地、何人、分几个阶段办……这是大臣们要研究的。

调派军队、攻伐谋略，是德性的末枝，不是德性之根本；赏罚褒贬、严刑酷法，是教化的末枝，不是教化之根本；礼义法度、名次形制，是治国之末枝，不是治国之根本；钟鼓之音、轻裘彩羽，那是音乐的末枝，不是音乐的根本；哭泣至竭、穿着怪异，是哀伤的末枝，不是哀伤的根本。

以上五种末枝的泛滥，都是人们为了表达某种情感而人为地夸大了某个枝节的方面，这才造成了舍本求末的怪事。而后人不明真相争相效仿，至今。

"本末之说"，古已有之，这并不是人们自己安排的。君先而臣后从、父先而子后从、兄先而弟后从、长先而少后从、男先女从、夫先妇从，这尊卑先后的排列，是天地自然而然就有的，是圣人们取自然天象而效法得来的。天尊、地卑，这是神明给安排的座次；春夏先、秋冬后，这是四季定下的规矩；万物的千姿百态，这是在萌发时就埋下了不同；生死盛衰，这是变化的法则。

所以，天地同是神明，也有先后次序的差别，更何况人类呢？宗庙里讲究的是血缘的亲疏，朝廷里崇尚的是位置的尊卑，乡亲们在一起以年长者为首，同事们在一起以贤德者为上，这是大道自然的顺序啊。

如果有人谈论大道而不懂得先后有序这个道理，那他谈的就不是天道；谈道而谈的不是天道，那他怎么能得正道呢？

所以过去明了大道的人，必先明了天道，把道德放在后边；在明了道德后，才论及仁义；仁义明了以后再讲守其责；责任明确后再谈形制与名分；形制名分确定了才委以职务；职务明确了，就要了解自己管理的范围与自己的能力，并制定管理的方法；定下了管理方法就要制定赏罚的条例。赏罚分明后，愚笨的人、贤明的人各就其位，各尽其责；仁德贤惠的人和愚笨的人要因人而授予不同的职位，这个依据是才干与名气。

用先后有序的原则对待上级和对待下级，用这个原则办理事物和修养身性。不要费心思玩计谋，要以天道为师。这样就可以天下大治，这是治世之道的极致啊。

书上说："有形有名。"讲的是事物都有自己形制上的位置与名分上的次序。

"形名之说"也和"本末之说"一样，是古已有之，并不是人们自己安排的。古人在谈到大道时，是由五种变化后才总结出形制的，是从九种变化后才整理出赏罚制度的。毫无思想准备，猛地谈起形名，不知这是从什么地方出来的东西；同样，猛地谈起赏罚，也不知从何冒出来的话题。违背天道的次序谈道，从后往前说次序，必定被明白的人所治。被人所治的人，安能治人？

我讲了半天，意思是说：你作为君王也罢，官吏也罢，草民也罢，不谈前因，一开口就讲形名赏罚，这叫只知具体的办法，不知这办法的来源、作用、后果和它的利害啊。这种人只能被君王用来治理天下，不可当君主去治理天下。这种人是能说会道、神侃无聊的辩士，是那种只听过一个曲子，根本不懂音乐的所谓音乐家呀。

对于礼义、法度、数术、形制、名分的比较与研究，在古时就有了，研究这些的目的是让臣子更好地为君主效力，而不是让君主如何整治他的臣子啊。

昔日舜问尧帝说："大王您作为天子，是如何用心管理天下的呢？"

尧说："我容忍刁顽之徒，不抛弃贫民，怜悯死者，爱护儿童，同情妇女，这就是我的用心了。"

舜说:"好嘛,虽然是挺好的了,但是不是眼光太短,用心太小了点儿呢?"

尧说:"那该如何呢?"

舜说:"天道之德应该使天下安宁、日月交映、四季时行,这样昼夜才有规律,云行雨施才有先后。"

尧说:"世上本无事,庸人自扰之,实在是我多事啊。你所做的是与天相合,我所做的只是与人相合啊。"

天地自然,古人认为这是最大无边的事物了,所以黄帝、尧帝、舜帝都用最美好的言辞来赞颂它。由此可见,这些古帝王们治理天下的法宝是什么呢?只是顺其自然这一条就足够了啊。

孔子准备西行,想将一些书存在周王朝的藏书室里。但又有些不放心,怕有遗失。子路出主意说:"我听说周朝管藏书的官员老子已经退职回家了,先生要藏书,何不先问问他呢?"

孔子想了想,说:"好吧。"

孔子见到老子,告之自己有很重要的书想存放在藏书室内,老子认为孔子没什么值得珍藏的书,所以不允许。孔子反复讲述这些书的重要……

老子打断了他的话,说:"你介绍得太繁杂了,请简单扼要些。"

孔子说:"简单说,要义在于仁义。"

老子说:"请问,仁义是人的本性吗?"

孔子有些不高兴地说:"是啊。君子不仁就成不了事业,不义就难以生存。仁义,是君子的本性,你这么问,是什么意思呢？"

老子没理孔子，又问道："请问，什么叫仁义？"

孔子说："心术正，善待万物，兼爱而无私，这就是仁义的内容。"

老子叹了口气说："哎，离人性是越来越远啦。讲兼爱，这不正说明人性原本不兼不爱？讲无私，不正说明人性原本是有私的吗？这些提法是不是太迂腐啦？你不想使天下失去自然本性、自然秩序吧？天与地本来就有自己的规律，日与月本来就会自己发光，星与辰本来就有自己的位置，飞禽走兽本来就有自己的群体，树木本来就是自己立在那里的啊。你只要沿着本性之德行走，循着自然之道办事，那就足够了。又何必无事生非宣扬什么仁义呢？这不是敲着鼓去追逃犯吗？

噫，你说的仁义，实在是乱人本性啊。"

大侠客成绮见到老子，问道："我听说您是位圣人，所以不辞辛苦远道来见您。我夜以继日，经过了百余个旅店而不敢休息，脚上跰子擦着跰子。可是今天我看你啊，并不是个圣人。你这儿的老鼠窝里有它们吃剩下的粮食，好端端的糟蹋东西而不知爱惜，这是不仁啊。光看你剩下的那么多的凉菜，就知道你是个贪得无厌的人。"

老子一直就这么听着，什么也没说。

第二天，大侠成绮又来了。见老子正在院子里溜达，就站在他面前说："昨天我的话里话外，有对您不恭敬的地方，我本来是挺生气的，但不知为什么今天一下子没事了。这是为什么呢？是不是请您解释一下？"

老子这才慢吞吞地道："你所认为的那种以炫耀技巧、卖弄手段而获得圣人头衔的人，我可是与他们差得太远太远了啊。那我是种什么样的人呢？比如说吧：你昨天说我是牛，好，就算我是牛吧，只要你觉得高兴；你说我是马，也行，只要你乐意。为什么我会这样呢？因为如果我确实是牛是马，那你说得对，我又有什么可解释和反驳的呢？如果我不是牛不是马，是你误会了，那我还解释什么呢？我越解释不是越让你误会吗？你不但以为我是牛是马，还会再加上一条罪名，认为我是个不承认错误的街头流氓、混混儿呢。我这个人只服从于自然的大道，只想着顺其自然。你怎么想的，我就随你去吧，这不是什么大不了的事啊，我何必费尽口舌、绞尽脑汁地纠正你的观点呢？"

大侠成绮听完这话，吓得赶紧侧过身子给老子让开路，亦步亦趋地跟在他后边，生怕踩着老子的影子，边走边探着身子轻声地问："先生能否教我怎么修身？"

老子说："你的相貌是那么冷酷，你的两眼圆瞪而寒光凛凛；你的前额显出你的孤高不群；你的嘴角透着无来由的坚韧与固执。你为了义，心情狂躁而精神紧张，就像一匹烈马被拴在桩子上；你不动时处于欲动而未动，马上就要出击的状态，你动时又如弩箭击发一样迅速而一招致人命。你观察事物详尽而认真，你的计谋与矜持刻在脸上……这些全部都不是人应该有的本性啊。你别问道了，你根本不懂，你还是快回去吧。

噢，对了，忘了告诉你：边境那里有的是你这种人，他们名叫窃贼。"

老子说："道，它涵盖了任何大的事物而没有不穷尽的，它囊括了所有细小的事物也没有遗漏，所以道就是万物的总称。道，它宽广得无所不容，它深沉得不可测量。形名、德性、仁义这些东西，是大道的末枝，这么细致的事，不是至人是不能确定它们的。大到治国之本，小到形德仁义都要管，那至人在世，不是活得很累吗？不是的啊，他们一点儿也不累。为什么这么说呢？因为天下最累的事莫过于夺权，至人不参加这个项目的活动；天下最操心的活儿是假装君子而争名夺利，至人也不喜欢干这种营生。至人只是研究事物到极致后，它所显现的本性，至人喜欢守住这些本性。

所以至人治理天下，他们离天地之相，弃万物之形，以求精神不受外物干扰。他们的精神通大道、合天德、避仁义、离礼乐，这样的人治天下于无为，哪儿能累呢？如果说修道的最高境界是无为，那治国的最高境界不正是这样的么？"

大道是令人尊重的，而世上大道的传播，是靠书，所以书也受人尊重；书只不过是语言的记载，于是语言也跟着被尊重了。语言之所以被尊重有一定的道理，因为它可以传达一定的思想。看来，真正被尊重的应该是思想。而思想只是意念的工具啊，它是随意念而形成的，那么被尊重的应该是意念了。意念是什么？

意念，是潜意识里情感的某种倾向或理性思考后的某种意向，也可以说意念是某种情感或某种理性思考。再简单点，可以说意念是倾向或意向。

意念难以用语言表达。但除了语言以外，再没有更好的表达工具了。所以：意念产生了思想，而语言是思想的不称职的表达工具。

因此，世人以书为贵，我不以书为贵，这是因为人们认为珍贵的并不是真正应该珍贵的东西啊。

用眼睛可以看见的，是形状与颜色；用耳朵可以听见的，是语言和声音。可悲啊，世人以形状、颜色、语言、声音就认定了事物的本质，这还不可悲吗？这些东西怎么能揭示出事物的本质呢？

咳！智慧者不说，说者不智慧；懂行的不讲，乱讲的不懂行；有文化的不胡侃，胡侃的没文化；清官不讲廉，讲廉的不是清官；悟道的不谈禅论道，谈禅论道的没悟道；说得出的秘密不是秘密，说不出的秘密是秘密……

这种事还少么？可是人们总是没真明白，总是记不住啊。

齐桓公在堂上读书，制作车轮的扁师傅正忙着在堂下做车轮。这位扁师傅有点儿累了，就放下槌子、凿子走上堂来，问大王说："请问您这么专心致志，在读什么书呀？"

齐桓公说："圣人之言。"

扁师傅又问："那，这位写书的圣人还在不在世？"

齐桓公说："早已过世了。"

扁师傅说："人都死了？那您这不是在读古人的糟粕吗？"

齐桓公大怒："寡人读书，一个做车轮的匠人怎敢议论啊！你要说出道理就此罢了，要是说不出来，那必死无疑。"

扁师傅说："我哪里懂什么道理呢？我只是从我这一行里看问题罢了。这好像是凿轮辐条的榫眼，眼凿大了，车辐条插进去松懈而不坚固；眼凿小了，车辐条根本插不进去，也就不能把三十根车辐凑成轮子。所以榫眼要不大不小。怎么才能做到不大不小？这就全凭手上的感觉和心上的直觉啊，也叫得心应手，反正用嘴说也说不清。这是经验，只能意会身传，怎么可能口授言传呢？心行处灭、言语道断，世上很多事只能自己去做才能弄懂，岂是一本书就能讲懂的呢？这做车轮的手艺我无法传授给我儿子，他总是动嘴不动手，所以我儿子也不能学到这门手艺。没办法，我都七十岁了，只好还是我一个人做车轮子。

一个当代做车轮的雕虫小技尚难以用语言传授，那古人在治理天下时的经验，岂能用书传授下来？古人已作古，他写的那些不是真传的书就更应该作古了。您没听过'真传一句话，假传万卷书'吗？您说您读的这书，难道不是古人的糟粕吗？"

[延展思考]

《天道》一篇与上一篇《天地》所讲的意思差不多，结构同样也很散乱。有学者怀疑是后人把庄先生的一些随笔、感想、日记等攒在一起，弄成篇章的。我觉得反正咱们是当小小说或散文看，不用操心学者们要操心的事吧。

庄子的东西讲起来也不深，人人一听就懂。但真要印到自己的思想里，怕是太难太难了。我们没经过他那种战乱，不知道他贫困的程度，不明白当时社会上这个家、那个派如何的行为与表现……一句话，我们没有他的生活。

所以我们只有不管好坏，先把庄先生的文章都看下来，不厌其烦地听"大道""自然""德行""本性"……听多了，感性上有积累了，可以更准确地理解庄子，更准确地理解他的道。

我们把全篇中的重点章节挑出来讲一下。

第一部分，庄子明确地提出"运行不滞"。不但天道运行不滞，帝道、圣人之道全都运行不滞，一切大道的特点都在于此。而君王、圣人只要学会顺其自然、寂寞无为，就合天道了，所以合道的秘诀说到底，一句话：顺其自然。

"虚静恬淡，寂寞无为"这八个字，是庄子思想的核心。后世诸位大师都弄成"虚静恬淡，成大法师"了。道家炼丹除了炼出火药外，光是五花八门、稀奇古怪的丹就有长寿的、防老的、治病的、强性欲的、能飞行的、能穿墙的……这些劳什子全和静坐有这样那样的关系，这些大法师都称自己是老庄的亲传弟子、第几十几代传人……这才是让庄子后悔不迭的事情。

不过这些大师也算是挺有本事。秦始皇坑儒，本是要坑炼丹的道家，不想一不留神，让道家的弟子们跑了，留下儒家在那里顶缸。儒家也不是吃素的，马上把这段历史说成了自己的血泪史，以此光宗耀祖，打击法家……弄来弄去，反倒没道家什么事儿了。这个糊涂案至今也没人给平反。

第二部分，是老子与孔子为藏书一事意见不合，主要是针对仁义是否是人性这个论题而展开的争论。

下面就更有意思了，是老子把大侠客着实数落了一番。倒不是老子和成绮有什么仇，而是侠客代表的义，正是老子最烦的东西。

我不想再谈什么仁义了，我想说一说层次与圈子的问题。

"社会人性"必然会遇到一个问题——层次与圈子。

一般说来：低层次的人可以和任何人交流；高层次的人只

能和高层次的人交流；最高层次的人只能和神交流。

一个鲜明思想的产生，是交流后的结果，它具有对话性质。而激情的极高层次的思想是很难或者根本没有交流对象的，他只好与神为伴了。

层次的存在决定了圈子的存在，这是交流的结果，也是产生好的思想的条件。而圈子分群体圈子和书本圈子。因为一旦你的思想超出了与常人交流的时候，你就只好与神和书本交流了。这就形成了书本圈子。

圈子不但有文化性的，还有民族性的、习俗性的、宗教性的等模式。尤其民族的圈子最为令人胆寒。如果一个民族他的本性就是狭隘和偏激的，那它的民族群体圈子就更加狭隘与偏激，一旦他们超越了自己的圈子，就会因它恶劣的本性而对圈子外的人显出非人的品质。日本人就是这种人。谁要是不信可以看看日本人在日本国彬彬有礼，可他们在南京都干了些什么？

第三部分，老子说天下最累的事是夺权，天下最操心的事是假装君子而夺利。其实"道不同，不相为谋"罢了，管人家爱干什么呢？每个人理想不同，见解也就不同了。

说到理想，那理想的本质是什么？

理想是想象的产物，这点是大家都承认的。所以，理想的本质意义在于它促使我们进行积极的追求。

我们在追求善、人格、风度、品位等品质时，目的并不重要，重要的是这种追求本身就具有理想的本质意义。

所以，从本质上看，理想重在追求的过程，这个过程不管有多长，也不要指望结束它。因为一旦结束了这个过程，那到达的一定不是你的理想天堂，而是最可怕的地狱。

只要你有一个伟大的灵魂，这就足够了……

一切在流动着，这就是道；

道是一个过程，而不是一个状态。

当你扬帆驶离此岸要去彼岸的这一刻起，你已经走上了正道……

死了，到的彼岸是天堂；活着所到的"彼岸"，那是地狱。

原始人、孩子和宗教，其理想是一致的。

第四部分，智慧者不说，说者不智慧；谈道者不悟道，悟道者不谈道。一个人的情感和他的亲身体验，一旦到了至深至切，怎是一个愁字了的？只能是"如人饮水，冷暖自知"，也就是"无言独上西楼，月如钩"罢了。

最后，通过扁轮的故事，说明一切过去的东西都是腐朽的东西。猛地一听，真让人吓一跳。一切文明与文化全是靠古往今来积累而成的，怎么能离得开过去谈现在？不过细想一下，庄子说的是人身的经验，因为做车轮全是人的亲身体验才能做好的工作，所以有些释然也。再一想，敢情庄子在这里用人文科学里的概念，一下子否定了社会科学和自然科学的继承性，这显然是错误的。庄先生用意是在说齐桓公不切实际地治理国家，想法不错，但论据弄得有些不妥。

在自然科学和社会科学的范畴里，不管 1 + 1 有多么古老，它也必然是 = 2，这连想都不用想，也不用每一代人都从头验证一下；不管暴政多么古老，它也必然招致灭亡，这连想都不用想，也不用每一代人都从头试一下。

但说到人文科学部分，这里就存在着非延续性和非继承性了。杜十娘怒沉百宝箱，从古至今都在重演着这一幕活的话剧。后人并不因为前人证明了妓女也有好人、秀才也有混蛋而使咱们今天的女士们或秀才们有什么变化，一切还是老样子。只不过是杜十娘不沉百宝箱了，她烧的是股票；李甲也不是怕娶了个青楼女子回家挨骂，他怕的是杜十娘有病，或是早已勾搭上了杨玉环而已。

咱们也没什么事儿了，在此打住。

大道无言，前边既然说得太多，现在只有少说、再少说了。

七 天运

天在运行吗？地是静止的吗？日月是交相辉映着的吗？这是谁决定的，是谁安排的呢？或者是谁闲来无事推了一下某个机关造成的，还是天地之间有个机械装置，一发动起来就不由自主、不能停止呢？

是云下的雨，还是雨造成的云？是谁轰轰隆隆在天上发威？说不定是有人闷得发慌在击鼓奏乐以取乐？

风起于北方，可是一会儿东一会儿西，在高空旋转彷徨，是有人在呼吸吗？也许是有人闲得无聊在用扇子扇它好吹吹凉？请问为什么会是这样？

古代的大巫师咸祒说："来，我来告诉你。天，是由前后左右上下六极组成，万物由金木水火土五种常性合成，帝王顺六合五常则天下大治，逆着它就出凶险灾难。九州的政治合道，治理的原则合德，那帝王的圣明普照天下，天下人也爱戴自己的大王，这就叫'上皇'。"

宋国的太宰荡，一次他向庄子请教仁，庄子很不高兴地说："虎狼就是仁。"

太宰荡说："怎么这么讲呢？"

庄子说："虎狼的父子相亲，凭什么不能说虎狼是仁呢？"

太宰荡说："……我说的仁不是一般的仁，而是至仁。"

庄子说："至人就是无亲情。"

太宰有些不高兴了，说："我活了这么大，第一次听说无亲就是不爱、无爱就是不孝。所以说至仁就是不孝，庄先生您看这样说对吗？"

庄子正色道："不对，不能这么讲。至仁太高尚了，一个孝字不足以说明它。这并不是说至仁是超过了孝或是不及孝，它跟孝没关系啊。

往南行走的人到了楚国郢都时，北望是看不见冥山的，为什么呢？因为相去太远了啊。那至仁与孝有多远呢？用尊敬为孝道容易，以爱为孝道难；用爱为孝道容易，以忘掉亲情难；以忘掉亲情容易，使亲情达忘我难；使亲情达忘我容易，兼忘天下难；如果说有什么比兼忘天下还难的，就是让天下都忘我难了，这叫'使天下兼忘我'。这就是至仁与孝相去甚远的地方了。

具大德的人，是忘我境界的人，他们对尧和舜这样的人根本没记在心上，更搞不清这些人是谁。他们不愿干什么帝王的丰功伟业，他们的所作所为利泽万世，但天下人谁也不知道他们姓甚名谁。这就是天下最难的'天下兼忘我'的境界。这岂是一边叹息一边疾呼仁义忠孝，让天下人都知道有他这么个宣扬仁义的人所能达到的境界呢？他们时时有我，刻刻有名，为我而整日呼号狂奔……连忘我都达不到，怎敢奢谈'天下兼忘我'呢？说到至仁，还是免谈吧。

孝悌仁义、忠信贞廉，这都是勉励自己上进而抑制自己天性的事儿，这些品德有也可无也可，说不上高尚不高尚，但绝不宜太多。所以说：至贵，就是把尊贵的王位抛掉；至富，就是倾国的财富抛掉；至愿，就是把说教而获得的名誉抛掉。如此离至仁就差得不远了，因为大道何尝因为你抛掉了什么而远离你？它只能是更接近你啊。"

舍，就得大道；不舍，就得名利而不得大道。舍得与舍不得，多了一字，相差万里。

有个酷爱音乐的人，叫北门成。一日，他对黄帝说："您在洞庭之乡演奏的《咸池》曲我听了。刚开始时感到十分恐惧；再听时有些涣散懈怠；越往下听，越有迷惑之感，总觉得空空荡荡，没着没落的，十分不自在。您说我的感觉对吗？"

黄帝说："你的感觉很好，很对啊。我是在用乐曲讲述人生的道理：我用自然的变化象征人生的变化，用礼义说明人生的规矩，用最终的清静说明一切的根本啊。你听懂了，这很好。

大凡要达到最高的音乐境界，必先从人事入手。所以我的第一乐章就是：让乐曲的结构和脉络顺之以自然的纹理，让乐曲的旋律行之于金木水火土人性之五德，使乐曲的和声与大自然相呼与人的性命相应。然后乐曲阐释了四季的调理，万物的变化与相合。

我是怎样具体地用音乐展示这些的呢？四季是轮流出现的，万物是一代接一代而生生不息的，所以我用音乐一强一弱的变化，比喻着世间一盛一衰的坎坷；用音乐一清一浊的交响，表现着阴阳在流逝的时光里时分时合；当惊蛰时冬虫苏醒，乐曲奏出了春雷阵阵，动地撼天，摄人心魄……这个乐段无头无尾，暗喻着生命的无始无终、无穷无极；人生有生必有死，曲调有高定有低，音色有畅就有涩；人生无常，看不完的过眼烟云，尝不尽的酸甜苦辣，述不清的喜怒哀乐……曲式、节奏也就变化无常、徘徊徜徉、撕心裂肺，难以揣摩……

面对未知，谁能不惧怕呢？所以你听到这里也会惧怕的啊。

我的第二乐章抒发的是阴阳相生相克与相互呼唤，歌颂的是日月相映所发出的金色与银色的光彩与灿烂；乐曲的音色时刚时柔、节奏时长时短，表现的正是这种交织与多变。大自然的变化无穷但有其规律，阅尽变数、经历蹉跎后，心中留下的却是更高形态的一统与永恒不变。

大道与音乐一样，无处不在啊，它溢满山谷沟壑，浸透人圣神仙，山河大地是它的容器，无处不被它充满。它的声音洪亮，它的音调高亢。有了它，鬼神愿意守在幽静的僻静处默默地欣赏，日月星辰安于自己那乏味的工作，勇于担起它们职责……我只能戛然而止，人的精力、情感与想象都是有限的，这怎么能说清什么叫无限？只寄希望于余音，希望它能尽量地往下蔓延、蔓延……

大道啊，我想不出你有多大，看不见你有多远，怎么追赶也无济于事。我只好停在空无边的大路旁，倚着一棵老枯树哀叹。我哀叹我的眼力为什么望不到你的尽头？我哀叹我的体力为什么不追你到天边？既然我不能做到，我的心一下空荡起来，我瘫坐于树下……

咳，我都这么懈怠，你听到这里怎么能不涣散？

我的第三乐章，懈怠之声渐渐远去，代之以大自然的生机与韵律。万物混杂一处，只是有了生机才使万物各自生长、各自有不同的乐趣却又不露形迹。生机，生命的原本，我实在是想歌颂你，但我更想看看你，可是你在哪里？

生机啊，你挥手抓不住它；韵律啊，潜在幽暗之中悄无声息。你活动在纷乱的世界里，你躲藏于朦胧的闺阁中；你离开了谁，谁就会死，你到谁身旁，谁就是生；有人说你挺实在的，也有人说你挺虚荣；你将生命像流水一样汇成江河，可生命的江河要流向哪里？能不能告诉我，它是不是流向永恒？世上的人对于有疑问的事，可以去问圣人。按说圣人就是通达人的情感，知晓生命秘密的人。但对于生机，圣人们又能说什么？他们说：生机的运行没有张扬，所以我们用五官看不到它，但我们能感受到它的韵律，这就叫天乐啊，这是一种无言的心心相通。这叫什么回答？越听越让人困惑，可是圣人就是这么说的。连炎帝都说：'生机啊，听之不闻其声，视之不见其形，充满天地，包容六极。'……这都是些什么话？

哎，连圣人、先帝都摸不着头脑，所以你听到这里就感到迷惑，这太正常了。

这《咸池》之乐的魅力就在于先让你恐惧，于是你就疑神疑鬼；随后让你懈怠，懈怠就让你想离席逃走；最后让你迷惑，迷惑就让你感到自己很愚蠢。

只有愚蠢的人才可以领悟大道啊，大道总是和自知愚蠢的人同行。"

孔子西游到了卫国，颜回为了能让自己的老师找到个工作，就去拜访管音乐的大官太师金。颜回说："太师先生，您看这回我老师来卫国求职……会怎么样呢？"

太师金说："可惜了，你老师孔先生实在是走到穷途末路了。"

颜回大吃一惊说："这是怎么话说的呢？不会吧！"

太师金说："你知道祭祀用的草扎的刍狗吧，在祭祀开始之前，它被装在专用的竹箱子里，上面蒙上绣着图案的方巾，人人都对它尊敬得很，连主管祭祀的尸祝都斋戒沐浴，熏香之后才去迎接它。可是等到祭祀一完，它就被人扔在地上，行人践踏它的狗头和脊梁，打柴的人正好拿它回家去烧火做饭了。如果有哪个人仍是对它恭敬如初，把它放回竹箱子里，上面蒙上绣着图案的方巾，出游或是居家都把它供在卧室里。好了，就算他不做噩梦，也会被鬼魅惊醒啊。

　　今天的孔子，正是先王们遗弃的刍狗。他弄了一帮弟子围着他、供着他，不论是出游还是居家都尊敬着他。这刍狗有谁能喜欢呢？他到宋国，没人听他演讲，于是他就率弟子们在一棵大树下自己演起往昔的周礼。前脚他人一走，宋国官方马上派人把这棵树砍了。到了卫国，卫国干脆驱逐他出境，而且他走过的地方卫国都认为太晦气，派人把地皮铲掉。好不容易到了最传统的周朝的首都，不但没人理他，连个歇脚的地方都没有，伙食也成了问题，于是只好自己要着饭回去了。这不是谁供着祭祀过的刍狗，谁就做噩梦吗？没做噩梦的呢？他在陈、蔡两个小国之间，不是被当地人当成强盗围了七天，七日不见烟火、水米不打牙，差点儿丢了性命吗？这不是被鬼魅惊吓了吗？

　　行于水上莫过于用舟船，行于陆上莫过于乘车辇。认为舟船能行于水也就能行于路，于是把它弄到陆地上，那行一辈子也走不了多远。古代和今天不正是水路与陆路的差别吗？周王朝与鲁国，不正是舟船与车辇的差别吗？这种时间与空间上的差别这么大，孔丘他为什么不懂呢？他为什么要把过去周朝的礼仪制度搬到当今的鲁国来呢？这不是妄想着在陆地上行舟吗？这样不但劳而无功，他也必遭灾祸啊。他这个人只认现成的理论和道理，全然不看事物的变化与发展。俗话说：'法无定法，然后知非法法也。'也就是随着万物的变化，方法、制度、模式也在变化。'法无定法'，是说因为事物在不断地变化，根本不存在一定不变的方法；'非法法也'，是说重视变化而不要重视具体的方法，从这个角度看，变化就是法宝了。只有以变化为法宝，那顺应事物的万种变化才能自如啊。

学会一种方法永远比学会一门知识重要！清楚方法是不断改进着的，那你得到了法宝。

咳，这个道理太深了，你老师孔丘不懂啊。

书归正传，你没见过汲水的桔槔吗？你往下拉那绳子，横杆的这一头就下来了，有桶的那一头就上去了；反之你一松手，这一头就上去了，有桶的那一头就沉到井里。不管是上是下，全是人为操纵的，并不是横杆操纵人啊，所以不论是上是下都不会得罪人。三皇五帝的礼义法度好就好在治国，而不是好在它是千古不变的真理。不论过去的法度或是现在的法度，只要能治国安邦，那就好比是山楂、梨、柑和柚子一样，同是可口，何必在意它们的味道不同呢？

所以，古人的法度要应时代的变化而变化。不能认为周朝的东西好，就什么都照搬。比如你把名贵的周公的礼服套到猴子的身上，它一定连抓带咬，撕碎了扔在地上方自在。看看过去和现在的差异，就好比是猴子与周公的差异一样啊。据说西施有一次害病，正好她走到一个里巷时犯了病，痛得她用手一捂胸口一皱眉，里巷里的一个丑妇人见了心中大喜，认为美原来就是这个呀，于是见了男的就一手捂着胸，一边不停地挤眉弄眼。住在里巷里的邻居们，凡是富点儿的都紧闭上门不敢出来，凡穷一点儿的马上都带着妻子远走他乡。

咳，这个没见识的丑妇人啊，她只知皱眉美，却不知那是人家皱眉才美，在人家那儿什么样都美。可惜啊，你的老师总是在学西施皱眉，他不明白自己有多么的'俊'、多么的'酷'啊，能不穷途末路吗？"

孔子到了五十一岁了还不知道什么是道，于是到南方的沛县去找老子请教。老子见是他来了，就对他说："我听说过你，晓得你的名气在北方大得很，是个有名的贤人，你是不是得道了呢？"

孔子说："没有啊，所以向你来请教。"

老子说："你是从什么地方入手学道的呢？"

孔子说："我求之于法律、制度，研究了五年，也没见动静。"

老子说："那你又从什么地方学呢？"

孔子说："我改从阴阳二气入手，又干了十二年，仍是没有消息。"

老子听罢，感慨地说："是这样的啊，这些地方都不对啊。你想啊，如果道像是个物件可以拿来献给人，那人们早把它上贡给君王了；如果道像是句祝福的话语那样可以用来进奉，那人们早把它赠给亲人了；如果道像是条理论、定理可以告诉人，那人们早把它告诉自己的兄弟了；如果道像是种经验那样可以传授给人，那人们早把它传给自己的儿孙了。可惜，不是这样的啊，道不可献、不可赠、不可说、不可传。为什么会这样？没有其他的原因，你心中没有悟性、缺少慧根，那道就不会停留在你的心中；你遇不到正道的老师，那道对你来说也行不通；内有悟性有慧根，但没有好的老师，这叫没遇上圣人，学不成道；内无悟性无慧根，就算遇到了好的老师，叫圣人毫无保留地教你也白搭，你同样学不成。

除了内与外的根器与机缘，还有两点致命的失道之举：名，这个东西是大家都想得到的，对它你不要贪多；仁义，是先王住过的馆舍，你只可以住一宿，不可久住，否则就会招来灾祸。至于这里有什么道理，你是个明白人，我就不多说了。

古时的至人，假借仁的旗帜学道，依仗义的馆舍休息，他们真正追求的却是游逍遥之太虚，吃着薄田生产的粗粮，永远也不向人借贷。逍遥，就是无为；薄田粗粮，容易生存；不借贷，就是没有花销，不欠任何人什么东西。古人把这叫'采真之游'，也就是采撷真气而游。

以富贵为生活目标的人，不会把利禄让给别人；以显赫为生活目标的人，不会把名声让给别人；喜好权力的人，不会授人以柄，让别人抓着自己的小辫子。这些人啊，当他们得到了自己朝思暮想的东西后，却胆战心惊地怕失去；一旦失去了就痛不欲生，哭天抢地。他们从来不向内问问自心究竟需要的是什么，整日里盯着自己的目标一刻也不能休息，这真是老天罚他们做人做得这么累啊。一个人一生中只想着'得'不想着'舍'，就活成这个样子了，这叫'人不谴人，天谴'，'天不累人，自累'。

难道人生只能无止尽地舍、舍、舍么？不对，人生是门艺术，生活是艺术的表现。怨恨、恩惠、索取、给予、劝谏、教化、生育、杀戮这八条，是走入正道的艺术的元素。只有遵循自然或社会的大的变化，不被拘泥于某种德行、某个理论、某种方法时，人们才能把那八条运用自如啊。不论这个德行、理论、方法在过去多辉煌、多伟大、多正确，都不能教条地把它当成是永恒的真理或是自己的座右铭。这就是生活的艺术与学道的关键。

所以说，正道，正心也。如果嘴上说我讲得对，内心里认为我在胡说八道，那天道的大门永远不会向他敞开了。"

孔子拜见老子，向他宣讲仁义的大道理。老子听后说："我听了你讲的仁义后，就好比用簸箕簸米，被米糠迷了眼，简直分不清东西南北了；也像是被蚊子、牛虻叮咬，通宵难以入眠。你讲的那个仁义在我心里左突右撞地捣乱，激起我对世上触目皆是的不仁不义产生了极大的愤恨，这一回祸闯大了。连我一个得道之人尚且不愿听仁义二字，我看是不是你先放一放你的学说，让天下人保留住一点儿人性原本的纯朴呢？然后你再学一下顺其自然，让人们自己依着自己的本性培养起德性，不是让人们依你的学说与理论培养起自己的德行，好不好呢？你何必整天扛着个仁义的彩旗，背着个寻儿子的大鼓，走街串巷边吆喝边敲，生怕人家不知道这世上有你这么个人呢？

世上的仙鹤不用每天洗澡也是白的，世上的乌鸦不用每天染也是黑的。黑和白都是他们原本淳朴的本性，何必费尽心机要改变它们呢？一个人的名声大小，也要顺其自然，何必要人为地加大或减小它们呢？泉水干涸，鱼儿们将渴死于泥中，此时它们才仁义地相濡以沫。但这种仁义又怎么能比得上鱼儿们在大海里一点都不'仁义'，各自毫不相干、自由自在地游呢？你要是问鱼们，它们肯定喜欢在海里的'不仁不义'，不喜欢在将死时有仁有义地挣扎啊。人之将死，其言也善；兽之将死，其声也哀。拿它们临死时的表现大加赞扬，硬要它们发扬到生活之中、落实在行动上、融化于血液里，可行么？这不是沽名钓誉么？"

孔子从老子那儿回来，三天都没有一句话。

弟子们问他："您去看老子，是怎么劝他弃道从儒的呢？"

孔子说："老子么？这么说吧，我如今总算见到龙了。龙，原来是自然之气和合为体，白云彩霞是它分散后的模样；当天上云气时而开阖舒卷，时而腾挪旋转之际，那正是它在行走或是在把自己的阴阳之气加以涵养。我简直惊得嘴巴都合不上，哪里谈得上规劝他呢？"

子贡显然对老师的说法很不以为然，说："我所知这世上确实有些人形似僵尸却是真龙托生，他们沉在深渊里默不作声，可是一吼却如雷鸣；他们对人们的恩泽如天覆地载……可那是传说啊，哪里有这回事？我能不能见见他呢？"

于是子贡就以孔子的名义去见老子。

老子正在堂上坐着休息，见来了个孔子的门徒，轻声地说："我年迈而体弱，精神头大不如过去了，你有什么话要告诫我，就请直说吧。"

子贡当然也就不客气了，直言道："三皇五帝治理天下的方法虽有不同，但都得到世人一致公认的好名声。可先生您偏偏认为他们没一个是圣人，这是为什么？是不是有点儿酸……"

老子说："小伙子，你坐近点儿，让我听听，你凭什么说他们不同呢？"

子贡说："尧让位于舜，舜让位于禹。禹是用治水之功得天下，商汤是用武力夺权。周文王臣服商纣王而不敢背叛，周武王是伐商纣而不愿意归顺。所以说他们各不相同啊。"

老子说："小伙子，你再坐近点儿，让我告诉你三皇五帝治理天下的事吧：

黄帝治理天下，使民心质朴单纯，当有人在亲人过世时不悲痛不哭泣，也没人指责。因为仁与孝是针对当世之活人的，怎么可以对过世之人呢？

尧治理天下，使民心相亲相近，当有人在办亲人的丧礼时降低了规格，也没人非议。因为孝与敬只是心态，何必在形式上苛求呢？

舜治理天下，大张旗鼓地宣传竞争意识，崇尚技术与技巧。于是人类原本怀孕十二个月才降生下来，一下子竞争的结果是十个月就呱呱坠地；小孩子原本一两岁才能讲话，现在五个月就能说会道了，过不多久就会认人……这可太过了，所以夭折的事也就开始发生。

禹治理天下，号召人们多几个心眼儿，遇事时心思要多转几圈儿。于是人人怀里揣着五六个心机、七八种阴招、十几套变化的嘴脸……打仗动武成了自然而然的事儿，杀个小偷强盗也不算是杀人了。人们各自为自己的私利而使尽阴谋诡计，反而被标榜成为国为民；于是天下人人恐惧、个个担心，信任丧失、谋略蜂起……正在人性无所适从时，心机最阴的两大家逐渐兼并了其余诸家，最终形成今天的儒家与墨家共同称霸天下的格局。

总的来说，治理天下的过程，就是人伦天理丧失的过程。治理之初尚有人性，越治理下去，人性越是被媚世媚俗的妓女拉进怡春院去了，如今大街上不见一个纯正质朴的丈夫、诚实可信的男人……对这种治理法，我能说什么呢？

我告诉你吧，说是三皇五帝治理了天下，还称之为大治，实在不如说是祸害了天下，大乱从此一发不可收拾。三皇所表现出来的'智慧'，是上有悖于日月之光、下损耗了山川之精，中打乱了四季的正常运行。他们的'智慧'如同蝎子的尾巴，赛过吃人的野兽，哪里有在他们的'治理'之下、'智慧'之中能逃脱性命的道理的呢？但这些人还宣称自己是圣人，这是不是有点儿可耻？不是有点儿酸……我看是太可耻啦。不是吗？"

子贡大张着嘴站在那儿，不知说什么好，走也不是，不走也不是。

孔子对老子说："我亲自研究和编著了《诗》《书》《礼》《乐》《易》《春秋》六部划时代的著作，自以为时间过去很久了，里面的道理也吃透了。于是周游列国，给七十二位君主看过，并不遗余力地向他们讲解了周公的治国之道、评述了他们治理国家的业绩。可是这些人没一个采用，这是不是太过分了？我百思不得其解，请您帮着分析一下，是这些人太愚笨了呢？还是大道太难懂了呢？"

老子说："万幸啊，万幸，幸亏你没遇到真正的治世明君啊。你写的那个六经，记录的是故去的先王们办的事情，不算是考古记录，也算是陈糠烂谷子的古董，怎么能是他们创业时的真情实景呢？你所讲的，充其量叫作脚印，是他们用脚走出来的鞋印，既不是先人们的鞋，更不是先人们的脚。

我听说天鹅一雄一雌相互对视，只要不错眼珠就可以受孕；小虫子，雄的在上风处叫，雌的在下风处听就可以受孕；但这都必须是发生在同类才成的事情啊，雄天鹅和雌小虫怕是怎么盯着、怎么听也不成，因为违背了天性。如果天性是脚或是鞋，那先人们依天性而做出的政策与策略就是鞋印或是脚印啊。不从本性入手，只从表象入手，那不是让天鹅和小虫养出后代吗？万物的本性不可以更改，万物的命运不可以变动，时间的流逝不可以中止，大道的变化与通流不可以停滞与塞壅。

若得道，没什么行不通的；若失道，没什么行得通的。"

孔子听了这一番话，三个月没出门，在家里研究……后，再见老子说："我得道了啊，我得了道：乌鸦和喜鹊是卵生，鱼是从吐沫中长成；可怜那细腰蜂既弄不出卵，也找不着沫，只能靠着风；东风西风南北风，白板幺鸡羊角风；娘亲怀了小弟弟，当哥哥的怕失宠，大哭大叫不吃饭，说什么他也不答应……

孔丘我活了这么大，争强好胜不顺从，顺从自然不是耻，大道就在顺从中。

咳，没法子啊。不顺从大道，就没法教化别人；不能教化别人，哪辈子才能当上孔圣人啊？"

老子笑道："成了，这回成了，你孔丘算是得道了。"

[延展思考]

《天运》，就是天在运行。

古人认为大地是不动的，而天是动的。如此演变成形而下的物质基础要牢固，如大地一样用以载万物；形而上的思想与观念要运行变化，如天空一样用以覆盖天下、变换四季、指挥着日月交替、照顾万物的生老病死。这样，不变的人性与变化的思想观念，一动一静、一阳一阴、一上一下，构成了中国哲学思想的总体的形象构架。

庄子认为儒家以过时的、不变的思想观念来解决已变化了的时代，是错误的。同时又认为一切只有以如同大地一样不变的人性为出发点来制定出策略才是合道的，怕是有一定的道理。最起码可以说他有着人本主义思想倾向和自然主义的倾向。

说这些名词最没味，也最令人困惑，说俗一些就是：正确的思想和观念来自对人类本性的了解，同时对自然规律的了解。

人格完整，即——平常心。

在黄帝与北门成谈音乐《咸池》一节中，庄子借黄帝之口，比较详尽地讲述了自己对人生的理解。当然，庄先生只讲了由追求外物向修养内心的转变，并把这个转变看成是得道之路。这条路很适合大多数中年人、中老年人的情况，他们劳碌了多半生，步入中老年后，动极生静，于精神上找到一个慰藉，也算是造福人类的事儿，如李叔同。但庄先生还有一半话没说，这就是另一种情况：从小清静无为、养尊处优或是出家人。这些人在前半生多是在修心，在他们活到人生中途后，他们会产生与常人相反的转变。这也算是应和了静极生动的原则，很多这种人在此时又入世了，于是变得比俗人还俗、比常人还常、比世人还世人，如济公。

向外求动、上进、进取与向内求静、安详、平和，原本是人生应该具有的经验。可以说缺少什么都不会有健全的人格。弘一大师由动至静、玄奘大师由静至动、苏轼动静动静来回转换……于是，他们都算是完人、至人了。不能想象一个人一刻不闲地奋斗一生，到老时会是什么样子——我看百分之九十九成了个固执和难以沟通的倔老头儿；也不能想象一个人一刻不停地入静，到老了会修成什么样子——我看百分之百成了枯木禅。

完人、至人就是人格完整的人。既不是孔子说的圣人，也不是庄子认为的无为的真人，他只是平常之人。平常心即道，不是吗？

刍狗可以相传，审美岂可相传？

用刍狗来比喻孔子，来骂儒家，这是庄子的特色。好在当时没有文学狱，没把庄先生下了大牢。其实庄先生过于情绪化了，而儒家也不是一无是处。

刍狗代表的是一本正经与正统，崇拜正经、正统的做法是可以代代相传的。而庄子骂孔子，是骂他不懂得人生之美。

对人生是否能产生美感，是审美范畴的事情，属于经验、体验。这个东西正如庖丁和扁轮的手艺一样，是没法子代代相传的。庄子管这种无法相传的东西叫"道"。庄子歌颂的也正是这个"道"。

当孔子从一本正经到胡说八道时，这个胡说八道的"道"，不管怎么说也比一本正经的"道"更接近"大道"了。

一张一弛，文武之道。

儒道在中国文人手里是两样不可或缺的宝贝，得意为儒，失意为道（即庄子的哲学思想，不是道教的道，而是老庄的道）。迎接宾客的地方以儒家特色为主，以张扬诗书传家和正统之家风；而书房中、静室里以老庄色彩为主，以松弛自己的神经，涵养自己的心性。如此这般，失意之时才可能说出"人有悲欢离合，月有阴晴圆缺，此事古难全"。于是也就可能在贬官之际还在西湖为百姓造出个苏堤来。如果一味地只有儒家思想而无一点精神缓和的药剂，别说苏堤、白堤造不出来，中国五千年的文明早就被出人头地、事业有成、杰出人才、东方之子给扼杀了，中国人早就累得吐了血或是不得志地上了吊……

世界上，凡是优秀的、成熟的民族，在她的传统文明中，肯定都具有对神经起紧张和缓解作用的两种理论。否则这个民族及她的文明不会生存几千年。世界上五大文明古国，只有中国的文明连绵不断，代代流传至今，庄子与他的老师李聃功劳大焉。

宇宙内的知识是无限的、时空是无限的，但人的生命是有限的。不正视这个客观现实，一味地鼓励我们向着无止尽地上进，提出若干让年轻人热血沸腾的口号，这就产生了一个大问题：提倡上进的精神、鼓励进取的意志是一回事；但与此同时，怎么对待它的另一个方面？比如：我们如何对待自己的生命？如何对待自己的精力？如何对待自己的生活？除了老庄给我们留下了这么一份遗产外，我们有没有为自己留下一个站下来歇一会儿、喘喘气儿的理论和观念？满世界全是"世上无难事，只要肯登攀""一不怕苦，二不怕死，甩开膀子拼命干""小车不倒只管推"云云，只有弄得一身是病、体力不支，躺在医院里，一边打着点滴，一边输着氧……

我们崇拜的是"学习、学习、再学习"，我们高呼的是"一心……一辈子……永远……"而"不会休息的人就不会工作"这句话我们也听过，但就是没人提倡。

终于有了休闲这个东西了，终于有了星期天文化这么个说法了。但这都是旅行社或是商家提出来的，他们是让你在休息日去把钱给他们而已，并没在意你的心是不是能休一下闲或是欣赏点儿什么文化、艺术。

看来市场经济也不是万能的，内心放松、自适这种事儿，还要自己来。

别把自己弄得太偏执，别把上进的弦绷得太紧。让我们创造出既有紧张严肃的工作，又有团结活泼的休闲的家园吧。

一个爱护我们的家园，我们才可能爱这个家园；

一个爱护人民的国家，人民才可能爱这个国家。

不是吗？

八　刻意

[原文演绎]

刻意塑造自己的形象，处处流露出自己品格的孤傲高尚；远离世俗而媚雅，一肚皮的牢骚、一脸的不合时宜、一嘴的"世风日下、人心不古"；全部的本事就是高谈阔论、冷嘲热讽、唯我独秀……天哪，这还是人吗？"处处高人一等，事事与人不同；虽说食着人间烟火，但说着宇宙语、行着特异功能"，由自卑而产生的狂妄自大，就是这种人的人格与人品。据说这些人叫隐士，是出世之高人。是高人？不太像，我看这种人思想观念衰老得早已成了枯木顽石，他们是那种站在深渊边的悬崖上，做出一个义薄云天的架势，马上就要为复辟周礼而大义凛然地往下一跳的那种人，只是永远没见他们跳下去，至今还霸占着那个能成为英雄的地方。咳……哪个时代都有作秀的啊。

张口就是仁义忠信，闭口就是恭俭谦让，一辈子就是为了修个好德性而来到世上。这种人是中层的知识分子，是治理国家的栋梁，是社会稳定的基石。"鞠躬尽瘁、死而后已"是他们的人格与品质。他们多是为人师表的老师，是教育别人的人。如果一生中能出国讲学，或是忽一日海外某名人来家中造访，这是他们最大的奢望，最最光宗耀祖的事件，是祖坟上冒青烟、宗氏祠堂里放红光、子孙万代要念念不忘的事情。

语不离建功立业，礼不下君臣尊卑；讲究个上下摆正了、左右对称了、前后弄齐了，高低划出若干等级来；横要成排，竖要成行，一切的自然随意都要被刻意地整治修理一番，一切的回转委婉都要切削成整齐正方。"人生自古谁无死，留取丹心照汗青"是他们的人格与品质。这种人是朝廷里的大臣，他们遵从主子的命令，一心一意使自己的国家富强昌盛。如果能为国家为民族立下功绩，这是他们一生中最大的愿望了。

隐于湖泽、处于旷野，没事钓钓鱼、看看白云舒卷，闲来瞧瞧蚂蚁上树、逗逗阿猫阿狗，无为而已。这是散处于江湖中人，逃世而已，"赚钱不赚钱，不在前六十年；老了老了，拉他妈倒了"是他们的座右铭与人生哲学。

注意气沉丹田，提防着任督两脉；以吐故纳新为己任，全然忘记了这本是老天爷的责任。学熊一样走，扮鸟一样飞；为求老而不死，研究导引想着成精。"只要能活到彭祖八百岁那么长……一半也凑合，但绝不能少于二百岁，那我就什么都敢练，什么都敢信"，就是这种人的人生目标。

以上五种人，不论谁好谁坏，也无法说谁是谁非；本无好坏、本无是非。但都是刻意之人啊。什么才是不刻意呢？不克制自己的欲望而显得高洁；不追求仁义而修有德性；不追求功绩而天下大治；不隐于湖泽、不跑到原野上也能看蚂蚁上树；没练熊步鸟翅、气走二脉也长寿；一切无心求，样样全不缺；淡淡然然没见他算计什么，结果天下美好的东西全跟他走……

俗话说"有心求是妄想，无心求是感应"，可能是对的吧。这就是天地之道，圣人之德所致了。

所以说：恬淡寂寞、虚无无为，是天地的规律、道德的本质。因此圣人悠然自得，没见他们忧虑什么，而一生顺利，顺利就带来恬淡。其实平易恬淡才是最美好的生活啊，只是世人谁都不信，总要弄得生活有波澜、有曲折，才认为那是生活。平易恬淡就没有忧患，这样邪气才不能袭扰自己的身心。只有这样的人，才能做到德性完备而神情不亏损。

所以说：圣人们生是顺天之运行，死是随万物而化；静与阴同享盛德，动与阳共逐洪波；不为子孙先造下什么福，更不为子孙留下什么祸；有所感才有回应，有所迫才后有动，一切是不得已而后起；丢弃心机与世故，遵守自然规律而行。所以圣人们不遭天灾、不受物累，没有人事上的是非，更是心中无鬼。他们生也如浮云，死也就这么死了；他们一生不思虑、不预谋，他们人格闪着光彩而不炫耀，他们有信誉而不向谁许愿；他们睡觉不做梦、醒来不担忧；他们神情纯粹单一而精力不疲倦。虚无恬淡可真是合自然之道的大德性啊。

所以说：悲欢是德性上出了偏差；喜怒是求道心切的过错；心生好恶是德性上有了偏失。因为没有忧乐的干扰，才是德的最高境界；顺从自然这个"一"而不变初衷，才是静的最高层次；办事不违背自然规律，叫纯粹之极。因此，体力劳动不知休止，是大害；脑力劳动不知停歇，就疲惫，疲惫就使人的生命枯竭。

水的性质是没有杂质就清，不扰动就平；可是不让水流动起来，一潭死水也不能清；有流动、有变化、有吐故纳新就是天之德的象征啊。因此，纯粹而不杂、平静而不扰、恬淡而无为、以自然的变动来制定自己的变动，这才是最好的养神之道。

谁有了吴国或越国产的宝剑，一定舍不得用，而是存放在匣子里，因为它们太珍贵啦。

人的精神简直可以说是四通八达、无所不至，上可入天、下可入地。它能融合于万物，但又没有形象，神通可以说与天帝齐名。那人的精神可以说是比宝剑要贵重得多的宝贝了，可是我们为什么只知藏起宝剑，却不知藏起比宝剑珍贵万倍的精神呢？这岂不是和"丢西瓜捡芝麻"一样的愚蠢了吗？

你以为呢？其实人就是这么愚蠢啊。从古至今，何曾明白过来呢？

要问大道最纯一、最朴素、最基本的要领是什么，那就是专一守神。

专一就是不乱用精神；守神就是像藏宝剑一样藏起它来。所以：一念于自己的心，守住它而不丧失，与心神合一，这就是大道的基本要领了。因为精通于一，不论是工匠、艺术家、思想家……只要精通于一就与天道合。俗话说："众人重利，廉洁的人重名，贤德的人重志，圣人贵精神。"换言之：专一于利的是商人或是没发财的众人；专一于廉洁的是政治家；专一于德行的是道德家，专一于精神的是圣人。

我们说的素，就是不杂；纯，就是没有亏损精神啊。能既不杂，又不亏精神，同时专一的人，叫真人。

[延展思考]

《刻意》，就是人为，也叫做作，是加入了人的思想导向或情感导向后的观念、行为。

庄先生列举了五种人，他认为都是刻意的人，所以不值得提倡。他提倡的是第六种：不刻意、随性无为的人。

其实他这是针对儒、墨两家而言的，他的那个不刻意的"素纯而守一"不是更让人刻意而又费功夫才能学到吗？不信诸位先练一下"素"，也就是心无杂念，试一下马上就知道有多难。然后再练一练纯，也就是不费神。一试一练你就知道越练越费神，没个十年八年功夫根本做不到纯。再说守一，守个什么都不难，如：看本小说、看会儿电视、准备个歌去参加模仿秀……唯独守心难。难到什么程度？常人是一点儿门都摸不到啊。如果你是个有悟性的人，那这个守一怎么守？容易极了，请你在本文中去找吧。

刻意所应用的范畴。

如果我们把视野扩大，那刻意是否具有了针对性呢？

大凡有关经验、体验的东西，绝不能刻意。越想得奥运冠军，就越是适得其反；越具平常心，反而越能超水平发挥。看来，不刻意起码在审美和经验范畴里是有道理的。

那在自然科学、社会科学乃至教人育人方面呢？

先不说自然科学、社会科学，只说人类文明吧，只要我们思考一下——没有了刻意，那人类文明哪里来的？我们的祖先用毕生的精力刻意所做的事情，不正是为了让后代少走弯路吗？所以，在很大的领域内，刻意是绝不能少的。

于刻意与随意之间，培养下一代。

谈理论，实在是让人生厌，咱们干脆说点大家爱听的。如今家家都是独生子，那应该如何培育自己的孩子呢？该不该刻意呢？咱们不妨看一看蔡元培老先生的见解。

蔡元培老先生的三个闪光思想。

第一个，蔡老认为，教育最主要的是目的是塑造人的思维模式与独立的人格。

所谓塑造人的思维模式，是要让教育独立于政治之外、独立于派系之外、独立于人情感之外。一切目的是让学生培养出独立性的、开放性思维的能力。

所谓的独立人格，最起码是独立思考、不走极端、不人云亦云的人格特性。

——不要刻意地替孩子们全想好了，要留下一定的空间，让孩子们能随意地思考。

蔡老的第二个主要思想是学科学知识，不如学科学方法。

——不要刻意地让孩子们做多少多少习题，要让孩子们学会解题的思路与方法。

蔡老的第三个闪光的思想是：革命不是个好办法，一切社会的进步全赖和平渐进。他认为马克思的斗争理论"求效过速，为害无穷"。也就是重积累、重渐进。

——不要在意孩子们有一次、两次没考好，更不要想着三天两早上孩子就变成神童了。重在熏染，重在日积月累。要培养孩子们记笔记、记心得的习惯，要让他们懂得，这世上最重要的不是分数，而是人生的体验。

以上诸条家长们拿来用在教育自己孩子身上，怕也是受益匪浅的事情。

你想让自己的孩子得诺贝尔奖吗？

那就看看专家们总结出的经验：

（1）关于科学积累问题：一般要三代人的知识积累。这里主要是家庭教育，而我们没有三代相传的科学世家，我们只有贫农世家或知青世家。

——所以作为家长，首先自己少喝点儿酒，少打会儿麻将，多学点儿知识，多检点自己的行为与作风。不给孩子留下知识，也要留下点儿刻苦的精神吧。

（2）关于科研时间问题：我们的科学家每周工作十六个小时，是人家工作时间的一半。人家是"全时科学家"，我们是半残科学家。

——既要减负，也要让孩子们懂得珍惜时间和精力。

（3）中西文化传统的差异：西方文化倾向于具体性、精确性，表现为严密的逻辑思维。而中国传统文化则多表现为直观的、类比的形象思维方式，总是用一种简约、模糊进而笼统的寥寥数语将自然与社会一揽子概括进去。前者利于科学创造；后者利于与他人共处。

——家长们尽可以照方抓药，精确用于对理科的学习，模糊用于对文科的感受。

（4）求新的意识：西方科学有着良好的"求异"传统，他们总是刻意求新。而中国传统文化最重视思想的"守一"和"齐一"。这种大一统的思想控制，严重地抑制了人们的创造性。

——让孩子们只听老师与家长的，也有大一统之嫌。逆反心态正是人性中反叛性的表现。

（5）中西教育的差异：中国的教育比较死板。这主要牵扯到科学环境太差。这就形成"境内为枳，境外为橘"。

——中国在初级教育时是好的，而高中主要是大学的教育，就不如人家国外了。如果您的孩子没到国外上学，那就给他一个宽松的、理性的环境吧。

（6）中西科学家追求的差异：在国外从事科学工作的人，绝大多数是因为对科学有种内在的追求而献身的，他们并不想发财，也不可能有大量财富。当然，他们背后是丰厚的物质保障。而中国的青年知识分子，刚做了一点点儿工作就急于申请各种奖，要求各种头衔。我们的工作精神没有人家好。

——刻苦、勤奋、谦逊、不争名利，本是咱中国人的传统文明，更是庄子的倡导。别怕人家说咱们是复古，弯腰再捡回来就是了。

——没有庄子，便没有汉唐诗赋、宋词、元曲、晚明小品……没有这多彩多姿充满着葱茏活泼的盈盈灵气的熏陶，以后的那些创造便无所依傍。

——总之，我们太喜欢"放卫星"，不习惯脚踏实地地积累。所以不得诺贝尔奖是正常的，得了这个奖才是不正常的，是见了鬼。

——葡萄是酸的，有什么不好？虽然有嫉妒之嫌，但肯学阿 Q 精神，放弃一个不可胜任的事儿，是超脱的美啊。

"研究导弹的不挣钱"，所以大家都去卖茶蛋，火车站前有了旅客的小吃。

"卖茶蛋没出息"，所以大家又吃着没出息的茶蛋，坐上火车去西昌，办有出息但不挣钱的事。两下放心，顺心，妙也。

非要鼓动卖茶蛋的去搞导弹，让搞导弹的去下海？两下里不舒服，是为不顺其自然，不妙了，反大道了。

愣要讲为人民服务，工作不分贵贱而去安抚卖茶蛋的？

愣要讲为国争光、争气，而大骂铜臭去安抚搞导弹的？

天啊！顺其自然，只是人性啊，为了人好啊！孩子要教育，但更要知其人性啊。

请家长们牢记：想象力比知识重要；

快乐比想象力更重要。

——因为自由和快乐是产生想象力的前提。

九　缮性

　　以世俗的方法来修性，以求回归到人的原本状态；以世间流传的方式来达到自己的希望，以求学到智慧；这实实在在是骗人的把戏啊。

　　古时修道的人，以恬淡培养自己的慧根；当智慧渐渐滋长出来时，不去用它办事，而是仍然让它于恬淡中生长。于是恬淡滋养着智慧，智慧滋养着恬淡，智慧与恬淡交相滋润，天理就从这里长成。所以说，德是和合之物，道是天理的代表。德无所不容，这种品质叫仁；道无处不合天理，所以叫义；义明而天下万物都臣服，这就叫忠；忠就是淳朴的性格，当它表达出来时，就是乐；行为守信，待人以宽就是礼。

　　如果淳朴忠诚的"礼"和待人以宽的"乐"不论时机、不顾对象、不识时宜地滥用，则天下大乱。俗话说"慈悲生匪类，姑息养奸人"，"百次忠诚赚不到钱，一次耍奸弄他个百万"，就是小人钻了君子们的空子。所以正派的人都收敛自己的德行，不随便让德性暴露出来。因为暴露德性就会使万物失去本性。

　　古时的人，在混混茫茫中，一世都过得淡漠而平常。那时的天时也好，阴阳和谐而平静，鬼神也不出来扰动，四季也正常运行；那时的地利也好，万物没有被损害的，群居的动物也没有夭折的；那时的人和也好，人虽然有了智慧，可谁也不用。真可谓是天时、地利、人和三者合一的时代啊。那时人们不干任何事，一切都合于自然的天道。

越到后来，这天德越是衰落下去了。等到了燧人氏、伏羲氏时，当帝称王的开始要治理一下国家了。于是一切都按人们的欲望来制定出政策，一切是人来管着天地，全然不顾天地人合不合一。等道德再次衰落，是到了神农、黄帝坐天下时，他们只能安抚百姓，连顺着人的欲望来定政策都不可能了。道德的第三次衰落，是唐尧、虞舜坐天下，他们只是大兴教化之风，以人为的礼义替代人性的淳朴；他们脱离大道讲善，用大道的旁枝末节"仁"代替了全部的德行，使人们再也不考虑自己的本性是什么，只记得大王和圣人的谆谆教诲。只凭着心意、见识、心计是不能定天下的，所以尧、舜二人又忙着制定颂扬仁义的文章，大加普及推广。文辞的华彩可以湮灭人性的本质，极力的推广可以扰乱人们平静的心性，这两种方法都导致了人们的迷惑茫然，人们再也不能复归本性而重现淳朴天真了。

由此看来，是世事脱离了大道，也是大道抛弃了世事。世与道都相互远离，得道的人怎么可能用自己的德行来振兴天下呢？天下怎么会因大道的重振而兴起呢？这种时代，就算圣人不住在山林里，也要把自己的德性隐藏起来啊。要学得比小市民还小市民，比俗不可耐还俗不可耐……谁愿意鹤立鸡群，让人们看着不顺眼，平添一些麻烦呢？人们常说"小隐于泽，大隐于市"，前者讲的是偷闲的真人，后者讲的实在是躲避灾难的圣人。不是讲作奸犯科怕衙门抓住的那些人啊。

隐居，不是说连自己的身体都让人看不见了，那是盗窃犯之藏匿，不叫隐居。而古时讲的隐士，不是躲在家里不让人看见，不是闭上嘴巴不说话，不是揣着智慧不拿出来，不是他们不想，而是时势不让啊，是那个时代太腐败了。如果时局好转，大道通达于天下，他们就不隐了，而是"公然"地说出自己的见解，施展自己的智慧，与自然合一，不着痕迹地教化和影响着社会。如果时运不济，满世界没有大道的影子，人人一听大道二字都跟看外星人似的，那就只有深深地扎在生活中，宁静致远，以期转变。这是保全自身的"大道"。

大道不是顺其自然，无为而治么？顺则伸，逆则缩，乃圣人之道，这没什么不对。可能是难听了点儿，但生活不就是这样子的么？

古时行于世而安身立命者，不以诡辩或文字华丽来修饰自己的智慧，不以自己的智慧拖累天下，不以智慧损害德性。他们稳稳地坐在自己家里，涵养自己的本性，除此之外，没什么可干的了。因为大道不可能在小的时空范围内施行，德不可能在少数人的圈子中得以发生。几个人推行道德，就损害了德的社会意义；局部地区推行大道，就破坏了天地人合一的大道的属性。所以说，能自顾自保住自己本性不失就很不容易了，说好听点儿，这也算是人生得志啊。

说到得志了。古时候所谓的得志，不是轻裘宝马、高官厚禄，而是说自己能在没人的地方偷着乐就算是得志了。今天所谓的得志，是非得当官或当大款不可了。官位在身，并不是天生就有的自然本性，而是后天别人加在你身上的东西，算是寄存在你这儿的东西，你还不能不干，不能不让人家寄存。什么时候人家要拿回去了，你还不能不高兴，不能不让人家拿。

人生苦短，何必给自己找不自在呢？所以千万不要把自己的志向放到当官这种事情上，不要一当上官、一提级就高兴得不成。也不要怕穷困潦倒，更不要因为吃了上顿没下顿而去行贿、走门子、趋炎附势。

其实人的快乐原因有不同，但本质是一样的。可以说：没有忧愁就是快乐。

其实当人的官职给去掉时，同时去掉的还有那无尽的忧愁啊，这本是值得庆幸的好事，但人们就是高兴不起来。为什么？由此可见，他们这些人是有官职、有忧愁才快乐；没了官职、没了忧愁就不快乐。这不是和自然本性相反了么？

因此，将自己丧失在物欲中，将本性迷失在世俗里，就是本末倒置的人。

[延展思考]

《缮性》，认起真来叫"修补一下本性"，说俗了就是养性；"膳食"，就是吃的饭；"赡养"，是供给的意思；"鳝鱼"，就是一种鱼了，和修补、供给无关。

"知与恬交相养，而和理出其性"这是原文中的话，是说智慧和恬淡的心态是一同生长出来的，这一点诸位不可不知。如今我们重视精神文明的建设，但是人人浮躁得不成，人人恨自己钱不够使……这种心态是什么讲、什么代表都不可能学进去的。

　　恬淡的心态，是针对人类本身的欲望而言的。
　　欲望强的人，难以恬然以对名利权势，难以淡然以对美色……

恬淡是个度，知度者有之；

恬淡是个标准，有人生大目标的人有之；

恬淡也是人生观的问题，修得不怕死，"死过"一次，或是浪子回头……这些人才能真懂人生，才真能恬淡得下去。

十　秋水

[原文演绎]

　　秋天到了，秋汛来了，秋雨不停地下，大大小小上百条河流都汇入了黄河。黄河之水浩浩荡荡，其水势达到了四季中最大的时候。此时黄河水面之宽，使两岸之间相互都看不清对岸的牛马。此情此景，使黄河之神河伯非常欣慰，他感到天下最宏伟、最雄壮、最美丽的景致就在自己身上了。于是他踌躇满志地决定去自己的领地巡视一下。顺流东行，到了北海，河伯向东望去，一片汪洋，不见大海的边际。北海海神叫若，听说河伯来了，同是神仙，怎么也不能失礼，于是出来欢迎他。河伯一改得意的神态，一边望着大海一边对北海若叹道："俗话说'道理懂得越多，就越觉得别人比不上自己'，这说得恐怕就是我了。我还听说有的人不愿意听孔丘的见解，看不起伯夷的义举。开始我不相信世上有这种狂妄的人，今天我看到您的无边无际的气势我才意识到：我要不是亲自到您的家门口来看看，可就真是铸成大错啦，我会一辈子认为自己是老大，我也成了看不起孔丘和伯夷的狂妄之徒了，那可就贻笑于大方之家啦。"

　　北海若说："不能和青蛙谈论大海的事情，因为它被狭小的环境所局限，以为大海是疯子想象中的东西；不能和夏虫谈冰的样子，因为它被短暂的生命所束缚，以为冰是咱们编造出来骗它的东西呢；不能和只玩心机的人谈道，因为他被自己的思维模式所羁绊，以为世上的智慧就是算计人，所以他认为咱们在他眼前谈什么自然、德性，一定是在算计他呢。今天你能顺着河流从山峡中挣脱出来，沿着海岸看见大海，你终于知道自己渺小了。只有知道自己不足才能听得进别人的话，所以，从今以后我也可以和你谈论大道了。

什么是大道呢？天下的水，莫能大过海。万条河川流入它，也不知什么时候才停，但大海的海水未见满；大海有一个洞叫尾闾，每时每刻都有海水从尾闾流失，也不知什么时候才停，但大海的海水未见少；春秋季节的变化造成雨水的不均匀，涝灾旱灾造成百川的水患与干涸，这些都没影响大海的变化。大海所容纳的水量，远远超过了全部江河水量之和，它的大器，实在是不可计量的啊。

拥有无穷的水，我却从未有半点自满，因为我知道我的身体来自天地，塑成于阴阳之气。我实在只是天地之间的产物，就像一粒小石子、一棵小树那样生在大山之上。我存在的环境使我的见识少，我有什么资本可自满的呢？

细说起来，四海在天地之间的大小，不就像是一个蚂蚁窝浮在一个大湖里吗？

细算一下，我们中国在天地之间，不也像一粒小米掉进大粮仓里了吗？世上可以算得上是生物的，其物种数以万计，人类只是其中之一啊；人类居住在九州之内，各种粮食和作物在此生长，舟船车马四通八达，人类只占了很小一块地方；以人类与万物比，不像是马身上的一根汗毛吗？五帝的相继禅让、三王的争相夺权、仁人的担忧、贤德的操劳，也不过是九牛一毛罢了。伯夷以躲避王位而得名声、孔子以著书立说为渊博，这不正是他们引以自满的地方吗？这不是和你一向认为自己的河水为天下最多最美的感觉一样吗？"

河伯说："是这样的啊。然而，我能不能只重视天地这样的大东西，而忽视毫末这样的小事物呢？"

北海若说："不成，可不成啊。事物，它的数量是无穷的；它的寿命是无止尽的；细分它，将永远地分下去，不会有一个最终的基本单位；同时它们永远处在变化、变动的状态之中。

所以，大智慧的人观察事物的整体与局部，总是用远观和近察相结合，同时并不以事物小就观察得少些，以事物大就观察得多些。因为他们懂得：一个事物不论其整体与局部，其本身含有的信息量都是无穷无尽的啊。

所以，大智慧的人考证一个事物古今的变迁，不以时代久远而感到困惑烦闷，不以近在咫尺清晰明了而忽略什么。因为他们懂得：一个事物的演变、变化模式是无限的。

所以，大智慧的人体会事物的盈虚，不以增多而高兴，不以减少而忧郁。因为他们懂得：一个事物不论如何增、如何减，细分下去都将是无穷的。

所以，大智慧的人明了吐故纳新的道理，事物的生生死死不能引起他们的喜或悲。因为他们懂得：永不休止的变换，是一切事物的根本属性。

如果统计一下人们所掌握的知识，肯定是比没掌握的知识要少得多；计算一下人活在世上的时间，肯定不如他不在世上的时间长；以有限而渺小的生命和精力去探究无穷大的领域，是疯狂迷乱而不能有所得的根源。由此可见，人类怎么能以毫末的知识去洞察极小的事物，又怎么能以所知的天地去形容无限大的领域呢?"

河伯又问:"世人认为:'细小到极端是没有形状的,巨大到极端是不可丈量的。'这种说法可信吗?"

北海若说:"以观察细小事物的方法去把握大的事物,就会不全面;以把握大的事物的方法去观察细小事物,就难以详尽而分明。至精,是说小中的细微;至大,是说大处于更巨大之中。两者外形差别如此悬殊,这是客观存在的。所以精之至小与粗之至大,是指有形状的东西而言;而无形状的事物,是不能用数量来衡量的;大得不可丈量的东西,也不可能用数量来计算它。

可以用语言表达的部分,是事物的外在形状与数量;只可以意会的,却是事物的精神。那些既不可以言谈,又不可以意会的事物,显然更不能以大小来判断它了。

所以,有德性的人他的行为是:不伤害他人,也不向他人施加仁义与恩赐;办事不谋私利,也不以守门的奴隶为低下的贱民;不为财货而争,但也不以谦让为荣;不寻求别人帮助,不为过得好些而多干活,不在乎别人说他贪吝;他的行为似乎不同俗,但也没有太多的标新立异;他的行为和大家一样,但也不鄙视奸佞谄媚的小人;世上的爵位利禄不能收买他,受到刑罚也不会让他感到耻辱;他明白是非是相对的,哪里有个一清二白的是非界线? 大小是相对的,哪里有大小的绝对标准? 我听说:'修道的人不宣扬名声,德高的人不求报酬,而得道的至人不知道有自己的存在。'这就是修道而能达到的最高境界了。"

河伯说:"不论是事物的外在还是事物的内在,拿什么来区别其贵与贱、大与小呢?"

北海若说:"先说贵贱:用道的眼光看,事物没有贵贱之别;以事物自身的角度看,自己贵而他人贱;以世俗的观点来看,贵贱之分不在于自己。

再说大小:它是以相对的差别来决定的。如果一个事物处在相对大的位置,那它就大;如果它处在一个相对小的位置,那它就小。比如把天地处于宇宙中,可以说它是一粒米那么小;把汗毛处于灰尘之上,可以说它像一座山那么大。这就是大小的相对差别啊。

用事物的功能来看,如果一个事物处在有用的位置,那它就有用;如果它处在无用的位置,那它就没用。知道事物都具有阴与阳、正与反两个性质,这两个性质又是互为存在而存在的,你就会明白有用或没用都集于事物一身。说你行你就行,不行也行;说你不行你就不行,行也不行,如此而已。

以事物的志趣来看,如果一个事物是你认定需要的,那它就有志有趣;如果你不需要它,那它就无志无趣。懂得了这个道理,你就会明白尧帝和纣王各自认定对自己有用的东西后,才会相互攻击,这是他们的趣味与志向不同所造成的啊。

古时尧帝、舜帝都是因禅让而得到帝位,而燕王哙让位其子,却国破身亡;商汤和周武王以用兵而得天下,而楚国公子白因用兵而灭亡。由此看来,争权与让位、尧帝之贤与纣王之暴,这些差别是根据时代不同、国情不同而不同的,没有一个固定不变的标准。

做栋梁之用的木材,可以用来冲击敌国的城门,但不可以用来塞老鼠洞,这是器物的用处不同。骐骥骅骝那样如风的千里马,可以一日奔驰千里,但用它来捕老鼠就不如野猫,这是它们各自的技能不同。猫头鹰可以在夜里抓住跳蚤，可以看清一根毛发，但白天却瞪大眼睛也看不见山丘，这是它本能里面就存在着的不同。

有人说：师法正确的就不会出偏差，师法大治就不会出乱子。这对吗？这是不明白天地的大道，不明白万物的性情啊。这就像是以天为师而无地，以阴为师而无阳。天地、阴阳本是一体的两个方面，怎么可能只学其一呢？这种不明道的偏执的做法，怎么能行得通呢？可是总有人喋喋不休地说这些话，这不是愚笨就是别有用心了。五帝间的禅让与三代以来的传位都是各不相同的。与时代不合、反习俗的传位，都叫篡位之士；与时代相合、顺习俗的传位，就叫义士。所以，大道只讲顺不顺，不讲合不合什么仁义忠孝；而愚笨或别有用心的人不讲顺不顺，只讲合不合既定的条条、规矩或谁讲的指示。

闭上嘴，守住清静吧，河伯。你怎么知道贵贱的区别与大小的不同呢。"

河伯说："可是我应该做什么，不应该做什么呢？如果遇到需要决定推辞或接受、索取或舍弃时，我将怎么办呢？"

北海若说："以大道的观点来看，本无什么贵什么贱，贵贱的分类和认定全是人们强加于事物的称谓而已。同时这个称谓也在反复变换着：时贵、时贱，时左、时右……只认定事物的某一个方面，弃另一个方面而不顾，这是不懂变化与转换乃大道之根本这个道理，是偏执的，与大道相左的。

什么叫少、什么叫多，也是相互变换着的，这里没有一个固定的行为标准。看不到大小是相对而言的，不明了大与小是转换着的，只以一个固定的观念行事，就与大道有出入了。

　　就因为事物全存在着阴与阳的两个极，所以为人处世要像一个严正的国君，公平地对待它们，不能以自己的情感与愿望而偏袒某一极，这叫不存私德；要像被人们祭祀的社神，在广受人们的供养后，就要赐福予众生，不能偏袒某些人，这叫不存私福；要像无边的天地，于无穷中涵养着万物，并没有单独呵护谁，没有偏袒任何一方。

　　万物本平等，谁长谁短？大道无始终，而物有生死，不能只看到物的生成一面；万物在变化，有亏有盈，形状是不固定的。年复一年，时光不能停止，彼消此长、此消彼长，生生不息、有终有始。这就是大道的基本原理，是万物生长的规律了。万物的生长，好像是马群在奔驰，不断变化着又永不停歇……一直向前。

　　该做什么，不该做什么，请你站在你的角度，以顺应自然为标准，自己想想吧。"

　　河伯真不愧是黄河之神，性子急。他略一思索就说："无为就是什么都不干，怎么能以什么都不干为贵呢？"

　　北海若说："明了大道的人必然通达事理，通达事理的人必然懂得变化，懂得变化的人不会让事物害了自己。所以至德之人，火烧不坏他，水淹不死他，寒暑不能加害他，禽兽不能侵犯他。并不是说他有金刚不坏的身体或是什么特异功能，而是说他能明察秋毫，于安危福祸间行为谨慎，这样才躲避开了灾害啊。

　　所以说：'天道存于心，人为之事行于外，德性于天相合。'这句话的意思是：天然与人为都是以变化着的自然环境为本的，这是合道的关键。

在变动着的自然环境中，人短暂的一生只是其中某一个段落。你必须安于这个环境，你没有权力责怪为什么生于乱世或盛世，这是你的命。生若逢时则伸展张扬，生不逢时就委屈守静。能伸屈自如，就是刚才说的'天然与人为都是以变化着的自然环境为本'的意思了，这就与大道相合了。"

河伯说："什么叫天然？什么叫人为？"

北海若说："牛马生来四条腿，这叫天然；给马套上辔头，给牛穿上鼻子，这叫人为。所以说：不要人为地破坏自然，不要世故而守旧地干伤害人性的事儿，不要因为欲望而赔上自己的名声。

这三条你要谨守。如此，就可以返归自己的本真天性了。"

独脚的夔羡慕百脚的蚿蚣，百脚的蚿蚣羡慕无脚的蛇，无脚的蛇羡慕来无影去无踪的风，风羡慕有形有象的水灵灵的眼睛，眼睛羡慕可以上天入地的心。

这一天，诸位碰到了一起。夔对蚿蚣说："我用一只脚蹦着走，是再简单方便不过的事情了。可是你一走就麻烦了，一下子要指挥着上万只脚，我可真佩服你，你是怎么应付下来的呢？"

蚿蚣说："不是的啊，不是你说的这个样子啊。你没见人打喷嚏吗？一下子喷出来的东西大的如珠，小的如雾，纷纷扬扬落下，参差不齐，错落有致。但这不是人故意做出来的，这是老天爷造就的。我一动，也是合于天机罢了，我也不知为什么所有的腿和脚都整齐而有序地动作起来。"

蚿蚣转而对蛇说："我们不管有多少腿，总是用脚来走路，可我们比不上你啊，你无腿无脚却行走如飞，可真羡慕死我了，咱们能换换么？"

蛇说："正像你说得，这是老天爷给的，是天机让我能走动，怎么可以换呢？我要脚干什么用啊？"

蛇抬头看见风，对风说："我好歹也是用我的脊梁和肋骨在走，也可以说是有腿有脚吧。可是你呼啦啦从北海刮起，嗖地一下就到了南海，那个神气劲儿就别提了。我说风老兄，别说腿脚了，你连个形象都没有，这又是为什么呢？"

风说："是啊，你说得没错。我是呼啦啦从北海起一直到南海去，显得挺神气的，这没错。但有人用手指戳戳点点地指责我，用脚狠狠地踢我，这都是战胜了我啊，是我的失败。虽然我遭到众多的小失败，但刮倒大树，掀起房屋，是我的看家本事、童子功，于是我只有忽略掉众多的小失败而只注重大的胜利了。能舍弃众多小利而获大胜者，只有圣人才能做到啊。"（原文此处可能有缺失，应该是：风羡慕眼睛一望就可以到达千里之外，眼睛羡慕心一想就可以上天入地。）

孔子求职到了匡这个地方，卫国人一下子把他住的驿馆里三层外三层地包围了起来。孔子仍是面不改色心不跳地在弹琴唱歌。子路进来见孔子，说："是什么事儿让老师您这么高兴呢？"

孔子说："来，你过来我告诉你为什么吧。我这个人避讳穷困已经很久了，但始终避不开，看来命该如此；我始终不渝地追求通达也很久了，但总是求不得，这是时运乖蹇。想尧舜那个年代，天下就没有穷人，并不是那时的人都聪明才富起来的；而桀纣统治天下时，所有人活得都不顺，也不是那时的人太笨而弄穷的，这都是时势造成的啊。时势，非人力也。

在水上航行不避蛟龙的，是渔夫之勇；在陆地行走不避犀牛、老虎的，是猎人之勇；刀架在脖子上而视死若生的，是烈士之勇；知道贫穷是命中定的，通达是时势造的，临大难而不惧怕的人，那就是圣人之勇了。由此观之，我的命是由老天爷来定的啊。"

没过多会儿，有个穿盔甲的人进来，边道歉边说："我们以为是鲁国阳虎来了，所以把您围起来了。后来知道是闹了个误会，我们这就回去了，对不起。"

公孙龙向魏牟请教道："我龙某人年轻时学习先王之道，还未成年就早已弄懂了仁义的真谛；我可以合二而一地把白色与坚硬弄成'坚白'，也可以一分为二地把'坚白'拆成白色与坚硬两个东西；我能把'是这样'弄成'不是这样'，能把'可以'说成'不可以'；与百家的大师辩论我能胜，与众人斗嘴我能赢；我以为自己是世上最了不起的人物。可是自从听了庄子所讲的道以后，发现他讲得大道与我认为的'至达'迥然不同。更糟的是，他的大道总比我的'至达'境界要高。不知是因为我辩不过他呢，还是因为我所学的知识及这些知识所具有的智慧不如他呢？今天我真的不知怎么说了，还是请您给找找原因吧。"

魏牟先是靠在炕几上叹了口气，然后又仰天大笑，说："你真的没听过浅井之蛙的故事吗？说的是一只东海的老鳖爬上岸，来到一口井旁，井的主人是一只青蛙。青蛙见来了远客，就跳出井口来，说：'咳，你好。你过得快乐吗？我可是快乐极了。你看，我高兴了可以在井的栏杆上跳来跳去；累了可以回到井里，在井壁那残缺的砖缝里稍事休息；想游泳了就跳在井水中，那水只能没到我的下巴和腋下；想玩玩泥巴就在泥里溜达一圈，那泥才没过我的脚背；无论是孑孓、螃蟹还是蝌蚪，都没有像我一样的快乐啊。更何况我还独霸着这口井，这井中之水虽然浅了点，可也是我的。一想到这些，美得我直冒鼻涕泡儿，真不知说什么好。怎么？难道您不想进来看一看么？请吧。'

东海之鳖刚把左脚伸进来，右腿早就被井栏杆卡住了。于是左扭右摆费了好大劲儿才退了回来，它对青蛙说：'我从东海来，我的家就在那里。东海之大，用千里之遥也难以形容；东海之深，用万仞之深也难以比喻。只记得禹帝在世时，十年九涝，洪水连着十年灌入东海没见海水涨一点儿；商汤在世时八年七旱，也没见海边的礁石多露出一点儿。东海之水不为时间久远而变化，不为雨量多少而增减，这实在是东海自己的大乐趣所在啊。'

浅井的青蛙听了，顿时大惊失色，一脸的茫然和不知所措。

你现在的见识还不具备最基本的分辨是非的能力，却想着给高入云端的庄先生的理论下个定义，这岂不是命令蚊子去搬山、怂恿蚰蜒渡黄河一样，绝对没有胜算吗？再说了，你现在的智慧根本达不到阳春白雪那高妙的层次，你只配与世俗中那些跟你一样好辩论的人斗斗嘴皮子，逞一阵儿下里巴人式的快乐，如此而已。你的行为不是和浅井之蛙一样可笑吗？

庄子的理论，从黄泉之地到玄黄之天，无南无北、通彻四方、深不可测；他的理论无东无西，始于纵深玄极幽远之处，返回横无边畔的天地之间；可你却装作一本正经地要查查人家的根，摸摸人家的底儿，找个碴儿跟人家辩论一下。可笑，太可笑了啊，这不是和用根管子测天，用个锥子量地一样可笑吗？你不觉得你出手太低了点儿吗？

你走吧，回你的赵国去吧。你们赵国不是有个燕国人在你们邯郸学步的笑话吗？这个叫寿陵的小伙子，不但没学会你们赵国走路的样子，结果连自己燕国人怎么走路都忘了，只好爬着回家去了。你要是再不走，不但庄子的东西你弄不懂，连你原来耍嘴皮子的本事也没了，那可真的要失业啦。"

公孙龙听了，惊得合不上嘴，舌头也发直。他怕真弄得下了岗，所以赶紧逃走了。

一天，庄子正在濮水钓鱼，楚王派了两位大夫前来看他，对他说："我们大王想劳驾您管理一下楚国的国事。"

庄子手拿着渔竿，头也不回地说："我听说楚国有一个神龟，死去已经有三千多年了。可楚王仍用手巾包着它，放在盒子里，供在庙堂之上。你们说这龟是宁愿死了留下骨骸被人供奉着，还是愿意活着，哪怕是拖着尾巴在泥地里爬着呢？"

二位大夫说："当然是愿意活着啦，哪怕是拖着尾巴在泥地里爬。"

庄子说："你们可以回去了。我也宁愿活着，哪怕是拖着尾巴在泥中挣扎啊。"

惠施是庄子的老朋友，人称惠子。在他当上梁国的宰相后，听说庄子要来见他，他急忙派手下的人打探消息，这些人回复惠子说："庄子这次来，是要代替你宰相的位置的。"于是惠子大惊，在全国搜了三天三夜，要抓庄子。

没成想过了几天，庄子主动来见惠子，说："南方有种鸟，名叫鹓鶵，你听说过吗？这种鸟啊，从南海起飞，要飞到北海去。在途中不是梧桐树它不落，不是竹米它不吃，不是甘泉它不喝。这一天它正在飞，一只猫头鹰正捡了一只死老鼠要吃，见鹓鶵飞了过来，连忙抬起头恫吓道：'吓！'

今天你也因为梁国宰相这个腐肉，要来吓我吗？"

庄子和惠子一同出来游玩，在过濠水桥时，庄子说："这些白鲦子这么自由自在地游，可见它们很快乐啊。"

惠子说："你不是鱼，怎么知道鱼是不是快乐呢？又是你在瞎说吧。"

庄子说："你不是我，你怎么知道我不知道鱼很快乐呢？"

惠子说："我不是你，所以不知你是否快乐；但你也不是鱼啊，你肯定不知道鱼是不是快乐啦。"

庄子说："请我们回到话题的起因吧。首先，当你问'你怎么知道鱼很快乐'时，你就知道我已经知道鱼很快乐了，你只是不知道我是从什么地方知道鱼很快乐的，所以这才来问我。好吧，我告诉你，我是从濠水桥上知道的。"

［延展思考］

《秋水》一篇，文采绮丽华美，是不可多得的古代散文。

《齐物论》与《秋水》所阐述的"相对论"，是庄子哲学的两个主要思想之一。也可以说是"道一"与"相对论"共同支撑着庄子的思想体系。正因为有这两个重要的基石，才衍生出"道在通流""无为而无不为""顺其自然""万物平等"等理论。

庄子的相对论有两个含义：相对存在，是说有阴必有阳，有阳必有阴；相对转化，是说事物可以在此时呈阴，而在彼时呈阳。"相对存在、相对转化"是庄子"相对论"的核心。

齐物论主要讲述的是"道在通流"，是说大道总是在运动变化着的。所以相对论也是从齐物论的"道在通流"中演变而来，隶属于齐物论的。

什么是人最难办的事情？

一个人在世上，也不论他是谁，什么是他最难办的事情呢？这就是知道自己不足！

知道自己不足、不成、比不上他人，谈何容易？十个人有五双承认自己没用功的地方比不上别人，但自己下过功夫的地方或是自己的人身经验，那是百分之二百的正确与永恒。

话可说回来了，凭什么说人家河伯啦，井蛙啦有错误呢？它们生活在那个层次里，就知道那个层次的事。当世界文明发展到多元以后，有搞原子弹的，有卖茶蛋的，挺好。别想着大家都当东海若或是千年老鳖去。

说到志向，年轻人爱张口闭口大鹏啊、冲天啊，不知几千里啊……等年纪大了，也就逍遥了，游了……最怕是油了。

人生如此，人性如此。七彩才是世界，天地间全是放金光的圣人，这日子没法过。

下边谈一些宇宙物理学的东西，这可能对我们理解庄子的哲学有所帮助。

四种测量单位

钱学森先生建议把度量的尺度分为四等，也就是：大尺度、宏观、微观、纳米尺度。

大尺度——描述整个宇宙。其长度单位为光年，其时间单位为万年至 200 亿年。

宏观——描述大到太阳系，小到肉眼所及。其长度单位为公里至毫米，其时间单位为万年到秒。

微观——描述大到肉眼所及，小到分子以上。其长度单位为毫米至纳米，其时间单位为秒至微秒。

纳米尺度——描述分子以下的事物。其长度为纳米以下，其时间单位为微秒以下。

两种静止观的打破

时间和空间都不是静止的，而是运动的。它们都是非线性的变量。宇宙物理学非常肯定地告诉我们：一切人和物的道理都是变动着的。

这种变动是遵循着物理、生命和人文三个变化来发生的。

从社会层面上看，是遵循着世界、国家、阶层的变化而发生变化的。

从变化的形态上看，是非线性的函数关系进行的，也可以说是弯曲的。

从大尺度上看，万物是齐而为一的、有始有终的。

从宏观尺度上看，万物是相对而存在、相对而转化着的。不要找一个宇宙和人类的"普适"性和"常量"，那都是伪科学。

量子力学的测不准原理

不可能对一个粒子的位置和速度同时进行准确的测量。

一个参数测得越准，而另一个就越不准。这就叫测不准原理。

注定性与随机性的自由意志

从宇宙这个大尺度上说，一切是注定的。宇宙有生有死，有大爆炸之始，也有大坍塌之终。那人活着有什么意思？

正是测不准原理和随机性量子力学，造成了一切事物在小尺度下的不可预测性，这就让人的自由意志有了充分发挥的余地。

未来不可测原理、混沌原理、天气预报现象

正是测不准原理，使事物左右变化的初始条件太复杂，于是对事物的预测成了天文计算，这显然行不通。这就是未来不可测原理。

当理性的计算与判断失去了意义后，人们对未来就显得茫然。这就是混沌原理。

也就是说：原则上允许人们去预测将来，但这定律给出的全是不可测的东西。初始状态的微小变化会导致后续行为的快速增大，造成无穷多的后果……所以我们充其量只能进行极短时间内的预测。能长期测得准的，只是宇宙将最后

坍塌。

看来，要想进行长期预测，科学家就向巫师靠近了。

其实测不准原理没什么不好的。一个准确的预测，让人觉得闷而憋气，太宿命了。而如天气预报一样短期预测，让人们既有准备，又有自由发挥的余地，实在是好事。

——这就是天气预报现象。

十一　至乐

[原文演绎]

天下有没有最终极的快乐，有没有养生的方法呢？要是有，那该怎么做，有什么依据？同时该回避什么，接近什么？应该取什么，舍什么？还有，应该以何为乐，以何为恶？

如今世人所尊崇的，无非是富贵、长寿、和善；所引以为乐的，是身体能享受到美味的食品、华丽的衣服、漂亮的容貌和悦耳的声音；所厌恶的，是贫穷、卑贱、夭折、坏名声；所苦恼的，是身体不能得到享受，嘴里吃不到美味，身体穿不上华丽的衣服，眼睛看不到姣好的容颜，耳朵听不到悦耳的音乐。如果得不到这些，那就产生大忧郁大恐惧了。其实这种快乐观与养身观不是太愚蠢了吗？

富庶的人，苦苦地劳作，积敛了钱财而不能全部享用，这样来养身，不是太外行了吗？而尊贵的人，夜以继日地思虑如何保住地位，如何才对自己有利，这样来养身，不是也太离谱了吗？人一生下来，忧郁就伴随而来，能长寿的人，忧郁也更加深沉，久忧而总是死不了，任苦难煎熬着自己，这是何苦呢？这种养身法，不是与幸福背道而驰了吗？烈士是天下人都交口称赞的，但早早就死了，死得越早越惨这才能叫烈士。我不知这种好名声是真好，还是真不怎么样呢。你说应该称赞烈士吧，可是他们不能保命；不能称赞他们吧，他们又救活了别人。所以说："忠诚的劝告一旦不被采纳，那就退回去不要力争。"君不见伍子胥因进谏后还要力争，于是遭到杀戮。可是不争，那就没有名声。咳！这世上究竟有没有真正的美好与完善呢？

仔细观察世人的所作所为和他们引以为乐的事儿后，我怀疑他们的乐不是真正的快乐。如果不是真的快乐，那他们成帮结伙地去追求，并忘乎所以、难以自制，这不是南辕北辙了吗？可为什么他们宣称自己很快乐呢？他们认为快乐的事，我没感到快乐或是不快乐。是谁对谁错？难道这世上真的没有快乐？

我认为"虚静恬淡、寂寞无为"才能真快乐，但这个观点又是世人认为最苦的事儿。所以说："至乐无乐，至誉无誉。"也就是："最大的快乐就是没快乐，最大的荣誉也就是没荣誉。"

天下的是非确实是难以下定论的，虽然是这样，但以无为作为标准却可以定是非。要获得最大的乐趣或是养身，唯有以无为才能最大限度地接近它们。我可以试着给大家举一些例子：天以无为而显得清澈，地以无为而呈现祥和，这两种无为相作用，万物才能繁衍茂盛。茫茫然万物不知从何出，茫茫然没有一点儿人为的痕迹，一切全以无为为母。所以说："天地无为，而无不为。"

无为才能无不为，人们能懂得这个道理吗？能做到无为吗？

庄子的妻子亡故，惠子前去吊唁，见庄子正蹲在地上敲着瓦盆唱歌。

惠子说："你和你老婆生活在一起这么多年，养儿育女，直至衰老。现在她死了，你不哭也罢了，可是你却又敲盆，又唱歌，这是不是太过分了？"

庄子说："不然。她刚死时，我怎么能不悲伤呢？可是详察她的本来，是从无生命而来的；那时她不但没有生命，也没有形状；非但没有形状，也没有气息。就在茫茫然若有若无之时，变得有气息了；有了气息就开始有了形状，有了形状就有了生命，有了生命就有了今天的死亡。这和春夏秋冬四季轮转没什么两样啊。她现在已经安然地回到了天地茫茫然之处，而我却在这儿哭个没完，这显然不通天地之道呀。所以我才会这样。"

支离叔是个残疾人，滑介叔有软骨病，两人一同到冥伯山的昆仑顶向远处眺望。远处正是过去黄帝所安葬的地方。一会儿，滑介叔左臂上长出了一个瘤子，看着就让人怪讨厌的。

支离叔说："你是不是挺讨厌这个瘤子？"

滑介叔说："哪里的话？我为什么要讨厌它？生于世的东西，都是一种假借罢了，这瘤子是某些东西假借我的身体显示一下它的生命而已，这都不过是尘埃在变换形态。死和生就像昼和夜一样在变换。今天我和你看到黄帝的变化，这个变化也正在我身上发生，我怎么能讨厌变化呢？"

庄子到楚国去，路旁见一骷髅，好像还挺完整。庄子就用马鞭敲它，并问道："你好啊。我问你，你是偷生而干了伤天害理的事才死在这里的，还是国破家亡遭到兵刃诛杀而死的呢？要不就是干了什么见不得人的事，愧对父母妻儿而自杀的，或是穷得冻饿而死？反正你不像是寿终正寝，要不怎么待在这荒郊野地里呢？"

说完，庄子也累了，就枕着骷髅躺下睡了。半夜，骷髅跑到梦里来见庄子，说："看样子你倒挺像是一个能言善辩的人，听你话里的意思，活着都要受苦受累，死了才尽善尽美、无牵无挂了。你想不想听听人死了以后的事情呢？"

庄子说："成啊。"

骷髅说："死了，万事大吉了。真可谓：上无君主，下无大臣；没有四时变化，没有冷热烦人；从容与天地共长寿，不吃不喝不饥渴，俨然赛过南面为君……太妙了，真是给个皇帝都不换啊。"

庄子不信，说："不是吧，我白天是跟你说着玩儿呢，死了怎么也不如生啊。这样吧，我找找下面司命的官儿贿赂通融一下，让他破个例准你生还。还你的身体、骨肉、肌肤，还给你父母、妻子、儿女、邻里、友人……你看看如何？"

骷髅脸上露出忧郁之色，说："好是好，可是我怎么能抛弃南面为王的乐趣而重返人世受苦受难去呢？"

颜回东去齐国，他走后孔子面露一丝忧愁之意。子贡离席上前道："学生大着胆子问一下，颜回去了齐国，老师您面有忧色，这是为什么呢？"

孔子说："好啊，你问得好啊。过去管子曾说过一句话，我很喜欢，他说：'储小物的器皿不可以装大的物件，短小的绳索不可以用于深井。'也就是说，命中注定的形状，只能适用于一定的场合，这是不能勉强或将就的。我想颜回到了齐国，肯定与齐侯讲尧、舜、黄帝之道，又宣扬燧人氏和神农氏的言论。而齐侯是个只知向外发号施令的人，从来不会向内反省自己有什么过错。他听了颜回的话，向内又找不到自己的过错，肯定会疑心颜回不是在拿他开玩笑，就是个大骗子……那颜回还不是必死无疑吗？

难道你没听过这个故事吗？说从前有只海鸟飞到了鲁国郊外，鲁侯用皇家的排场把它迎到了祖庙里，给它好酒喝，奏《九韶》的音乐给它听，让御膳房给它准备伙食。可这海鸟眯着眼睛一脸忧伤，一口不吃、一口不喝，三天就死了。这是用养人的方法养鸟，不是用养鸟的方法养鸟啊。如果用养鸟的方法养鸟，就应该把它放到深林中去，让它自由自在地在沙滩上漫步、在江湖上漂浮，吃着泥鳅小鱼，跟着鸟们的行列而飞翔，扎在草丛中休息。鸟这东西最怕人说话，怎么能以铙钹来吵它呢？演奏《咸池》《九韶》的音乐，就算在洞庭的原野上，还惊得鸟飞兽窜鱼潜水啊，连人要是冷不丁听到，都吓一跳，左右看看不知出了什么事儿，何况一只海鸟呢？

鱼在水里生，人在水里死；鱼与人的生理差别这么大，那他们的好恶也肯定截然不同。所以先前的圣人不要求人的能力一致，不要求人们做同样的工作。名称要与实际相符合，讲的道理要与听道理的人相适应，这叫'通条理而福常在'。"

列子出门，走在半路又累又饿，于是坐在路旁吃携带的干粮。一回头看见草丛中有一个百年的骷髅在空洞地盯着他。列子拨开草指着它说："只有我和你知道没有死和没有生的道理，所以，也可以说是：你没生，我没死；你没死，我也没生……照这样看，你真的忧愁吗？我真的快乐吗？没法回答吧？所以请别这样盯着我。"

有一种生物叫几，它遇到水就变成一丝丝的水棉草，得到水和土，水棉草就变成了苔藓或地衣。它生在高地就变成车前草，车前草得到肥料就成了乌足草。乌足草的根可以变成蛴螬，乌足草的叶子又变成蝴蝶。蝴蝶不久就会变成虫，这种虫子生在灶膛下，其形状好像要蜕皮的样子，名叫鸲掇。鸲掇虫活足一千天就要死了，死后变成干余骨鸟。干余骨的唾液变成斯弥虫，斯弥虫变成蠛蠓虫。而颐辂虫又是由蠛蠓虫变来的，黄祝虫由九猷虫变来的，瞀芮虫生于萤火虫儿。羊吃了笋和竹就孕育出青宁，青宁生程，程生马，马生人，人死又返回儿。

万物皆出于微小的几，皆入于几，而玄机只在于运行。

[延展思考]

《至乐》，就是最大的乐趣。每个人志向不同，其乐肯定也不同。既不能都见财眼开，也不能全见色忘义，更没人愿意学假道学家一天到晚一本正经，倒是有晚上三陪、白天三讲的"正经"人。但要都跟庄子似的以无为而达至乐，怕世上绝大多数人不同意。

虾有虾路，蟹有蟹路；路不同，志向不同，其乐亦不同，大可不必在此求同。

如此才叫花花世界、异彩纷呈。说好听点儿叫多元化、全方位。

卡拉 OK 与庄子

如果说卡拉 OK 或迪斯科让您不习惯，如果说现代舞让您不舒服，如果说网上聊天让您不适应……那就请您想一想，为什么年轻人喜欢它们？

这些新生的事物它的意义在哪里？

它可能确实不如"命运"庄严与深邃，它可能确实不如《天鹅湖》高雅与优美，它更比不上《红楼梦》那样让人费思、令人落泪……

但它在冲破一个固定而陈旧的模式，它让人们明白这个世上还有这样另类的美……

出乎意料不也是一种美吗？

难道庄子不也是这样的么？难道庄子追求的至乐不就是这种冲破的乐、另类的乐、出乎意料的美么？人类的反叛性，本身就是美的，它不需要理由。

从创新和尊重人性上讲，那不管它是卡拉还是迪斯科，我们都应该为之喝彩，只要我们还没有老得发朽，为什么不高喊一声——OK！

时髦与名著

其实时髦并不是什么坏东西。电影界里有法国新浪潮、美国新浪潮、中国西部热……服装界年年有好几次时装发布会、展出会、联谊会……这些东西认真地讲，全可以归于时髦范畴。但是为什么大多数时髦的东西全成了过眼烟云，而有的却成了世界名著或是人类文明的亮点呢？原因在于：时髦只是社会的一个动向，它不管你是货真价实，还是假冒伪劣，它的要求只是求新、求异。于是时髦就夹杂着真货与假货泥沙俱下了。大浪淘沙，淘走的多是没下过功夫、没付出辛苦的东西；留下的多是饱含心血的真性情的东西。

俗话说：台上十分钟，台下十年功。比方说有一个人离休后实在闲得无聊，于是玩起了集小人书。一天，一位老友从美国回来，到他家一看大吃一惊，拿走了几本书，拍了若干的照片，回到美国办了个某某文人藏书展……哇！四海翻腾、五洲激荡……顿时各电视台纷纷采访，香港凤凰卫视还做了名人专访的直播……一时间，六合内外所有华人掀起一股收购旧小人书的风潮。一本"文革"前值八分钱的《十五贯》现今值一万元；一套《红楼梦》值十五万元；一套《三国演义》值二十万，还是美金……电视台连日报道全国各地接连发现制假小人书的窝点……炒小人书的时髦来了！

半年之后，当这个时髦换成养蝼蛄热时，家家重金买来的小人书早已躺到了书柜的犄角里，家家阳台上放个硕大的花盆，上面种了点儿草皮，草皮下养着一窝小生灵。据报道，养这东西晚上会叫，有治疗失眠的作用；白天能松土，有改良土壤的好处；最可宝贵的是：当它遇到氨基或苯基一类的有毒气体时可以报警，尤其是新装修完房的人必须"家养一窝"……于是新装修房的养，去年装修的也养，五年前装的也养……没装修的也养。

顿时中国大地蝼蛄差点儿绝了种……

这些时髦实在是没给人类文明留下些什么。但是《三国演义》那本小人书却是人类文明的永恒的标记。于是我常常想：这里面什么才是最可宝贵的呢？——正是有种东西，每当有了它，那时髦就会给人类留下了印象；如果没有它，那时髦就如同风吹湖面一样，吹皱一池秋水而已，过去就过去了，连一片云彩也带不来、带不走……

这种东西就是：老人十年积攒书的毅力、连环画作家们多少年画《三国演义》的辛苦、罗贯中老先生的一世心血吧。这些硬货再乘上时髦这股求新的海运之风，怎么能不飞九万里，怎么能不飞到南冥去呢？

所以，谁能说名著和时髦没关系呢？虽然名著不会去赶时髦，但时髦却会找名著。

什么是新道学家

人与人之间个性与行为可以不同，但养身、养心是相同的，那就是要学会恬淡虚静，寂寞无为。干事业是"人无压力轻飘飘"，而养身却讲究无心无为无压力。

怎么处理好这矛盾的一对？这是生活的艺术，一张一弛、文武之道，每个人要自己去谱写，自己去描绘……谁要是定下个尺寸，说是每人每天必须睡八小时、紧张八小时、放松八小时……这个人是新道学家。

笑对生死

至于说生和死是一样的，这只能说是一种心理上或意念里的境界，在生活中千万不能信这个。这简直和"二十年后又是一条好汉""下辈子也要找你算账"一样的不可靠。说认真点儿是骗人，是图财害命，是劝人自杀。也可以说是变相地镇压人们的反抗，消磨人们的斗志。但是妙就妙在看你怎么用这些话，不可认真，也不可不认真。

不妨笑着面对它们，看看又如何？

五牛论琴

说到孔子对颜回的担心，倒是庄子唯一没有骂孔子的地方。"条达而福持"，就是说通达了道理，那福就与你常在了。什么道理呢？就是"讲的道理要与听道理的人的水平相适应"，也叫"以养人的方法养人，以养鸟的方法养鸟"。对牛弹琴的事做不得，但我们中国人更多的不是对牛弹琴，不是有学问的人向没学问的人讲道；而是牛在对人弹琴，是没学问的人在着着实实地改造有学问的人，结果是大家一齐唱高调、假大空，或"我是流氓，谁怕谁"？

"土痞流"，是"假大空"的反动，这是不是矫枉过正了？

自己刚不挨饿了，刚有点儿工夫有点儿力气说话了，就大侃一万年以后该怎么怎么着……拿没文化当个性在玩儿，这叫"五牛论琴"。

五牛论琴看来要出自庄子的新传了，是说：

庄子玄玄……玄孙庄小周穷得要到农贸市场上去卖自己的耕牛。正赶上孔子的玄玄……玄孙孔小丘一时手头上紧，也来卖弟子们帮他养的奶牛。而市场上还有一只农家的牛、一只股市证监处来的牛、一只西班牙来的牛……

还没开市，街边发廊传来流行音乐，五牛均认为这音乐太下里巴人，于是大谈以后的音乐应该如何发展，其境界如何……

农家的牛说，将来的音乐还是应该为劳动人民服务，因为音乐是……工具！云云，众牛听了齐声叫好。

孔子的牛认为，万年后的音乐也应该尽力多产奶，因为音乐是……润滑剂！众牛听了不住地跺脚、吐白沫。

股市牛说，到了什么时候音乐也应该为钱服务，是……市场经济的规律！众牛大噪！兴奋得满脸通红、鼓掌吹口哨。

西班牙的牛认为音乐是为精神服务的，还拿出了一本《斗牛是怎样养成的》为例，众牛做沉思状，不住地点头、摇尾巴……

庄子的牛叹道，音乐也应该顺应牛性，以无为而达无不为……

话音未落，众牛们蜂拥而上，千百只蹄齐下，将其践踏致死。

关于"几"的称谓

至于庄子说得世上一切由一种叫"几"的东西生出，怕是理论太老了些。如果有识之士把这个"几"说成是分子，情况就大不一样了。人类的生物学、宇宙学、进化论、原子物理学……一下子都要提前两千年。当然，这一回又是咱中国老祖宗厉害，外国有的，其实咱中国早就有了……外国有火车飞机，我们早在共公触不周山时就有车迟国的飞车；外国有显微镜，我们早就知道蜗牛触角上可以容纳下两个大的国家……外国有望远镜，我们早就知道宇宙有三千大千世界……外国还有什么？克隆？我们孙大圣抓一把猴毛，能变出成百上千个一模一样的孙小圣……还有什么？反正我们都有。

中国人在这一点上实在是至乐得很。

伊索与庄周

听陕西某师范大学一老教授讲东西方文化对比，老先生如是曰：两千多年前，西方出了个有名的奴隶作家，他写出了被压迫者的心声，他歌颂了自由的光明，他号召人们起来与压迫者进行抗争。他的《伊索寓言》世界有名，所以他是个名人，是人类历史上的精英。

与此同时，中国却养出了个人见人骂的闲人，他没当过奴隶，他是个自由人，他把自由写得毫无革命意义，自由者在他的笔下变成了一群盲流。他诱导人们东游西逛，一点儿也不珍惜自由的来之不易，全然忘记了先人们为争自由而付出的鲜血与生命。他的后人终于认清了他的嘴脸，两千多年来对他的批判一直未停。但他写东西的文采实在是太好，所以迷惑人至今。他也算是个名人吧，他叫庄周，人称庄子。但他绝不是人类的精英，他只是人类中的鬼怪精灵。

老教授先生最后总结曰：这种差别代表着东西方不同的文明。

十二 达生

通达人生的情与理、身与心、性与命的人，是不会干人所不能及的事情的；通达人生命运的人，是不会做无可奈何的事情的。养身必须先有物质的基础，但大多数人是物质基础越好，身体就越养不好。生命是否存在着分界？这个分界是形而下与形而上的不可分离吗？可为什么有的人身体还好好的，人却死了呢？看来生命的来临与离去都不是人为养身可以阻止的啊。可悲啊，人们总是认为养好自己的身体就是养生了，就可以长寿了，事实不是那么回事。如果保养好身体并不等于长寿，那人们还能干点儿什么呢？勉为其难地继续养身？总要干点儿什么吧。

如果有人真想长寿，真想不为养身白费力气，那还不如抛弃世俗的观念。抛弃世俗的观念就不这么累了，不累则心平气和了，心平气和就与自然共变化了，与自然共变化就离大道不远了啊。为什么世俗的观念要抛弃，人生的事业要忘记呢？因为抛弃了世俗的观念就不劳身，忘记了人生的事业就不劳神。如果人的形体与精神都健全，就与天地合一。天地，是万物的父母，天地合则成为人体，天地分则是下一次变化的开始。身形与精神不亏，就能随变化而变化；精神能达无为的境界，就可以反过来促进天道的流通。

列子问守函谷关的关尹，说：“听说至人在水里潜行而不感到窒息，在火里行走而不感到炎热，高高地在万物上驰过而不感到害怕。请问他是怎么做到的呢？"

关尹说："这是气息纯正而不外泄的结果，不是技巧和胆大的事啊。你坐下，我跟你说：凡是有形象、出声音、有颜色的东西，全可以算是物。为何物与物相差那么远呢？为什么有的事物总是比其他的事物先进呢？这就不是形象、声音和颜色的问题了，而是形而上有所不同啊。天地在造物时，不赋予万物一种形而上的精神时，那万物的变化就停止了，天地大化也就没有了，万物也不存在了。相反，如果天地赋予万物这无穷的精神，那变化怎么会停止呢？而所谓的至人，就是在使用精神时不滥用、不浪费、不过度，总有一部分精神参与了天地大化的循环之中，总有精神参与万物由生到死再由死到生的变化。他们使精气神专注为一，注重调养它们而不是注重调养身体。他们使自己的气质合于大道之德，时刻注意精气神与自然变化的合一。所谓的天人合一，是说让人的精气神与天道合一，也就是与自然的变化合一。不是天与人相加再除以二的两下里一凑合的合一。如果达到了天人合一，那他就会人格完整、性格完备，他的思想里就没有邪念，这时外物怎么可以侵害他呢？'德正鬼神钦'，不是吗？

我说的这些话你可能不信，那你没见过喝醉的人从车上掉下来吗？虽然他受了伤，但他不会摔死，这是为什么呢？就是因为他的肌肉、骨骼虽然与常人一样，但他的精神全而不散。什么叫精神全而不散？就是在他上车时不知惊慌，掉下来时也不知惊慌，一切死生的恐惧全不在他的心里，这就是精神全而不散，于是才摔不死；而一般人在掉下车的瞬间，精神一下子就散了，那还能不摔死他吗？

喝醉酒的人其精神靠的全是酒；得道于天而使精神全的人，靠的是大自然啊。圣人们的精神与天地同变化，所以没什么可以伤害他的。

想要复仇的人只会去找仇人，不会折断自己的宝剑来出气；走在街上正一身怨气的人，被房上掉下来的瓦砸了头，只会认倒霉，而不会怨恨那瓦。由此可以看出，天下的事本是平均的，人与人本是平等的。如果大家都不让他人拿着宝剑来找自己，都不让他人受委屈而怨恨，那不是天下没了战乱，没了被处决的犯人……人人精神得以保全，人人不被万物伤害了。这就是道啊。

如果天地是盘古开的，那就请盘古不要为人类开出一个天来，要为自然开出一个天来。为自然而开天的是天性道德的盘古神；为人类而开天的是贼。

不讨厌天道，不忽视人道，人类才能近乎自然而真实地生活在天地间。"

孔子要到南方的楚国去，路经一片树林，见一个驼背的老人在树下粘枝头的蝉，这老人手拿一竹竿儿，竹竿儿上涂点儿胶，粘起蝉来就像是随手捡东西那么容易。

孔子看了一会儿，说："老爷子，你粘得这么好，是技巧高呢，还是得了道？"

老头说："当然是因为我有道啦。年年到了五六月时，我都开始练习。先在竹竿儿上摞两个泥球而不让它们掉下来，这样练好了，粘蝉就很少失手了；然后再摞三个泥球而不让它们掉下来，这样练好了，蝉有十分之九跑不了；最后练摞五个泥球，如果这样练成了，那粘蝉就像从地上捡东西一样百分之百了。还有，我粘蝉时，身体就像树桩一样纹丝不动；我拿竹竿儿的手臂，就像槁树的树干一样的稳。虽然天地是那样的大，万物是那样的多，但当我粘蝉时只知这世上有蝉，不知还有什么别的东西。我心不乱动、眼不侧视，两眼什么也看不见，只看见蝉的翅膀，这样我怎么会粘不到呢？这难道不是道吗？"

孔子对弟子们说："专心致志而不分神，使神凝于一，这就是驼背老人的道啊。"

这个孔老夫子啊，这岂止是驼背老人的道，这是一切做人之道，是天之道。

颜回问孔子说："有个渡口叫觞，是深渊形成的小码头，水流湍急、礁石满布，很是凶险。我经常在那里渡河，那摆渡的船夫操舟若神，如履平地一般。于是我问他：'操舟可以学吗？'他说：'可以，如果会游泳的人，能学得很快；如果会潜水的人，就算没见过舟，也能拿起竹篙就撑，不用学就会。'我问他为什么，可是他再也不说了。请问老师，这是什么道理呢？"

孔子说："善游泳的人很快就能学会操舟，是因为他识水性，不怕水；而能潜水的就算没见过舟，不用学就会，是他不但不怕水，还把深渊看作平原，把舟的颠覆看成是车在倒退。翻船或倒车在他眼里实在是不算回子事，平常得很，既不往心里去，也不着急。

所以，熟能生巧是基础，心无二致才是关键、是道。

用瓦罐做赌博的赌注，赌徒们都很轻松灵巧；用银钩做赌注，赌徒们内心就会紧张；用黄金做赌注，赌徒们头脑不由自主地就发昏。赌博的技巧原本是一样的，但因为内心有所顾忌，就会被外物所牵；被外物所牵，技术发挥的就大不一样了。

凡是被外物所牵的人，内心定然笨拙。"

田开之应召来见周威公。周威公说："我听说祝肾是个养生的大家，你和他交往甚厚，没听他说过关于养生的事情吗？"

田开之说："我很崇拜祝先生，每次先生讲课，我都是拿着扫帚打扫门庭，哪儿能听先生讲课啊。"

威公说："你就别推让了，我真的想听听啊。"

开之说："我听先生说：'善养生的人，就像放羊一样，看见有落在后面的羊，就用鞭子驱赶它。'"

威公不解，问："这是什么意思呢？"

田开之说："鲁国有个叫单豹的人，一个人住在山洞里，每天也不见他吃什么，只是喝水，从不和别人争利。到他活了七十多岁时，容貌还和婴儿一样。不幸的是后来他遇到了一只饿虎，老虎把他吃了。还有个叫张毅的人，他交际甚广，多方走动，不论是住在大宅门的大户还是出入柴门的小户，没有不和他来往的。所以他的日子过得蛮不错，混得个膘肥体胖。可是他只活到四十多岁，就发内热而病死了。

单豹养其内心而老虎把他的外在身体给吃了；张毅养其外在的身体，而疾病吞噬了他的内心。这两个人都跟不会放羊的人一样，不懂得鞭策自己不足之处啊。"

孔子说："不要太谦让而躲藏，也不要太出风头而张扬，要像一根枯木一样立在人生之路的路中央。谦让、张扬、中立这三者都有体验，那这个人就一定会飞黄腾达。

出门在外谁都怕半路遇上土匪，这种倒霉的事大概出门十回总有一回会碰上。于是父子兄弟都会相互叮嘱和告诫，大家每次出门必定聚集好多人，爱护自己的身体，处处小心，人们是何等的聪明啊。

其实真正可怕的不是路上的土匪，而是在家里的床上和饭桌上。人们似乎知道这些危害却总是不引以为戒，只知爱身而不知爱心，人们啊，这是犯了大错误啊。"

管祭祀的官员穿着礼服来到猪圈，对猪说："你怎么这么怕死呢？我将好好地喂养你三个月，在你死前我要办十天的戒、三日的斋；你死后在你的身下铺上柔软的白草，把你的肩和屁股放在雕着花儿的案板子上，你看这够风光的了吧？"

为猪打算，真不如让它留在猪圈里吃糟糠，不做牺牲品也罢；要为自己想，则活着的时候能有高官厚禄的尊贵，死了能停在雕花的灵床上，能睡在有彩绘的棺椁里，那这一辈子活得值了。有的东西，为猪想时就要抛弃它，为自己想时就要得到它，人与猪为什么会有这么大的不同呢？

齐桓公到一片沼泽地中去打猎，管仲挺费劲地驾着车，不知不觉地，二人就碰见了鬼。齐桓公赶紧抓着管仲的手说："仲父，你刚才看见了什么吗？"

管仲说："臣，没看见什么。"

受惊吓的齐桓公回到宫里就得了病，一连几天也不能出门。齐国有个叫皇子告敖的名人来见桓公，对他说："您是自己伤害了自己，鬼怎么可能伤害到您呢？您这是有郁闷之气结在胸口不能化去，使人气息停滞而不足；上升的阳气不能下沉则使人易怒；下沉的阴气不能上升就让人健忘；阴阳之气不能上下交合，则中间的精气与神气不能流动而淤积为病啦。"

齐桓公问："那，这个世上有鬼吗？"

皇子告敖说："有。泥地里有鬼叫履，灶膛里有鬼叫髻。屋里的犄角旮旯有鬼叫雷霆；院子的东北角有来回来去跳的鬼，叫倍阿、鲑蠬；院子的西北角有个不敢出来的鬼叫泆阳。水里有鬼叫罔象，丘陵有鬼叫莘，山上有鬼叫夔，原野有鬼叫彷徨，沼泽有鬼叫委蛇。"

齐桓公一听沼泽二字，忙问："请问，委蛇什么样子？"

告敖说："委蛇啊，有马车的车轴那么粗，有车的辕子那么长，着紫衣、戴红冠。这种神灵啊，最怕听车轮轰隆隆的声音或是雷声，一有这些声音它就站起来用双手把耳朵掩上。这种神平时很难见到，就算它出来站在你眼前，那常人也看不见。如果真有谁能见到它，那这个人就将创建独霸天下的伟业啊。怎么？您难道见过它……管仲相爷没有……"

齐桓公笑道："这正是我于大泽中见到的啊。"于是正衣冠，从病榻上坐了起来，不一会儿，病就不知道哪里去了。

纪渻子为周宣王养了只斗鸡。

过了十天，周宣王派人来问："这鸡可以斗了吗？"

纪渻子说："不成。它现在傲气十足，见了谁都想斗。"

又过了十日，来人问，纪渻子说："不成。它现在对外物还有反应。"

到了三十天，来人问，纪渻子说："不成。它的眼神还盛气凌人。"

到了四十天，来人问，这回纪渻子说："差不多了。它现在听见别的鸡鸣，已经没什么反应了，看上去跟个木头鸡一样，它的德性圆满了。其他的鸡不敢与它决战，只要见到它就会掉头逃走。”

孔子到吕梁山游玩，看见一道瀑布从二十多丈高处轰轰隆隆直泻而下，溅起的白沫随水流出四十余里，所有的鼋鼍鱼鳖都无法从这里游上去。这时，只见有一个男人，在随着水流、逐着白沫于浪里起伏上下。孔子以为有人因生活所迫而在此自杀，于是派弟子们沿河跟随着追了下去。过了数百步远，那个男人从水中探出头来，披着头发唱着歌，游到堤岸上去了。

孔子一行人马上跟了过去，孔子问道：“我还以为是见到鬼了，再仔细看你却是人啊。请问，你游于水中，是不是得了什么道？”

男人说：“没有；我哪里懂得什么道啊？我开始学游泳时只是出于本能，后来游着游着就成了习惯。至于说一直没淹死，那是命好罢了。我游泳时，与漩涡一同进入水深处，与涌流一起出于浪花间；顺从水的势力而行，不以自己的想法与水势对着干。这就是我游泳的一点儿小经验了。”

孔子说：“什么叫开始于本能，而慢慢就成了习惯，最后是命好呢？”

男人说：“我生在高地生活在高地，从高处往几十丈深的地方看，一点儿也不头晕，这是本能；我长在水边生活在水边，出没于漩涡里、嬉戏于涌流中这是家常便饭，这就是习惯；我也不知道自己为什么会这样，但就是这样……这就是人们说的命运吧。”

鲁国有个叫庆的木雕大师，他用上好的木料做了一件悬挂编钟或磬的架子。当这乐器架子做好后，凡是看见的人都为其鬼斧神工所惊叹。鲁国大王看后对庆说："你用什么样的法术才把它做得这么好呢？"

庆说："臣只是一个做工之人，谈不上什么法术。虽然没法术，但方法总还是有一点。当我开始做这乐器架子时，我不敢随便地耗费自己的精力，我一定要用斋戒来使自己心静下来。斋戒到三日时，消除了想以此乐器邀功请赏的念头；斋戒到五日时，消除了做不好而遭到各方责备的想法；斋戒到七日时，我连自己有四肢和形体全忘了。到了这个时候，我连国家和朝廷都抛在脑后，心气专一而外物全然不在眼里；然后我走进山林，仔细观察每棵树的特性，当看到一棵树长得与我所需要的架子相似时，脑子里马上出现了完工时成品的样子，于是我就动手制作；如果不是这样，我是不会动手的。以自己身上所发出的天性配合树木身上发出的天性，这样来工作，如此而已。如果说这个作品如神灵所为，那神灵就是我与树的和合天性了，我的方法和体验就是这样的啊。"

有个叫东野稷的人，善于驾驭马车，这一天他驾着车来见鲁庄公。只见他驾着车进退的车辙笔直，左右拐弯的车辙如同圆规画出来的一样圆。鲁庄公看着很高兴，就让他转一百个圈再下车。

正在这时颜阖来了，他看了看驾车的东野稷，对鲁庄公说："他的马就要累倒下了。"庄公没理他，默不作声。

一会儿，东野稷的马果然累得趴在地上直喘气。庄公这才想起颜阖来，问他："你怎么知道他这马要累得倒下？"

颜阖说："这马早已精疲力竭，可是还要让它转圈儿，它哪儿能不累得趴下呢？"

古时有个很有名的工匠叫工倕，他不用工具而用手画出的直线和圆，简直就跟用矩和规画出来的一样，而且毫不费心思，一挥而就。显然这是他心力专一而不受束缚的缘故啊。

忘记有脚，这说明鞋是大小合适的；忘记了腰带，这说明腰带是松紧合适的；忘记了世间的是是非非，这说明一个人的心灵是纯洁安静的；志向专一不变，不受外物影响，那什么样的命运对于这个人来说都是合理的；如果你已经适应了一切，而且再也没感到有什么不适应的地方，可以说：这个忘记适应、忘记宁静、忘记幸福的你，就是世上最能适应、最懂宁静、最最幸福的人了。

有个叫孙休的人，这一天风风火火地跑到大学者扁庆子家来，扁庆子不知出了什么事，迎出大门。孙休说："我孙休宁愿住在乡下而不住在城里，这大家都有目共睹吧，这不能不算是有德行吧？我看见别人遭了什么灾、什么难都挺身而出，见义勇为、当仁不让嘛，这也是家喻户晓路人皆知吧，不能不算是挺勇敢的吧？可是我这么有德有勇的人，种的地总是年年歉收，为国家出力总是不见有明君表扬一下，这也罢了，还有过分的，乡亲邻里总是排斥我，官府总是驱逐我，难道我是什么地方得罪了天？我堂堂孙休也是个男人，为什么要遭此噩运？"

扁子说："你难道没听说过至人的所作所为吗？他们忘记自己有肝胆、忘记自己有耳目，好像无知无觉茫茫然生活在尘世之外，逍遥自在寂寂然生活在无为之中，这种本事叫：有所追求而不执着，有所见地而不把它当成最终的定论。可是你呢？你总是做出表面文章让人觉得你很有智慧而哗众取宠；你所谓的修身养性只在证明别人的低下与龌龊；你把你所谓的美德宣传得如同日月一样照耀到世上每一个角落，还要让大家牢记在心……

你呀你，活到现在能不缺胳膊短腿、九窍没少、没弄聋耳朵、没瞎眼睛、没瘸腿……已经是大大的造化啦，这已经是举世无双、天下少有、古今中外、空前绝后的幸运啦！你怎么还好意思怨天尤人呢？你可以走了。"

孙休悻悻地走了。

扁子走进屋子，坐了一会儿，仰天而叹。

他的弟子们一直在看着这出戏，此时见老师叹息，忙问："先生您为什么叹息呢？"

扁子说："我有些后悔呀。刚才来的这个孙休层次太低，我怕我给他讲了至人之德后，他由恐惧而变为惊讶，由惊讶而变为困惑啊。"

一个弟子说："老师，不能这么看。如果孙休所持的理论是对的，老师所持的理论是错的，那错误怎么可能迷惑正确的呢？所以他一定不会被困惑；反之，如果他所持的理论是错的，老师您所持的理论是正确的，那困惑本来就在他身上，于老师您有什么关系呢？您又有什么错呢？"

扁子说："不是这样，话不能这么说。过去有一只鸟飞到了鲁国的城郊外，鲁国国君挺喜欢这鸟，于是让御膳房给它做饭，奏《九韶》之乐让它欣赏。可是这鸟始终眯着眼忧伤地不吃不喝。这叫以养自己的方法养鸟啊。如果以养鸟的方法养鸟，放它住到深林之中，任它浮在江湖碧波之上，吃着泥鳅白鲦子，蜷曲在草丛中休息，这对于它是最好的招待了。可是今天完了，我用最深奥的理论招待少智寡闻的人，如同鲁君招待那个鸟一样的愚蠢啊。我告诉他至人的德性，就好像用华丽的马车载了个小老鼠，用磅礴的钟鼓之乐让小鸟欣赏一样，这怎么能不引起他的恐慌呢？"

[延展思考]

《达生》似乎是谈养生之道。既然有道，于是乎庄子扯起谈养生的大旗，以养生为切入点，谈的仍旧是人性的道理。人性，不外乎理性与情性两大内容。情性里面又含有大量的经验与体验，这实在是不能用"量"来计算与研究的。

庄子给我们的生命经验主要是什么？

首先是：外重体育锻炼，内重德性的修养。

外在的体育锻炼在中国人这里少之又少，不知是因为中国是个农业国大家干活已经累得不成样子的缘故，还是观念上认为那是不务正业，抑或两者兼而有之。但"德重鬼神钦"却是中国人的传统。看来庄子虽然知道要内外兼修，但保持"神全"仍在他的经验里占主导的地位。

其次是：保持"神全"。

神全可以理解成"专一""专注"。专一、专注，其主要特征就是不被外物所干扰。这就像是粘蝉的那个老头一样只知这世界上有蝉，不知这世界上有别的东西。

最后是：以"无为"为自己的理想。

在这里无为进而发展成合人性与合天性两者相合，则无事不能。

——庄子的人生经验大部分是对的，时至今日，要想长寿和事业有成，也差不多是这三条要领。但庄子在"专一""专注"上只重视了精神的专注，这是理性范畴的专注，那情性上是否也需要专一与专注呢？不是说爱情，而是说对"情感倾向"赋予一生的专注与高度的重视呢？我看不但需要，而且这是更具决定性的因素。

至于齐桓公遇鬼一节，皇子告敖那一顿马屁拍得舒服而不觉，真是够当今心理学家或是居委会管劝架的、婚介所管离婚的人好好学学。我们如今有不少的人总是闭着眼睛说空话，一本正经地说大话，就是没一点儿真的。什么是真的？一句话能让一个人病一场，能让一个人高兴得忘乎所以，这就叫真的。这个现象大家都知道，但它的原理呢？它在人文科学上占的位置是什么？总不能用自然科学的眼光认为这是胡说八道吧？总不能用社会科学的眼光认为这是意志不坚定吧？如今讲法治了，不是人治、不是法制，而是法治。有的人在背后讲他人的坏话而招致人家疯了，于是法院判讲坏话的人是小人，要赔偿精神损失。这是多大的进步啊！太好了。我不是说好人疯了就太好了，我是说：我们终于肯把人情、人性纳入我们的法治之中了。

法治最大的特点是什么呢？

是自由。

台湾学者李敖说：自由民主是一种有气质的运动。在这种运动中，混进奴才与流氓这些没气质的家伙，实在不是任何政党之福。为什么说自由是一种有气质的运动呢？因为民主政治的最大特色，在于它是一种社会方式、一种教养、一种格调，这种种优良品质，形成了"其争也君子"的个性大成。

呆若木鸡一节，讲的是于最高审美境界中，通常人是呆的：被美惊呆、被深邃的道理惊呆、被万千的变化惊呆、被无限这个概念惊呆……

接踵而来的是两个问题：什么样的文学可以惊呆人呢？什么样的美可以惊呆人呢？

什么样的文学可以惊呆人呢？

文学的本质是人文的张扬，说白了是对人类人性的阐释及描述个性与社会的冲突、和解与前进。而足以使人惊呆的文学名著，就是从不同角度张扬人性的作品。

千万不要提什么"终极取向"这类的话，这类话太大了，不是美得惊呆了人而是吓死人！

千万别骂什么"休闲文化"而鼓励战斗文化，那叫烦死人，也不是惊呆了人。就算是战斗文化再耀眼，那也要等真有鬼子进村后才会有啊，总不能在太平盛世搂着小蜜、喝着咖啡、一个劲儿念叨着："怎么鬼子还不来？弄得我们中国没了文化。"这年头，听一些文人说话，还真不如听驴叫。

李敖认为：文学的本质是大众的，人格的；

——人格的文学足可以惊呆人。

我认为：文学是讲人的理性与情性的，是讲这两者的相互作用与发展的；

——理性与情性的矛盾、冲突、融合，等等。这种文学足可以惊呆人。

侯耀华认为：人物性格、人性的命运是艺术的本质。

——性格的命运、人格的命运，会比人物的命运更惊呆人。

什么样的美可以惊呆人呢？

这种美叫生命美学。

什么是生命美学？美学发展至今，已经有了三种，它们是：

自 20 世纪末，以蔡仪为代表的认识美学；

以李泽厚和刘纲纪为代表的实践美学；

在此之后，是以潘知常为代表的生命美学诞生。

认识美学和实践美学都是从马克思所说的认识论的角度出发，把审美作为认识活动或者实践活动的依附、附庸，强调必然、一般、本质、群体、规律，以及从有限、必然、过去的角度来规定人，阐释人。这两种美学观念是把人的生命归属于认识和实践，美在认识中、美在实践中；美是从人的认识、实践中产生的。所以美学的独立的研究对象是不存在的，审美只是认识与实践的副产品。

总之，认识美学和实践美学追问的是主客体关系中形成美的问题。

刘士林在他的《生命美学：世纪之交的美学新收获》一文中，对生命美学进行了界定："这是一种从生存论出发去考察审美的美学。它把审美的活动在最为根本的意义上与人类的生命活动等同起来，因此更加强调偶然、特殊、现象、个人、创造以及从无限而不是有限、从超越而不是必然、从未来而不是过去的角度来规定人和阐释人。"

生命美学是认定生命有其独立性，美就在生命本身。审美活动是人类生命所必需的，并不是从认识和实践那儿锻炼出来和培养出来的。所以，美学的独立研究是存在的，"审美活动本体论"也是成立的，它不是谁的副产品。

总之，生命美学是超越主客体关系而形成美学的问题。

——这一大段东西太专业，不过你要是没听懂没关系，你只要知道一个道理：生命本身就是美的，就是令人震惊的。

在工匠工倕一节中，庄子讲了一个很重要的经验：幸福是不知不觉的。

有知有觉不是幸福，一切平淡、平常、自然……那你正在幸福之中。这个道理很多人不会认可，但只要你尝到了人生的大悲与大喜，真正懂得了宇宙的无垠与人生的有限，真正明白了人生最可宝贵的就是人之情等之后，你肯定会这么说。

这个世界上，中国人和法国人在不甘寂寞与不甘平淡上有极大的相似。法国人总是十年八年就要闹一下子，不管是革命或是狂欢，什么都成……反正是不想再待在家里，一定要到大街上找点儿事干干。比如法国大革命啦、巴黎公社啦……当轰轰烈烈的事干久了，诸位法国佬们又开始想家了，觉得家里敢情也有不尽的魅力，这就产生了"热月"现象。"热月"现象是说各家总有一个后门或是暗道通向广场，大家喊几句口号后，就偷偷溜回家歇一歇、温馨一会儿……

而中国人也总是在七八年左右就来一回运动。当运动累了时，不是回家弄半导体收音机、就是织毛衣，再不成就生孩子……"文革"后期就是这个样子。

真希望中国人能学点庄子，能把"不知不觉就是福"真正学到心里。别盼着天下怎么还不大乱啊？怎么也没个国家打个仗什么的？邻居家怎么不着火？张家的狗怎么也不咬一口李家的大小子……中国人，好自为之。

孙休一节，讲的是想做君子的人，结果成了人见人厌的人。

本来诚实、礼貌、守信、谦虚、勤劳等都是中华传统美德，但非要以这些品质来猎取他人的好感，这怎能不让人厌烦呢？

十三　山木

[原文演绎]

　　庄子和弟子们到山里游玩，见一棵挺大的树，枝叶茂盛，树冠遮天蔽日。可是伐木的工人并不砍伐它。庄子问工人们这是为什么？工人们说："这树没什么用处。"

　　庄子叹曰："这棵树只因为不成材，终于能享尽它应该得到的寿命啊。"

　　庄子一行从山里出来，到一个老朋友家里住宿。这位朋友挺高兴的，就让他家的小童子杀一只鹅，煮了来款待客人。

　　小童子前来请示说："主人，咱家有两只鹅，一个能叫，一个不能叫，请问杀哪一个呢？"

　　主人说："能叫的会看门，当然杀那个不能叫的啦。"

　　第二天，一行人离开农家后，一个弟子问庄子："先生，昨天在山中，那棵大树以没用而享尽天年；今天您那朋友以鹅没用而杀它。我觉得有用和没用并不直接影响生死吧？老师您怎么看这事情呢？"

　　庄子笑着说："儒家的中庸，是自认为周到的想法。它是站在有用与没用之间、成材与不成材之间，是一种似是而非的状态，表面上看这里还真能躲开不少麻烦，但最终也不是幸免于难的地方。于是，有用、没用、中间，三个地方都不对。如果我们换个思维的方法，不以有没有用为标准，而是以顺其自然、随社会变化而变化为标准，那情况就大不一样了。不在意荣誉与诽谤，既可以像龙一样飞腾，也可以像蛇一样蛰伏，以四季变化为变化，一切不要下绝对的、肯定的标准；要学会一上一下顺和自然，要向万物的行为方式学习和借鉴；能主宰外物而不被外物所主宰，这样怎么可能受外物牵累呢？连神农和黄帝都是这样的处事法则啊。

如果人们不按顺其自然之法，而是按万物的情感或是人伦教化来为人处事，那情况可就不是这样了。你们想想，凡是人类依情感办的事，肯定会是有合必有离、有成必有毁，廉洁奉公的人必遭挫折、遵守法纪的人必受非议、有作为的最终会吃亏、贤德的迟早被谋算、不肖的小人却总是在欺负他人……可是早早晚晚，这不肖小人还是要吃大亏，被其他的小人算计……

怎么可能有一个总占便宜不吃亏的办法呢？没有啊！可悲啊人生，弟子们请千万牢记：要想活得不太累、不太招灾惹祸，那只有慎守听其自然的大道之德了。"

住在市南的一个叫宜僚的人去看鲁侯，见鲁侯脸上有忧郁的神色。于是宜僚说："国君您面带忧郁，这是为什么啊？"

鲁侯说："我一直学习先王的道理，继承着先帝的事业；我一心敬鬼神尊贤德，天下之事事必躬亲，没有片刻的休息；可就是这样，也不免有灾难发生啊，我忧愁的正是这个。"

宜僚说："您避灾免祸的招法太简单啦。毛皮华美的狐狸和一身金钱图案的豹子藏在山林之中、潜伏在岩洞里，这可以算是够安静的了吧？它们夜行昼伏、动作谨慎，这可以算是够警惕的了吧？它们忍饥挨饿也不愿意为找食物而暴露自己于江湖之上，这可以算是够有定力的了吧？但就是这样也免不了被网罗、机关、陷阱所捕杀啊,它们到底有什么错呢?只是它们的皮毛招来的祸罢了。而当今的鲁国难道不正是您身上的皮毛吗?我真希望您能改变自己的身份、抛弃已有的权位、扔掉那张皮,清心寡欲,在无人的原野上畅游一番去啊。

我听说南越有个小国家,叫建德。那里的人民简单而淳朴,少私心而寡欲;他们只知耕作而不知私自隐藏一些财富,他们愿意帮助人而不求回报;他们不懂什么叫义,也不知道什么叫礼;他们任性挥洒却暗合于天道、狂放不羁却正中于德性;他们活着都非常快乐,死了都能被妥善安葬。

我真愿意您如同他们啊,丢掉国君的衣服、远离世俗的藩篱,与大道相伴而行。"

鲁侯说:"进山修道?好是好……但是到那里路远且险,又有大江大山阻隔……我也没有车和船,怎么办呢?"

宜僚说:"您可以用不骄傲、不留恋来当您的舟和车啊。"

鲁侯又说:"修道之路异常遥远,同时还需要幽静而独处……就我一个人?那我和谁为邻呢?我没有粮食,就没有吃的,这如何能等到修成正果呢?"

宜僚说:"缩减您的花费、节制您的欲望,即使没有粮食也足够您修道的了。如果您顺江而下至海边,再渡过大海至彼岸去,你望不见大海的彼岸,越往前就越不知哪里是终点。回头看,送你的人早已回去了,岸边早没了人影……但我要祝贺您,您自此可就全自由了啊。

所以说,统治别人就累,让人统治就忧。而尧帝想当年就是既不统治别人,也不让别人统治。我真想帮您去掉累、除掉忧,让您独自和大道一起畅游无边的境界。

有一艘船载满了人正行驶在河上,这时一艘空船直撞了过来，那这满船的人里就算有性急的，也不会大怒而喊叫起来。如果来撞的船上有一个人站在船头，那这满船的人里肯定会有人大声地招呼对方；喊一声对方不答应，再喊对方还不答应，到了喊第三声时，肯定就不是招呼而是骂人了。空船撞来不喊不怒，有人的船撞来就又喊又怒，就是因为前者虚而后者实的缘故啊。如果人在世间能虚下自己，那谁又能害他呢？"

有个叫北宫奢的铸造大师，为卫灵公募捐造编钟。他在城门外建立了自己的铸造作坊，一边公开自己制作编钟的全过程，一边招募捐款。只用了三个月，钱也募够了，上下共悬有两排铜钟的大型编钟也做好了。

王子庆忌见了问道："你有什么诀窍既弄来了钱，又造得这么好的钟呢？"

北宫奢说："我只是一心一意地铸钟，哪里有什么诀窍呢？我听说'最高境界的雕刻手法与作品，都会回归于最简单和最纯朴'，简单得好像没有什么知识一样，纯朴得如同不会思考。我就是这样在工作，就是这样在做我的作品。

我十分投入地做我的编钟，倾其心血与灵感；我热情地欢迎所有的人来作坊参观和捐款，来不禁、去不止，捐不喜、不捐也不恼。我尊重每个人的意志……我认为：一切依事物自己能发展成什么样子，那就按其发展成什么样子来办。所以，虽然是早上晚上都在工作和募捐，但工期没耽误，也没因为捐款而劳民伤财。同样，治国之道不也是这样的吗？"

孔子被围在陈蔡之间，七天都不能生火做饭。

有个人称任太公的，带了点儿吃的前去看望孔子，对他说："你几乎要饿死了吧？"

孔子一边吃着，一边感激地说："是啊。"

任太公说："你不想死吧？"

孔子说："那是当然啦。"

任太公说："让我给你讲讲不死之道吧。东海有一只叫意怠的鸟儿，这只鸟说是鸟儿，也只是会飞罢了，但它飞得实在是很慢，也没见它有什么特殊的本事。这只鸟总是掺杂在别的鸟群里和大家一起飞，挤在别的鸟群里和大家一起休息；往前飞时它不在最前面，离开一个地方时它也不在最后面；在鸟群吃东西时它也不抢先，总是捡点大家吃剩的填填肚子而已。所以它到哪个鸟群里，人家也不赶它，同时鸟的天敌们也害不了它。

直的树木总是先被砍伐，甜的水井总是先被汲干。孔丘你的所作所为，却是在炫耀自己的聪明智慧，用以衬托出他人的顽劣愚笨；标榜自己的高尚德性，用以对比出他人的龃龉龌龊。你着迷于名扬四海的声望，把自己打扮得如日月一样光彩照人，所以你才招致了灭顶之灾啊。

过去我曾经听一个大成之人说：'自我炫耀的人总会落于无功，功成名就而不知退身的人总会归于堕落，名气大的人最终得到的是伤害。'这些人啊，有谁懂得一个人最终是要舍去功劳与名气，回到人群中，做个平常人呢？大道的通流，说的是时机和运气不会总停留在一处；德性的高洁，说得是行为与品质不会总以一种固定的形态出现。纯朴平常，如同无知一样；不张扬、不逐权势、不为功绩、不为名利，平常心即道，这是大道之本。不责难于人、不羞辱于人的人，人家也不会用智慧、德性、仁义、忠孝这些东西来责难和羞辱他啊。

从古至今的至人都不追求的东西，你为什么偏要追求呢？"

孔子听罢，说："好，太好了！"于是立刻停止了周游，匆忙辞别朋友和弟子，连跑带颠地逃到深山老林或是荒野河泽的地方去了。据说他穿着粗布和兽皮连缀成的衣服，吃着野草野果之类的东西；跟野兽在一起兽们也不跑，跟鸟们在一起鸟们也不飞……

鸟兽都不嫌弃他，何况人呢？

孔子问一个叫子桑户的人说："我两次被鲁国驱逐，在宋国又有伐树之辱，卫国不让我停留，在商周又没有出路。好不容易到了陈蔡之间，又被围困。我连遭数劫，亲戚世交都和我疏远了，弟子朋友也都跑了，这是为什么呢？"

子桑户说："你没有听说假国人逃亡的故事吗？想当年假国被晋国灭掉时，有个贤士叫林回的，扔掉千金和宝玉而不顾，背着自己的孩子跟着大家一块逃难。有的人居然在逃难时还有闲工夫笑话人，他说：'林先生，谁逃难不是拿着最值钱的东西呢？可您的孩子能值几个钱？您不怕背着他累得慌吗？弄个小孩子逃难，不但要保护他，还要照顾他，这不是天大的累赘吗？可是你却扔下千金抱上这么个不值钱的东西，真是不知您怎么想的。'林回说：'你重视的是利，我重视的是人的天性。'

重视利的人，在危难时就会把人或情扔掉；重视天性的人，在危难时就会照顾家人和他人。这个相收与相弃都是人的行为，但人的品质相差得就太远了啊。

君子之交淡如水，小人之交甘若醴。君子与人相淡而导致情感上的亲近，小人与人甘醇而最后导致的是绝交。不要说情感上啦，不成为敌人怕也是连朋友都做不成。所以，凡是没什么理由就相好的，那也会因为没什么理由就分离。"

孔子说："我一定遵照您说的去做。"说完，孔子悠悠漫步走回家，收起书，停止教课，免去弟子们在他面前的师生礼节，但弟子们对他更加亲近了。

一天，子桑户又对孔子说："舜在临死之前很严肃地对禹说：'有些事情，我要提醒你啊。待人接物一定要随顺，对他人情感一定要率真。随顺随缘就不会偏离人性之道，率真淳朴就免去了钩心斗角的烦劳；不离人性、没有烦劳，也就不必用华丽的文辞和冗长的礼节来矫饰自己的身与心。不矫饰自己身心的人，对外物有什么可求的呢？'"

庄子穿着补丁摞补丁的粗布衣服，整理好腰带、系好鞋子来见魏王。魏王说："庄先生为何这么窘困潦倒啊？"

庄子说："我只是穷罢了，并不是窘困潦倒。读书人有自己的道德理想而不能去实现，叫窘困；旧布衣破鞋子只是贫穷的标志，不是窘困的标志；所以我这叫生不逢时。

大王您没见过在林子里跳来跳去的猴吗？它们碰到楠树、梓树、樟树这样高大的乔木，就爬到树顶的枝头，坐在茂盛的树冠上面像国王一样的俯视天下。就算神箭手羿和蓬蒙在这儿也不能伤及它们。待它们遇到荆棘、枸杞这种多刺的灌木时，它们就十分小心，动做缓慢、四处察看，而内心仍是战栗不已；此时并不是它们的筋骨出了问题，并不是身体不灵活了，而是所处的环境不允许啊，不允许它们施展其才能。

我今天正处在上面昏庸迷乱、听不进任何劝谏，大臣嫉贤妒能、结党营私的时候，一个真正的读书人能不感到窘困潦倒，那才是见了鬼呢。这是比干被剖心前的征兆啊。"

孔子被困在陈、蔡之间时，七日不能生火做饭。他左手拿着个干劈柴，敲击着右手的一个干树枝，唱起神农时期的民谣来。但是他唱得不是有曲而忘了词，就是有词而没了调，断断续续的节奏和断断续续的曲调正符合了当时他们那一行人的心情。

颜回有些听不下去，双手揣在袖子里回头看孔子。孔子怕自己的情绪感染颜回而影响了大家的士气，也怕颜回因太爱惜自己而哀伤，就对颜回说："颜回啊，我跟你说，一个人不受自然的惩罚容易，但不接受他人的恩惠难啊。万事没有开始就没有终结，没有因就没有果，这一点人和天是一样的。你知道今天唱歌的人是谁吗？"

一通话，说得颜回摸不着头脑，他只好问道："老师，什么叫不受自然的惩罚容易呢？"

孔子扔掉了劈柴和树枝，严肃地说："饥渴寒暑、窘困不通，这就是自然造成的，自然的万物总是运行不滞的，而我力主的言与行都是要让人们尊重这个变化。为人臣子的，不敢违背君王的命令。为臣之道尚且如此，何况是为民之道啦。所以，只要顺从，那躲避天灾是容易的。"

颜回又问："什么叫不接受他人的恩惠难呢？"

孔子说："刚步入仕途就得志且通达，官位和薪水都有了不说，还越来越看涨。但这些外在的物质利益都是上面给的，并不是自己应该有的。可以说这个人的命运是由外在的'上面'掌握着的啊。是君子就不会去盗，是贤人就不会去偷。

而'上面'给的就要，这是什么道理呢？这和偷与盗有什么区别呢？这就是受'上面'恩惠的缘故啊。

最智慧的鸟儿，就算是燕子了。它对于不宜居住的地方是看也不看一眼。它飞在天上，嘴里的食物如果不小心掉了下来，那它绝不会飞下去捡，而是径直飞走。为什么？因为它怕人伤害它。但它却在人居住的地方建自己的家。受人的恩惠，如同是把家建在施惠者家的屋檐下一样……可不建在这儿，又能建在哪里呢？"

颜回接着问："什么叫万事没有开始就没有终结，没有因就没有果呢？"

孔子说："万物在变化着，但并不知它们是怎么来的，所以也不知他们将化为什么去。万物只是在变化着而已。当然，也可以说有始有终，因为任何开始也就是终结，任何终结也就是开始；无因无果，有因有果也是同样的道理。"

颜回再问："那什么是人和天是一样的呢？"

孔子说："人是由老天来左右着的，而老天是自己左右自己。所以，凡是老天的事儿，人只有顺从，而凡是人的事，绝对都是老天这样那样的反应而已。人性取决于天性，当天性让人不顺，他人又不恩惠，时事没来由地变化成这样……人性有什么办法呢？只有接受啦。所以你我都要正视现实，要安然地接受这一切。

圣人到时候也要死的，不是吗？"

庄子看书看累了，一个人背上弹弓到雕陵来玩，看见一只没见过的鹊从南边飞来。这只鹊的翅膀有七尺长，眼睛大得有一寸左右，撞了庄子额头一下，摇摇晃晃飞进栗园里，站在一根树枝上。庄子心想:"这是只什么鸟?翅膀大却飞得太差劲,眼睛大却眼神太差劲。"见旁边没人,庄子就撩起衣襟、翻过篱笆进到园子里,取出弹弓、蹑手蹑脚走近这鹊儿,拉开弹弓……这时只见来了一只蝉,这只蝉好不容易才找到这么一个中意的荫凉地儿,于是高兴而忘乎所以地鸣叫起来;蝉的来临,早惊动了一只螳螂,这螳螂左臂举着个树叶当掩护,得意而忘乎所以地往前挪去;这只螳螂的举动早被刚才飞来的怪鹊看得一清二楚,只见它盯着螳螂,全身已做好了冲下去的准备,一点儿也不知道庄子拿着弹弓瞄着它已经半天了。庄子猛然悟道:"咳!物与物之间相互累及、互为因果、互相牵连啊。"想到这里,庄子收起弹弓回头就走。此时,看园子的人追了过来,嘴里还不干不净地骂偷栗子的人。

庄子回到家里,三天心里都不痛快。

他的学生蔺且走过来问道:"先生近来为什么不高兴呢?"

庄子说:"我是只管盯着外物而忘记自身,看惯了污水而不知什么叫清水。我听先前的哲人们说:'入其俗,从其令。'也就是到了一个地方就要遵从一个地方的规矩。如今我是游雕陵而忘记了自身,盯着怪鹊而忘记了自己的安危,游于栗园而忘记了守住自己的本真性情,致使管栗园的人骂我是偷栗子的人。骂得好,谁让我见利而忘真呢?所以我不高兴。"

阳子先生到了宋国,夜宿一个小旅馆。这旅馆的老板有妻妾共两位,一个很漂亮,一个很丑陋。可是旅馆里的伙计们都很讨厌那个很漂亮的而尊重那个很丑陋的。阳子不解其中的道理,就问这里面的缘故。一个小伙计回答说:"那个漂亮的,只是她自己认为自己很漂亮,我看不出她哪里漂亮；那个丑陋的，只是她自己认为自己挺丑，我可看不出她哪一点儿丑。"

阳子转身对弟子们说："你们要记住啊！品德高尚的人不可心存自己品德高尚之念，如果能做到这一点，怎么能不让大家爱戴呢？"

[延展思考]

身处乱世，真的不知如何应对啊。《山木》一文，本是说做一个无用的大树即可免灾。可是无用的鹅却又要首当其冲地被杀，看来人世真是糟得可以了。于是庄子也只好又从"大而无用"的保命哲学回到"听其自然"的无可奈何之中去了。

宜僚劝鲁侯学道，孔子听了任太公的话跑到山泽与鸟兽们住到一起去了，那可千万不能认真。这是庄子情绪使然，是避世的一家之言。

说到避世，当一个人对某事看不到任何希望，上天无路、入地无门时，他肯定要产生逆反心理。只要是人就会这样，只要是走投无路的人肯定会这样，人性中的反叛性必定会这样。

人活在世上，不论你是什么样的物质基础，都会有一种希望。可以说人是希望的动物。而人的希望大约分为两类，一类是经过理性思考的希望；一类是纯情感的希望。

经过理性思考的希望包括宗教、某种理想、某种主义。如西方世界、大同社会、自由主义、保守主义等。

纯情感的希望，恐怕就是庄子这样的了，没什么可行的模式，只是情感的一种寄托而已。比如说哭天抢地、骂爷骂娘、诅咒发誓、写《聊斋》、著《红楼》、进桃花源……

北宫奢造编钟，说了一句于艺术上很有见地的话——最高境界的艺术作品，都会回归于最简单和最纯朴。简单得好像没有什么知识一样，纯朴得如同不会思考。如果单从艺术作品的内容与形式来讲，北宫奢这段话是至理名言。

那庄子在审美中所欠缺的是什么？

在《达生》一篇的"延展思考"中，我们向大家介绍了三种美学，而最富生命力的就是生命美学。生命美学彻底地摆脱了工具论的观点，以人为本、以人为美，认为美是可以独立存在的。这显然和儒、道两家的美学观念都有出入。

儒、道两家的美学观都具有平和之美的理念。以音乐为例，儒家认为平和的音乐可以治国、安民，所以极力推崇以礼制乐，礼乐治国，强调音乐的教化作用及等级制下的大一统。而道家也强调音乐要平和，庄子的意思和孔子是不一样的，他并不把平和与政治挂钩，而是认为平和才能与自然和谐，才能至善、至真、至美。

儒家重理性，以合度为美；道家求自由，以自然为美。于是依各自的道路发展下来，中国就具有"镂金错彩"的繁复之美和"出水芙蓉"的天然之美。

但是儒、道两家虽有不同，却都把艺术作为工具，所以束缚了音乐的发展。这就是庄先生所欠缺的地方了。他不能把音乐乃至艺术、审美独立出来，他只能依自己的哲学体系，把一切都挂在"听其自然"这个法门下面。

而生命美学是独立的、人本主义的，如果落实到音乐上，那就是音乐艺术的人本主义了。不要一听人本主义就害怕或是兴奋，一切需要冷静地思考。艺术是人类活动的产物，要了解艺术必须先了解人类。如果我们真要了解人类的活动，那就必须从人本主义出发，而不是从唯物或唯心出发。

因为艺术有自己的主体性和客观性：它的主体是人，它客观要反映的是人。艺术虽然也能于一定程度上反映现实生活，但其本质的功能是审美而不是认识，不是反映生活、揭示社会本质。

有人说文学的本质是批判社会。但是从人本主义这个角度思考，这种见解就有了偏颇之处。因为人有批判社会的宣泄，也有思想上的独立思考，更有审美。艺术是人的艺术，艺术的本质是主体性，即人性。

庄子在讴歌人性上，是没有错误的，但他只强调人性的自然属性，这就偏颇了。

因为没有独立性的艺术，这种艺术将是短暂的、短命的；

因为人的情感是独立的，所以艺术也是独立的；

因为人的情感是由思想产生的，而社会是不会思考的，所以思想也是独立的。

同理，社会也不会审美，所以审美也是独立的。

结论：独立的个体人产生独立的思想与独立的审美。

说到"君子之交淡如水，小人之交甘如醴"，怕是人们刚交上朋友时都记不起这句话。一旦两人掰了，从朋友成了仇人了，那可全咬牙切齿地想起来了。如今的世上，朋友要有，多些也无妨。但真正的知心朋友也就一两个而已。

社会越是发展到多元，人的个性越是得到充分尊重，那每个有个性、有才能、有天分的人，他的知心朋友就越难找、越少。

社会越是发展到情感丰富，人的情感越是得到充分尊重，那每个内心敏感、复杂、多元的人，他的知心朋友就越少，他遇到的情感困惑也越多……他得到的失望也越多。

美国作家毛姆在谈到真善美时是这样说的：宗教实在是从道德上才说得通，上帝只存在于完美之中。上帝作为一个信仰与人类一起发展至今，他的道理就在于对人类孤独的安慰和支撑，并鼓励爱心。所以你不要问他的证据，也没有必要找什么上帝存在的证据。一切凭你的直觉就够了。同样，神秘主义不需要证明，只需要内在的信念。

——真正的强人都是孤独者，他们身上的宗教性总要比常人多些。

螳螂捕蝉，黄雀在后。庄子讲这个故事是想说明两个意思：一是万物都处在因果链上；二是不得只顾了眼前的利益而忘记身后的危险。

这一篇就谈这么多吧。

十四　田子方

[原文演绎]

　　田子方坐在魏文侯身边，和他聊天。在交谈中，田子方多次提到一个叫溪工的人，并对他表示赞赏。

　　魏文侯问道："你说的那个溪工，是不是你的老师啊？"

　　田子方说："不是啊，他和我只是老乡罢了。他所讲的道理，往往都是正确的，所以我才称赞他。"

　　文侯说："是这样啊。那你没有老师吗？"

　　子方说："有。"

　　文侯说："你的老师是谁呢？"

　　子方说："是东郭顺子先生。"

　　文侯说："可是我怎么从来也没听你称赞他呢？"

　　子方说："他为人率真，人品和天空一样的虚静而无私，清澈而容纳万物。如果遇到谁做的事是与道相悖的，他会很严肃地启发他们，引导他们开悟，使人们头脑里的邪念消逝。这就是我的老师，我怎么配称赞他呀。"

　　田子方走后，魏文侯怅然若失，整日也不说话。最后和他面前的一个伺候他的内臣说："那些有德性而人品完美的人啊，我离他们太远啦。起初我以为圣人的话只是讨论仁义、施行仁义就算是到了极致。今天听了田子方说他老师的事儿，我的身体真像是散了架那样不能动，嘴巴像被夹住了一样不能张嘴说话啊。看来我所学的东西，简直就是皮毛。而魏国正是拖累我的包袱。"

有个叫温伯雪子的人要到齐国，中途在鲁国停留，住在了旅舍里。鲁国有个人想见他，于是托人给他带了口信，温伯雪子回复说："不成。我听说中国的君子，只重视礼仪而不重视了解人的心，所以我不想见。"

到了齐国后，在回程的路上温伯雪子又住在了鲁国，上次要见他的人这次捎信还是请求见他。温伯雪子说："我去齐国时他要见我，我要回国时他还要见我，看来这人是真心要见我的，说不定对我会有帮助吧。"

于是温伯雪子出去见了客人，回来后连连叹息。第二天这个人又来了，温伯雪子又见了他，回来后又是连连叹息。他的仆人问："您每次见过这个客人，回来都要叹息，这是为什么？"

温伯雪子说："我原来跟你说过：'中国人只重视礼仪而不重视了解人心。'可是要见我的这位，却是进退中规中矩，从容得如龙似虎。他劝告我时如同子对父一样诚恳，他讲道理时又像父对子一样慈祥。这哪里是只懂礼而不懂人心呢？这简直是通达人心以后，用礼的形式有节有度地表述出来了啊。这实在是高明啊，所以我大为感叹。"

后来孔子也来见温伯雪子，两人相见什么也没说。回家后子路问："老师您和温伯雪子相对而坐那么久，可是一句话也没说，这是为什么呢？"

孔子说："像他这样的人，一眼就明白是得道的人啊，既然看都看明白了，何必再出声呢？"

颜回有一次对孔子说："老师，您走我也走，您跑我也跑，您狂奔我也狂奔；可是您要是跑得太快一溜烟没影了，那我只能望着您扬起的尘土叹气了。"

孔子挺吃惊地说："颜回呀，你这是说什么呢？"

颜回说："老师您走，我也走；您说话，我也说话；您快走，我也快走；您辩论，我也辩论；您跑起来，我也跑起来；您讲道，我也讲道。可往往是我只能步您后尘，永远也追不上您啊。您不说什么就可以得到大家的信任，不和谁亲热而能与大家相近，没有权势而大家都拥戴您。我亦步亦趋地跟您学了这么久，却不能达到这种程度，我实在不知这是为什么啊。"

孔子说："咳！你不懂这里面的道理，只是照葫芦画瓢那哪儿成啊。颜回，我跟你说：一个人最可悲的莫过于心死。当一个人心里没有任何希望、没有任何理想时，那比身体的消亡还要可怕。太阳出自东方而没于西方，万物莫不遵循这个规律。这个规律是什么呢？第一，有出就有落，有生就有死；第二，一刻也不停滞，一生处于运动中。所以，有眼睛有脚的人类，都是等待太阳出来才工作，这叫日出而作，日落而息。日夜日夜……作息作息……万物也是这样的啊，生死生死……可以说生也是等待着死，死也是等待着生。你要是不懂，那可以理解成：日是等待着夜，夜是等待着日。

当我们得到自己的形体后，想马上死了好变化成别的东西，那是不成的，因为这是人为的，太刻意、太做作、太不合道、太不自然了。我们的任务就是活一生，等待大化的自然来临。

拿我孔丘来说吧，我这一生都要跟随着外物的变化而变化，日夜不得停留而没有片刻的休息，我不知道我的归宿在哪里。总之：是天道使我成为人形，知道自己的命运是不可测的，我孔丘必须天天随着自然变化而变化，这就是我人生的道理啊。

我始终和你并肩走在人生的旅途上，如果我们失散了，那岂不是悲哀的事情？你在过去的岁月里，太注意我获得成功的地方。那都是过了了的事情，但你还是拿来效法，以为那是很重要的东西，这不是和到散了市的空市场去买马一样的愚笨吗？我过去的事情，你忘了它；你过去的事情，我忘了它。这样，你还忧虑什么呢？

忘记了旧的我，扔掉一切不必要的包袱，不是还有一个新的我就在眼前吗？"

孔子来见老子，难得的是老子今天居然洗了个澡，现在正披头散发地等着头发干呢，只见老子呆呆地站在那里，实在不像是个活人。孔子马上退了出来，在外面等他。过了一会儿，孔子才进来见老子，对他说："孔丘我是眼花了，还是真的这样呢？刚才我看您站在那里如同一段枯木，实在是超然物外、脱离世间而独特地生活在另一个境界之中的人啊。"

老子说："刚才我正用心畅游于万物之初啊。"

孔子说："这是怎么回事？"

老子说："大道这种事，很难讲。如同心思被困住一样不能知晓，嘴被合上了而不能言语。你既然要听，那我就试着说一说吧：至阴的境界肃杀幽静，至阳的境界炎热沸腾；肃杀幽静出于天，炎热沸腾发于地。两者交织融合而万物生，同时生成了不见其形的自然规律。这规律就是：消亡与生息、满与亏、暗与明相互交替，永不停歇。

日月转换，而日有所作为，却仍是被无作为的月所替代，并不见它比月好到哪里去。生有所萌发，死有所归宿，可是始终只见它们轮回不停，也不知它们是谁更强些，谁稍差些，更不知道它们何时能停止。难道我们就生活在这无始无终之中？如果不是这样，那谁是最初的开始呢？"

孔子问道："请问，您刚才游的就是这么个无始无终的地方？"

老子说："对啊，就是这里了。这无始无终实在是至善至美、极欢极乐之地啊。凡是能到这儿来游一下的人，能从至美游出极乐的人，那绝不是普通的人，而是至人啊。"

孔子一下就糊涂了，又不得不撑着面子装着懂了点儿，于是问："怎么才能到那儿去游一下呢？"

老子说："吃草的动物不怕变换草场，水中的小虫不怕变换水塘。这是因为变换的只是小的差异，而大的环境并没有改变，所以心中的喜怒哀乐也就不那么强烈。看来抓住事物的共性而环境有些许差别，是完全可以接受的。

天下的万物都有一个共性，理解并体会到这个共性，那四肢百骸化为尘垢又有什么可大惊小怪的呢？这只不过是由这片草场到那片草场，由这个池塘到那个池塘而已。死和生如同日和夜的转换，谁也逃不脱，明白了这个道理，谁还为一点福祸得失而在意呢？我们舍弃隶属于我们的东西如同舍弃泥土一样，是因为我们知道自己比隶属于自己的东西更宝贵，这个宝贵的真正含义在于：我们自己是顺应着自然变化的，随着变化隶属于我们的东西就要变化；而变化就意味着弃旧图新、喜新厌旧。所以吃草的动物总是由这个草场到那个草场，水中的鱼虫也总是由这个水塘到那个水塘，我们也是人变土、土变人……

自然的变化是无穷尽的，于是我们有什么可忧虑的呢？旧的不去，新的不来，总有新变旧，总有去去来来……这是得道的人才能真正理解的啊。"

孔子更是懵了，绝对找不着东西南北了，但嘴上仍是说："先生您的德性可以和天地相比，却仍在用至理名言激励自己，加紧自己的修身养性，这实在是空前啦。我没听说过古时的君子有谁能超过您的。"

这顿马屁拍得老子并没昏头，他赶紧说："哪里，哪里，不敢，不敢，不是你说的这样啊。你看水中的涌，不是水故意弄出来的，而是自然生成的。无为才能生自然嘛。至人的德性也是这样，不是刻意弄出来的，而是他顺应万物，那德性自然就具有了的。这就好像是天，本来自己就是那么高；地，本来自己就是那么厚；日和月，本来人家就是那么明，什么时候见它们一边背着至理名言，一边使劲激励自己使劲修、使劲养来着？"

孔子走了，回来跟颜回说："对于道，我就像被封在酒瓮里的小飞虫啊。如果没有老子揭开了酒瓮，我还真不知道天有多高地有多厚。"

庄子来见鲁哀公。哀公说："我们鲁国儒士多，像你这样学道家的人是少之又少。"

庄子说："鲁国最少的就是儒家。"

哀公说："我们鲁国举国全是穿儒家衣服的人，怎么能说儒家少呢？"

庄子说："我听说儒家凡是戴圆形帽子的，是精通天时；凡是戴方形帽子的，是精通地理；用五色丝线系着块玉佩戴在胸前的，是处理事务果断。君子有这种道行的，未必穿戴这些衣服；而穿这些衣服的人，未必懂得这种道术。您如果不相信，可以号令于国中，说：'没有种种道行的人穿了这些衣服，死罪。'"

哀公的号令下达五日后，鲁国没有一个敢穿儒家衣服的人了。只有一位大胆的，身着儒服站在宫门前。哀公让人把他叫进宫，向他问一些国家大事，这个人对答如流，什么难题也难不倒他。

庄子说："堂堂鲁国只有一个儒士啊，这能算是多吗？"

百里奚这个人从来不把爵位利禄放在心上。想当年他作为奴隶刚来秦国时，秦穆公让他养牛，结果他干得很敬业，把牛养得很肥。于是秦穆公不计较他是奴隶的身份，把国家政务交给他。

舜帝想当年不把生死放在心上，于是感动了尧帝，尧帝把帝位传给了他。

宋元公要招画画的画师，于是各地的画师全来应考。考场内人人向考官行礼以后，拿着笔和墨，跃跃欲试的样子。应考的队伍排得很长，近一半的人排在了屋子外面。宋元公也到考场来看，只见有一个后来的画师，他见这儿有这么多人，也不往前挤，只是向上边马马虎虎地行了个礼，就回到自己住处去了。元公赶紧派人去看，只见他脱光了衣服躺在床上休息呢。

元公听了回禀，说："录取他吧，这个样子才是真画师啊。"

商朝末年，纣王无道。周文王想灭商建周，但苦于没有一个得力的太师。这一天，他因心里烦恼而一个人来到郊外的臧家庄，见一个老头在渭水边钓鱼。但奇怪的是这老头钓鱼的方法不像是真心想要钓到鱼的，而只是为了能来这儿摆出钓鱼的样子就足矣了。可是要说是摆样子给人看吧，这老头又天天来，一天都不落，那摆样子摆给谁看呢？

文王喜欢上这个人了，想把国家的重任交给他，又恐大臣们和父兄们不服气，闹出些事儿来……想算了吧，但又不忍心百姓们得不到庇护。于是心生一计，早上起来时对大夫们说："昨晚寡人梦见了一个贤德的仙人，他脸挺黑的，稍有点儿胡子，骑着个杂毛马，有一只马蹄是红的，他看见我以后就对我喊道：'你还等什么哪？还不把你的政务交给臧家庄的老头，这样庶民百姓就有救了。'"

众大夫大惊，齐声说："您梦里遇见的是先王，是您的父亲啊。"

文王用怀疑的语气说："真的？好吧，就算是真的吧。但最好还是占卜一下看看。"

众大夫说："大王啊，这是您的父亲我们的先王的命令，一定没错的，您别再怀疑啦，何必占什么卜啊。"

于是文王派人把臧家庄的老汉迎进宫，把国家的政务交给他掌管。

这老头上任后，国家的典章制度一点儿也没变，新的政令一条也没发。如是三年，这让文王心里有点儿没底。于是他到国内考察了一下，见各地的军界政界相互勾结的现象没有了，结党营私、拉帮结派的现象绝迹了，当官的夸耀自己业绩的现象也无影无踪了，国家的量具、衡具统一了，不标准的度量衡在国内消失了。文王大喜，军政不勾结、官吏不结党则全国上下同心同德；为官的不夸耀业绩，则官员们能群策群力；度量衡的统一，说明各诸侯没有二心。

文王于是拜这老头为太师，请老头坐在坐北朝南的正位上，自己面北肃立，恭敬地对老头说："太师，请问用您治理我国政务的方法去治理天下，可行吗？"臧家庄的老头态度含糊地没有说什么，算是婉言拒绝了。事态发展到此是谁也没想到的，早上刚升为太师的老头，晚上突然逃走了，而且从此再也没听到他的音信。

六百年后，孔子和颜回谈及此事，颜回说："老师，这臧家庄老头是不是觉得文王看不起他出身低贱才逃走的啊？要不是这样，那请他出山时为什么要假托梦中先王的旨意呢？"

孔子正是以复周朝之礼而建立的儒家，那里敢说周家半个不字？一听颜回这么讲，吓得他赶紧说："闭嘴，你别说话！周文王已经做得完美无缺了，什么时候轮到你来批评他呢？再说这托梦，也是文王便宜行事，一时的需要罢了。"

列御寇为一个叫伯昏无人的表演射箭。只见他拉满了弓，在左臂肘上放了一杯水，一箭射出，不等此箭中的，第二箭跟着又射出。就这样一箭接着一箭，整壶箭射完，箭箭相连，箭箭中的，而杯水仍在，他也像石人一般纹丝不动。

伯昏无人看了，说："你这是用心射箭之射，不是无心射箭之射。如果让你在高山上，脚踩着危险的石头，面临百丈深渊，你还能射吗？"

列御寇显然不服气。于是二人登上高山，伯昏无人示范着，他走到百丈深渊前，脚踩危石背对着悬崖往后退，退到脚有十分之二悬空时，冲列御寇作了一个揖，请他到这儿来表演射箭。再看列御寇，早就趴在了地上，浑身的汗从头出到脚后跟。

伯昏无人说："古时的至人啊，上知青天，下知黄泉，纵横八方，神色不变。今天你内心发怵、眼神慌乱，能一箭中的的可能性太小啦。"

肩吾问孙叔敖："你这个人很怪啊。三次让你当令尹，你并不感到光荣；三次撤了你的官，你也不感到沮丧。我一开始时怀疑你这是装出来的样子，现在看你鼻息均匀正常，才知道你心神安稳，没有一丝的紧张和忧伤。看来你真有过人之处啊，不知你心里是怎么想的呢？"

孙叔敖说："我哪里来的过人之处啊。我认为任何东西来了，就不要推却；去了，也不要挽留，这原本就是天意。人们总认为得与失是关乎个人的事，我却认为得与失不关乎我自己，只关乎天而已。是老天有得有失，与我有什么相干？所以我没什么忧色，更没有超人之处。

还有啊，贵贱的主体是在我这里呢，还是在哪个职位和名称上？如果在于我，那就与职位和名称无关；如果在职位和名称上，那就和我无关。更何况我现在无官一身轻，正踌躇满志，决心到四处走走看看。可是天地之大，令人目不暇接，我正在为不知先去何处伤脑筋，哪里有工夫琢磨谁贵谁贱啊。"

孔子听说了这件事，说："古时的真人，其德性实在是圆满的啊。再聪明的智者也不能说服他，再美的女色也不能迷住他，再凶的强盗也不能劫持他，连伏羲和黄帝也不能和他攀上朋友。

生与死的抉择，是对人最终的考验了，但对真人却没什么影响，何况官爵利禄这些小诱惑呢？像他们这些人，其精气神可以穿过山岳而不受阻，深入渊泉而不被浸，处于卑下而不会萎靡。

他们的精气神充满天地，越是施于他人，自己就越是充实。"

[延展思考]

《田子方》一文也属杂记。章节多且情节与主题都不连贯。

孔子与颜回谈道，颇有点意趣。

一是做人不可亦步亦趋，那样学是事倍功半的学法。社会在进步，历史在前进，总是亦步亦趋向前人学，哪里来的前进？那叫罐里养王八，越养越抽抽。亦步亦趋地向外国学呢，也不成，你怎么学也是人家的徒弟，什么时候人家想再弄个几国联军到颐和园来放把火，怕是做学生的挡也挡不住。

扔下包袱，新我就在眼前。

新我应该是什么样子的呢？

——超越功利，但不超越人生。

有人说庄子的审美只是游山玩水，所以学习庄子的逍遥无非就是逆来顺受，啥事都不干，满世界地逛……凡有此见解者，不是学庄子，而是学成了浪子。审美对于鉴别力，对于人生是重要的，它超越功利，但不超越人生。相反，它依赖于对人生的体验。

中华民族的一种文化精神就是审美。审美如登泰山，要你亲自登。同理，大学也不是上出来的，而是熏出来的。好的大学，有一流的学术氛围，一流的学者，这样用四年时间，把学生慢慢熏了出来。

游山玩水之中可以开阔人的心胸、陶冶人的情操，这对于成就大事的人是很重要的。若一个人的心胸狭窄、急躁，没有一颗平和心，他是做不成大事业的。但大多数人不想超越自己可能性的局限，很多人是以低于自己一倍的效率在生活……所以，要学会超强度地用脑子，要朝自己定下的目标千方百计地去完成。你完成了，你就已经到了这个水平了，此时你早已不是昨日的你，你已经是新人了。

二是"哀莫大于心死"。一个人心灰意冷，是说这个人志向志气受到了挫折。于是在生活中，我们每每遇到自己的亲人或朋友有如此心态时，常常是大发一番宏论，以资鼓励人家。其实受挫在人生中是常有的事，但一个人希望的泯灭，这种受挫，才是真正的心死。

要树立一个人的人生希望，可能要靠从小的培养；但是要泯灭一个人的希望，却可能是一句话就能办到。俗话说"刀枪伤人创犹合，恶语伤人气难消"。《祝福》中的祥林嫂原本认为花钱捐了门槛，就不再克别人了。谁知鲁老爷仍是不让她摆供品，仍是怕克了他们鲁家的祖宗和子孙。于是，祥林嫂心中最后的一丝希望也破灭了，她彻底疯了。

为人处世，说话不要伤他人的心。不要说做君子，怕是做个有点人情味的小人也应该遵守这条规矩吧。

在上一篇的"延展思考"中讲过，人生的希望不外乎两种：一种是理性些的，一种是很情感的。前者多容易被现实击破；而后者因其太抽象、太情绪化，反倒不容易被打破。

　　人，除了物质的要求之外，还要有一种精神的要求。人作为一种感性的个体存在，从空间上和时间上来说是有限的，但人的精神要超越这种个体存在。

　　如果你把一个人关在黑屋子里，就算是吃得好穿得好也不成。他希望墙上有个洞，希望有个门，走出来，再去登泰山……这就是一个不断超越的过程。这就是人性的一种向上的取向，是人最可宝贵的一种精神，这种精神就是——希望！

　　希望人类充满爱，希望人类处处和平，希望明天会更美好……

　　这类情感型的理想与希望，是永恒与常存的。

　　它要比理性的、具体的什么社会模式长寿得多。

　　孔子向老子学道一节，讲述了修道不在于修，而在于行。

　　《西游记》去西天取经，不在于取来了什么经，只在于师徒四人一直走到西天。真经本在人人心中，只要于人世间"规规矩矩唱戏，老老实实做人"，那真经早晚会取到。如若不信，非要弄出个什么功、什么法，怕是离走火入魔不远了。

　　列御寇与伯昏无人射箭一节，讲的纯粹是心理因素。这篇文章更应该让咱们中国的运动员看看。不要在家里比赛就谁都不怕，一出国门是见谁怕谁。有的中国运动员到国外学习了几年，就敢在足球、网球、田径项目上与外国人一争雌雄。据说是他们心底里一点也不怕外国人了，一点儿恐洋症也没有。从心底里就没有！可窝在国内的中国运动员，一听说和外国人比，大多一下子就雌了，绝对雄不起来。冷不丁碰上一回踢球踢疯了的时候，还真好，那是"见谁打谁"，"强队（外国的）不强"；可终究是心底里有个死结：人家是吃黄油面包出身的啦、咱们闹义和团时人家就有了这项运动啦……于是百回有九十九点九九回让人家打了个稀里哗啦，这时叫"谁见了谁打"，也叫"弱队（外国的）不弱"。

十五　知北游

[原文演绎]

　　古时候人们管智慧叫知。一次，知向北远游，一下子到了玄水河边，只见河水一片漆黑。他登上了个雾气蒙蒙的小山丘，正遇一个叫无为谓的先生。

　　知问无为谓说："我正好有几个问题要问你，请问：怎样思考、怎样思维才能懂得大道？怎样为人处世，遵守什么样的习俗才能合于道？依从谁的学说，依据谁的法门才能得道？"

　　知连问了三遍，无为谓也没回答。不是他不想回答，而是他也不知怎么回答。

　　知得不到答案，心里很不舒服，于是不再往北走，而是返身往南，走到白水河，只见河水一片银白。他登上狐阕山，正碰上一个叫狂屈的先生。

　　于是知用问无为谓的问题来问狂屈。

　　狂屈说："哎，我真的知道，我正想告诉你……可……"这位先生以健忘闻名，一下子又忘了。

　　知又没得到答案，不得不回到帝宫，见到黄帝，就用同样的问题再问黄帝。

　　黄帝说："无思无虑才能懂得道；不学为人处事，不注意风俗习惯才能合道；不学任何人的学说，不依任何人的法门，才能得道。"

　　知听了以后又问黄帝，说："我和您知道这个道理了，但无为谓和狂屈不知道这个道理，是不是说全天下只有咱们两个明白人呢？"

黄帝说："不是的啊。那个无为谓是得道之人，而狂屈是合道之人；只有你和我是这一辈子也不能得道的啦。因为知者不言，言者不知，所以圣人行不言之教。道不是学来的，德也不是模仿能得来的。可是仁这东西是可以假扮的；义，是可以害人的；礼，是可以伪装的。所以说：'修道，只是去掉自己的理论和习气，去了还要去，什么时候认为自己已经没有什么理论可以执着、没有什么习气必须遵从，这还不够。一直要去、去、去，去到无为，此时叫无不为啊。'如今我们还在追求物欲，想要归复自然的面目，那不是很难吗？要说容易也容易，不过那要有圣人再世来教化大家才成。

生，只是死的继续；死，只是生的开始，谁知道这里面由谁主宰着呢？人之所以生，只是气的聚合而已；聚合就是生，分散就是死。既然死和生是分分合合地在交替着，我还有什么可忧虑的呢？看来世上万物本是同一个东西所变化而来的，这里美好的东西成了神奇，厌恶的东西就是腐臭；腐臭后来化为神奇，神奇也变化为腐臭。所以说：'使天下万物相通的，只是一个气啊。'圣人们最看重的，也就是这个气。"

知听了半天，有点儿不服气，说："可是当我在问无为谓时，他不回答我，不是不想回答，而是他不知怎么回答。我问狂屈时，他想要告诉我而没有告诉我，不是他不告诉我，而是他忘了我问的是什么。今天我问您，您跟我讲明了道的原理，为什么我们两人反而不能得道呢？"

黄帝说："我说无为谓是得道之人，正是因为他一点儿都不懂道；我说狂屈是合道之人，正是因为他忘了怎么解释道；我和你早晚都得不了道，正因为咱们两人太明白了，一谈起道来头头是道、一说起法来甲乙丙丁、子丑寅卯、一二三四……三章十六节七十二讲、诸论、前言、序、跋……"

后来狂屈听说了这事，认为黄帝这一回是他一生中说得最智慧的话了。

天地有如此伟大的功绩，却不言说；四季有如此明确的章法而不自我弘扬；万物各自遵循着一个规律，但谁也不讲明。圣人是怎么样的一种人呢？他们效法着天地最美好的德性，是通达万物之理的人。因此，至人无为、圣人不做作，这是他们在向天地最美好的德性学习啊。什么最美好的德性？就是不言说、不弘扬、不讲明，更不要说做什么了。

详察神明的精妙，你会发现它参与着天地间所有的变化。万物的或生或死或方或圆，莫不是由它所造，但它却深深地躲在幕后，掩住自己的光芒，扫去自己的痕迹，让你不知万物的来源，就好像这些纷纭的万物，纷争的万象自古就存在着。

六合以内的空间这么巨大，却也在精妙管辖的范围之内；秋天动物身上的绒毛那么小，却仍要依赖它而存在。它操纵着天下在沉浮变化，并使这个变化永不停滞；它安排着阴阳四季在转换，各依各自的秩序。精妙啊，精妙，它朦朦胧胧好像不存在，却又真实地存在着；它隐隐约约不露形象但精与神却无孔不入、充满世间，万物都在无声无息地被它涵养，却没人能觉察到它的存在和它的功绩。

这就是大道最基本的道理，懂得了这个，就可以洞察天地了。

啮缺向被衣问道，被衣回答说："道这个东西其实也很简单，只要端正你的身形，集中你的视线，天道就与你相合；收敛你的智慧，扩大你的胸怀，神明就会附在你的身上。这时德性将会为你增光，大道将与你同在，你的眼神将像初生的牛犊一样清明而不再追求思辨与争论。"

被衣的话还没说完，啮缺早就不耐烦地睡着了。被衣一看，高兴得不得了，一边唱着歌一边走了。他唱的歌词大意是："身形如枯骨啊，心如死灰不再燃，这是真智慧啊，不执着旧观念；迷迷糊糊、懵懵懂懂啊，谁也无法和这个缺心少肺的人交谈。天啊天，这种人岂能等闲？"

舜帝问他的丞相说："大道是否可能学会并占有它呢？"

丞相说："你的身体都不属于你，你怎能奢望占有道呢？"

舜帝说："不是吧，我的身体不属于我，那属于谁呢？"

丞相说："你的身体不是你造的，是天地给予的；你何时来到世上也不是你的主意，而是天地相合后，什么时候想生出你，你才出生的；你的性命也不是你的，你并不能想不生病就不生病、想不老就不老、想不死就不死、想年轻就年轻，而是天地依一个规律赋予你的；你的子孙也不是你的，并不是你想有个儿子就有个儿子、想有个孙子就有个孙子，而是天地变化衍生变化、事物繁复辗转繁复而致。而大道之行，让你不知道命运将把你带向何方；大道之止，让你不知道命运将使你停留在何处；大道之美，让你不知道命中吃什么才是最适于你的食物。凡此种种，哪一样不是天地之气的杰作，是它在左右着你，你怎么可能占有它呢？"

孔子问老子说："今天有些空闲，请您讲一讲大道吧。"

老子说："要想闻道，必须先要斋戒沐浴啊。想必你为了听我讲道，斋戒和沐浴早已办妥了；但身体的斋戒和沐浴是容易的，而心里的斋戒和沐浴才是最难的啊。我看你一定不懂，以为洗洗身体、不吃肉就可以闻道了。好吧，现在就开始心浴和心斋吧。请你梳理一下你的情绪，把它定位在一无所为的地方；请你洗涤一下你的思想，不要有任何先入为主的观念；请你戒掉你原有的一切理论体系和思维模式，坦诚地、赤条条地、一丝不挂地站在道的面前。

大道实在是广博、深奥难以言说的啊。如果刚才的心斋你做到了，那我就大概地跟你说一下可以言说的吧。

如今光明的宇宙，本是来自于冥冥的混沌；一切有形有象有条有理的事物，本是来自于无形；精神来自于大道，形体来自于精微，而万物必然依赖形体才能生存。所以有九窍的动物是胎生，有八窍的动物是卵生。

生命来时无踪迹，去时了无痕；生命不知居何处，无房无门，却四通八达何处没有生命的踪影？深明生命特性的人，四肢强壮、思虑敏捷、耳聪眼明；思考问题而不使自己精神疲惫，处理万事万物有万法，从不以一个固定的方法为标准。深明大道的人懂得：天就是这样高，地就是这样广，日月就是这样默默地运行，万物就是这样繁荣昌盛；一切都和大道一样，就是这样无理由地存在着，却无始无终而永恒。

博学的人不必非要有智慧，诡辩之才不必有多少德性，这些小伎俩圣人们早已舍弃了啊。那圣人们喜欢的是什么呢？是增加而不见多、减损而不见少的智慧海，圣人所拥有的正是智慧海啊。为什么叫智慧海？因为智慧就如同深而沉的大海取之不尽，如同巍巍高山宏大无穷，更如同沧海桑田在不停地转换运行。智慧正是在运行中应对着万物而无一遗漏。如此看来，君子之道，不过是物来人应的外在之道。而万物能从其中汲取营养却永不见枯竭的大道，不正和智慧海一样的神奇吗？所以，拥有智慧海才是圣人推崇的正道。

在东西南北中的五方之内，于中的地方有国家、有人类。虽然他们处在中间，但他们非阴非阳，因为他们不属于天也不属于地，而是处在天地之间。他们只能暂且算是人吧，因为他们作为人的时间太短了，他们早晚要归宗啊，神归天，形归地，那才是他们最长时间的形态啊。站在根本的角度上看，生，就像是呼出来的气。虽然这里有长气、短气之说，有长寿、夭折之分，但相差能有多远呢？长与短、寿与夭也就是那么一眨眼的分别吧。如此看来，我们有什么资格评说尧与桀的是是非非呢？瓜果身上自有不同的纹理，人伦关系各有不同的远近，之所以有这样那样的不同，这是天意。人生也有不同的环境啊，圣人们于困顿中不回避，于顺境中不停留。

能协调自己的内心和处事方法的，是有德性之人；遇到特殊情况能应对自如的，是得道之人；有德有道，帝业依此兴起，王道依此兴盛。

人在天地间的生命啊，就像是一匹白马从门缝外跑过一样，只是一闪。而人类的生机勃勃全出于这一闪，生命的溘然逝去也全归于这一闪。已死去的复化为生，生的又化为死，可生物对死是哀伤的，人类对于死也是悲伤的。人情所致，悲哀也有其道理。但要是从大道的角度看，死只不过是解除了天然对心灵的束缚、脱下桎梏人的肉身，当身心分道扬镳后，魂魄归天、人身归地，这乃是最后的归结处。

无形的精气神生有形的人，有形的人归无形的精气神，这是人所共知的，但这不是至人要追求的，而是众人最愿意讨论的。得道的至人是不讨论大化的神奇与大道的奥妙的，讨论这些则不是得道的至人。世上最明白的道理是不用去争辩的，争辩大道不如默不作声。大道是不可听闻的，想一听就明白还不如塞上耳朵。

一切不需你去说、去听、去争、去分析……只需你默默地体会。这就快得大道了。"

东郭子问庄子说："你所宣扬的道，在哪里呢？"

庄子说："哪里都在，无所不在。"

东郭子说："请你具体地指出来才成，这年头骗子实在是太多了。"

庄子说："在蝼蛄、蚂蚁那儿。"

东郭子说："怎么这么卑下呀。"

庄子说："在稗草里。"

东郭子说："完了，越弄越卑下啦，举个好点儿的例子成不成？"

庄子说："在砖瓦里。"

东郭子说："怎么越来越邪乎了，这也卑下得太过了吧。"

庄子说："道在屎尿中。"

这一回东郭子不说话了。

庄子说："你要问的，根本不是道的本质啊。好吧，我跟你说说吧。司正问监市官如何挑选和分辨猪的肥瘦，回答是你要亲自去摸一下，越往后腿处摸，越能判断出来。你不要只在语言和理论上做文章，你要亲自去体会，只要体会，你就会明白所有事物都不会脱离大道。反过来，大道不能脱离事物而存在，理论不能脱离实践而存在。整体、全面、普遍这三个名词，讲法不同，意思一样，指得都是道与物、言与行要一致啊。

你试着静下来，让你的身体和你的精神一起游历一下'无何有'的地方吧，从身心相合时开始，你会感到一种无穷无尽的境界；试着让你的思维趋于无为，你会感到一种从未有过的淡泊宁静、广漠清纯、平和悠闲啊。你会萌发一种心境：我的胸怀是那么广阔，我可以无所不往，我去了，却不知自己去的是哪里；我回来了，却不知该在什么地方停止；我来去自如，却不知何时能有个最终极的终止。'无何有'这个地方太奇妙了，大智慧都进来也会摸不着边际。

大道是无边际的，大道与事物两者之间也是没有边际的，事物自己是有边际的，我们常说的边际只对事物本身有作用。没有边际的大道包含着有边际的事物，有边际的事物蕴藏于无边际的大道之中。在有边际的事物里，存在着盈满、虚亏、衰落、肃杀等自然现象，但对于无边际的大道来说，事物的盈满不等于大道的盈满，事物的虚亏不等于大道的虚亏；事物衰落大道并不衰落，事物肃杀大道并不肃杀；事物有本末之别，大道没有本末之别；事物有积合与离散，大道没有积合与离散。"

婀荷甘和神农一起在老龙吉门下学习。这一天神农靠着炕几虚掩着门在打盹。婀荷甘在中午时推门进来说："老龙吉死了。"

神农一手扶着炕几一手拄着个拐棍一下子站起来，他看了看柯荷甘，突然扔掉拐棍放声大笑，说："老天爷啊，太好了！连老师都知道我这个人孤僻粗陋还傲慢荒唐，教我这样的学生也实在是够他费心的，所以扔下我一个人走了。这一回你算是省心了，但你怎么走了走了，也没给我留下一些能启发我说出警世狂言的招法、办法和技巧呢？你怎么能这么就去了？"

老龙吉的一个朋友来吊唁，听了神农的话说："凡是亲自体验后而悟道的人，是天下君子们的脊梁。而我死去的这个朋友老龙吉，实在不是什么栋梁了，他连大道的毫毛都没沾上，大道的万分之一都不懂啊。可是连他都知道要把谈论大道的'警世狂言'深藏起来再死去，更何况得道的人，是绝对不会透露一点儿什么大道或'狂言'的。为什么呢？因为道看来无形，听去无声，人们谈论到它，只能形容为'冥冥渺渺、渺渺冥冥'……

真能讲得清的道，岂能是正道？"

大道真的不能讲清楚？有个叫泰清的先生不相信，于是就问无穷先生，说："你知道大道吗？"

无穷说："我不知道。"

泰清又问无为先生。无为先生说："我知道。"

泰清高兴地说："你明了的那个道，有没有清楚明晰的条理、科目用来教给别人呢？"

无为说："当然有啦。"

泰清说："那这些条理、科目都是什么呢？能不能让我听听，也学学道呢？"

无为说："我所知道的那个道，有贵、有贱、有综合、有离散，这就是它的条理和科目了。"

泰清有点糊涂，跑去问无始，说："像无穷的不知道和无为的四种条理的道，谁对谁错呢？"

无始说："不懂道的无穷，他的道太深了；懂道的无为，他的道可又太浅了啊。太深的道，是领会了道的内涵；太浅的道，是只知道的外表啊。"

于是泰清仰天长叹，说："不知的乃知，知的乃不知，谁能明白自称不知的无穷，他的领会是一种什么样的知呢？看来我是没法子学道了。"

无始说："大道不能靠听闻来弄清，凡听闻而来的就不是大道；大道不能靠看来看懂，凡看懂的就不是大道；大道不能用说来说明白，凡用语言说明白的就不是大道。

泰清，我跟你说：能使有形之物最终成为有形的那个东西，肯定自己无形。明白了这个道理，你就该懂得：道，是不能用有形的事物来描述它的。

还有一条，你一定要明白：有人来问道，而能给予答复的人，是不懂道的人。所以，凡是用问道这个方法而学到的道，这个道肯定不是真正的道。道没法问，问了也没法回答。没法问却一根筋地偏要问，是白费功夫；没法回答的却愣是回答了，是没心没肺的白说。以没心没肺的白说对一根筋的白问，这叫什么学道啊？这是在瞎耽误功夫，是在玩儿啊……

这种人外不观宇宙时空的变化，内不悟天地之初的混沌；不用心体会事物的道理，只知用嘴问、用耳听、拜师访友、争论、辩论……

这种人怎么用苦功、用死功、玩命地学，也不能超过昆仑山，不能游于太虚之境啊。"

光曜问无有先生说："你叫无有。无，就是没有；有，就是有。无有、无有，你到底是有呢，还是没有呢？"

无有先生理都没理他。

光曜见人家不回答他，就仔细地看了看这位无有先生。只觉得他长得窅然而深远、空然而阔无边，看了一天也没看见什么，听了半天也没听见什么，用手抓了半天，也什么都没抓着。

光曜说："太绝啦。他怎么能做到这一点呢？我只能做到有无啊。也就是我作为光是存在着的，但谁也摸不着我、抓不住我，只此而已。但我却做不到无无，也就是绝对的空虚和绝对的不存在。每当我刚做到无时，人们就说：'没有光线啦'，充其量光线只是跑了、太阳下山了、月亮还没升起来、屋里没有点灯等而已，换言之：光是有的，只是暂时我这里没看见罢了。我哪里能做到空虚和绝对的不存在呢？我怎么能像无为一样让人觉得从来就没有这种东西呢？"

管军械制造的大司马手下，有一个专做钩的匠人，他已经有八十岁了，但他做出的钩仍是锋利无比。

大司马说："老人家，您是靠技巧呢，还是靠道啊？"

老匠人说："我说不上这是不是道，我只管它叫信条。我从二十岁开始做钩，就信守着眼中只有钩，其他杂物一律视而不见。所以，不是钩，我连一眼也不看它。这样，我用别人干其他事情的精力也用来做钩了，于是我工作的寿命就非常的长。

办事专注于一，不让其他的事情分心分神，连神仙都会来帮你啊。"

冉求问孔子说："在还没有生成天地之前的天地是什么样

子，您知道吗？"

孔子说："当然知道啦，那时和现在一个样。"

冉求一听，再也没兴趣问了，只好悄悄退下。第二天他又来见孔子，说："昨天我来问您'在没有生成天地之前的天地是什么样，您知道吗？'您回答：'当然知道啦，和现在一个样。'昨天我明白了，可今天我又糊涂了，请问这是怎么回事呢？"

孔子说："昨天明白了，那是你的心灵悟到的；今天糊涂了，那是你不用心灵而用小脑袋瓜子思考问题而产生的。冉求，我跟你说：没有古代，哪里来的今天？没有开始，哪里来的终止？没有儿孙，哪里来的子子孙孙？这可能吗？所以古今、始末、儿孙都是一样的。"

冉求答不上来。

孔子又说："完了，你答不出来了吧。跟你说：不能因为有生，就使所有死了的再生还过来，可见生，不是旧的已死的东西又活过来了；不能因为有死，就让现在生着的马上就死，可见说到死，不是一下子谁都该死。那死和生是不是有一定的时间安排呢？不是的啊，那是自然发生的，各自有各自的寿命和生来死去的时间。

天地生成之前有没有早已存在着的事物？不可能的，因为产生最初事物的是大道，它不是个事物。物的产生不可能出自另一事物，如果是这样的话，那'另一事物'是由谁产生的？是产生'另一事物'的事物？那这个产生'另一事物'的事物是由什么产生的？……如此下去没完没了……

所以产生第一事物的必定是大道。是大道产生天地而万物生。

正因为大道产生了天地和最初的万物，所以它必定不是个物，它没有自己。

圣人爱他人爱得没有自己，正是从大道的这个特性取法而来的啊。"

颜回问孔子说："我常听各位老师说：'不要拒绝，也不要逢迎。'颜回我一直不明白，请老师您讲一下这里面的道理吧。"

孔子说："古时的人，外在的表现随社会变化而变化，内在的理想却坚定如一、从不变动；今天的人是内在的理想随社会的变化而变化，而外在的表现却固执得从不变动。随社会变化而内在理想与外在行为都在变化的人，他顺其自然的原则是没有变的，所以，当他与变化同步时，他与自然仍是那么的协调，他们的关系仍是那么的亲密，我们可以认为人与自然的关系是没有变化的。

不要说人与自然了，就说人与人的关系从古至今成了什么样子了呢？

远古时郗韦氏的花园是开放型的，谁都可以进去玩；到了黄帝时花园就有围墙了；而到了虞舜的宫阙，就有士兵把守了；而商汤王、周武王不但有了密室，还是层层岗哨、戒备森严……看来帝王们都是不能和百姓相沟通的。

后来世上有了一帮君子，也就是儒家和墨家的祖师。不要说沟通了，他们只会相互攻击、与人为仇，更何况今天的人呢？

圣人们与外物相处不会伤及它们。不伤外物者，定然不会被外物所伤。只有双方都不会损害对方时，双方才能有友好的来往。

山林啊！平原啊！你使我们欢乐与舒畅！当欢乐过后，继之而来的是哀伤。哀与乐的到来我们无法拒绝，它们要离去我们也无法挽留。

可悲啊，世人只是万物变化的中途一站，就像个小旅舍啊。我们只能知道我们遇到了什么，却永远不知将会遇到什么；我们只能做我们能做的事情，却永远不能做我们所不能做的事情。

有那么多的不可预见和那么多不能做的事情，本是作为人类在所难免的。既然不可避免，但人类又偏偏想避免，这不也是个挺可悲的事情吗？

最正确的言论就是没有言论；最正确的行为就是无所作为。什么都知道的那种知与识，实在算不得是智慧，充其量只是肤浅的、普及的知识而已。"

[延展思考]

《知北游》，就是智慧向北游。为什么非要向北？待一会儿就会说到。

能四处地"游"，这在庄子那年头是挺好的学习知识的方式，也是诸子百家都喜爱的方法。"此地不养爷，必有养爷处""树挪死，人挪活""走万里路，破万卷书"这些话，想必都是来自那个年代吧。当孔子、墨子、孙子、韩非子、苏秦、张仪之流全在各国来回溜达时，庄子的老师老子从来就没游过，一辈子守在周朝的图书馆里管资料。只是下岗了，才游了一回，一个人从洛阳西出函谷关回老家去了。要不是守关的关尹喜逼他写点什么，这《道德经》怕是也留传不下来。而庄子也没好到哪里，他也没怎么游过，只当过漆园小吏而已。听说这个漆园还离他家不远，所以基本和老子一样，没有"游"过。

游与不游的差别，说白了实际上是有钱与没钱、有地位与没地位的差别。

于是庄子为了给道家没"游"过这一大缺憾补上一笔，就在《内篇》的第一篇里来了个《逍遥游》；在《外篇》的压轴篇里来了个"智慧之北游"的《知北游》。你们有钱是人的身体去游，我们有意境的至人、真人是思想去游；你们是东西南三面地游，我们道家偏偏要向北方游，而且南冥、北冥、无何有之乡、无极之野……反正我们哪儿都去。这大概是庄先生潜意识里的一种酸葡萄的状态吧。

于是北冥太冷，别人不敢去，咱道家的真人不怕，咱去；南冥太热，别人不敢去，咱道家的圣人不怕，咱去；路上没干粮，常人不敢出门，咱们得道的人喝西北风吃果子就成，没事，所以敢出门。还有什么？反正道家是哪儿都敢去。也正是这么一游，才知道河小海大、蛙小龟大……三皇五帝不过如此，古今君子也没好到哪儿去……骂人都骂出学问来了。

当然，情绪归情绪，它只是给庄子的理论加上了人情味儿的调料而已，这并不能说明庄子之作纯是意气使然，或庄子的理论纯是怀才不遇的呻吟。学问是有的，需要你慢慢地品。

如今，情况大不一样了。

领袖来自你的吹捧，明星来自你的崇拜。只要你有钱，就能弄来吹捧和崇拜，于是也就可以成为某个圈子里的领袖或明星。于是你也哪里都可以去游，别说新马泰，就是英国、美国、南极、北极也任你去他百十个来回。想靠着讲道德、讲虚无而成为大家的日子一去不返了，庄子这样的人在如今只有下岗一条路。要不就在漆园乡、漆园村的小学教书去。

不过骂人可以出名却得以继续发扬光大下来。

如今骂人的人已经不只是道家一家，不只是黄老的哲学了，而是中国人都早已熟练掌握了的"全民皆骂"的一种常规本事。有行人拌嘴的骂；有不能栽面儿的骂；有体育场里的骂；有文学上的骂；有影视中的骂……这也还就罢了，连媒体都学会骂人了。当然，这里的骂是有一定层次的，要雅得很、境界高级得很。讲究的是让你骂而他不骂，让你是小人而他是君子，让你犯错而他没错。

例如，某报第四版赫然写着："中国足坛黑哨又起""某某学校拒不执行教委批示，仍然不补发教师工资""某某公路收费处有增无减"……就是这份报纸的第一版更加赫然写着："我省扫黑大获全胜——某某向某某颁奖"，当然黑哨不在内；"我地区教师喜迎教师节——某某前往某校与全体教师共话美好前景"，当然没发工资的教师没去，他们正抽放假一天的工夫打工挣钱呢；"我省公路又建成近十万公里——某某于某处剪彩"，当然，那个剪彩处正是个收费口就不讲了，又弄了多少收费的卡子也就不说了。

凡此种种，让你摸不着头脑，嘴里不由自主地溜达出一句骂人的话。这叫人家没骂，是你在骂。犯错的是你，买报花钱的也是你，最后生气的还是你……人家办报的正在"没事偷着乐"呢。

　　道是什么？不能说。于是凡攻击道家的人，凡是拿道家理论在分析的人，全愚笨得可以了。

　　庄子崇尚的大道，实际上是尊重自然规律，如果说这里有宿命和消极的一面，但你不能否认这是人类所必备的一面。

　　庄子崇尚的虚幻缥缈，你可以说是妄想，但作为一个人于一生中不可能没一点儿妄想。

　　庄子崇尚静坐，你可以说这是瞎耽误功夫，但作为一个人于一生中不可能不懂得静。

　　庄子似乎对死一个人不在乎，你可以说他没人味，甚至可以说他是迷信之祖师，但一个人不能总沉溺在失去亲人的悲痛里。

　　庄子似乎宣扬死了生、生了死，这和宗教太靠近，你可以说他这是诱人自杀，但一个人于情绪中连一句"我变成鬼也要报仇"的话都不能讲吗？

　　你要说我太矫情，我看你是太固执。

　　不管怎么说，庄子讲的专心、专注、用心，怕是人类再活上几亿年也改不了的真理。

　　庄子的智慧还在于：事物一定是由非事物、非形象的东西变化而来的。如果不是这样，而是由另一事物变化来的，那如此上溯，最终也是要追查到无何有的地方去。这就和当今有人说人类是外星人给造出来的，或人由外星人把什么动物和猿杂交出来的一样，真不怕糟蹋自己的祖宗。好吧，那外星人是哪里来的？如果不是由低等生物进化来的，就一定有一个外外星人，是他们先杂交出了外星人，而外星人又杂交出了地球人。

好吧，还算有道理、合逻辑。那外外星人是从哪里来的？定然有个外外外星人……

　　于是追到上帝那里去了。

　　总之，道家一脉崇尚智慧，而不是思维、知识和学问。我们可以把智慧看成是一种学习和思考问题的方法。掌握一种或几种方法，要比学会一门几门学问重要得多。有了方法你可以学习任何知识，只要你寿命允许、健康允许。

　　而懂得不同学问要有不同的方法，于是总是在摸索方法以传后人，这就是圣人了，这才是为人师表的大德、贤人。不是孔子那样只知仁义的君子。

《外篇》小结

一　《骈拇》，尊重人的本性，不要用仁义扰乱人的本性。

二　《马蹄》，"社会人性"要以不违背人的本能、本性为原则。

三　《胠箧》，违背人性的仁义，造成大盗不止。

四　《在宥》，"社会人性"来自于宽松的社会。社会宽松，人的本性自然会发展出"社会人性"。

五　《天地》，人于世间要先干好自己的本职工作，再顺其自然地生活，以追求人生最高的审美境界。

六　《天道》，道在通流，大道是流动着的；学习轮扁，重视人生经验。

七　《天运》，至人就是人格完整的人，是具平常心的人；审美经验是不可以代代相传的。

八　《刻意》，审美境界的最高层次，是天然去雕饰的自然美。

九　《缮性》，恬淡性情，活实在些。

十　《秋水》，事物都是以相对的形态存在着的；人生最大的智慧就是知道自己的不足。

十一　《至乐》，人生在世值得乐的事情有两件：一是创新及成就感；一是平平常常没觉出乐来。

十二　《达生》，外重身体锻炼，内重道德修养；最美的东西，是无法让人言说的。

十三　《山木》，保命之法，大而无用不如听其自然；最美的东西，是最简单、最自然的。

十四《田子方》，扔下包袱，超过老师，做个新我；人不能心死；最好的理想是情性的。

十五《知北游》，道不可言说；道在处处，道在脚下。

人性前四项的总结：

讲人性、讲理论，是最不人性的事情了。谁看见谁烦，我也累你也累，但不讲还不成。因为不讲，就不能对庄子有个透彻的了解。所以我把它放到这里，谁不想看，翻过去就是了，谢谢。

1. 人的本能

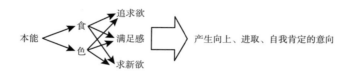

人的本能，分生存本能（包括求安全的本能）、生殖本能。

生存本能，按我们老祖宗的说法就是"食"的本能，它使人产生追求欲、饱食后的满足感以及求新欲；

生殖本能，按我们老祖宗的说法就是"色"的本能，它同样使人产生追求欲、满足感和求新欲。

这两种本能，都产生"向上"的意向，它是"进取"的源泉，是"自我肯定"的基础。

2. 人性的基本特点

人性的基本特点，它是建立在人的本能之上的。

它的"向上"的意向在此发展为"向上的意志"；

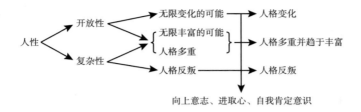

"进取" 意向发展为 "进取心";

"自我肯定" 意向发展为 "自我肯定（潜）意识"。

它比人的本能更加复杂和高级；它包括开放性与复杂性。

开放性，是指思想可以输入、输出的特性。开放性又具有如下特征：人格可能向着无限深远的方向发展变化着，同时也可能向着无限宽广发展而造成人格多重与丰富。

前者叫——人格变化；

后者叫——人格多重。

复杂性，人性的复杂，就在于它的无限变化的可能，于是造成的变化与多重以外最具进步意义的——人格反叛。

3. 社会人性

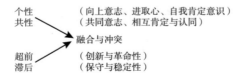

人虽然具有自然属性，是自然人，但人更具社会属性，是社会人。当我们从孤立的、最简单的本能与人性出发，步入文明这个范畴时，"社会人性" 就是必不可少的、人性的主要内容了。不要认为它不如 "人的本能""人性的基本特点" 那么重要，这是我们常犯的错误。其实越是文明程度高的人，社会人性的成分就越高，人们可以为一个理想而献身，正是这"社会人性"最光彩之处。

社会人性含有个性与共性的冲突与融合，而最富生命力的，是超前性与滞后性的冲突与融合。

个性，产生于本能，发展于"人的特点"中的"向上意志""进取心""自我肯定意识"，是这三种因素形成了人的个性。

共性，是社会对个性的要求。它包括群体共同志向、个体与个体的相互认同等。

超前性、滞后性，是相对于社会的进程而言的人的观念。

超前性的总特质是"喜新厌旧"、要求变革；

滞后性的总特质是"保守怀旧"、要求稳定。

个性与共性相冲突，超前性的观念与滞后性的观念相冲突，正是人性之所以是开放与复杂的推动力。

推动人类历史前进的力量，正是个性的力量；也是和具有超前性的领袖人物的智慧与观念分不开的。

4. 人性发展中的特点

人性发展中的特点　→　非线性（量变—质变—量变）

人性发展中的特点　→　自组织现象（混沌—有序—混沌）

前三条的研究，是静态的，它虽然指出了人性的开放性、复杂性，指出了人的向上意志、进取心、自我肯定意识的产生、源泉与动力，但它不能解释人性为什么会有纵与横的无限发展的可能，更不能解释为什么会有反叛性。

只有对人性进行动态性的研究，才能很好地说明人性中的这些特质。

人性发展中的特点包括：发展的非线性和自组织现象。

非线性，是指人性发展的变化由一而二，由二而四，由四而八……但当它到了某个阈值时，这种有序的变化一个子乱了，由八可能一跃至一百，或由八而五十五……此时一切变成了一片无序的混沌。而这个混沌不知在哪个因素主导下，产生了不知何种自组织，于是又归于某种有序……

非线性的变化，产生了各式各样的有序和混沌。在这种变化中，人性系统超越了某个极限，就产生了有序，有序的极限又产生了混沌。

非线性在空间上产生的图案是螺旋的，当然，这个图案是动态的和连续的；

非线性在时间上产生的节奏，是一种杂乱的节奏。

总之，正是非线性，产生了：量变—质变—量变……

自组织现象：人性发展在离开平衡后，进入混沌状态。但这个混沌是暂时的，在随后的一定时间和空间上会渐渐具有高度的组织性，这个组织性使人性的发展又进入一种平衡状态。我们管这个能自动进入平衡的性能叫自组织现象。

自组织的特点就是反馈现象和非线性。

我们很难预测什么时候出现自组织现象，出现什么样的自组织现象，只能靠概率来估算。

总之，正是自组织现象，产生了：混沌—有序—混沌……

而人性为什么要变化发展，它是以何种标准来变化发展的，这就是人性的第五大特点——"生活中的人性"这个题目了。

我们把它放到《杂篇》后面再讲吧。

理论这东西堆在一起，实在是令人生畏。

就谈到这儿吧。

杂　篇

一　庚桑楚

[原文演绎]

在老子的弟子当中，有个叫庚桑楚的，他很受老子的器重，也是对老子的道法学得最透的人。在他学业有成后，就告别老师，北上住在了一个叫畏垒的山区。安顿下来后，他办的第一件事，是把自认为聪明的仆人全辞去了，把好说东道西、满嘴仁义的女婢远嫁到他方；留下的下人全是憨厚木讷、诚实可靠的人，他与这些人相处，并用他们办事。三年后，畏垒地区粮食获得大丰收，人们都相互传说："那个叫庚桑子的人刚来时，咱们就看他不像是个平常人。如果从几天这样短的时间来看他，倒也平平常常，没见他有什么业绩；可是从几年这样长的时间看下来，发现他的本事可太大了，功德无量，简直就是个圣人啊。咱们何不给他建个祠堂，弄个塑像，供奉起他来呢？"

庚桑子听说了这件事，觉得让他坐北朝南当个精神领袖很别扭，心里十分不快。他的弟子挺奇怪的，也不敢问。

庚桑子说："你们是不是弄不懂我为什么不高兴吧？跟你们说啊，春天到了，是融融的生机使百草生长、欣欣向荣；秋天到了，是习习的金风使庄稼成熟、万籽生成。春与秋怎么能有如此神奇的魔力？那是天然之道在无声地运行。我听说至人们，静静地居住在一个无窗的小屋内，让百姓处于无人管束、自由自在的境地。如今畏垒的百姓却偷偷地想把我弄成个神明，与古时的贤人们一起供在祠堂里，从精神上管束着他们自己。天哪，我这不是生出个把柄让人家攥着吗？这和我老师老子教我的大相径庭啊，一想到这里，我心里就不愉快。"

弟子说："不是这样的啊，老师。一条平常的小河沟，大鱼就无法在这里翻身，而且还要被小泥鳅所制；几步高的丘陵容不下巨兽，还要被小狐狸欺凌。您就是大鱼巨兽，岂能受小泥鳅、小狐狸的侮辱呢？所以还是当一个领袖吧，那样谁敢招惹咱们？再说了，让草民们尊重贤良、让百姓听大师们的传授，扬善兴利、纯正民风，这是古时尧舜留下的传统。这个传统天下人都应继承，何况畏垒这儿的山民呢？所以，老师您应该当这个领袖。"

庚桑子说："小伙子，你过来，让我讲给你听。用嘴能含住一辆车的巨兽，如果独自离开山林，就免不了让网罗捕了去；能吞下一条船的大鱼，如果离开了水，就会被陆上的蚂蚁吃个干净。所以鸟兽不嫌山林之高，鱼鳖不嫌海水之深。要想不受干扰全身养性的人，就要隐藏自己的身形于芸芸众生里，不嫌住处的深远，不怕远离凡尘。

至于你刚提到的尧、舜二人，怎么配被人颂扬呢？这二位所建立的善恶标准，是不顾人性而凭空弄出个'举贤'与'心机'来，这不等于是把院墙、家园全推倒了，使之一片荒芜，再让人间长满蒿草一样地胡来吗？他们教人们的是一根一根地梳头发，数着米粒儿做饭，如此叽叽歪歪、委琐小气，怎么能有大家济世的风范和本领？他们宣扬的举贤，招致了民众的相互倾轧；他们宣扬心机与计谋，使这样那样的强盗滋生。他们的这些举措，是不能使民风淳厚的，相反的是让民众更加趋于贪心。于是就有子杀父、臣弑君、光天化日就抢劫杀人、打闷棍，大白天的就挖墙盗洞、掘先人坟。

我告诉你：天下大乱始于尧和舜的时代，而流弊将延续未来数千年。千年之后，这世上肯定有人吃人的事情。"

听了庚桑子的一番话，众学生目瞪口呆。一个叫南荣趎的正襟危坐在那儿，问道："老师，想我南荣趎已经一大把年纪，将不久于人世了，有什么办法才能让我修得您所说的大道，于这乱世之中不被小鱼、小虾、小蚂蚱吃掉呢？"

庚桑子说："保全你的身体、慎守你的心性，不要让你自己冥思苦想而饮食不安，更不要为你刚才提的问题把自己弄得鬼不像鬼、人不像人。修道与学一门知识是截然不同的方法啊，只要你按我刚说的去办，三年，保你得道，保你不死在小鱼、小虾、小蚂蚱口中。"

南荣趎说："人与人眼睛的形状是一样的，我看不出什么不同，但盲人就看不见东西；人与人耳朵的形状也是一样的，我看不出什么不同，但聋者就听不到声音；人与人心的形状也是一样的，我不知它们有什么差别，但疯狂的人就不知自己在干什么。人与人的身体也是一样的，但为什么有君子与小人那么大的差别？我这些年来一直追求至人的境界却终不可得，难道这是天生的差别么？今天你跟我说'保全身体、慎守心性、不要胡思乱想'就能成为至人了，好吧，我的耳朵真真切切地听到了，难道就是这样了么？"

庚桑子说："对啊，就是这个样子了。对修道一事来说，已经算是说透了！有一种野蜂不能自己孵化幼蜂，但其他的蜂就成；越国的鸡不能孵化天鹅，可是鲁国的鸡就成。鸡与鸡本质上并没有什么不同，之所以有差别，只是能力有大有小而

已。看来我的能力太小了，不足以教化你，你为什么不南下见
老子去呢？"

于是南荣趎背着干粮，走了七天七夜，赶到老子所在的
洛阳。

老子问："你是从庚桑楚那儿来吗？"

南荣趎说："是的。"

老子说："你为什么带了这么多人来呢？"

南荣趎一听吓了一跳，回头看了看，一个人也没有啊。

老子说："你没听懂我说的是什么意思吗？"

南荣趎心里这叫一个别扭，大老远来了，让老子骗了一
把，还不懂人家这是什么意思，真够丢人的。南荣趎红了脸，
低下了头……继而仰天叹道："我不知怎么回答你，因为我忘
了我来这里要问你什么。"

老子说："你再想想，是什么问题。"

南荣趎说："我想起来了：没有智慧，人家会说我愚笨；
有了智慧，又怕思虑过度而弄坏了身体；没有仁人之心，怕自
己会去伤害别人，有了仁人之心，又怕别人伤害我自己；没有
义气，怕伤了别人，有了义气，又怕别人伤了我的心。我怎么
才能逃离这相悖的两难境地呢？以上这三条，是我一直解不开
的死结。所以请您看在您的学生、我的老师庚桑楚的面子上，
给我一个答案吧。"

老子说："我刚才看到你眉宇之间的样子，就知道你一定
是带了一大堆问题来。现在从你的问话里可以说明我并没有猜
错。看你好像失去了父母一样失魂落魄，急得要拿个竹竿子满
天下地去找回自己的魂魄……太可怜了。你像是个流浪汉，想

返回自己的本性却又不知如何入手，苦苦寻求了几十年……真是太可怜了。"

南荣趎看祖师爷可怜他，马上要求在这里住下来，以便学到好的东西，改掉身上的坏毛病。

南荣趎真是容易忧愁上心，刚过了十天，就又来找老子。

老子说："你正在自我清理内心的污垢，修炼到这时正是要紧的关头，为何你又闷闷不乐呢？可见你心中仍有一丝难以抹去的邪念啊。好吧，看你这么大岁数了，我就告诉你一个修炼的小窍门吧：凡是身体上被外物干扰得难以放松时，你就放下身体的修炼，而一心去守内心的平静；凡内心因为急于求成或是旧有的观念干扰得难以修下去时，你就放下内心的修炼，而修身体的放松。如果内外、身心都受到干扰，这时连有道的人都没太好的办法啊，何况你这个刚学道的人呢？只有先停一停再说了。"

南荣趎说："邻里有人生病，乡亲们去看他，病人告诉大家说我病得很重，这样的人其实并没有大病。可是我这儿的情况正相反啊，我听了您的大道，反而更加糊涂了，这就好像是吃了药的病人病反而更厉害了。算了，我不想学大道了，只想学一学养生之道得了。"

老子说："可以啊，学养生之道，这道行也不低啊。不过你能不能抱神守一？你能不能一直坚持下来？你能不能不靠占卜而知未来的凶吉？你能止于静吗？能管束住自己的心吗？能舍去对老师的依赖而依赖自己吗？能遇事自然、泰然而处之吗？能像婴儿一样的纯真吗？

婴儿终日哭泣但嗓子却不哑，这是他阴阳之气相和的缘故啊；婴儿双手终日紧攥着却不抽筋，这是自然赋予他的本领；

婴儿终日瞪大了眼睛四处看眼睛却不干涩，这是他的心思不在研究外物上。婴儿啊，他们无拘无束，四处乱爬，自己也不知要去哪里；他们停在那里嘴里咿咿呀呀的，自己也不知要干什么，这就是大无为。随着环境而生活，跟着社会而变化，这就是养生的最高原则了。"

南荣趎说："难道这就是至人的境界了吗？"

老子说："不是。这只是旧观念、旧思维模式的瓦解，只是茅塞顿开的层次，你能达到这个境界吗？至人的境界，是求食于大地、感恩于老天，除此以外别无所求。他们不为人事利害、功名利禄所扰，但对这些现象见怪不怪。他们既不想办法去治理这些现象，也不与之为伍；他们独往独来，好自为之。这是他们的养生之法。"

南荣趎说："那，这总该是至人的境界了吧。"

老子说："还没有啊。我已经跟你说了：'你能像婴儿一样纯真吗？'婴儿举动不知为什么，婴儿行动不知去何方，他们身如枯木的小枝杈，心如死灰。你真能做到这样，那祸不会来，福也不会至。没福祸，怎么会有灾难呢？"

宇宙刚刚形成时，发出了强烈的光芒。这光叫天光。当天光充满了太虚之境时，一切渐渐清晰起来……人出现了，万物也出现了。在人类中有一类是对大道有体悟的，他们就是人类中的有德之士。有德性的人，人们尊重他，老天也帮助他。人民尊重的人叫天民，老天帮助的人叫天子。

看来有德的至人似乎是天才了。那不是让平常的人很灰心丧气吗？

也不能这么说，人是可以学习的，是可以通过学习而达到

"至人境界"的。问题是怎么学呢？

学习的人，是要学习他所不能学会的东西吗？办事的人，是要办他所不能办到的事情吗？辩论的人，是要辩他所不能胜任的论题吗？显然是不成的，这里的关键是：要知道自己的极限在哪里，这就可以算是每个人自己的"至人境界"了。若有不知好歹的拧种、倔驴、死杠头，那老天爷都看不下去，都会拆他的台啊。

储备万物以将养自己的身形，学会不胡思乱想而培养出真性情，敬重外物而与之沟通。假如这样还有灾难降临，那实在就是天意了，不是人为造成的了。这种情况太罕见，不足以破坏人的德性，不足以扰乱人的心灵。

人的心灵是可以执着某一种信仰的，但不知它所执着的是应该执着的，还是不应该执着的。

不是很诚心地去办事，那一定办不成；干上一个行业却不懂得放下，不知后来居上总是占着茅坑不拉屎，这叫错上加错。坏事干多了，一不留神暴露了出来，那时人人都会惩罚他；坏事干多了，小心谨慎地没让人发现，但在夜里、在死后，他的良心也要受到谴责。知道什么是光明正大、知道什么是心里没鬼，办这些事去吧，你可以独往独来、一路平安、一生平安。

重视内心修养的人，不在乎外在的评论；不在乎外在评论的人，人格总会闪光；志在赚大钱的人，实在是个商人。看一个人走路的样子，你大略就可以判断出这是哪种人。内心能容万物的人，万物入于心中而仍是空空荡荡；心胸狭隘的人，连他自己都觉得自己别扭，岂能容下他人。不能容他人的人没有亲人，没亲人的人是走到绝境的人。

最锋利的兵器莫过于志气，而镆铘为下；最大的敌人莫过于阴阳，因为阴阳充满天地间。并不是阴阳在害你，而是你自己在害你自己。当爹妈生下你时，阴阳是和合而协调的。但当你有了思想观念，开始偏爱某一方时，就失去了阴阳的和合与协调，灾难就来临了。

大道始终是相通的，是流动着的，叫"道在通流"。事物有毁就有成，有成就有毁。人们普遍厌恶的是毁灭，但只要是存在着的事物，其毁灭的结局是早就注定了的。那人们该不该去厌恶这个注定了的规律呢？不管你厌恶与否，它就在那里，谁也拿它没办法。再说了，有成无毁，那不是成了一个人出门办事而永远不见他回家来一样了吗？这叫见了鬼。人的精神也是这样啊，只出不进、神情外驰而不见回来，定然死得早。可是世界上就是有这样的人，只见其身形，不见其精神。身体是自己的，归自己管理和保养；但精神却不归他们自己，反而归名利财色控制着。这种人身上附着一种鬼，叫"无神鬼"。

以有形的人效法无形的"道"而获得"神守其舍"，是合道的。为什么呢？因为大道就是：出，不见它有根；入，不见它有窍。它确实存在却不知它家住何处，有所成长却不知它始与终的边际在哪里。我们管这种无根、无窍，确实存在又不知它在哪里的，称之为"宇"；把确实在成长却无始无终、从无极来到无穷去的，称之为"宙"。

在宇宙中，有生就有死，有出必有入。生死、出入都经过了一个看不见但又确实存在的门，我们管它叫"天门"吧。

其实，从抽象的理论上讲，这个天门是存在的，但真要找它在哪里，这个门在东方还是西方？是个牌楼还是个城门？没有，找不着。所以天门就是"无有"之门。万物从"无有"这个天门出出入入。

存在，不能从已存在着的事物中出入，定然是从不存在着的地方出入，这个不存在着的地方就是"道"。圣人所珍藏的，正是这个"道"。

古时候的人，他们用智慧探索万物的本质已经达到了极致。这个极致是什么样子呢？他们认为："存在着的万物，从本质上看从来就没存在过。"绝了，到了头了，这就是对万物本质极致的说法了，谁也无法超越了。

比这个极致理论稍差一点儿的是："凡是存在着的万物，它生出来就是死，死就是回家了。"这个理论是说"有就是没有，没有就是有"，这显然要比"根本上啥都没有"拖泥带水了点儿。

再次一点儿的理论是："开始时是什么都没有，后来'无中生有'而有了，再后来死了，这个有就没有了。"这个理论是以无为头，以生为身，以死为尾。显然这个"有头有尾"的理论，比"压根儿啥都没有"更加啰唆了。

其实有无、生死是一回事，三种说法表达上有直接与间接的区别，但同出"大道空无"这个命题之上。所以我认为他们都挺不错的，也愿意和他们亲近。这就好像称昭公、景公的人与称晋公、鲁公一样，都是公侯。前者以姓氏尊称，后者以封地尊称，没什么不一样。

有人脸上长了一个痣，于是你愤然道："咳！小子，去掉它。"按理讲这话不该你说，人家长不长痣关你何事？好吧，放下该谁讲这句话不提，只说一个人长了痣该不该去掉呢？我先举两个例子：腊月祭祀时，总会供上一些牛羊的内脏和蹄子，这些东西只是装点门面、烘托气氛、渲染情调，实在是既不能吃又不能扔掉；到宫殿去参观，走遍各殿和寝室，却没人想着去参观厕所，但你不能说"去掉这无用而污秽的东西吧"。

好了，现在我们可以分析一下"去掉它"这句话该不该讲了。

如果站在人性为本、智慧为师的立场上来判断是非，就能得到比较客观的、符合人性的答案。而这个答案就是"你这颗痣挺好看的，不用理它""一切都挺好的"。

如果为了自己的名声与实利，而以自己的好恶为准，那就是在要求他人服从于自己的主观意志。于是你尽可以见谁对谁说"去掉这个""去掉那个"……这叫什么？说严重点儿，这叫"用他人的死来捍卫自己的名节"。他人总有这样那样的错误，自己总是对的；他人的死活并不重要，自己的虚荣心是最最要紧的。这就造成了以实用为智慧、以没用为愚蠢；以显达为光荣，以贫穷为耻辱。事情发展到如今，果然如此，人人见了他人都要说出若干的"去掉它"的忠告，从来没人照着镜子对自己说"去掉我吧"！

否定他人太易，否定自己太难；肯定自己太易，肯定他人太难。虽然这是人之常情，但这不是和蝉与学鸠笑话大鹏一样的短见识吗？

踩了市人的脚，则赶紧向人家道歉，并声称自己太轻狂而不小心；踩了自家兄弟的脚，只需"哎呀"一声也就过去了；踩了父母的脚，踩了也就踩了。这是关系亲疏不同而造成的态度不同啊。所以说：最大的尊重是不分你我，最深的友情是没有物质关系，最高的智慧是没有计谋，最美的仁慈不需爱怜，最诚的信任不必先交定金。所以，应该理顺自己的思维与意向，解除思想上的谬论，去掉仁义道德的束缚，清除这些通向大道的障碍。且记：尊贵、富有、显达、威严、功名、利禄这六种东西可以迷乱人的意志；容貌、举止、情绪、理智、意气、意志这六种东西可以影响人的心灵；好恶、欲望、喜悦、愤怒、哀伤、欢乐这六种东西可以拖累人的德性；舍弃、争取、获得、给予、知识、技术这六种东西可以堵塞大道。以上四个方面各六种情况，如果不让它们在自己身上和心中作怪，就可以做到内心的平正。平正就宁静，宁静就空明，空明就恬淡，恬淡就是无为而无不为的境界。这种境界就是顺其自然，顺其自然就没有什么办不成的事情。

大道，德性的根本；生命，德性的光彩；人性，生活的本质。人性的活动叫行为，违背人性的行为叫失德、没德性、缺德。知识，来自于外物的接触；知识，是广阔而无穷的。但一个人所掌握的知识是有限的，总有他不知道的东西，就像斜着眼睛看事物，总有看不全的地方。人们的行为只要是顺从自然，哪怕是不得已、十分被动的，都算是有德之行，也叫德行；人们的行为只要不违背人性，就算是主动地争取什么，也都是合理的。以上两条一个被动、一个主动，似乎是相反的，但实际上是一回事。因为德性即人性，所以两者都体现着生活的本质、人性的光彩、大道的根本。

羿是神箭手，他善于射中微小的目标，但别人对自己的奉承，他却不知如何应付；圣人善于处理天下大事，但不善于处理自己私人的人事关系；大，能处理好天下大事；小，能处理好私人小事，这样的人是全能的完人了。你要说完人像条虫子，这没什么不对。因为虫子的行为也是天性。完人讨厌仁义的天道，因为那是假圣人造出来的假天道，更何况这是假圣人们把天道与人性对立起来建立起的理论呢。所以，凡是与人性相悖的理论，不论它说得多么动听而诱人，都是完人所反对的。再次重复一下：生活的本质是人性流露的过程；德性的光彩源自于生命过程中人性所表达出来的爱与憎；德性的本质是大道，也就是尊重生命、尊重人性。

一只麻雀从羿的面前飞过，羿一定会射杀它，这是羿的威风。但这威风必须是麻雀从他面前飞过，这样他才能逞一逞能。如果把天下当成一个笼子，那麻雀就无处可逃了，这个威风大得可是不得了，似乎有点儿不可能。商汤用一个高级厨子笼络住了伊尹，秦穆公用五张羊皮买断了百里奚。投其所好是笼络人的关键，不投其所好而能笼络住人的，没有这种事情。所以，不要对着干，不要总想着用刀或箭来留住人，那是有限的。顺着干，用投其所好来留住天下能人，这是布置了满天下那么大的一个笼子，没人能从这个笼子里逃脱啊。

不修边幅的人不怕人笑话，因为他已经不把外在的议论放在心中；要死的犯人不怕登高，因为他早把生死放在脑后。没有惧怕、没有负担的人，精神上是一种忘我的境界，人是忘我的人，一切听天由命了，也可以叫他是天人。对于这种天人，你多吹捧他，他也不喜；你多侮辱他，他也不怒，只以顺天命为他生命的唯一目的。

发怒而不是出自真心，这种怒是假的，是出于不怒之心的；有为而不是出自真心，这种有为是假的，是出于无为之心的。想静就要平心静气，想通神就要顺气安心。要想有所作为而又合天道，那就干顺天道而不得已的事情。

让天道逼得不得不去干，不干不成……这不叫狼狈得很、被动得很，这叫圣人之道。

[延展思考]

《庚桑楚》的篇名，是个人名。好人、圣人，在庄子笔下定然是自家人，不是自己道家的师兄，也是自己道家的师弟。

庄子通过庚桑楚在畏垒这个偏远山区扶贫而办出业绩一事，说出人性很醒腆无奈的一面：只要你满足了大家的私欲，那你就是英雄、你就是伟人，人们就崇拜你，大家就给你树碑立传。

在人类全部利器中，最可怕的就是"贿赂"，它像一张大网，比导弹、飞箭更能伤人。不过这也要分清：像贿赂大官，肯定有罪，是小人行为；贿赂家人，这是孝子，是孝敬的行为；贿赂百姓，除了拉选票这不算，其余的都叫爱民，是青天大老爷办的事儿。

像庚桑楚贿赂人民一案，似乎与国家利益、民族利益、精神文明、品质德性没太大的关系，或者说关系太远太远，于是也没人受理这案子，反而算他是个好官。这也难怪，我们人类社会发展到今天，正是以满足人类私欲为基础的。

不管是在人间造神，还是造出死对头，统统是为了个人的私欲。只要你一层一层地分析下去，定然逃不出这个天大的大网。所以，人类文明会发展到人吃人，也就在庄子的意料之中了。

不幸，这一回让庄子猜中了。

南荣趎见老子，老子问："你怎么带了这么多人来？"一下子把南老爷子唬得够呛。这个故事为以后的禅宗打下了"开示""悟入"的基础。

禅宗的传灯录中常有这样的故事：弟子问师什么叫佛，师一个大巴掌扇过去，弟子一愣。注释说，这就是师傅在开示，这就是见了真佛，就看弟子明白不明白了。明白的挨了大巴掌还马上跪下给师傅磕头，算是开悟了；不明白的一气走了，到别的寺里找别的大师修行去了。

老子一句"你怎么带了这么多人来"，把南荣趎吓了一跳，脑子里一片空白……这正是无穷无极的状态，正是虚静空无、恬淡寂寞的大好时光。可是南荣趎白活了这么大，不懂大道是需要用自己的感受去悟的。于是回过头看，没人，自己也一片懵懵懂懂、昏天黑地了。

静心、净心，只在挨了一大巴掌的瞬间，只在让老师问得一愣的瞬间。明白的就明白了，不明白的完了，研究一辈子。

有僧问赵州禅师什么是佛，师回答："庭前柏树籽。"再问急了，答："佛是什么狗屎橛？"

明白的，跪下谢师教诲之恩；不明白的回房里研究研究……据说至今仍在研究中。

同时在南荣趎见老子这个故事中，老子讲的是，内心太乱修身，身体太累修心。身心都疲惫，只有歇一会儿去了。这给道家的修持提供了绝好的理论基础：一张一弛、一动一静、一内一外、一阴一阳……本是人格完整、颐享天年的标准。

一辈子只静不动，那叫无际空，寂死鬼；

一辈子只动不静，那叫无穷动，闹死鬼；

一辈子采气壮阳，那叫不知足，满脸疙瘩鬼；

一辈子修内不修外，那叫内强外干，有肉无皮鬼。

老庄的道家，讲的道就是顺其自然。而顺其自然的行为就是道德的行为。所以庄子一再强调德性的根本是大道，所以合称为"道德"。弄这么个道德戴在头上干什么？庄子不是最不喜欢有束缚的吗？这个问题老子没解决，庄子就不得不说了。

所以庄子认为：一个人的生命有了道德，就有了光彩。这句话说得不错，什么人活着都要活出个味儿来，也就是要有其光彩。做贼的有贼道，好孬也算是有道之贼，也如同龚自珍说得"才偷"吧。杀牛的有解牛之道；做车轮的有"扁轮之道"，螳螂有捕蝉之道，黄雀有捕螳螂之道，君王有扑杀老百姓之道……老百姓有抗税之道，没胆子抗税的有进山修行之道……反正要有道。因为信仰不同，活着的方式也肯定不同，但要活出光彩来，怕是都要弄出个"道"来。

庄子认为：顺其自然地活着——就合道；合道——就有德性；有德性人活着——就有味；活得有滋有味，生命——就有光彩；生命有光彩——就合人性。

到此，老庄人生哲学的理论框架基本建立起来了。

生命是个过程。人生的一切灿烂与生动全在过程当中。凝固在书中和纪念馆里的辉煌与伟大说什么也是过去时，只可追忆，不可亲临。那生命过程中是不是需要一点趣味和光彩呢？还是只需要伟大的理想、纯粹的精神、钢铁般的意志，别的就不需要了呢？见仁见智，而庄子说："人就是为趣味活着，这是合人性的。"两种说法哪个对？还是都有道理？是不是两者都太偏激了呢？诸位怎么说？

　　毛泽东主席说："人总是要有点儿精神。"没说"人全都是精神"。那个不全是精神的部分，我看就是生活吧。谢觉哉老先生生病住院，毛主席去信说："既来之，则安之。"人在特定的时候需要拼搏，在特定的时候又需要安静、安详、安心、安居、安顿……

　　家里买房了么？装修上当了么？是不是室内有毒的氨呀、苯呀……笨蛋啊，都超标超得太狠了？

　　要建立起生活乐趣是太难了，要破坏生活乐趣是太易了……

　　别说腐败、犯罪、养二奶这些挺费时、费钱、费精神的大"政绩"了，就说咱老百姓上街买二两肉吧，也要思量注水了吗？有瘦肉精吗？掺老鼠药了吗？分量够吗？

　　如今，能活出个放心就挺不错的了，谁还敢奢望着活出个有滋有味来呢？

二 徐无鬼

[原文演绎]

隐士徐无鬼在女商的引见下来见魏武侯，魏武侯做出关切的样子说："先生是生病了，还是山林的隐士生活太苦而撑不住了，所以才肯来见我呀？"

徐无鬼说："我是到这里来慰问君王您的，您怎么反倒慰问起我来了呢？君王您总是满足自己的所有欲望，不断增加着好恶的分辨之心，这已经使您的性命受到威胁，您的身心就要生病了；我来这里是劝告您戒掉自己的嗜好与欲望，减少分辨之心，这样您的身心将无恙。……只不过眼睛见不着美色，耳朵听不着音乐，有点儿着急上火罢了。所以，我是来慰问您的，您又何必为我操心呢？"

魏武侯东张西望，不知如何应对。

过了一会儿，徐无鬼说："我跟您说，我有一个给狗相面的本事。下等品质的狗，一天只是图个吃饱了就得了，这是懒狗的品性；中等品质的狗，总是聚精会神地看着天空，显出一种傲气；上等品质的狗一副呆呆傻傻的样子，连自己是条狗都忘了。可是我给狗相面的本事又不如我给马相面的本事了。我给马相面，是看马的身材：该直的地方如吊线一样直，该曲的地方如月牙儿一样弯，该方的地方如矩所量，该圆的地方如规所画，这就是国马了。但它还称不上是天下的宝马。天下的宝马是天生的良材，它的眼神含着一丝忧郁、怅然若失……好像忘掉了自己。这种马跑起来,只见一溜尘土而已,哪里看得见马呀。"

这一回,听得魏武侯开心地笑了。

从魏王的宫殿里出来,女商不解地问徐无鬼:"先生,你用的是什么特殊的方法劝大王的呢?我们劝大王时,横着说《诗》《书》《礼》《乐》,竖着说《金板》《六弢》;不论横竖,把凡是建功立业的无数事例全说给大王听,以振奋他的精神、焕发他的斗志、激起他的雄心……可是都没用,大王连哼都不哼一声。而今天先生您就几句话,居然把大王说得眉开眼笑,神了。这是圣人们的哪部经典啊,竟然有此魅力?"

徐无鬼说:"你没听说被流放到远方的越国人吗?他们离开家园只有几天,但是见到认识的人就非常高兴;他们在流放地待上几个月后,就算是遇到过去只有一面之交的人,也兴奋得不得了;到了服刑一年以后,哪怕见的人根本不认识,但只要是越国人,就是老乡了,早已激动不已了。这是什么道理呢?这就是他们离家乡越久,思念家乡的情感就越深啊。一个逃命的人躲在深山老林的山洞里,出没于荆棘满布、野兽四伏的小径,内心与外界全部空空荡荡……这时突然听到有人的脚步声由远而近,那个内心的喜悦怎么能用语言表达呢?更何况伴随着脚步声,传来的是他兄弟、亲友们欢快的谈笑声呢?

听久了圣人们的这经那经,逃又逃不掉,耳边又没有别的声音,岂不是空空荡荡……可怜的魏王,他太久违了人性、人情了啊。"

徐无鬼又去拜见魏王,魏王说:"先生隐居山林,吃着野果、栗子、野葱、野韭菜，远离寡人，太久了啊。如今老了，找我来了，是想尝尝酒和肉的味道，还是想帮助寡人为社稷造福呢？"

徐无鬼说："无鬼我生于贫贱之家，从来不敢想着享受一下君王的酒肉盛宴，我是来慰问大王您的啊。"

魏王大惑不解道："说什么呢？慰问我？我有什么不妥吗，需要你来慰问？"

徐无鬼说："正是啊，大王您现在的心与身都有大大的不妥啊。"

魏王说："这是怎么话说得呢？我没什么不妥啊。"

徐无鬼说："天地滋养万物是一视同仁的，身居高位的人，天地并不以为尊贵；位居低下的人，天地并不以为低贱。大王您依仗自己是万乘战车的大国国君，于是以全国人民的疾苦，换来您一个人耳目鼻口的享受，这是良心所不允许的啊。良心是什么呢？人的良心就是趋向和睦而厌恶奸诡。奸诡是病，是身心上的大病，所以我来慰问您。全国所有的人，只有君王您一个人得了这种病，您知道为什么吗？"

魏王说："咳！我想见先生已经很久了。我真的挺想爱护人民，并为了仁义而停止用兵，您看这样成吗？"

徐无鬼说："不成。爱民，实是开始害民。为仁义而停止用兵，是扩军备战的根源。您要是以这两种办法来治国，那不但不会成功，反而离大祸已不远了啊。人世间，大凡能成就富国强兵、繁荣昌盛美名的君王，没有一个固定的治理国家的模式。大王您要照搬古人的仁义之法，实在是投机取巧、欺世盗名的拙招。您想啊，您必须先打造自己成为大仁大义的君主形象，这形象既崇高伟大又正确无二。也就是不能再有修改和进步的余地了，已经是顶峰的顶峰了。这样一个固定不变的政策和形象，怎么可以应付万变的国情呢？于是，只要有变，不但形象垮了，政策也完了，天下也就乱了。我看不必把治理国家说得玄之又玄。只要你不在城楼下陈列兵器以炫耀武力；不在宫中私藏军队以应事变或排除异己；不要心里老想着整死别人；不要总盘算着用计谋算计他人；不要崇尚谋略是万能的，总想用谋略把天下看不上眼的人全谋略死；不要总想着武力可以战胜一切敌人。您做到了这以上的六点，何愁国家不大治呢？

屠杀他国的人民，兼并别国的土地，用来颐养自己的私欲和满足自己的私心，这样的战争有什么益处呢？最后胜利的到底是谁呢？大王您真的想富国强民，想建一世丰功伟业、成一代霸主明君，就请您丢弃仁义和计谋，涵养真诚与无为，顺应天地的平和之情性，休操干戈、罢演刀兵。如此，老百姓脱离了死亡的威胁，人人活得充满了希望……

当人民自发地走向富强时，哪里还需要你再制定什么仁爱和裁军？"

黄帝要到具茨山这个地方去见大隗，于是驾车出行。黄帝端坐中央，方明为正驾驶，坐在左边；昌寓为副驾驶，坐在右边；张若、习朋在前引路；昆阍、滑稽在后保护。到了襄城郊外时，七位圣人迷了路。四野空空，连个人影都没有，问路都没法子问。

正在这时候，远远地来了一个放马的童子，于是有人上前问道："你知道具茨山在什么方向么？"

童子说："知道。"

又问："那你知道大隗住在哪里吗？"

童子说："知道。"

这时黄帝对这小孩有了兴趣，说："这个小孩子不一般啊。不但知道具茨山在哪里，还知道至人大隗的住处。好吧，小孩，请问你知道如何治理天下吗？"

童子说："治理天下？天下不是挺好的吗？你们今天出来郊游，不是挺好的吗？怎么又多出事来，非要治理一下呢？你像我吧，从小就求学上进，国内都跑遍了，到处访师问友，最后弄出了头昏眼花的毛病。谁知这个病挺难治，请了多少医生也没治好。后来有个长者对我说：'瞎治个什么劲呀？你乘上阳光之车，游于襄城之野，什么病都没了。'于是我的病就开始见好了，今后我还要到国外去看看呢。要说治理天下，也就是如此这般吧。我又何必谈这些？这关我什么事呢？"

黄帝一听，大吃一惊，说："当然，治理天下确实不是你该操心的事。虽然这样，但对于治理天下这样的大事，你如果有什么高见，说一说又有何妨呢？"

这小孩子没说话。

黄帝有些急，又问。

童子说："治理天下的道理，和我放马一样，没什么区别。只注意为马除去病害、寄生虫，也就足够了。"

说罢赶着马走了。

黄帝冲着远去的牧童三叩首，令班师回京。

百人百态，这是个性的需要；人人不同，这是人类为了进化所必须具备的特点。虽然每个个体都不尽相同，但我们还是可以约略地总结出几种类型。不是说谁好谁坏，只是说有这些样式的真实存在。

知识分子，要不因为自己的思考而弄出一些故事来，心里就不痛快；

善于辩论的人，要是没有一下让他施展辩才的场所，准能给急疯了；

总爱拿个放大镜看别人的人，如果没有人让他来挑挑毛病，那他就能给憋死。

以上三种人，都是依仗自己的才能，极力要表现自己。一旦这个表现受挫，就活得不自在、别扭、难受。当然，他们从来也没想别人自在不自在、难受不难受。

招摇过市的人，总能当上朝廷里的官；

骗取民心的人，官总能当得有滋有味；

力气大的人，总想找谁切磋切磋；

真正勇敢的人，总能于危难时以身报国。

当兵的喜欢打仗；

才枯气竭的老学究总想着写个什么，好万代留名；

学法律的，巴不得天天有人打官司；

讲礼教的，见了女人也不会乐，满脸严肃；

讲仁义的，见了仇人也强装笑脸，总想和天下人都交上朋友。

农夫，没了土地、没了劳作就不能生存；

商人，没了资本、没了市场就得改行；

草民，只要有一份工作，哪怕从早干到晚也心甘情愿；

工人，只要看见了机器，那就非要做出个什么东西来不可。

如果社会不允许人们积累财产，那贪财的人就该发愁了；

如果社会不允许有权力的人显贵，只能是公仆，那简直是喜欢炫耀的官员们的悲哀。

势利小人总喜欢局势变化，以便从中取得好处；

野心家总是默默地在等待，巴不得明天发生政变，自己一下子变成手握大权的人。

以上这些人，总是与时间为伍，随着时间的流逝，在那里等待着什么。他们可不是无为的人，他们是为了有为，暂时潜伏下来罢了。他们利用自己的身体和心灵为资本，准备着为自己认定的事业大干一场。他们沉浸在外物的诱惑里，终生不知回返，可悲啊。

庄子和施惠一见面就有辩不完的理论。这一天，两人又开始了……

庄子说："一个射箭的人，把箭射出去，看是射中了什么地方，然后说：'你看我是神箭手吧，我就是要射这儿，这不，射中了。'这种打哪儿指哪儿的人如果算是神箭手，那天下不都成了后羿了吗？这成吗？"

惠子说："可以啊，这有什么不成的呢？"

庄子说："要是天下没有一个公认的准则，而是各有各的标准，各有各的说法，那天下人岂不都成了尧帝了，这也可以吗？"

惠子说："可以啊，我看没什么不可以的。"

庄子说："可是儒家、墨家、杨朱派、公孙龙派已是四家，加上你共是五家了，你们都说自己的学说最正确，那到底谁是最正确的呢？也许都不是，而是同鲁遽一样？

鲁遽是怎么回事呢？我先跟你讲一下：有一次，鲁遽的弟子说：'老师，我已经得了您的真传啦，我能在冬天从炉灰中铸出鼎，能在夏天由水中造出冰。'鲁遽说：'从炉灰中铸鼎叫以阳召阳；从水中造冰叫以阴致阴，这并不是我讲授的道。我给你看看我的道吧。'于是他调好了一把琴放在堂里，又调好了一把琴放在室内。当他在堂里的琴上弹奏'宫'音音阶时，室内的那把琴也发出了'宫'音；当他又在琴上弹奏'角'音音阶时，室内的那把琴也发出了'角'音。然后鲁遽把室内那把琴的琴弦重调了一下，与"宫、商、角、徵、羽"五音全不相合，此时他再弹堂里的这把琴，不论是'宫'是'角'还是其他的音阶，而室内的琴二十五根弦全发出了不合调的'嗡嗡'声。这时弟子们都大吃一惊，不知老师的道行为什么这么神奇。其实这只是音高相同而引起的共鸣罢了。如果音高不同，只能因振动而发出噪音。鲁遽是在告诉他的弟子们：我弹的是堂里的琴，发出的是五音；你们是室内那琴的二十五根弦，音调与这把琴不相合，只能是跟着'嗡嗡'。

我讲这个故事是说：是不是你们五家的学说谁的都不对，只像那二十五根弦一样，随着正确的学说在瞎'嗡嗡'而已呢。"

惠子说："如今儒、墨、杨、公孙龙四家，正在和我辩论。我们观点相反、态度强硬、大声地争辩以压住对方的声势。不过到了现在，我还没觉得我有什么不对的地方。这怎么能像鲁遽呢？我们没有跟着谁一起在'嗡嗡'，我们各有各的不同的调啊。"

庄子说："这样争论下去就更可怕了啊。齐国人都很小气，有这么一位，为了省钱就让自己的儿子到宋国去打工，什么工具也没给他。儿子到了宋国，在一家当了个守门人，雇佣他的这家给了他一个铜铃，以便巡更时边巡察边示警。可是这个儿子和他爹一样吝啬，他把铜铃用布包了一层又一层，说是怕摇铃把铃给敲坏了。后来这位齐国的先生想找儿子回来，问遍所有的亲戚朋友都不知他儿子在哪里打工。看门人白天休息晚上工作，他又不摇铃，外人根本不知这家雇了看门人，所以没人知道他在这家干活。没办法，这位齐国老爷子干脆不去找了，而是出寻人启事。为了省钱，这位齐国的大爷只把寻人启事贴在齐国国内，根本不去宋国张贴。看来他是再也找不回自己的儿子了。

楚国人都很强悍。有这么一位寄宿在别人家，但动不动就骂人家的看门人。好歹要走了，半夜上船，又和船老大打起来了。这可好，从上船到船没靠岸，刚这么一会儿的工夫就和人结了仇。

辩论很容易成了为辩论而辩论。当一切都演变成情绪上的对立、论点上的对着干时，别说探讨真理了……惠子老友，你可小心不要结下仇啊。"

庄子为他人送葬，在坟地里路过惠施的墓前时，他回头对送葬的人说："楚国的郢都有一位泥瓦匠，干活时鼻子上沾了一点儿灰浆，也就有苍蝇那么大。这位泥瓦匠双手正拿着砖和瓦刀，于是就让石匠用斧子帮他把这点灰砍下去。石匠二话没说，抡圆了斧子，'呼呼'有风地劈了下去。再看，那点儿灰浆果然没了，而鼻子丝毫也没伤着，泥瓦匠站在那里神色泰然。

宋元君听说了这件事，召来石匠说：'我鼻子上也弄点儿灰，你给我砍下去。'石匠说：'过去我能砍，现在不成了。

不是我不成了，而是能相信我斧子有准头的泥瓦匠死了啊。'

这个坟里埋的是我的好友，也是我的论敌啊。自他去世后，我再也找不到好的辩论对手了，我也再不辩论了。"

管仲有病，齐桓公来看望，说："仲父，您的病已经很重了，有一件事我也不怕你忌讳，不得不说了。请问，您过世后，寡人该让谁接您的位置，把国家托付给他呢？"

管仲说："大王啊，您想托付给谁呢？"

齐桓公说："鲍叔牙。"

管仲说："不可以。鲍叔牙是个廉洁奉公、孤傲清高的好人。但是他对于能力和品质比自己差的人，理都不理；对别人的过错，一辈子都不会忘记。所以让他做官可以，当宰相不成。如果你让他来治理国家，上，他会左右你的意愿；下，他会违背百姓的利益。得罪了君王的人，这个官能当得久吗？"

齐桓公说："那么，谁可以胜任呢？"

管仲说："如果实在没人，那隰朋就可以了。隰朋这个人在自己的上级面前不逞能，在下级面前能让他们发挥各自的能力而又不脱离自己的领导，他常常感叹自己没有黄帝那种能体谅不如自己的人。

以高尚的德行恩及他人的人，是圣人；以自己的财产惠及他人的人，是贤人。

以自己是贤人的姿态出现，需他人仰视者，不得人心；以谦虚而低下的姿态对待他人的贤人，没有不得人心的。这种人在处理国事时，常是装着没听见；在处理家事时，常是装着没看见。不是没听见、没看见、没原则、和稀泥，而是不苟求、不过分干涉，给他人以宽松、宽容的环境和轻松愉快的心态啊。所以，实在没人，就是隰朋吧。"

吴国国王泛舟长江，兴趣所致，弃舟登上了一座猴山。众猴哪里见过这等气派的仪仗，这么多红红绿绿的人呢？惊恐地一声喊叫，四散于荆棘密林丛中。有一只不知死的年轻公猴，在树间腾挪跳跃、蹿爬飞旋，向吴王尽显它的本事与技巧。如此的藐视吴王，使吴王大怒，取弓箭射杀。谁知这猴也不简单，身手敏捷得可以，竟然用前爪接住了箭。如此嘲笑吴王，更使吴王怒不可遏，令随从一齐放箭。这一回该这猴子完了，被乱箭射死。

吴王怒气消去后，自己觉得有点儿无聊——这大王当得有点儿滥用职权——于是讪讪地对他的朋友颜不疑说："这猴儿，依仗它的灵巧，凭着它的本事，竟然敢藐视寡人，不杀它杀谁呢？它的死能怪寡人吗？这是它咎由自取啊。要引以为戒啊！呜呼，什么时候也不要用自己之所长来傲慢轻视他人。"

颜不疑听在耳内，记在心头，回家后赶紧拜董梧为师，去掉自己的高傲之气，取消炫耀的音乐歌舞，谢绝官员和显贵们的造访。

三年后，全国人民都称他是个好官。

南伯子綦靠着炕几懒洋洋地坐着，仰天而嘘长气。他的弟子颜成子进屋来正好看见，说："老师，您可真是了不起啊。人的身体可以修得如枯槁的骨骸，但心灵也可以修成死灰一样吗？"

子綦说："心灵当然可以成为死灰啦，但这不是修来的，而是悟来的。告诉你，我曾在山中的洞穴中住过，可是把身形躲得那么隐秘，齐国的国王田禾还是打探到了我的下落，前来看望我。于是齐国大小官员、各色人等全来山洞祝贺我得到大王的重视。看来，定然是我有声望在先，齐王才打探我的下落；定然是我张扬卖弄我的才能，齐王才说什么也要来看我。反过来说，如果我没有声望，谁会知道我是谁呢？倘若我不卖弄自己的才能，谁会到深山里来看我呢？

呜呼！我可怜那些把自己当成商品卖给别人的人，我更可怜那些可怜他人的人，我最可怜的就是可怜那些可怜他人的人啊。

悟到这一点，我开始从心里渐渐地远离声望和卖弄。这一回不是身子进山洞，而是心进了深山里的洞穴中去了。这不是心如死灰了吗？"

孔子到楚国，楚王设酒宴款待他。孙叔敖拿着酒杯站在孔子旁边，市南宜僚举着酒杯冲孔子说："古时的人，于酒宴上都要发表自己的见解，咱们今天效法古人，请先生您讲吧。"

孔子说："我听说过有一种教学法叫'不言之教'，所以我一直没开口说话。现在非要让我讲，那我只好将就着说两句：市南宜僚用两个铁球就化解了楚宋两国的战事，孙叔敖手摇羽扇躺在床上就使楚兵停止了攻伐，我孔丘就是有三尺长的嘴，也建立不了这样的功勋啊。今天二位均在此，为了表示我对他们的尊敬，我还是无言无教、低头喝酒为好。"

宜僚和叔敖所作所为，可以说是不作为之道；孔子的低头喝酒，也可以说是不言语之辩。所以德行到了一定程度，总是会于无为处归于一。人的语言，在智慧所不能达到的地方就失去作用了，这是语言的极限。大道对所有人是一样的，但每个人的德行却各不相同；智慧所不能理解的，要比能理解的多得多，所以未知的东西举不胜举。可是这个世上就是有像儒家和墨家这种人：他们把没德说成有德、把不懂说成懂，天下所有事没有他们不知道的……他们每日都争辩不休，这和无言、无为之大德，差得太远了。

大海不会谢绝东来之水，它恭敬地吸百川、纳江河而成为大之楷模；圣人胸怀天地，恩泽天下而百姓不知他们的姓名，于是成为君子。这种生来无爵位、死去无谥辞，没有实在的好处、没有显赫的名声之人，叫大人。狗不因叫得凶就算是良犬，人不因善于争辩就是贤良，何况要成为大人呢？

一心要成为大人的，难以成为大人，更何况要成为有德之人呢？

世上最大的东西，莫过于天地了；天地并没追求什么，却成为最大的东西。最大的东西就是不求什么、不失去什么、不抛弃什么、不以它物而改变自己的本性。

返回自己的本性而不追求、遵循天然的古朴而不要计谋，这就是大人的真诚。

子綦有八个儿子，这一天他把他们都叫到面前，排好了队，请一个会相面的叫九方歅的人前来，说："请您给我看看我的儿子，他们哪个最有福分？"

九方歅说："这个叫梱的，命最好了。"

子綦惊奇地说："为什么是他呢？"

九方歅说："梱将和国君同一桌吃饭，一辈子啊。"

子綦一下子面色土灰，流着泪说："我儿子怎么混得惨到家了呢？"

九方歅说："他与国君一起吃饭，也就是和国君关系不一般啊。这样一定会有恩泽惠及你家三代，更何况你们当父母的呢？今天你这一哭，完了，福气一下子弄跑了不少。看来以后只能是你儿子有福，你这当父亲的福算是让你哭跑了。"

子綦说："歅兄，你怎么会明白呀，我儿子梱哪里来的这种福气呢？大块吃肉、大碗喝酒，从嘴里进去是容易的，可是谁又知道这些东西是怎么来的呢？拿我来说吧，我没有养羊，而屋子西南角却站着一只羊；我没去打猎，而屋子东北角却立着一对鹌鹑，你不觉得这事太蹊跷、太古怪吗？你不认为这里有名堂吗？

我之所以和我儿子们四处游荡，是要逍遥于天地之间啊。我与他们求乐于天下，求食于地上；我不同他们共事，不给他们出谋划策，不让他们标新立异；我和他们共处在天地的真诚之中，不被外物的干扰而迷乱了自己的性情；我培养他们顺其自然地应酬万物，不被眼前的利害而蒙蔽了自己的心灵。现在我儿子梱将不用付出就得到世俗所想得到的东西，这不是大古怪吗？凡有古怪的征兆出现，必有古怪的事情发生，紧跟着灾难就会来临呀。这不是我和我儿子的过错，这是老天爷降的罪，躲是躲不过的。所以我才哭泣啊。"

没过多少日子，楚国派梱出使燕国。半路梱被强盗抓住，要当奴隶卖掉。当时各国已经禁止把好人当奴隶买卖了，身体健康的人是不容易卖出去的，所以强盗砍了他一只脚，弄到齐国来卖。正好齐渠公逛街，一见他眉清目秀的就挺喜欢他，于是买下他当自己的守门人。果然，这个叫梱的吃了一辈子肉，到老。

啮缺路遇许由，问："你要到哪里去？"

许由说："我要避开尧帝。"

啮缺问："这是为什么？"

许由说："这个尧帝呀，昏昏然整天想的都是仁义，我真怕他被天下人耻笑。其实这也罢了，但如此下去，后世一定会出现人吃人的事啊，这全始于尧帝的仁义。

让天下的民众拥戴一个人，是件挺容易的事情。你给民众一点笑脸，他们就和你亲近；你给民众一点好处，他们就聚集在你身旁；你给民众一点鼓励，他们就高高兴兴地为你玩命；你要是把一些他们厌恶的事强加给他们，一时三刻他们就跑干净了，一个也不剩，哪里还管你什么仁义、什么礼教、什么文明呢？

如果让民众们发现跟着君王一起大喊仁义就能得到实惠，那真正喜爱仁义的人少，为实惠而爱仁义的人多。如果仁义的施行没有一点儿真诚可言，那么仁义大旗下聚集的就是一帮贪图私利、沽名钓誉的小人，而仁义也就成了小人变显贵的工具。

如果指望着靠一个人的智慧和能力就能造福于天下，这种无知加幼稚的观念如同要从一小孔里看清天下一样的可悲与可笑了。

尧只听说施仁义的贤人可以治理天下，这显然有些片面和孤陋寡闻了。他哪里知道这种满嘴仁义的'贤'人只会'贼'天下。仁义二字听起来不错，贤人二字听着也挺好，但这都是理论，都是听来的东西，不是施行起来的东西啊。听说与实做、理论与实践怎么能是一回事呢？这个道理只有深切地感悟到贤人弊病的人，才能明白啊。"

人有三种：有自鸣得意者，有苟且偷安者，有以苦得乐者。

所谓自鸣得意者，是这样一类人：他们大多是知识分子，只是从自家老师那里学得一家之言，然后闭塞视听，一辈子坚定地只讲一家之话。自以为满腹经纶，学识已达人类顶峰，以一览众山小的心态去笑傲天下。他们是一群与自己狭隘学术理论共荣辱的人，这就是自鸣得意者。

苟且偷安者，简直像是猪身上的虱子。当虱子爬到猪毛稀疏的地方，就感到天高地迥、海阔天空，如同住进皇宫一般令人荡气回肠。它们在蹄边胯下将养生息；在乳房腿根嬉戏玩耍，以为这实在是"虱间天堂"，没有比这更安全的地方了。不想一天屠夫来了，挽着袖子拿着柴草，一把火，把虱子和猪毛全烧焦了。他们是一群依赖一个小环境而进退、而生死的人，这就是苟且偷安者。

以苦得乐者，那就是舜帝这样的人了。羊肉并不爱蚂蚁，但蚂蚁偏爱羊肉，因为羊肉膻气。舜帝就是有膻气的人，他取悦百姓的手法就像羊膻气一样让百姓兴奋，让百姓紧随不舍。舜帝三次迁都，十几万人都跟着他迁到邓这个地方来，这就是膻气所致啊。尧帝听说了舜的贤德，把他从穷乡僻壤之地提拔上来，希望他能给天下百姓以恩泽。且不说是不是恩泽了，只说舜自贫困地区出道，一直干到人老珠黄牙齿稀，脑子都糊涂了还不愿意退休归里。从中可以看出：这一类人是以工作为其生命的全部要义，只能上不能下，只能进不能退，自己为自己的膻气所陶醉，自己为自己的工作所骄傲。但心里是不是真爱民众？是不是真爱工作？是不是也像羊膻不爱蚂蚁，而蚂蚁爱羊膻一样？……反正这就是以苦得乐者。

神人是不喜欢和民众聚在一起的，人与神聚在一起就会因为层次和境界的不同而矛盾百出；有矛盾就于两者都不利。所以，神人既没有特别亲的朋友，也没有特别疏远的仇人，他们抱着一视同仁的态度，以宽厚之德而顺应天下，这神人其实就是真人。真人的标准就是：去掉追逐膻气的嗜好，学习鱼儿自得的心态，警惕自身所特有的迷人的膻气并除掉它。

真人与常人有什么不同？他们看东西也用眼睛，他们听声音也用耳朵，他们想问题也用心。因为只有这样，他们才能做到公正、公平，只有这样其变化才能与自然变化相一致。他们不用神通或者说没有神通；他们不用特异功能或者说没有特异功能。

古时的真人，以天道待人，不以人干扰自然的运行。这一点与常人的观念不同。

古时的真人，"得"也是生，"失"也是死，与常人的观念相同。但他们还认为"得"同时也是死，"失"同时也是生。只这一点于境界上的差异，而高于常人，成为真人。

药材本无贵贱的区别。乌头、桔梗、鸡头、猪苓都是常用的药，也常随病人病情不同而成为主药，怎么可以不论病因就说谁贵谁贱呢？

当越王勾践率三千甲兵退守会稽时，只有文种明白这是越王用的诱敌深入、骄敌之兵的败中求胜之计。何等聪明的文种，但他不知道自己事后会遭杀身之祸。所以说，猫头鹰的眼睛再锐利，也有适用的范围；仙鹤的腿长得出奇，却也自有它的作用，你要是截短了也不成。

常言说，风吹过河面，河水会减少；太阳照在河上，河水也有损耗。如果风和日不断地带走河的水分，而河水不见减少，那一定是河之源头不断地有水注入啊。所以，河不离河道，源头的水才能不断补充；影子紧随人身，才能有自己的身形；此物不离彼物，大家才能共存。

眼睛过于敏锐就算是祸害，耳朵过于聪敏也难逃祸灾，心机过于繁复灵巧则殃及性命，其下场更坏。这些过人的能力本来生成于脏腑，一旦成长壮大而达到五官，那已经来不及悔改。这种过人的本事越大，其带来的祸患也就越大，返回本性的阻力也就越大，同时需要修炼的时日也就越长啊。可是人们就是把这些过人的本事看成是自身的宝贝，这难道不是太可悲了吗？

当国家遭到灭亡、人民遭到杀戮……这样的事情代代不绝、世世相传时，不该问问这是为什么吗？

我们的双脚所踩住的地面很少，正因为这样，我们才能跨过很多地面而不踩它，就可以到达远方。我们不必像车轮一样把所有经过的地方都"踩"上一遍。

我们能掌握的知识实在是很少，正因为这样，我们才能跨过很多道理而不必弄懂它，直接掌握大自然的天道。

什么是天道？知道大一、知道大阴、知道大目、知道大均、知道大方、知道大信、知道大定……有这些知识足够了，就算是知天道了。

"大一"就是通达，万物通达于混沌如一；

"大阴"就是虚静，只有虚静无为方能顺应天道的变化；

"大目"就是纵览，要知晓万物各有各自不同的变化；

"大均"就是公平，要明了天地造万物不偏不倚；

"大方"就是有容，天道大气得很、宽容得很，正邪、善恶、美丑……总在天道之内；

"大信"就是诚信，不要怀疑这里面有鬼，天道不似你那阴暗之心，天地无心计；

"大定"就是无事，天下本无事，庸人自扰之。坚信无事，持之以恒。

无穷无尽的终极在哪里，自有天道在掌握着；无穷无尽的轮回何时了，自有天道在掌管着；茫茫然一片的中心在何处，自有天知道；万物生成之始在何时，那时正是天道生成之时。明白了以上的道理好像没明白什么，了解了什么是天道好像没了解什么。其实正是当下，就是这个。

世上就是有怎么说他也不懂的人，同时还非要追问个究竟。于是你只能告诉他：天道不可以有边际，也不可以没有边际。为什么这么说呢？这是因为看问题角度不同、方法不同，结果就不同，这是自古至今的真理。凡是回答大道是什么时，这样答复就不会错到哪里去。

问题不在于有人老是在问这问那；问题在于他们为什么总是对什么都不相信？对什么都怀疑呢？其实用以上七条解释天道，完全可以使人不惑啊。

只有不惑，只有坚信不疑，才是理解大道、理解人生的真正开始。

[延展思考]

《徐无鬼》一篇，看来是在解惑。

第一部分，魏王不仁，女商托徐无鬼去说服魏王。徐无鬼的解惑方法是不说正经说狗经、马经。

当一个人听正经听得没了脑子，一片空空荡荡时……久违了，人性。

你要问：凭什么不讲理性？不讲科学？解惑应该以理服人！

徐无鬼说：人不是生活在纯理性、纯科学里。当一个人正不想看到谁，却偏又碰到谁时，心里总是骂着："真倒霉！谁让自己刚出门就看见了一只乌鸦？这不是报应来啦。"这句话不能拿来分析，不能认定这个人就迷信。因为这是人的情感、情绪。

人的情感、情绪什么时候能说出道理来呢？

在生活中给这种没道理的东西留下一方蓝天，有什么不对么？

相信世上所有的困惑和不解之谜都会得到科学的答案，这是理性的。这是科学而进取的态度。它适用于自然科学和部分社会科学。

相信世上有困惑、有不解之谜，这是感性的，是美丽的，是人类神秘、好奇的本能所导致的。这才是人文科学感兴趣的事情。其实人们并不希望活在一切都明明白白、一切都是一加一等于二这样清晰的世界里。不是的吗？各位扪心自问一下。有谜、有不解这没什么不好，多少艺术品反映的正是这些东西，多少幻想所依据的不正是人们的好奇心理？

你非要说"科学可以解释一切"，那生活的趣味在哪里？如果说怨天怨地、相信命运、哭爹骂娘是迷信，是伪科学，可是当"对面的女孩看过来"时，你的心为什么狂跳不已？你说："并不是所有的女孩看过来我都心跳，只是这个……"对啊，为什么只是这个你才心跳？都是女孩子，有什么不同？

气质不同？什么是气质？是出气长短，还是肺活量大小？是鼻子眼朝上？

品位不同？什么是品位？含金量是多少？话语中有百分之几是成语？

"反正是不同……"这一回对了，因为你终于承认这个世上有说不清的东西。

第二部分，庄子给我们列出了几种人，指出了他们"社会人性"上的缺点。

黄帝游于襄城之郊一节，多事的黄帝向牧童问治国之道。游玩就专心地游玩得了，干啥分心想治国的大事呢？那个国哪里要你费心去治？

西方的一个哲学家说："列宁告诉我们这样管理国家；斯大林告诉我们不要这样管理国家；赫鲁晓夫告诉我们谁管理国家都成；勃列日涅夫告诉世人——这个国家根本不需要人来管。"用社会科学的观点看这段话，是一点道理都没有，哪个国家也要有其领袖；作为人文科学、人的情绪来说，发发牢骚也属正常，不必太认真。但要是上纲上线，说这是反动言论，那就有些过分了。我的一个插队同学正是说了这句话，弄了个"反革命"当了几年，后遗症是——至今少言寡语。

庄子与惠施辩论一节，是说辩论容易伤和气、容易得罪人。

我看辩论还是应该有，只是别把这个当饭碗，更别把这个当成成名成家的手段。如果这样的话，辩论会就变质了，成了某些人的工具了。

齐桓公与管仲论鲍叔牙，其观点与郑板桥的"难得糊涂"相似。

不是不要原则，而是说在非原则的问题上、在说不清道不明的生活小事上多一些宽容与大度，总比斤斤计较好；在一些看不顺眼的地方，少看一眼好；在自己说了也没用的时候，不说为好。省些力气，要干的事情太多……

只要良心尚在，没什么不可以的。

吴王杀猴一节，除演员和中下层官员外，其他各色人等全不必认真，和咱们没关系。

许由与啮缺一节，是说"流行口号后面的阴谋"。

这里面有句很有名的话，如果让民众们发现跟着君王一起大喊仁义就能得到实惠，那真正喜爱仁义的人少，为实惠而爱仁义的人多。如果仁义的施行没有一点儿真诚可言，那么仁义大旗下聚集的就是一帮贪图私利、沽名钓誉的小人，而仁义也就成了小人变显贵的工具。

……满嘴仁义的"贤"人，只会"贼"天下……听说与实做、理论与实践怎么能是一回事呢？这个道理只有深切地感悟到贤人弊病的人，才能明白啊。

当仁义成了流行而时髦的口号时，当人们看到一起和君王喊某某口号就有实惠可捞时，那个仁义或是某某口号就成了向上爬的工具。

其实仁义或某某口号并没坏到哪里去，只是让一些人弄坏了而已。"四人帮"喊的口号比谁都革命，比谁都更唯物主义。

其实情绪和情感这些无理性的东西也没坏到哪里去，只是让一些人弄坏了而已。

能把种种好事弄坏了的人，是什么样的人呢？

　　我猜想他们大多是西装革履、正襟危坐、高谈阔论、满嘴跑科学……当他们一脸严肃地骂伪科学时，当他们极力丑化情感与情绪时，真不知他们和他们的老婆怎么过日子的……

　　说起这种人，怎么有点儿像咱们北京人呢？或是这种人都跑到咱北京来了？于是把咱北京老爷们儿带累坏了？我并不是想给咱们"京爷文化"弄个坏分子的帽子戴，而是咱们也确实有不少陋习。比方说：说得多，做得少；大事做不来，小事不愿做；爱面子，摆架子；只愿被服务，不愿服务人……

三 则阳

则阳游历于楚国，请夷节为他向楚王推荐一下。夷节就跟楚王说了，谁知楚王根本就不理这回事，夷节只好挺没趣地回去了。

则阳又托人见到王果，问："先生您为什么不在大王面前推荐我呢？"

王果说："我在大王面前不如公阅休说话管用。"

则阳说："公阅休这个人是干什么的？"

王果说："这个人，太神啦。冬天他在长江边抓鳖，夏天他在昆仑山避暑。有过路的人问他家住何处，他说：'这里就是我的家，我就在这儿住。'你去求他吧，这个人可是有名的高人啊，跟楚王说得进话。

你不是求过夷节了吗？他都不能说服楚王，何况我呢？我还不如夷节有面子呢。

夷节为人处事没有德性但有心机，从不自以为是，总以下三烂自居。说起拉关系、搞交际那可是他的拿手好戏，谁也不能比。所以人家一直吃香的、喝辣的，颠倒于富贵场中、温柔乡里。夷节帮助他人不是因为德性，而是想毁掉这个人的德性。你求他帮忙，如同一个要冻死的人，盼着春风来温暖自己，谁知盼来的竟然是冬季里的凌厉寒风。

我们楚王这个人，长相粗犷、性情暴烈、神态威严。他好虚荣，谁要是得罪了他，他就如同猛虎吃人一般毫不留情。所以，能跟楚王说上话的人，除了阿谀奉承之辈，就是刚正不阿之人。也就是夷节这种人或是公阅休这种人。除了他们，谁也不能说动楚王啊。

圣人在贫穷时可以让家人不觉得贫穷，因为他们的精神世界和情感世界十分丰富；圣人在显达时可以让王公忘记爵禄而谦卑地对待他人，因为他让王公们认识到天道的平等；圣人对待万物，能与之共戏于变化之中；圣人对于他人，愿意进行生活上的沟通而保存自己的天性。所以，圣人可以不用言教而滋润他人的心灵，与他人站在一处就能感化他人的灵魂，就如同父亲对儿子的那种潜移默化的熏染。圣人回到家中，总以虚静无为、寂寞恬淡为功课。要说他的思想境界，可是与常人相距甚远啊。而公阅休正是这样的圣人。

我还是刚才的话：'找公阅休去吧'。"

圣人能通达世上最难解的道理，这是因为他视天下万物为一体，只追求事物的"知其然"，并不深究其"所以然"，他认为那是天道的本性。圣人以顺应自然变化为宗旨，以天道为师，人们管这种人就叫圣人。圣人们担心人类滥用计谋，因为改变自然或算计他人都不会长久、都是在违背天性和人性，一旦碰了壁，到了不得不终止的时候，那时人类该怎么办呢？

生来就美貌的人，是家人给她镜子，并告诉她很美之后，她才明白自己美过他人。其实，不管她本人知不知道，也不管是不是听到别人说她美，她的美依旧，别人对她的喜爱依旧。这就是天道，并不是谁想美就美、谁说美就能美的。

圣人爱护他人，这是他的天性。是他人送给他的称誉，并告诉他他是爱护他人的人。如果没人告诉他，他可能还不知道自己是爱护他人的人。但不管圣人知道不知道、听说没听说，他的品德依旧，人们对他的称誉依旧，这是人性所致。并不是谁想成为圣人就成了圣人，谁让人这么一说就给说成圣人了的。

故国、故都，从远处看上一眼就使人畅然。即便是城垣变成了一片丘陵，砖瓦满地、枯草连天，十户人家有八九户被荒芜和凄凉所遮掩，但看一眼心里畅快依然。故国故都在人们的心中本来就神圣，更何况亲眼看见，那就好像十仞高台矗立在心中啊，情感世界里的神圣，让人顶礼膜拜到永远……永远。

冉相氏这个人可以在轮回变化的圆中，处于一个圆心的位置，同万物的变化一起无始无终地流动。天体与万物的变化，因为有规律可循，可以看成是如一的本性。处于圆心，就是与这如一的本性相雷同。如果不在圆心而是跟着变化学习变化、紧追不舍，那就是以身殉于变化，让变化拉着自己走，太被动。用紧跟和学习的方法来处事，会怎么样呢？

圣人们从心里就没想着研究什么是天、什么是人、什么是始终、什么是万物，他们与世人共同生活而并不改变什么，他们行为完备并不缺少什么，这种与天地人相融合的境界，是怎样的境界呢？

商汤得到了一个驾车的贤人叫登，一个当门卫的贤人叫恒，于是低下地拜他二人为师，不被上尊下卑的等级之规所束缚。这是商汤学得大道并悟得圆心的好处，然后他给这个圆心取名为虚空。虚空这个名字与无为相合、与大道相合，并从天道和为人两方面都有实用的独到之处。孔子也是思考了多年后，才悟到虚空这个合天道、合人道的方法。

容成氏说："不计较时日就没有岁月，内心无我则外物虚空。"

梁惠王魏莹与齐威王田侯牟曾有和约，后来田侯牟违背了这个和约。魏莹大怒，要派人刺杀田侯牟。

大将军公孙衍听说君王要派人刺杀一国国君，认为这种恐怖活动是本国的耻辱，对魏莹说："大王您是具有万乘战车的国君，您不以军队来解决对方的违约，却以一个匹夫来报公仇。这不是把合于国际法的讨伐变成了私人恩怨的暗算了吗？我愿意领二十万大军，正大光明地为您进攻齐国，俘虏他的国民、夺取他的牛马，让齐威王急得内火攻心、后背生疮。然后灭掉他的国家，赶走他的大将田忌，鞭打他的脊背，折断他的脊梁。"

季子听了公孙衍的主张，认为更是可耻，对魏莹说："筑一座十仞高的城墙谈何容易，现在十仞之城就在那里，却要推倒它，这是让工匠和劳役们痛心的事情啊。如今有七年没战事了，这正是大王巩固国家基础的时候，万万不可错过这个时机。公孙衍是在鼓惑人，千万不可听他的。"

华子听了季子的话，大不以为然，说："鼓吹伐齐的人，是鼓惑人；大喊不要伐齐的人，也是在乱人视听。在这里讨论是伐齐乱人还是不伐齐乱人的人，也是在蛊惑人心、乱人视听。"

魏莹越发糊涂了，问道："那我该怎么办呢？"

华子说："大王您只要去修道就成了。"

惠施听到这番争论，叫把戴晋人找来见魏莹。戴晋人是个贤士，他对魏莹说："有种东西叫蜗牛，大王您知道吗？"

魏莹说："知道。"

戴晋人说："在蜗牛的左触角上有个国家叫触氏，在右触角上有个国家叫蛮氏。这两个国家时常因为争地盘而发生战争。每次战争都是伏尸数万，胜利的一方总是要乘胜追击十五天方才罢休而返。"

魏莹一听有些不信，说："什么？你这是瞎说呢吧？"

戴晋人说："您要是不相信，那就请我给您证实一下。大王您认为天地之大，在这四方上下有尽头吗？"

魏莹说："没有，天地是无穷尽的。"

戴晋人说："当您的心游历于无穷无尽的天地之间，返回来看一个个可以从这头走到那头的若干国家，哪个不是小得跟若有若无一样的呢？"

"是啊。"

"在这可以丈量的国家当中有个叫魏国的，在魏国当中有个小城叫梁，在这个叫梁的小城中有个大王。这个大王与蜗牛右触角上的蛮氏有什么区别呢？"

魏莹惭愧地说："实在是没区别啊。"

戴晋人说完就走了，而魏莹怅然若失地愣在那里。

送走了戴晋人，惠施进来见大王。魏莹说："这位客人可不是一般的人啊，是个大人物。我看像尧、舜这样的圣人也比不上他。"

施惠说："吹竹制的箫管，可以发出洪亮的声音；吹刀剑的佩环，只能发出一点儿金属声。尧、舜二帝的声望，是人们吹出来的。如果要评比一下戴晋人和尧舜的道行、德性，那前者如同是在吹箫管，声音洪亮、功德无量；后者如同是在吹刀剑上的佩环，谈不上道与德，只能是发出一点儿金属声而已。"

　　孔子到了楚国，住在蚁丘山下一个卖浆的人家里。这家邻居的男女主人、家臣、小妾都登着梯子扒在墙头上往这院里看。

　　子路喊道："你们这些人鬼鬼祟祟地要干什么？"

　　孔子说："这一定是圣人的家人们啊。这位圣人自己隐姓埋名躲在民间、藏于田园。他的名字没人提起了，但他的志向还是那样无穷而高远。他口头上也说些什么，但心里却寂静一片，哪里有什么可说的呢？他的行为与世人相反，他的内心不与世俗同流。他把自己藏匿得这么深，会不会是市南宜僚呢？"

　　子路请孔子让他过去看看，并打算把这圣人请过来。

　　孔子说："算了吧。市南宜僚这个人知道孔丘我很敬重他，也知道我到楚国来了，他一定以为我是让楚王给我弄个官吏当当，所以把我看成投机的小人了。像他这种品性的人，听到投机者三个字都烦恼得不成，哪里能亲自和投机者面对面地谈上几句呢？你以为他还在隔壁吗？他早走啦。"

　　子路赶紧过去看，果然邻家已空空如也。

　　在长梧这个地方守边疆的军人跟子牢说："长官您处理政务不要鲁莽，您惩办民众不要草率。我过去是个农民，如果耕地时鲁莽，那长的庄稼实在是稀稀拉拉，这是鲁莽的报应；如果我除草时草率，那收获的粮食也实在是马马虎虎，这是草率的报应。第二年我就不敢掉以轻心了，我深耕细耘常松土，庄稼长得苗壮茂盛、籽饱粒满……弄得那一年我们家粮食一整年都吃不完。"

庄子听说了这件事，颇有感触地说："如今人们保养自己的身体、修养自己的心性，大多和这守疆军人讲得一样啊。人们逃避自然的规律，背离人的本性，泯灭人的情感，磨灭人的精神。人们活着好像就是给大家看、让众人评论。人们鲁莽而草率地对待人的天性，这将是产生万恶的孽根，像疯长的芦苇侵害庄稼一样，人性将被疯长的欲望所扭曲、所扼杀。这样看来，开始本是为了修身养性所做的一切，因为鲁莽和草率反而招致人性中邪恶的东西被点燃。于是内热发作、疮痛遍体、躁动不安、脓血流溢……这个人算是完了。"

柏矩在老子门下求学。

一天，他对老子说："请您让我到天下去游一游、转一转吧。"

老子说："算啦，天下和这儿一样，有什么可游可转的？"

柏矩再三请求，老子只好说："你打算从哪里开始游呢？"

柏矩说："就从齐国开始吧。"

柏矩到了齐国，首先看到的是一具被处死而示众的犯人尸体，柏矩费了挺大的劲儿把尸体摆放好，脱下自己的礼服给他盖上，然后仰天大哭，嘴里还念念有词道："你啊，你啊！天下将有大难，我们全都得去，你只是比我们先行。常言道：不要当强盗，不要杀人！可是你为什么偏往刀刃上碰？我知道：正是人间有了荣辱的标准，才使世间产生了种种弊病；正是人们聚敛财富，才使世间演出了一场又一场的战争。当这个荣辱标准和连年战争使穷人永远难逃贫困的轮回时，想让你不当强盗，怕也早就死了七八回，反正是活不成。你是时代的产物，你是文明的牺牲品。我给你摆正身形，蒙上我的礼服，我为荣辱和财富而哀悼，为生命而招魂。"

古时为人君主的人，以成就归于民，以失败归于己；以正确归于民，以过错归于己。当有一个人受到刑罚时，他们就退下来反省自己的过失。

今天可是大大的不同了。

君王们总是隐蔽事情的真相而愚弄百姓，让百姓一不小心就不明不白地犯了罪，然后再干掉他们；

君王们总是千方百计地刁难百姓，让百姓无所适从，然后再惩罚百姓不会做事情；

君王们总是把力所不及的重担压在百姓头上，眼看着百姓一个个累死，然后轻松地说百姓们拈轻怕重；

君王们弄出一个遥不可及的目标让百姓们奔向那里，却诛杀所有没到那里的人。

当百姓们身心疲惫、实在无法应对时，就只有用虚假来求得生存。于是光天化日之下，虚伪丛生。这时谁还不用虚假来保全自己的性命？当人们拼尽全力也活不下去时就做假，当人们绞尽脑汁也赚不到钱时就欺骗，当人们身无分文时就抢劫……好像这也是天经地义的因果报应。

诚实与率真何在？早被君王们处以极刑；盗窃成风，谁的责任？

蘧伯玉活到六十岁时，回首往事，发现自己这六十年来思想观念、思维模式、处理事物的方法一直都在变化。而每次变化都是以"这一回可找到正确的答案了"作为开始；每一次变化又都是以"这个还不是正确的"而告终。如今已经六十岁了，而得到的第五十九次答案仍是感到不正确。

万物都有它的出生，但谁也找不到它的根；万物都有灭亡，但谁也不知它去了哪里。人们崇拜的科学和知识只是人类已经掌握了的科学和知识，没人能仅靠已知的这点东西就能让未知的成为已知。不靠敢于改正自己错误的勇气和精神、不靠不懈探索的毅力和意志，掌握再多的现有的知识也不能前进。其实这是个能不能、敢不敢否定自我的问题，这里理性的因素是次要的，而人格和人品的因素是主要的。

否定自我、战胜自我，这可能是人类自身最大的困惑，也是最难逾越的障碍了吧。

算了，算了吧！人类就是在不断改正错误中前进的，不管你信不信，谁也逃不出这个定律。我同意这样的观点，难道不对吗？

孔子有个疑问，就对太史大弢、伯常骞、狶韦说："卫灵公饮酒作乐，不理国事；郊游田猎，不应邀参加诸侯的会盟。为什么他死后的谥名会是灵公呢？"

大弢说："就是因为叫灵公，才叫灵公啊。"

伯常骞说："灵公虽然生活上有些……但他身上还是有挺大的优点的。我听说灵公有一回正和他的三个老婆洗澡，史鳅因有国家大事而闯了进来，灵公赶紧围上了个毛巾上前搀扶史鳅。说起来灵公的生活真是够轻慢放荡的了，但是他见了贤人还是这样尊敬……就凭这一点，他就应该被称为灵公了。"

狶韦说："你们说得都不对。其实是灵公死后，占卜了一下，结果是不宜葬在祖茔中，而要埋在沙坑里。于是大家跑到沙地里往下挖。挖到几丈深时，有一个石棺，洗干净了一看，

上面还刻着字，说：'不靠晚辈做棺选址，卫灵公葬在此。'
于是人们恍然大悟：原来大王叫卫灵公啊，而且他的谥号老早
老早就由老天爷定下来了。算啦，不管他生前什么德行吧，只
要是上边有暗示，就按上边的意思办吧……

这就是灵公这个谥号的来历，你们俩哪里知道这里的天
机呢。"

少知问太公调说："什么是丘里之言？"

太公调说："丘里嘛，这是集合十个姓氏，够一百人而自
然形成的、人们风俗所认可的一个单位。世上的事物都是集合
各个不同为同一，分散同一而又成为各个不同。比如马吧，你
可以说出马的上百个不同的部位，但它仍是各个部位而不是
马；如果你牵一匹马到这里，那这就是集合了上百个不同部位
的马，它是马而不是各个部位。正是这个道理，山是由低下垒
积而成为高，江河是由滴水汇聚而成为大。把大小合并起来就
是公。

从外在客观进入主观意识时，要有主见而不执着；由内在
主观去判断外物时，要公正并不拒绝他人的建议。四季因为气
候不同，再加上天道的公正，才形成了岁月；五官职责不同，
再加上君王不徇私情，那国家就能大治；文与武性质不同，大
王能公平对待，这个政权才有完备的德行；万物的生成方式各
不同，天道无私，所以只能说天道无名。

什么叫天道无名？无名就是无为，无为时才能无不为。

什么是无为而无不为？比如：狼与羊各有各的生存方式，
而这两个方式又是相悖的，那谁对，谁错呢？是帮着狼吃尽了
羊以搞好水土保持，还是帮着羊杀尽狼而让人有羊肉串吃？智

慧的最高境界就是合天道，天道就是无为啊。无为就是：谁都对，谁都错，不向着谁也不偏着谁，就让你们狼啊，羊啊，水啊，草啊，羊肉串啊……自己折腾去吧。于是天下狼和羊都生活得健壮而活泼，水也清，草也壮，羊肉串依然挺好吃。这就是无为而无不为。

四季的来去有始终，世间的沧桑有变化。祸福总是相伴不离，如果生活有让人痛苦之时，那一定也有让人欢快的一刻。人生有太多的道理，人们有权各自追求自己认为正确的。比如：有认为狼是伟大的，有认为羊是美丽的……有人说要慈悲，有人说慈悲生匪类……于是有了正确，也就有了谬误；有了向东，也就有了向西。

比如一个大的森林，什么叫森林呢？它是各种树杂合起来的总称。各种树木各有各的用处，各种树达到一定的数量，就叫森林；那什么是大山呢？必须是树木与山石混同在一处，当树与石多到一定的数量，才能称之为大山。丘里的第一层意思就是各种人杂合起来，当他们达到一定数量后的总称。丘里的第二层意思是：以小见大。麻雀虽小，五脏俱全，以麻雀看所有的动物，就是以丘里之言看社会风气的意思了。"

少知说："既然丘里之言可以反映出社会现象，那把它看成是大道，够资格吗？"

太公调说："不可。天下事与物不下千万，我们总说万物，就以万来表示数目繁多，念起来顺口方便而已。所以，万物只是对无限大的一个称呼。

天地是空间里最大的事物，阴阳是气息中最大的气；而大道却是含摄天地和阴阳二气的。可见大道之大，越发的无法形容。正因为它无法形容，我们只好叫它大道，这也只是一种称呼而已。我们虽然给了大道一个名称，但我们要清醒，要知道它代表的是无限、无穷、无极的真实世界啊。所以认真地讲，大道两个字已经和真实世界有很大的差距了。如果我们没认识到这个差距，还要把丘里之言看成是大道，那不是把狗和马相比，差距大得更远而更加毫不相及了吗？"

少知又问道："那么四方之内、六合之中，万物是从哪里生出的呢？"

太公调说："阴阳相互交融、相互补充、相互抵消，四季相互取代、相互滋生、相互湮灭。有了以上基础性的变化，于是欲望、厌恶、离弃、索取接踵而起、雌雄相合、将养生息、万物为之繁衍。于是天地间安与危相互转换、祸与福相互孕育、缓和急相互影响、聚和散相辅相成……我讲得这些都是有据可查的，其精微处也有真实的记录。

不管万物的变化有多么复杂，都有一个不变的模式。这个模式就是：物极必反，周而复始。所有事物都离不开这个规律。语言所能表达的、智慧所能涉及的，只是事物本身的变化而已。也就是说，明了'物极必反，周而复始'对于常人已经足够了。

悟道的人，他们不研究事物的最终去处，也不研究事物的最初缘起。因为不能用语言表达，不能用智慧理解，玄之又玄的事情，你怎么能讲得清？所以，言语道断、心行处灭，不思考、不讨论，正是出于对大道的尊重啊。"

少知说："季真先生的学说是无因无果，接子先生的学说是有因有果。这两家谁近乎情理？谁远离情理？"

太公调说："鸡鸣狗吠，这是世人皆知的事情。就算是有大智慧的人，也不能明白这一次它们鸣与吠的原因，和下一次它们将要鸣和吠的原因。由此看来，事物精细可以达到无限小，事物宏大可以达到无穷大。非要用无因无果或有因有果来描述万物，那是以事说事、以物论物，局限在可见、可思考、可议论、已知的范围里了。我看这两家都有些过分。

有因有果显得实了，无因无果显得虚了。有名有实是物质的范畴，无名无实是事理的范畴。可以言传和可以意会的，越要表达它们就越显得离它们疏远。未生的事物挡不住，已死的东西也追不回。死与生本相距不远，但谁也搞不明白这里的区别究竟在哪里。所以，非要在这里以因果来论定事与物、生与死，我看不成。还是应该'不昧因果'吧。

我观察天地之根本，上溯至无穷；我探求天地之归宿，下达至无尽。无穷无尽，说都没法说，这和万物的生灭来自无穷、止于无尽是一个道理。看来天地与万物都是无穷无尽地没法说。而有因果与无因果这两种学说却想说清楚，想把天地万物之初和之末弄出个因果来，这就是痴人说梦，根本不可能了。既然不可能，那也就和天地、万物共始终了，大家一切归入了无穷无尽的没法说。

大道不能只针对有形之物，也不能光针对无形之事。之所以叫大道，只是个名称。实与虚这两家学说都囿于大道的一边，这怎么算得上是大方之家的悟道真言呢？

什么是悟道真言？什么不是悟道真言？

能全面阐释大道的学说，整天让他说，也不论他说什么，都合于大道，他说的都是悟道真言；

只能解释部分大道的学说，整天让他讲，也不论他怎么死乞白赖地讲，都只是合于事物的表象，他们讲的都不是悟道真言。

大道是超越事物的，在事物以外仍有无限多的东西也属于大道。所以说什么和什么都不说，全都不能说清什么是大道。

似说非说，好像没说什么又说了什么；说的人懵懵懂懂，听的人一片茫然，看的人雾里看花……这个样子倒是与大道的模样相似了。"

[延展思考]

《则阳》的篇名，本是一个人的名字。让这位蝇营狗苟的人来做篇名，实在让人憋气。也不知庄先生是怎么想的。

在第一部分中，讲了则阳先生使劲托人找门路，要在楚国弄个一官半职的。王果当头泼了他一头凉水，因为君王只喜欢两种人：真正的君子与真正的小人。也就是本节中的公阅休与夷节这两种人。

庄子给咱们讲的是故事，但中国历史上的君王多是喜欢这两种人，这就不是故事了，这是政治权术，是沉重而真实的历史。因为君王虽然需要品德好、威望高、有能力的人来帮他治理国家，但更需要一些心狠手辣的鹰犬来为自己办事。这些小人为君王办什么事呢？一是除掉自己不喜欢的人；二是帮自己办点儿淫乱的事儿；三是当这些小人实在是民怨太大了，就再找下一茬小人，干掉这一茬小人……

斯大林就是这样干的，于是弄得大家全远离他，没一个亲信了。

唐玄宗重用李林甫，众大臣上表要弹劾李，玄宗说："我知道他是小人，但有的事只有他能办，你们办不来。再说用人之所长，不也是你们常挂在嘴上的吗?"于是众大臣闭上了鸟嘴。皇帝也是人，他办理国事需要廉洁奉公的君子;他办理个人情感上的私事，就需要小人了。比如偷人家的老婆，赌个钱，没事散散心聊聊天……凡鸡鸣狗盗、声色犬马之事，不让玄宗找李林甫那找谁去呢? 难道让他找魏征这样的忠臣不成? 皇帝也是人，也有七情六欲。当官的也是人，也有七情六欲……于是上下五千年，君子与小人共存亡，阴阳与日月共争辉了。

君子自恃自己正大光明，总在皇帝面前奏本，挤兑小人，这就让小人恨得牙根儿痒痒了。小人可不敢奏本，于是就要阴谋、施毒计、扎针、放暗箭……忠臣早晚让小人给暗算死了。小人暗算死君子后，定然天下大哗、举国沸腾，于千夫所指之下，皇帝不得不把小人杀掉。天下复归太平，人心振奋、万众一心……新的君子当上第二批忠臣。

皇上在励精图治的一鸣惊人后，总会有三年不鸣。多好的鸡或是凤凰总不能让人家天天打鸣天天高飞吧? 怎么也得让人家歇一歇吧! 于是皇上一歇着、一闲着、一没事儿……就要找点儿事，哪怕是聊天，可是找谁聊呢? 忠臣们正忙着国事，想必没时间。就算是有时间，他们这拨人也不识风月呀! 于是不久就有了第二批小人。

历史于是重演下去……再不久，第二批小人得势，暗算死第二批忠臣，然后自己也被杀……再于是就有了第三批……

庄子说天道轮回，这忠与奸、君子与小人的轮回也亦复如是。

如今时代进步了，这种模式有所改变。

先是改革开放后不承认有妓女这回事儿。后来实在是瞒不住了，才有了打击卖淫嫖娼的运动。打而不绝，说明这娼发展得就如同计算机一样，早已换代了七八次。详查起来，大略地分四个阶段：先是官员或大款找女秘书，这是最初级阶段。后来发现女秘书待在身边长了，总把事情办坏，因为女人太爱吃醋。于是进步到秘书还是男的，但外面找个情人，这就是第二阶段了。再后来发现这样挺累的，也不适合喜新厌旧的大趋势。于是就进入到第三阶段：白天三讲、晚上三陪。这一回可以常常求新了，但影响并不太好。于是有了"奔腾四"的方式，也就是最新版了：要有一个男秘书应付工作或业务；要有一个马仔帮着安排夜生活兼保镖。呜呼！终于回到庄先生给我们定下的最好的模式：君子与小人共辅君王也。看来古代的传统文明还是不能丢。早知道有这个方法，何必绕那么多弯呢？

阴阳是永远存在的，君子与小人的搭配何时能了？

第二部分，庄子说圣人视天下为一体，只追求事物的"知其然"，不追求"所以然"。

天道朦胧，似雾里看花。股市啥样？也是朦胧一片。开始炒股时谁都觉得自己什么都懂，一旦让庄家圈走了钱，两手空空，两眼一瞪，傻了。这时就再也不打算炒股了。

同理，在没有一定科学知识和文明基础的支持下，要明白宇宙的道理怕是非得让宇宙给圈得疯了不可。于是有了庄子的不了了之的哲学。但仍是有人不甘心，弄出三玄之学来让大家跟着炒……

魏晋南北朝时边吃药边炒，学佛没学入正道的是边念佛边炒，学禅学成野狐禅的是边打坐边炒……进入 20 世纪，外国人中国人全有人炒，还断言大十字、世界末日……这不是邪教是什么？

战国时代，以不了了之的方法对待宇宙，这在自然科学里只能算是权宜之计，但在人文科学上来说，就科学得很了。你总不能骂祖先们太愚昧无知吧？你总不能让你的爷爷奶奶们学《时间简史》去吧？人类的文明总是在这儿那儿掺杂着大量的得过且过，才能摆脱各种桎梏而进步到了今天。不是么？

科学的东西是不会随着时代变化而变化的。海平面的水烧到摄氏一百度准开，这在猴变人时和人再往下变成什么时都一样。一时半会儿弄不明白的，放到以后让儿孙们弄去吧，我们首要的问题是活下去，还要活得有滋有味。只要人类不绝，只要我们把传宗接代的任务完成得挺好，再加上我们这一代人对文明的小有贡献，那人类的将来更加辉煌。

长梧子与子牢一节，讲办事不可鲁莽与草率。其实对外物的鲁莽与草率并不可怕，可怕的真如庄子所说的对自己人性的鲁莽和草率啊。放纵人性，那人性中善的东西也会变成恶。性解放到了艾滋病，于是也就给这个解放带来了人类文明的困惑。

对于人性，不论文明到了什么程度，谨慎与细心也是必需的，鲁莽与草率也是不可取的。

柏矩为死刑犯翻案一节，至今争议较大。不是对文章的争议，而是对犯人该不该处罚、统治者有没有过错这一点上的争论。在古代的中国法治是不健全的，于是这种争议显得很有道理。《悲惨世界》里的冉－阿让、印度电影《流浪者之歌》中的拉兹，都是穷得偷了一块面包而被处以重刑。我觉得争论谁的责任大、谁的责任小并没太多的实际意义，问题的根源在于，人类对统治者、对官员们，有什么办法监督和惩罚他们？

统治者与官吏对人民的镇压和惩罚已经有了几千年的历史了，可以说自猴变人就开始了，但一直到如今，人民对统治者和官吏们有什么办法惩罚他们？人类的全部文明，从这个角度上看，应该是一部弱势监督强势、人民惩罚官吏的历史。哪个国家这个监督和惩罚做得好，她那里就发展得快，她那里就发达。

亚洲的问题不是经济的问题，而是封建思想根深蒂固的问题。在亚洲一些国家，一代与一代的领导人，总是有着世袭的影子：老国王去世了，太子某某继位；哪位总统死了，他的儿子或女儿又当选了……自由选举居然选出上一任领导人的儿孙，这在世界其他各洲少有。

蘧伯玉活到六十岁，反省到六十岁。我们中国的儒家只让活到老学到老，只让一日三省吾身。只有道家的庄子借蘧伯玉的口，宣扬活到老，改正自己观念到老、否定自己到老。这种观念不能说不伟大。否定自己，如同蛹变蝴蝶。痛苦得很，也值得很。

不管怎么说，时时刻刻检查自己，年年岁岁否定自己，这是中华传统文明中最可宝贵的遗产，也是中华民族久立世界民族之林而不衰的基石。

我们可以丢掉孔子、墨子、韩非子……就是别丢掉孙子和庄子。

孙子教我们怎么打仗，咱中国人别老让人家欺负；

庄子告诉我们多看看自己为什么总让人欺负，毛病在哪里，是我们的哪一点妨碍了自己。

人，是让自己打垮的，不是让别人打垮的。

卫灵公一节，说了一个天大的真理：不管他生前什么德行吧，只要是上边有暗示，就按上边的意思办吧……

话已说得不少，打住。

四　外物

事物的发展并没有固定不变的模式，事物的结果也并不都像人们预料的那样。常言道"善有善报"，但忠臣关龙逢被杀，比干被剖心，而箕子被迫装疯。俗话说"好人不长寿、恶人活千年"，但奸臣恶人也不免一死，没落得个好下场；天天被人们口称万岁的暴君夏桀和商纣，更是中年就人死国亡。

为人君主的，都希望臣子对自己忠诚，但忠诚的臣子，君主又未必相信他们，所以才有忠于吴王的伍子胥，浮尸江上；而苌弘死在蜀国，因其忠诚，其血凝固，三年后化作碧玉。父母都希望儿女孝敬，而孝敬的儿女却未必受到父母的宠爱，所以才有孝己和曾参这两个大孝子的忧愁和悲伤。木与木相摩擦，木就会燃烧；金与火相接触，金就会熔化。当阴阳错乱时，大灾难就来了：雷霆大作、水火并至，天火将烧掉宗庙前的古槐树。

人生也是如此啊，谁又能料到自己的一生会不会遇到阴阳错乱的灾祸呢？且不说别的，就说人自身的悲伤与忧愁吧。当人们陷入这两者的极端痛苦之中时，谁又能逃脱得了呢？那时的人心情沉重而情绪狂躁，心好像悬在天地之间，随着思绪的波动在剧烈地震荡；当利与害在心中相互撕咬时，无名怒火从心头陡然升起；唯恐天下不乱的人不失时机地在旁边拱火……天哪，这火能把月亮烧化。于是，这个人精神崩溃、丧失人性而大道不存了。

庄子家太穷，要向监河侯借些粮食。监河侯官不大，但是个肥缺，他对庄子说："嗯。等我收到赋税后，我借给你三百金，够用了吗？"

庄子生气地说："我昨天来时，在半路听到有人叫我。我一看，在车辙中有一条快死的小鲫鱼。我问它：'鲫鱼啊，你有什么事急着叫我呢？'这条鲫鱼说：'我是东海里掌管波浪的大臣，你能不能拿个斗给我弄一升水来救我的命呢？'我说：'嗯。我先去江南游说吴王或越王，看他们谁愿意引西江的江水来。用那么多的水救你，你看可以了吧。'鲫鱼生气地说：'我不幸落在了地上，无法生存。我能得到斗升之水就完全可以活了，而您却说了那么多宏伟而灿烂的远景、美丽而动听的理想，真太让您费心劳神了。早知如此，您还不如到鱼市上找我去得了。谢谢。'"

任公子做了一个大鱼钩。用粗绳子拴好，拿五十头牛为鱼饵，蹲在会稽山上，于东海垂钓。这样钓了一年，什么也没钓上来。正在这时，一条大鱼吞下了鱼饵，牵动着巨钩和粗绳往深海逃去。只见鱼鳍扑动、两须挥舞，波浪涛天、海水激荡，潮涌狂啸，其声若鬼哭狼嚎，粗重凄厉而波及千里……

任公子得到这条鱼后，把它剖干净，腌制好，分与百姓，自己不知所终。于是从黄河以东、苍梧以北的所有民众，家家分到了鱼，人人吃了个够，个个撑得这一辈子想起鱼就饱。这可真是任公子辉煌的业绩啊。

后世有些既媚上又媚俗的人，听说了这件事后，都惊走相告。他们纷纷拿着小渔竿，跑到河沟里，去钓小鲫瓜子和白条子。他们也许不知道这里钓不到大鱼，也许早就知道，但这又有什么关系呢？他们要钓的是——得到像任公子那样令皇上和世人瞩目的业绩啊。哪怕没弄到那么大的业绩，但有这心意，以心意媚上媚下，不是远比做出什么真实的业绩来既省力又讨好么？经验不足的事儿，谁没干过呢？都是人，谁没犯过错误呢？再说了，干什么不交学费呀。嗯？

在小事上做文章，夸耀自己浅薄的见识取悦上下，这与大道相距实在是太远了；不了解任公子内心的想法，以效仿他的行为来经世治国，这两者的后果相距也太远了。

有一伙儒家子弟，这一天来盗墓。他们边念叨着《诗》和《礼》，边挖开土、起出棺、撬开棺盖，拖出一具女尸。大儒是技术指导，问具体操作的小儒说："东方已经发白，天快亮了，你那儿进展如何？"

小儒说："还没解开裙子和内衣，她嘴里可能有宝珠。"

大儒看了看说："不错，有宝珠。《诗经》上早就说了：'青青的麦苗啊，你长在坟堆上。生前你不施舍给我啊，死了还要含在嘴里以为我弄不到？'好了，可以接着干活了。你们要记住程序：先按住她的头发，再压死她的下巴，然后用铁撬杠撬开她的大牙。这时猛地在她腮帮子上扇一巴掌，宝珠骨碌一下，就从嘴里滚出来了。还有，下手一定要稳、准、狠，快点儿啊！但千万别伤了那宝珠。"

老莱子的弟子上山砍柴，半路上遇到了孔子。回来后对老莱子说："老师，我今天上山时看见一个人，这个人上身长、下身短；耸肩驼背，双耳往后贴；一副沉思的样子，好像天下所有的事都由他操心似的。这个人是哪家的儿子？"

老莱子说："这是孔丘啊，你去把他叫来。"

孔子来了，老莱子问道："孔丘啊，去掉你那弯腰驼背好像有多大学问的样子，改掉你那故作沉思的神态，你才能像个君子啊。"

孔子恭敬地作揖而退，给自己脸上弄出点儿笑模样，上前问道："我这样是不是离君子近了些呢？"

老莱子说："你的学说只能使当代人不受伤害，却遗患万世啊。你真的是心术不正，还是弱智呢？用施以小恩小惠的方法来取悦民众而不顾终身的骂名，这是中等智慧的人干的事情啊。这种人相互以名声所吸引，然后结成隐秘的党派团体。他们大力地称赞尧帝而声讨夏桀，以示自己是尧帝的嫡系、正宗传人。如此拐着弯地标榜自己，还不如收起这一套，别再提尧和桀，别再用称赞别人的法子称赞自己。闭上嘴巴、静下来，返回无为吧，这对自己没什么伤害；越是要表明自己时，就越远离正道，走火入魔啊。

圣人对治理国家的大事小事、长计划短安排，每每三思而后行，所以都能获得成功。而你们只是标榜仁义、吹捧礼教，除此以外，别的一概不懂；却认为这就是治理天下了，是解决所有大小事宜、远近忧患的唯一法宝了。咳！真不知你们是怎么想的啊。"

宋元君半夜做了个梦，梦见自己正在床上躺着，一个披头散发的人扒着侧门的门缝往里张望。当他看到宋元君后，哀求地说："我生活在宰路那儿的深潭里，这次是作为清江的使者到河伯那里去办事，不小心被渔夫余且抓住了。"说完宋元君就醒了。

宋元君心生疑惑，就请人来占卜。

占卜师说："这是神龟托梦。"

宋元君问："有叫余且的渔民吗？"

左右的官员说："有这么一个人。"

宋元君说："命令这个叫余且的来见我。"

第二天，余且上朝来见大王。宋元君问："你最近捕鱼捕到了什么？"

余且答："我用网抓住了一只大白龟，周长有五尺长。"

宋元君说："把它献上来吧。"大白龟被献上来，宋元君一会儿想杀它，一会儿想养着它，正拿不定主意。于是又请占卜师来占卜。

这一回占卜师说："杀掉它，用它的龟壳做占卜用，定能事事顺利。"

于是大白龟被杀，制成了占卜用的龟壳。果然，用来占卜了七十二次，事事都测得很准，事事办得挺顺利，结果也令人满意。

孔子听到这件事后，说："这个神龟啊，能托梦给元君，却不能躲避余且的网；能预测七十二次变化，却不知自己被人剖腹掏肝制成龟板。这样的智慧实在有限，这样的神通不要也罢，因为它并不能办所有的事情。

一个人，就算有极高的智慧，也比不上万人的合谋。鱼儿不怕网，但却怕鱼鹰。丢掉小的计谋而大智慧生，去掉行为的善而心中的大善生。婴儿生下来，没有老师教也慢慢地会说话，这是与会说话的大人们常在一起的缘故啊。

所以，求神通、求高智商，不如学会做人。

做个什么人？——常人。

就这么多？——对，无为无不为；常人即圣人。"

惠子对庄子说："你的那套大道啊、德性啊、无为啊，根本就是虚无得很，没一点儿实际用处。"

庄子说："对啊，知道什么是无用的，才能真正知道什么是有用的啊。天地不但广阔，而且还大无边际。人类赖以生存的空间，实在是小得能立足而已。就算是这么小的一点地方，我们所占的地方也表面得很，你要是从立足的地方往下挖，一下挖到黄泉，那个地方对你有用吗？"

惠子说："没用。"

庄子说："可正是这个没用的地方，生长出对你有用的立足之地呀。这就是无用是有用的基础的道理了。"

庄子看惠子没说话，接着说："人若是会让心灵在虚无中畅游，那他在社会上怎么能不自由自在呢？人若是不会让心灵在虚无中畅游，那他怎么能在生活中自由自在呢？由内修心到外修身，由出世到入世，是一条至人成长的道路。而逃避现实，与社会割裂，这不是有大智慧和有淳厚德性之人办的事啊。至人追求空无的境界，这个追求是天塌下来、火烧上来都不会反悔的。虽然有的至人当过小官员，有着为人臣的生活经历，但那是过去的事情了。时代变了，至人成熟了，哪里还有谁贵谁贱呢？所以说：至人于世，不留下功过让后人评说。

所有厚古薄今的理论，都是有学问的儒家、墨家们所热衷的观念。如果用狶韦氏时代的角度看当今的世界，谁能说准是变好了还是变坏了呢？所以古未必就好，今未必就坏。只有至人才能游历古今而不偏执于古今，也只有至人才能顺应人民而不失去自己。至人的原则是：随你说、随你教，我只听不学；你尽可能表达你的意思，我早就明白了，但这不是我的意思，和我无关。

眼神好的叫明，耳朵好的叫聪，鼻子好的叫颤，嘴好的叫甘，心灵清澈的叫智，智慧到了极处叫有德性。大道不能被堵塞，堵塞了就梗死，梗死太久就生乱，天下大乱就生灵涂炭、殃及万物、祸及天地。有知觉的生物都会有气息，气息的出入不畅，绝对不是老天的错误。因为老天给了这些有气息的生物以呼吸的孔窍，并让它日夜不停。所以，凡是呼吸不畅，定然是自己堵塞了本该是孔窍的空洞。空洞就是有空隙或空间，它的作用实在是太大了，胞衣有空隙，胎儿才能生长；心脏有空隙，心灵才能飞动；室内有空间，婆媳才不会吵架，合家才能安宁。一旦心灵没有空间，不能辗转活动而造成堵塞，那五脏六腑就会生病。森林大川之所以让人心旷神怡，正是它们拥有广阔的空间，可以使人领略到什么叫无拘无束、无止境。

道德的败坏源自名气的泛滥，名气的败坏源自太过于显露自身。计谋出于无奈，智慧出于竞争，难以上进出于因循守旧，公事办得好在于这件事有益于公众。春天来了，春雨来了，田地里杂草丛生。农民开始准备锄和犁，要春耕播种了……当野草除掉了，庄稼种了快一半了，可惠施你啊，却整天伴着君王在宫里议论朝政，全然不知什么是国情、民情与天地之情。

春天、春雨、草木、农民、天地万物……全随节气的变动而变动；闭塞视听、厚古薄今、反对变动、顽固不化的，正是你们这些名气最大的道德家们。

静养可以治病，按摩可以防老，安宁可以制止冲动。虽然有这些益处，但这只是干粗活的草民用来健身的方法，不是身心闲散、养尊处优的大人们愿意过问的。圣人做了震惊天下的事情，神人们从不过问；贤人做了惊世骇俗的事情，圣人们也从不过问；君子办了关乎国家命运的大事，贤人们也从不过问；草民们顺应节气而辛苦劳作，你们当君子的什么时候问过呢？

宋国的演门那儿，有个人死了亲人，于是悲痛得毁了自己的容貌而得到了君王的欣赏，因为他悲痛得有新意、阐释孝道太彻底，而被封了个官爵。于是演门百姓群起效仿，巴不得家里快有人死，看谁把自己的容貌毁得彻底而出新。可怜啊，所有的人都没当上官，有一半人还送了命。

尧帝要把王位传给许由，吓得许由赶紧逃跑了；成汤准备把王位传给务光，务光大怒。旁边的纪他见务光推掉了王位，怕大王把这位子让给他，于是连夜带着弟子们跑出国都，隐居到窾水河畔。许多诸侯都不相信这世上有不愿当大王的人，于是纷纷借慰问之名前来试探。三年后，申徒狄担心纪他回心转意去接受王位，于是投窾水而死来这里与他相伴。

荃，就是捕鱼的篓子。可是人们总是在抓到鱼后，把鱼篓子忘在了河边；

蹄，就是捕捉兔子的绳套。一旦人们抓到兔子，总会把绳套落在了林间；

语言是表达人们思想的，人们一旦领会了这思想，就忘掉了表达它的语言。似乎得意忘言应该受到人们的指责，可是惠施先生啊，我怎么能和只会辩论而没有思想的人陷入那无休止的争辩？"

[延展思考]

《外物》，说的就是世间之事之物。也可以说是身外的事物、世俗的事物。

世事多而杂，于是庄子的《杂篇》就杂得可以了，同时每一篇都杂得可以。这外物一篇也是若干故事杂合在一起，多个主题掺合在一起的挺杂的一篇。

第一部分，以外在事物变化无常，说明世事难料，同时世事又影响着人的情绪，于是情绪也难料。谁也不敢说自己修养好得一辈子不生气、一辈子不发火。当这个气和火升到一定程度，理性就难以控制它了。控制不好自己的情绪，将可能导致人们发疯。庄子这因果定律显得太简单直白，有点儿危言耸听之嫌。可是连佛教里也有一句名言，叫"怒火能烧功德林"。我想，烧了人家庙宇的，肯定是纵火犯；没烧成的，肯定是计划不周；不敢烧而怒火又没处发泄的，那就是发疯一族了。他们不敢烧外在的真的建筑，但这气这火总是包不住的，于是，它烧毁禁锢它的一切道德戒律，烧毁自己内心崇高的信仰。

分析至此，看来问题出在这怒火该不该生成。好在法治了，有地方可以去评理。但生活中有太多的事是够不上进法院的，却又着实令人气难消。最怕的是诚实肯干的人碰上流氓混混儿，一个回合下来，败下阵来的肯定是老实人。前者是好养的大人，后者是难养的小人。大人遇小人比秀才遇到兵还悲惨，那个下场定是大人们不得全尸、小人们得胜回朝。比如说炒股让人圈了钱，你找谁去评理？"炒股本来就有风险"，这是小人抛出的第一个打人的乾坤圈，太上老君制造的，拴牛用的，打过孙悟空。"我们的报表是银行会计师做的，正宗的会计师事务所给办的，有问题也和我们无关。"这是第二个土遁之法，土行孙用过，灵得不成。上市公司的年度报表，有几分真实？从琼民源、万国到银广厦，哪个不是上级有关部门审而批、报而核、查而实的呢？于是出了事是银行的，赚了钱是老总和庄家的，倒了霉的是中小散户。实在没辙了，国家给兜着。小人还是赢，大人还是输。到了长江口，还要摸石头过江？明明是私立圈钱的假学校，还要交学费？想过河的淹死了，想成才的耽误了，钱多得没处花的又赚到钱了。怎么办？商家降价，东西仍是没人买。为什么？草民大人们没钱，买不起。何况养老啊、买房啊、大病统筹啊……十万八万的心血钱，没那个胆子再往窟窿里填。有权势的小人们也不花钱，因为够了。家中彩电、冰箱、音响……已经七八套，二奶奶三位，房子十几处，存款八位数……于是商家大牺牲、大跳楼仍是卖不出东西，市场上资金呆滞……通货萎缩……国务院想着法子拉动经济，想着法子让老百姓花钱……

走了题，打住。

庄子向监河侯借钱一章，看出庄子没社会经验。穷兮兮的又没托儿，谁借钱给你呢？望梅尚且能止渴，谁说画饼不能充饥？给诸位面前弄个穿三点的靓姐儿，诸位百米全能跑在十一秒之内。如果后面再有几个端着三八枪的鬼子，破个世界纪录也没问题……穷则思变么，要钱干什么？——大人们如是说。

所以，穷，就要认穷。混不下去，就只有到鱼市上去了。

弱势团体之所以是个弱字，道理就在没钱又没处借钱，混得不行了就上鱼市。什么时候东海龙王真重用你了，你就变为强势团体了。强势之所以是个强字，就是有钱或有权。有了这个，尽管到鱼市、菜市、花市、美容店、娱乐城去消费。只有像庄子这样穷嗖嗖的人来向你借钱，你没有缺钱的时候。这种经济上的不平等，就叫资本经济，也就是市场经济。不要总拿计划经济的思想往如今的现实上套。当然，全看你有没有后台。

任公子钓鱼一节，是说向模范学习的事儿。我总觉得学模范学先进，这个学字有些蹊跷。是内心修养要达到一个境界呢，还是电视台里的模仿秀？是前者，这个世上就平淡了许多，平静了许多，平常了许多；是后者，这个世上就热闹了许多，英雄人物多了许多，报纸和电台就忙了许多。道德与品性是一个学能学来的？一个炒字能炒来的？我怀疑。

学这学那，也确实小人们学得不错。先是叫"扎"，没十年发展到"圈"。比如十年前叫扎大款、扎业绩、扎官，后来叫跑业绩、跑官……现而今叫圈钱、圈业绩、圈官。连同儒家盗墓的招法现在都由扎个古墓到圈它一片耕地，建个高档的"天堂灵地"，安一个放骨灰的地方收七千元高价出售了。这个法子比从死尸嘴里撬珠子来得干净得多、光明正大得多。

再一打听，凡是从"扎"慢慢学会"圈"的人，确实都是儒家礼教念得最响的人，道德经唱得最好的人。

这一回又让庄子说着了。

　　宋元君梦白龟一节，算是我国首篇打击巫师神汉、占卜科算的文章。而里面所含的"圣人即常人"的思想，一直影响至今。而最明显的是中国的禅宗，可以说是庄子的"平常心"思想，为中国禅宗冲破宗教禁锢立下了汗马功劳，为几千年来中国文人人格的确立打下了坚实的基础。

五　寓言

　　寓言所讲的，十有八九能让人相信；德高望重的人所讲的，十有七八会让人相信。而常人每天都有不少不经意的话说出来，人们只是听一听而已，没太多的人相信。不过这也是合人性、合大道的事情。

　　为什么寓言会有十之八九都让人相信呢？就因为它是借彼一事来说此一事。父亲不为亲生的儿子说媒，就有这个道理。作为一个当儿子的来说，自己父亲所称赞的，不如父辈的叔叔、大爷们所称赞的令人信服。这不是我庄子在这里胡说，而是世间就是这个样子，人性就是这个德行啊。与自己见解相同的人就亲，与自己见解不同的人就烦；与自己气味相投的人，说什么都好听；与自己气味不投的人，说什么都不对劲儿。父亲离儿子近，天天都管教儿子，儿子早逆反了、听烦了，也就听不进当爹的话了；而寓言离儿子远，又不让人烦，所以寓言十之八九让人相信。

　　为什么德高望重的人说个什么，十之七八会让人相信呢？这是因为凡是德高望重的人，都是老得快不成了的老人。年纪大的人有的是，但非得要有一定见解的老头，才能算德高望重。没有真才实学不叫德高，没有一大把年纪不叫望重。没有德高，只有望重成不成？不成，没有"无德望重"这么个叫法，那只算是老朽而已。人之将死，其言也善，看来不会是骗人的。所以，凡德高望重的人所讲的，一定是又有见识，又对他人有好处，还是老人家费了半天劲说出来的，谁能忍心不听呢？于是，从他们嘴里讲出的经验，十之七八有人信。

应对百变的外物而不经意说出来的话，比比皆是。正因为这是人性、天性所必需，所以废话是人类生活中不可或缺的一部分。因此从古至今，再至永远，废话总是与人类共存。

世上有一大类废话是这样产生的：比如什么叫美，什么是爱，什么是情，等等。这些东西不解释也罢，谁都明白；一解释就糟，谁都不明白；越解释越糟，用三章十六节七十二讲、上中下三册、出个集子来研究，那就越发的不明白了。心领神会的东西，何必用语言呢？什么都不说的人，你怎么知道他不明白呢？所以，人们试图解释这种心领神会的东西时所说的话，全是不经意的或经意的废话。

世上还有一大类废话是这样产生的：有的事是说"可"有它的道理，说"不可"也有它的道理；有的事是说"成"没什么不成的，说"不成"也没什么成的。好了，到底是可还是不可？到底是成还是不成？把心态放在争出胜负来，这就错了。可是有学问的人就是要争，否则哪里弄下锅的米呢？于是大批的、严肃的、学术性极高又极深的废话就正儿八经地、源源不断地制造出来了。谁都有道理，正说明了大道本身就有两个相反的极端，那就是——可与不可、成与不成，也就是阴阳、动静的辩证统一。所以，大道是合二而一的，但是我们不能简单地一分为二地把事物分成好与坏、善与恶、正与邪。这是一种绝对而机械的两分法，是偷懒的人最爱干的事。不把人文的问题考虑得复杂些，愣要分析分析、研究研究；愣要非好即坏、非坏即好；愣要凡是这样就不能那样，凡是那样就不能这样……于是就产生了一大类成双成对的、相悖的废话。

既然不经意的话是合于自然的、天长地久的、合人性的，所以我们可以认为万物之性也常是有用无用相间的。万物的生性不同，但又错综复杂地生存在一起，这里面各自的本性、各自的有用没用相生相克、环环相扣，自有它们的秩序，自有它们的道理……

从大尺度上俯瞰天地间的一切，全是对的，全是有用的。这就是大自然的本性，大自然的本性就是天道。

庄子对惠施说："孔子活到六十岁时，开始反思自己，发现自己六十年来很多观念变了许多次。每次都是从认为'这一回是正确的'开始；每次都是到觉得'这一回还是错了'而结束。时至今日我自省了一下，发现自己已经是第五十九次出错了。"

惠施问："孔子是苦心运用自己的心智吗？"

庄子说："如今他已经不再那么用心了，也不再多说什么了。他只是说：'人的才智源自于根本兮，生下来就有灵性。人一张嘴就符合音律兮，说出的话全合法度。利害仁义就摆在面前兮，评什么好恶是非？宣扬礼教只是为了堵别人嘴兮，说的人费劲、听的人费神。天道让人口服心服兮，谁能违背？想安定天下的雄心壮志兮，烧得我疯了多半辈子，今天才知道天下何时不是定兮？哪里要个笨蛋再去安定？'算啦！算啦！不说啦！孔子如今是悟得太透了，我庄子是比不上他啦。"

曾子再一次做官时，内心里有了些变化，他说："我刚做官时，双亲尚在，那时我的俸禄是三釜米，我心里很快活。双亲过世，我离职守孝三年，再做官时，俸禄已涨到三千钟，但我心里仍是闷闷不乐啊。"

孔子的弟子们听了曾子的话，跑来问孔子，说："像曾参这样的行为，身为政府官员，却什么也不牵挂，只想着自己的双亲，这算不算是一种失职呢？"

孔子说："他既然跟你们说他闷闷不乐，那就说明他心里有所牵挂啊。如果心中无牵挂，他为什么闷闷不乐呢？牵挂着家与牵挂着国，有什么区别吗？他所不牵挂、不在意的，是三釜俸禄与三千钟俸禄啊。虽然两者有大小多少之别，但在曾参这样贤德的人眼里，那只不过是一只蚊子和一只麻雀从眼前飞过而已，差别虽在，可有什么好让他放在心上的呢？"

颜成子游对东郭子綦说："自从我听了您的教诲，一年返璞归真，两年顺其自然，三年通晓大道，四年与万物共变化，五年生大智慧，六年神鬼前来相助，七年与天地浑然一体，八年超越了生生死死，九年进入了大道的玄妙境界。"

人生在世，追求有为，那是找死罢了。奉劝诸位，以忙忙碌碌一生而死，是自找的；而天地阳气造就了你，是自然而然的，不是你自愿的。可见，天道自然造人，人道自己找死，这个人道显然不合情理了。果然是这样的吗？那我们应该做什么？不该做什么？

天，有它的节气转换；地，有人类在上面居住。在这天地之间，我们人类能追求到什么呢？人死后去了哪里我们不知道，所以不能证明死后我们就没了"命"；人生前来自哪里我们也不知道，所以不能断言生前我们就有"命"。如果说生生死死如四季在轮回，那我们怎么没见过由人轮回成的鬼？如果说这里没有轮回、没有因果，生就是有，死就是没有，那怎么总有闹鬼的事情？

所以：天道自然，人道亦应自然；天道自然轮回，人道亦应自然轮回。至于怎么轮回的，轮回到了什么地方，这就不是我们应该知道的事情了。无为而听其自然吧。

影子边上的虚影，叫罔两。这一天众罔两问影子，说："刚才你俯着身，现在你仰着身；刚才你束着发，如今又改成披肩的发型；刚才你坐得好好的，干啥你现在又站起来？刚才你走得挺带劲的，怎么说停就停？你这是为什么呢？你不知道我在跟着你吗？这么一天下来，得多累人？"

影子说："你可太婆婆妈妈的了，这些事儿你也好意思问？我是总在活动，但我也不知其所以然。跟你说，我就像蝉蜕、蛇蜕一样，似是而非地跟着我的主人，所以才成其为人影。火和日，使我显形；阴与夜，使我隐形。你以为我是依赖着阳光或火光吗？不是的啊，主要是依赖人；你以为你所依赖的我是真实的吗？不是的啊，我本身已经是人影，你总是在模仿我，但你所依赖的仍是咱们的主人。话说回来了，咱们主人依赖的又是什么呢？他为什么如此这般累呢？是为了名、利，还是别的，咱们怎么能知道呢？话说回来了，主人来，我就来；主人去，我就去；他要活动，我也活动。他为什么活动我不知道，那你说我这活动有什么道理呢？你问我，我怎么能知道呢？"

阳子居向南到了楚国的沛城，听说老子要向西到秦国去，路经此地。于是两人约好在沛城郊外见面。谁知两人在赴约途中，于一个叫梁的地方不期而遇。

老子仰天而叹道："开始我以为你是个可教之才，今天看来不是的啊。"

阳子居没敢说话。

到了馆舍，阳子居侍奉老子洗漱完毕，然后把自己的鞋脱下来放到屋外，双膝跪着前行到老子面前，说："刚才弟子想请教您老人家，但是您正忙着赶路，所以没敢开口。现在您有点空闲了，能不能问一下我有什么过错吗？"

老子说："看见你第一眼，就知道你是个目中无人、自视很高的人。像你这样谁能和你相处呢？最洁白的东西，总是像被污染过而涂上了白粉，品德高尚的人总是显出自己的不足。"

听到这里，阳子居马上惭愧地说："您的教诲我记在心上了。"

阳子居刚来沛城时，馆舍的人恭敬地迎接他，馆舍老板亲自给他安排座席，老板娘给他拿着毛巾梳子，其他的客人都要回避，坐在火盆旁的人都要出去，把这儿让给他。等到阳子居从老子这儿回馆舍后，所有的客人都来和他争座席、争火盆旁最好的位置了。

[延展思考]

借他人之口，发自己所言，是庄子《寓言》的本意。这和借一个故事讲一个道理显然不太一样，这也是庄子寓言与西方寓言的区别吧。

　　第一部分是说外人说话管用，自己家里的人说话不管用。

　　这个常识似乎有"旁观者清"的意思。但庄子不是这个看法，他认为这是人性所致。那是什么人性所致呢？细想起来，其实是人的虚荣心作怪，更是人的反叛心理作祟。人们总想在一定的圈子里受到尊重乃至出人头地，这本无可厚非；于是这个圈子里的任何人、任何话，他都会感到不中听、不如自己高明。这就是人性中最积极、生动、富进取倾向的意识了。由此演变成"远来的和尚会念经""墙里开花墙外香""人挪活，树挪死""此地不留爷，自有留爷处"，连梁山好汉都知道"梁园虽好，非久留之地"……我们中国人多是看到这种现象坏的一面，认为这种人不合群，是"各色"的家伙。但新观念正是产生于这种敢想、敢于冲破旧的思维模式的"各色"之中……

　　大凡人类历史中最活泼、最有生命力、最具革命性的思想观念，全是"各色"的家伙们想出来的"各色"的主意。

　　人性的特点是非常细致而微妙的，儿子不信父亲的话，但叔叔所说的什么都对。道理不在谁说得对，道理在儿子对父亲的逆反心理。用叔叔反对父亲、用寓言反对说教、用远处的圣人反对近处的圣人……这才是问题的关键。从这一点上看，这种"虚荣心"未必不是一件好事。正是这种观念的"远交"和"杂交"，使人们的观念不至于在"一统"的近亲圈里繁殖出呆傻的接班人。

　　中国自汉唐以来就与世界各国广泛交流，使政治、经济、文化、艺术、宗教等都有了突飞猛进的发展。但自明朝后，交流日渐稀少，最后走上闭关锁国的道路，实在令人惋惜。

更为可怕的是在政治制度上，中国与周边国家实在找不到可比的、好的制度模式，于是东亚、中亚一直就是以封建世袭的模式在发展着，至今亚洲都留着世袭的影子。

日本于明治维新后，情愿或不情愿地进行了改革，但最终还是留下了天皇。天皇很有权力，就是他发动了侵略中国的战争。

西方国家中英国留下了女皇的位子。其实皇族已经没什么权力了，只是作为精神上的某种象征，在那里发挥着说不出什么作用的作用……英国人太不可捉摸。

话题再回到文章中来。

庄子所提倡的废话，是听其自然而符合人性的。世俗间真的是废话太多，但又不得不听。能忍受住废话，在中国是人际关系好的一个起码的条件、一个基本功。如警察、售票员、售货员、居委会主任、闲人马大姐、贫嘴张大民等，你要是不耐烦，就别干这行。

人性需要交流，不可能人人与你的境界是一样的，不可能人人所讲的都是你爱听的或是有用的。没办法，忍住、耐住、憋住……禅宗的六祖惠能说："佛法在世间，不离世间觉。"连当个和尚都要忍受住人间的无数废话，何况我等本来就是猫三狗四的草民呢？

再说了，到了阎王爷统治的那边，想听废话谁跟你说啊？

所以——人世间，多么美好！

关于无为一节，实在是表达了庄子对他那个社会的一种厌恶。所以他极力提倡"无所作为"。我想这不应该成为我们当今研究庄子的人和想从中萃取人文精华的人拿来批判庄子。正相反，我认为这恰恰是庄子思想中最精彩的地方。如果讲人的生活，那大略地可以把它分成三种：物质生活、理性生活、心灵生活。

物质生活只是为了生存或享受；

理性生活是为了学到知识和思考问题；

心灵生活是人类对未知、对神圣的向往。

物质生活是泛实用主义的；

理性生活是泛科学主义的；

心灵生活是泛宗教主义的。

（这已经是人性的第五点"生活中的人性"了，我们在杂篇的总结时再详细讲）

当人们在生活中，追求一种美好的东西时；当这个东西实在远的很，缥缈得很时；当这个追求与大自然有某种联系时，就进入了一个高级的生活状态和最美好的精神境界。如同庄子的大鹏、老子的不相往来的小山村、陶渊明的桃花源、孙子的不战而屈人之兵、王羲之的书法神韵、苏东坡的千里共婵娟……

拿起打倒乌托邦的笔、用上无理想的词、盖上封建迷信的棺……这是埋葬了中国人的魂啊。我们常说的军魂、民族魂、黄河魂……不都是泛宗教主义的东西么？不要一听"宗教"两个字就胆小，没有宗教精神、不承认宗教精神，怕是人文科学永远没有长进。

罔两与影子一节，是讲傀儡的傀儡问傀儡它为什么乱动。傀儡说，我不知道我的主人为什么动。于是这个影子就像戏台上的二花脸，冲着台下说："其实我那主子也是个傀儡。"好了，至此成了一窝子傀儡想讨个明白的说法了。

故事很可笑，但庄子是指咱们作为人，别稀里糊涂地玩命干了一辈子，还不知东在哪里、西在何方。

庄子的这个想法实在大有反政府的意思，大有警世恒言的味道。不过往好处想，庄子何尝不是在提醒我们要多思考呢？这没什么不对吧？西方的进步，到底进步在何处？自 19 世纪中叶开始，中国人认真地想了一百五十年。现在可以认为：西方于 18 世纪开始，逐渐成为世界上最富强的地区，原因在于观念的出新。

这个结果是中国几代贤人的共识。

要观念出新，首先要敢想。说到这里，想起一件事。是我的孩子问我，为什么"大跃进"时中国人那么敢想，亩产几十万斤，那不是睁着眼睛说瞎话吗？以后还会不会出这种事？我说不会。后来改革开放了，又有了广告的敢想、假货的敢做、腐败的敢为。于是我又想了几年，没找到太好的办法。但差一点儿的办法还是想出了一些。例如：法治、增加透明度，等等。不过这些建议人家专家都提过，我再说也是多余。唯有一点，是我的独到的想法，可以申请专利，也是我最自认为得意的法子，就是——分家。

现在不是有个政企分家吗？那就来个"敢提出问题的"与"敢想出办法的"分开家。把敢提出问题的归政府，把具体的敢想出办法的归专家。例如，你想让一亩地产粮几十万斤，这个提法让政府下达给科学家们。让这些人想办法去，成与不成，可与不可，千万别让下级政府想办法去，那样"放卫星"、虚报、假业绩就又出来了。就算上边喊"实事求是"

喊破了喉咙，也没用。

在经济领域内要杜绝把出主意、想点子的人与名气和利益挂钩，也要让他们分家。比如：这个上市公司业绩不好，但为了圈钱，公司老总就让会计师事务所想点子、出创意。于是假业绩就出来了，堂而皇之地公布出来了。于是事务所和老总双双赚大钱了，又坑了草民一回。

判案的和被判的不是有个回避程序么？为什么关键的地方我们不懂得回避？非要一个人一包到底？咱们试着分家看看，成不成？

我的这些点子并不见得好，但想这些点子时很认真。

中国人该出息的地方有的是，但我们却宣扬的是：跳虎口，是爱国主义；漂虎跳，是民族主义；穿大漠，是为了四个现代化；汽车走钢丝……倒骑摩托车……

荒诞被当成了庄严，甚至被当成了神圣，很认真的神圣。

中国人认真的地方让人觉得有些怪怪的。例如大名鼎鼎的茶文化吧，细想起来，个中三昧有趣得紧：中国为什么没有大肉文化、白菜文化、土豆文化，而只有茶文化？

因为可以一边喝茶，一边寄托某种精神上的企盼，如此有了精神成分，所以叫它是文化。其实官方之所以容忍这种文化，只在于喝茶不闹事。人人听说喝酒闹事，没人听说喝茶闹事的。大家不分阶级，坐在一起侃，虽然有聚众之嫌，但这也正是官方打探民情的好地方。于是天经地纬、鬼神星相、皇上驾崩、渔娘改嫁……全都在茶馆里泛滥；各路神仙、玉皇、灶爷、道士、铁拐李、狐狸精……全在这里聚齐。

中国的老百姓活得太苦。这样从茶中品出一点平静，也使他们有点儿享受，能活下去。因中国人宗教意识淡薄，所以清淡意识就浓厚了，这是东方神采飞扬的哲学的基础。显然庄子没钱去过茶馆，否则他的文章定比蒲松龄来得更有情调、更有鬼趣。

综上所述，中国人喝茶就喝出了七个境界：一碗喉咙润，两碗破孤闷，三碗搜枯肠，四碗发轻汗，五碗肌肤清，六碗通神仙，七碗吃不得也，唯觉两腋习习清风生?! 中国人，就是这样拉开架子悟禅，扯着耳朵升天……于是，家家的狗都晕了，不知该咬谁。

除了茶文化，中国人的第二大特点就是什么都敢吃。听说那一年有人抓住了一个外星人，德国人要用现代医学加以解剖看看有什么重大发现；英国人嚷嚷着要把他送到博物馆公开展览；美国人忙着给他办绿卡；而中国人琢磨的却是：这家伙哪儿红烧好一些，哪儿煲汤最鲜，哪儿最是大补……

我这也是寓言，诸位大可不必认真。打住，书归正传。

六　让王

尧帝让位给许由，许由不受。又让位给子州支父，子州支父说："让我做天子是可以的，但是我得了很难治的病，现在正四处投医想办法，实在顾不上治理天下啊。"这治理天下是件最要紧的事情，但要是对自己的性命有害，那不当天子也罢。人生最可宝贵的就是生命了，王位尚且在后，更何况其他的事情呢？只有不把权力看得太重的人，才可以把天下托付与他。

舜让位给子州支伯。子州支伯说："我患有很难治的病，现在正在四处投医想办法，实在顾不上治理天下啊。"这治理天下就是国君，那将是多么大的权力？但当它危及人的性命时，没权也罢。这就是有道之人与世俗之人的区别啊。

舜要让位给善卷，善卷说："我立足于天地之间，冬天穿皮衣，夏天穿葛麻；春天耕种，足以使我的身体活动开了；秋天收获，足以使我的身心得到休养；日出而作，日落而息，逍遥于天地间而心满意足。我干什么要治理天下去啊？太可悲了，你不懂我的心啊。"于是没有接受王位。不久就到深山中去了，谁也不知在哪里。

舜让位于他的朋友，一个石户村的农民。这个农民说："天哪，治理天下那么累的活儿，我可干不来。可是您却轻轻松松地干下来啦，我看您一定还有精力啊。还是您行，您干吧。"这个农民觉得舜的德性还不够，否则这苦差事干吗要让给别人？凭什么自己不担当重任呢？于是领着老婆背着孩子，连夜逃离石户村，跑到海岛去了，再也没回来。

大王亶父住在邠州城，狄人前来进攻他。他派人送去毛皮和丝绸，狄人不收；送去狗和马，狄人也不要；送去珍珠宝玉还是不要，狄人要的是土地啊。大王亶父召来臣民，对他们说："和他人的兄弟住在一起就要杀人家的弟弟，和他人的父亲住在一起就要杀他人的儿子，我可不忍心做这种事。如今狄人要我们的土地，否则就要和我们交战，这样与我朝夕相处的弟弟与儿子们就免不了遭到杀害啊。所以我决定把土地让给他们。你们要好好活着，做我的臣民和做狄人的臣民能有多大区别呢？况且我听说，不能因为我们所依赖生存的东西而贻害我们自己。"说完，大王亶父就拄着拐杖走了。老百姓成群结队地跟着他，于是在岐山山脚下建立起一个国家。

大王亶父可以算是珍惜生命的人了。能珍惜生命的人，即使富贵，也不会因养尊处优而伤了自己的身体；即使贫贱，也不会因劳累而疲惫了自己的身心。今天位居高官显爵的人，所珍惜的东西都有偏差，他们只看见功名利禄而轻视自身性命，这岂不是糊涂得忘了本？

越国人连着杀了三代的国君，王子搜吓坏了，逃到一个山洞里藏了起来。这样越国就没了君王，于是越国人到处找王子搜，总是找不到。后来在山洞里找到他，但他不肯出山洞。于是越国人点了艾草熏他，才把他熏了出来。然后人们又逼着他上王舆，王子搜抓着车上的绳子，边登车边喊道："君主啊！

君主啊！你为什么就不放过我呢？”

　　不是王子搜怕当君主，而是怕当上君主而带来的后患啊。像王子搜这样的人，就算是不打算以国王的王位伤及自己性命的人了。但珍惜性命而轻视王权，恰恰正是越国人非让他当国君的原因。

　　韩、魏两国总是因为边界的划分发生战争。韩国弱小，每次都处在下风。这一天子华来见韩国的昭僖侯，见昭僖侯面带忧愁，就对他说：“如果上天写下一篇诏书放到您面前，上面说：‘左手去拿人家的东西就砍去右手，右手去拿人家的东西就砍去左手，但拿人家东西的人可以得到天下。’您还拿不拿呢？”

　　昭僖侯说：“寡人不拿。”

　　子华说：“太对啦！由此可见，自己的两条手臂重于天下，而自己的身体又重于两条手臂。拿韩国和天下来比，韩国又轻得太多啦；而今天您所争夺的那点边境之地，比起韩国的疆域来又轻得太多啦。可见边境之地轻于韩国的疆域，韩国的疆域轻于天下，天下轻于双臂，双臂轻于身心。但您却因为那一小片土地而忧愁地伤及自己的身心，这不是很不划算的事吗？”

　　昭僖侯说：“太好啦！曾经教诲过我的人太多了，听过的话也太多了，但还没有听过你这样的话啊。”

　　鲁国国君听说颜阖是个得道的人，就派人送去了为数不小的礼金，想请他出来辅佐自己。

　　使者在一个破旧简陋的小巷子里找到颜阖的家，一眼看见颜阖穿着粗布衣服正在自家院子里喂牛。使者进了院子，颜阖亲自迎上来。

使者说："这是颜阖先生的家吗？"

颜阖说："这正是我的家啊。"使者拿出了礼金，说明了来意。

颜阖想了想，说："叫颜阖的恐怕多得很，那个得道的颜阖不是我，我要是跟你去见大王，你一定会受到责备。还不如你回去再核对一下吧。"

于是使者回去，又反复查问了一番，就是这个人。但当使者再来时，颜阖早已不知去向。

看来，像颜阖这样的人，真是从心里就厌恶富贵啊。

所以说，大道的真谛在于自身的修养，其余的部分才是为国为民，而最后才顾及治理天下。由此观之，帝王们所谓的丰功伟绩，只不过是圣人们剩余下来才干的事情，并非是为了完整的人格所做的修身养性。而今的君子，也多是做那些危及身心、舍弃性命、追求外物的勾当，这岂不是太可悲啦。

大凡圣人的一举一动，都会事先查明这样做的目的、后果和为什么去做的原因。这就好比有一个人拿珍贵的随侯宝珠，放在弹弓上去弹千仞之外一个飞着的麻雀，世人一定会笑话这个人。为什么会笑话他？因为他用贵重的东西去换取廉价的东西。

人的生命，怎么说也比随侯宝珠珍贵得多吧。

郑国的列子很穷，总是面带菜色。有个郑国的客人看见列子后，对郑国的宰相子阳说："列御寇这个人，可是个得道的人啊，但是在您的国家里却穷得这个样子，是不是先生您不喜欢得道的贤人呢?"

子阳马上派官员给列子送去了小米。列子见到派来的官员,再三拜谢,推辞不收。

使者走后,列子回到屋里,他的妻子瞪着他、捶着胸骂道:"我听说作为得道高人的妻子,都能吃香的喝辣的,安逸得不成。现在可好,你我都一脸的菜色、穷相。相爷给咱们送来了粮食,这是给咱们多大的脸面啊。你可倒好,给脸不要脸,假充硬朗汉,见钱来了闭上眼……这不是一辈子穷命吗!"

列子笑了笑说:"并不是大王自己知道我是谁,一定是别人在他面前说了我的好话,他才给我送来这些小米。像大王这样的人,将来很可能又听了别人说我的坏话,而怪罪于我。早知如此,何必现在受他的礼呢?"

后来,老百姓发难杀了宰相子阳。列子无恙。

楚昭王丢掉了自己的国家,屠羊悦跟随着昭王四处逃亡。这个屠羊悦,其实就是郢都肉市里一个宰羊的小头目,人称屠羊悦。后来昭王又回国做了君王,于是就奖赏落难时曾经跟随着他的人。当要赏到屠羊悦时,屠羊悦说:"大王丢掉国家时,我也丢掉了宰羊的活计;大王回来又做了君王,我也回来又能宰羊了。我的职业和手艺都恢复了,还要什么赏赐呢?"

昭王说:"不成,非得赏赐不可。"

屠羊悦道:"大王丢失国家,不是我的过错;大王重返楚国,也不是我的功劳,所以不敢领受赏赐啊。"

昭王说:"那就公开表彰吧。"

屠羊悦说:"不成啊,大王。楚国的国法,是必有重大的功绩，才能先赏而后表彰。我的智慧不足以保卫国家，我的勇气不足以抵御敌寇。想当初吴国军队入郢都，我其实是怕吴军而逃跑，不是真心要跟随大王您共渡危难。今天大王您要废法毁约来表彰我，让我这个宰羊的一时间就名扬天下，这实在是我不能接受的。"

昭王看说不过他，就对司马子綦说："这个屠羊悦地位低下，但说出的话却极有见识。可是我赏他什么他都不要，你就为我把他提拔成三卿的爵位吧。"

屠羊悦说："三卿的待遇，我知道一定胜过我宰羊的职业；万钟的俸禄，也一定比我宰羊赚的钱多。但是怎么可以因为我的贪图爵禄，而让大王您背上滥施赏赐的名声呢？这个罪名我可实在担当不起，您还是让我回宰羊的店铺去吧。"

最后这个屠羊悦什么赏也没受。

孔子的弟子们有的很穷，有的很富，而原宪就十分贫寒。他家在鲁国，住的小土房子又矮又小，房顶上盖着茅草，小柴门关都关不严，桑树枝做的门枢总是吱吱地响。用破碎的瓮把小屋隔成了两间，夫妻两人一人一间，窗户也是破瓮做成的，透风的地方用旧布烂衫堵上。就在这间上面漏雨下面潮湿的方寸之地，原宪却能端坐其中弹琴吟唱。

有一天，子贡来看望原宪。只见他乘着高头大马驾的车，身穿着大红衣裳，外面罩着白色的大氅。车子太宽，到小巷口进不去，子贡大声地喊叫原宪。只见原宪头戴破帽子、脚踏破鞋子，拄着个拐杖来开门。

子贡说："咦！先生得了什么病？"

原宪回答说："我原宪只听说没有财产叫贫，学了知识不去运用才叫病。今天我只是贫而已，病却一点儿也没有。"

子贡一下子有些进退两难，脸上露出惭愧的神色。

原宪笑着说："观望世间风气而行动，为结党营私而交友；学知识是为了取得他人的任用，办教育是为了宣扬自己的德行；高喊仁义而掩饰自己的恶行，装饰车马以显示自己的身份……这些事，我原宪是不愿意做的。"

曾参居住在卫国，衣衫褴褛、脸上有冻疮、手脚长满了老趼。家里常是三天不生火做饭，十年不添置衣裳。要正正帽子吧，帽带儿断了；拉拉衣襟吧，胳膊肘露出来了；提上鞋子吧，鞋后跟裂开了。于是曾参跋拉着鞋昂首高歌《商颂》，声满天地，似编钟石磬发出的声音。其远大的志向与高尚的品德，使天子不敢用他当臣子，诸侯不能和他交朋友。

所以，涵养志向与自尊的人，忘记了自己的身体；涵养身形的人，忘记了攫取利禄；潜心修道的人，忘记了运用计谋。

孔子对颜回说："颜回啊，你过来听我说。你家境贫寒、地位卑下，干吗不去弄个一官半职的干干呢？"

颜回说："我不想当官。我家在城外有农田五十亩，足够我一年四季天天喝粥的了；在城里还有田十亩，足够我植桑种麻做衣裳用的了；弹琴足以自娱，从先生您那儿所学来的道理足以自乐。所以我不愿意当官。"

孔子听了这番话，脸上红一阵白一阵，好大的不自在。过了半天才说："你的见解太好啦。我听说'知足的人不以利禄劳累自己，能自省的人遇到了挫折不会气馁，涵养心性的人没有爵位而不觉得惭愧'。我念诵这段话已经很久了，一直以为这是道德的典范、理想的楷模，是可望而不可即的东西。今天从你的身上我才明白这是真实存在的啊，这对我实在是受益匪浅。"

中山公子牟是魏国中山这个地方的王侯。他告别了荣华富贵，漂泊江湖很久了。这一天，他对瞻子说："我虽然身在江海上遨游，心里却时常想到魏国高大的宫殿和楼阁，这该怎么办呢？"

瞻子说："尊重你自己的生命吧，只有尊重自己生命的人，才能真正地看轻功名利禄。"

中山公子牟说："我懂得这个道理，但总是不能战胜自己，总是不由自主地就把功名利禄看得比性命还重要啊。"

瞻子说："不能战胜自己的人，只好顺从自己的欲望；纵情于欲望的人，自己好好想一想，不觉得自己活得挺无奈吗？再说了，不能战胜自己又不能把握住欲望的人，这是对人自身最大的伤害啊。凡是遭受这种伤害的人，都不能长寿。"

中山公子牟，是万乘之国的公子，他能跑到山洞里隐居起来，可比一般老百姓的隐居要难得多了。虽然他时常思念宫里的生活，没有达到大道的境界，但也可以说他的心意已经很不错了。

孔子被困于陈、蔡之间，七天没有生火做饭，只吃一些没有米的野菜，脸色很疲惫，但他仍是在屋子里弹琴唱歌。颜回正在屋外摘野菜，院子里还有子路和子贡，这二人听到老师的歌声，说："老师再次被赶出鲁国；在卫国受到铲掉踪迹的屈辱；在宋国刚在树下行一下周礼，就被人家连树都砍了；于

商、周更是没有出路；今天又被围在陈、蔡之间……这还罢
了，暗杀老师的人被抓到官府却无罪释放；是个人就敢来捆咱
们老师却无人制止……这么多烦心的事儿，可咱们的老师还有
心弹琴唱歌，底气还挺足，一唱半天也不累。我想不明白，难
道君子的无羞耻心，就该到这种程度么？"

颜回听到这二位在说老师的怪话，也没讲什么，放下手里
的野菜，就跑到屋里告诉了孔子。孔子推开琴，长叹一声说：
"子路、子贡这两个小子，你把他们叫进来，我有话跟他
们说。"

子路、子贡来到屋里，孔子问他们在谈论什么。子路说：
"我们在议论，如今咱们是穷途末路了。"

孔子说："这是哪里的话！君子通达了世上的道理就叫
通，不懂世上的道理才叫穷。今天我孔丘怀有仁义的道理而遭
乱世蹉跎，如此而已，何穷之有呢？所以，我静心内省，自己
没有对大道产生怀疑；检查自己的行为，于危难时没有失去自
己的德行；天要冷了，霜降已至，这时才能理解松柏傲立冰雪
之志。所以啊，陈、蔡这点小坎坷，不正是冰雪在考验青松
吗？这对我孔丘来说是件好事啊。"

说完，孔子慢慢转过身去又边弹边唱去了。子路拿起一支
干戈跳起了步兵舞。子贡惭愧地说："我敢议论老师……真是
不知天高地厚啊。"

古时得道的人，穷与通都很快乐。所以他们的快乐就不是
以穷途或通达为标准的，他们的快乐是以是否掌握了大道为标
准的。掌握了大道的人，视穷途与通达为四季寒暑一样自然的
变化，没什么可值得乐或不乐的。所以，不愿意接受王位的许
由在颍阳就十分快乐，被罢黜的共伯在丘首山就活得很自

在啊。

舜打算把天下让位给自己的朋友北人无择。北人无择说："舜这个人的行为好奇怪啊，他在乡下好好地住着，却三天两头跑到尧帝的宫前转悠，于是尧帝把王位让给了他。他这样有心计也就罢了，可如今却想把王位让给我，好像我也特有心计，故意在他面前转悠，像是个眼前花似的……他这样污辱我，一想起来就让人难以忍受，我怎么有脸见世人呢？"

于是北人无择找到一处清净而透彻的深潭，一头扎进去自杀身亡。

商汤要讨伐夏桀，就找卞随来商量。

卞随说："这不关我的事。"

商汤说："那我找谁商量呢？"

卞随说："我不知道。"

商汤又找务光来商量。

务光说："这不关我的事。"

商汤说："那我找谁商量呢？"

务光说："我不知道。"

商汤说："伊尹这个人怎么样？"

务光说："他这个人意志坚强而又能忍辱负重，我只知道这么一点儿，别的就不清楚了。"

商汤于是就和伊尹共谋伐夏桀的大计，最后取得了胜利。

商朝建立后，商汤要把王位让给卞随。卞随力辞，说："您在伐桀时找我商量，一定以为我是个喜欢打仗而心性残暴的人；战胜夏桀而商朝建立时让位于我，一定以为我是个贪图王位的人。我生在乱世，只求一切平安而已。但总是有人用这些龌龊的思想来羞辱我，这叫我怎么忍受呢？"于是头也不回地跑到稠水边，投河自尽。

汤又要让位于务光，他怕务光也不接受王位，就对务光说："一个国家，总是智慧的人来谋划，勇敢的人来执行，而仁义的人当君王，这是自古至今的道理。你为什么不挑起商朝的重任呢？"

务光推辞道："废除原来的国君，这是不义；杀害百姓，这是不仁；别人出生入死去奋斗打下天下，我却坐享其成当大王，这是不廉。我听说：不仁不义的人，不要授予他利禄；无道的国家，不要踏进它的国土。我已经陷入不仁不义之境，又要在无道的国家当什么国君，这哪里是人所能忍受的啊。"于是背了个大石头，急忙跑到庐水跳河自杀了。

想当年周朝刚兴起时，有两个贤德之士住在孤竹国。他们是孤竹国的王子，一人叫伯夷，一个叫叔齐。两人商量着："听说西方有个人，好像是得了大道了，咱们是不是去看看呢？"于是两人一齐到了岐阳这个地方。周武王听说来了两位大德，忙派叔旦前来接见，并许下愿说："给二位俸禄增加二级，官阶位列一品。"还把这个许愿用牲畜的血写成血誓，埋在地下。

伯夷和叔齐相视一笑说："嘻嘻，传闻与所见相去太远啦。这哪里是我们所希望的道呢？过去神农氏治理天下时，只是按时节祭祀以感谢四季的自然变化，从来没有祈求过什么福禄啊。神农氏对百姓，只是以忠厚诚实要求大家，除此以外并没有什么别的所求。而百姓们乐于从政的就从政，乐于治国的就治国；人人不以他人的缺点而显示自己的优点，人人不以他人的位卑而突出自己的地位高贵，人人也不趁着他人有难而从中捞取自己的利益。

如今的周朝啊，趁着殷商国内大乱而夺取了政权，崇尚谋略而喜好贿赂与许愿，凭借武力保护自己的威严，杀牲畜用血写誓约以证明自己的信誉，宣扬自己的行为以取悦民众，用屠杀攻伐攫取暴利，这是以乱世治暴虐啊。

我听说古代的贤明之士，于太平之世不避责任，遇乱世不苟且偷生。今天天下暗淡，周朝气数衰微，与其和它同流合污沾上晦气，不如好自为之赶紧躲开它，这样还能保住自己的清白。"

商量完，两位老者向北到了首阳山，不久就饿死在那里了。

像伯夷、叔齐这样的人，对于荣华富贵，别人送来他也不要啊。他们品德高尚行为奇特；他们忠于自己的选择，于自己的志向里乐趣无限。他们不喜欢世俗的东西，这就是贤德之士的人格。

[延展思考]

《让王》一篇，通过一系列的故事，说明生命远比王位重要。

这个思想产生的背景是战国时期，是"窃钩者诛，窃国者侯"的时代。脱离了这个时代来讨论是生命重要还是国家重要，就有些玄了，大有汉奸的味道了。

抛开国家与民族这些问题，比如是军阀混战的年头吧，如何对待生命与权力，这也是见仁见智。虽然这样，但总有一些不愿意参加什么争斗，只愿意修身养性的人，这也是人格的多元与复杂吧。只要没有大是大非，有愿意打仗的，也有愿意在家里看书的，这里难说谁好谁坏。

但庄子所宣扬的让王，其思想的产生远比这些要深刻得多。

春秋战国时期，是中国从奴隶社会步入封建社会的转换点。千千万万的奴隶开始从奴隶主手下解放出来而成为自由的个体劳动者。这显然是人类社会的一大进步。从思想观念上讲，奴隶社会中，奴隶是奴隶主贵族的私有财产，和牛马是一样的，没有人身自由、没有尊严，生时为人牛马，死了无人知晓，主人死了还要为之殉葬；可以被任意买卖，婚嫁也全是听从分配。在如此的心态下，其劳动完全是被迫而无奈的，生产率可以想象非常低。为了各部族间争得富强和霸权，奴隶主贵族一是攻城略地，一是多开荒地。但这两种手段都有其极限。于是人们开始回过头来检讨在使用奴隶上是不是有可以改进之处，这就是奴隶社会向封建社会进步的根源了。

开解放奴隶之先河的，是一些开明的奴隶主贵族。他们并不是从大批地解放奴隶从而刺激人的劳动积极性这个角度来考虑问题，而是为了个人的恩怨大兴养士开始的。士，就是有一技之长的人，特别是在谋略、胆略、战争艺术、科学技术等方面的人才。不管你原来的地位怎样，哪怕你只是鸡鸣狗盗之徒，也可以成为贵族们的座上宾。地位的改变、人权平等观念的产生，使这些昔日的奴隶十分感激这些主人，于是在中国产生了新的阶层：士与士大夫。前者是义气、侠义的化身，后者是君子的祖宗。如刺秦王的荆轲就是士，而平原君、信陵君就是君子了。

上溯人类文明，远古是崇拜天地，上古是崇尚神仙，近古是崇尚巫术。到了三皇五帝的夏商周时，人们逐渐信奉自己的祖先了，这不能说不是一种进步。

春秋战国时期，进而从信奉祖先到相信人类自身。文明发展至此，到了"解放人类自身才是真正地解放生产力"的时代，而"相信人类自身"的观念已经为奴隶的解放扫清了观念上的障碍。于是人权平等、人身平等这些观念也随着奴隶的解放而产生了。总之，奴隶的解放、平等观念的产生，是人类社会中一次伟大的解放运动，是文明的胜利。

在这次解放运动中，儒家扮演了一个不太光彩的角色。孔子以周朝奴隶社会为楷模，大力宣扬等级制与奴隶的绝对服从，并试图用礼乐把它固定下来，成为名正言顺的制度。虽然孔子不明说奴隶社会好，但总是念叨奴隶社会的这个好、那个好，这就让人觉得他有些阴暗，有些不可告人的东西在仁义礼乐后面藏着……

而庄子则站在了时代的前沿，以逍遥、无为、珍重人的性命竖起了一面人本主义的大旗。如果说这个结论太美化庄子了，那么说庄子"重生命而轻王位"的理念，最起码算是以人的生命为第一位的"性命主义"怕是没人会反对吧。而"自由万岁""人的政治权力平等"等观念也就是庄子思想的派生物了。如此理解庄子的"重生命而轻王位"，才有些意思、有些味道了。

从整体上看庄子的思想，通篇是重人性为其理论主体的。庄子从老子那里借来了大道无为、大道自然的论点，认为天生下人就如同天生万物一样是自然而然、平平等等、不偏不倚的。这里不应该有谁好谁坏、谁上谁下、谁尊谁卑。

因此，庄子从尊重人性到宣扬大道，从宣扬大道到大谈自然、平等、无为，建立起了自己的思想体系。从这个体系上看：凡具有自然无为、众生平等观念的人，就是君子。哪怕他是个无所事事、游手好闲、东流西窜、吃饱了混天黑的人，那他不是君子也称得上是得道的有识之士。而修炼得好一些的，敢于反对仁义说教、敢于宣扬虚静无为的人，就是真人或至人了。

相反，凡是眼里有贵贱、尊卑、上下观念的，全是小人。

所以，站在反对奴役人性、反对等级制、歌颂人性解放、歌颂人人平等这个立场上看庄子，至今也不能说他的思想就过时了。

再看义气。

细想起来，可以说中国历史上真正讲义气、讲侠肝义胆的时代，只有春秋战国这个时代。其余全是对这个时代的崇尚与模仿。金庸武侠小说中的人物，只有在春秋战国时才能找到原型，在别的时代只是准大侠、准义气的江湖骗子。《水浒》中的义气，大多是一时冲动的义气，其最高理想不过是大碗喝酒、大口吃肉而已，哪里还有春秋战国之侠义风范呢？

真正的侠义是什么？当一个身份地位很高的人，看中了一个有一技之长且不相识的奴隶，于是把他从奴隶主手中买下来，当成自己的宾客养在自己府中，视他如同亲友、贵宾一样尊敬与相待；而且他的人身是绝对自由的，想走可以走，想回来还可以回来……这个人会怎么报答把他从奴隶中解放出来的人呢？我想一定会舍命相陪的吧。"投之以桃，报之以李"本就是中国的传统，这种由知恩图报生出来的牺牲，就是战国风采、真正侠义的风范了。"舍命陪君子"这句话，就是这么来的吧。而水泊梁山的好汉们只是官逼民反，一旦皇帝出来招安，马上个个叩头谢恩，这哪里是什么大侠？

呜呼，秦始皇统一中国后，大一统扼杀了体制外的大侠。零零星星蹦出一个半个漏网的三侠五义，居然甘心在清官手下工作……倒是明朝弄了一大堆体制外既畸形又凶狠的太监来，那不是大侠，而是专跟大侠过不去的东厂、西厂。

总之，君子养士之风一开，就有了商鞅变法中的解放奴隶之法：有战功者可从奴隶升为庶民，打仗怕死的奴隶主贵族可贬为奴隶；开垦荒地的可以成为土地的主人，不好好干活整日搞腐败的贵族士大夫沦为奴隶。于是，个体劳动者产生了。随着时代的前进、岁月的流逝……一家一户为生产单位的封建社会终于到来了。

义气的演变。

大凡有一个潮流，起先是不错的，越到后来就越变了味儿，越不是那么回事了。歌颂生命的自由来自于养士，来自于把奴隶赎出来。而这"赎"本来是不错的事儿，也义气得很。于是在中国文学史上，宣扬义气的东西就很多很多，反义气的作品就很少很少。

随着"赎"的行为越来越变味儿，终于有人对"赎"出来的义气有了微词。我认为称得上经典的就是《杜十娘怒沉百宝箱》了。你想啊，杜十娘身为妓女，可以算得上是性奴隶，虽然是高级点儿，但也没出奴隶这个圈子。而李甲用上京赶考的钱为她赎了身，使她成为一个自由人。小说写到这里，正是重复了一个上千年的老掉牙的故事，本没有太多的出奇之处。但凡俗一点儿的作家，定然写成夫妻双双把家还了。至此可以说李甲对情感真挚得可以，杜十娘也义气得可以。前者为了情感丢弃了仕途，后者为了自由和爱情再也不找别的男人了，如此天下太平了、作品的导向正确了，也符合主流意识了，对义气的歌颂已经完成了其使命。但人性哪里是这么简单的呢？所以遇到高明的大师，小说又得以发展下来：李甲为了自己的名声，终于答应把杜十娘卖了，使之再次沦为奴隶。而杜十娘对爱情追求的落空尚可忍受，对自由追求的失败是不能忍受的，是没回头路可走的，于是义气为铜臭气所击败，自由为名声所扼杀，她只好跳瓜洲古渡。

庄子在此篇中写了几位不想再当奴隶而跳河自杀的男人，直到明朝才有了不想再当奴隶而跳河自杀的女人——杜十娘。

时代发展到 21 世纪，义气是早就没有了，铜臭气也因为市场经济而变得香了起来。于是奴隶不奴隶的，人们似乎也不太在意，只要能赚钱，怎么都好说。于是杜十娘应该是拿着百宝箱自己"扯乎"溜走……有钱，在哪儿找不到个臭男人啊？不是的么？

如今，只有武侠小说还有些市场，当然以年轻人为主了。真大侠、真义气早已灰飞烟灭，假大侠、假义气遍地乱跑，杀熟、宰熟都是拿老乡、朋友、哥们下手的。

至于说"让王"？这在当今社会里连个影子都没有，更没人听庄子的什么"生命重于王位"了。光听说有"二把手"为了当上"一把手"，花钱找杀手干掉了"一把手"；还听说不少人到了退下来的年龄偷着改户口，想再干几年……

为了一个小单位里的"一把手"还这么个争斗法，别说当大王了。哪怕当一天皇上就死，他也乐意。

再看乌托邦。

20 世纪最可值得纪念的东西是什么？是左右乌托邦的出现。结果给人类带来巨大的灾难。左的乌托邦指苏联的共产主义，右的乌托邦指希特勒的国家社会主义；一个是斯大林的无产阶级专政的理想，一个是雅利安民族统治世界的理想。

古今中外的知识分子弄出了无数的乌托邦。从柏拉图的"理想国"，到 18 世纪的社会主义，到马克思的共产主义，到中国的人民公社，到柬埔寨波尔大哥的……

在中国，孔子的乌托邦是回顾性的，不是前瞻性的；道家是无为而治的。儒、道两家里都找不到希望，得不到变革社会的鼓舞，更没有切实的方案和蓝图。

现代化之路。

各国现代化的道路是不同的：文艺复兴的意大利；大革命的法国；产业革命的英国；明治维新的日本；废除奴隶制的美国和苏联。

我们有什么？

一个好社会必须是民主的。在无民主时讲道德和爱心，实在是庄子的幼稚与大错，也是知识分子们集体自我欺骗与骗人。

七　盗跖

［原文演绎］

　　孔子与柳下季是好朋友，而柳下季的弟弟柳下跖是个强盗，人送外号盗跖。盗跖率领九千喽啰兵，横行天下，无人敢逆其锋。他们侵扰诸侯、凿墙砸门、掳走牛马、占人妻女，他们贪得无厌而不知有亲友，只图自己快乐而不知照顾父母兄弟，更不懂得祭祀先祖。他们所过之处，大国就坚守城池，小国就躲进城堡，万民深受其苦。

　　孔子对柳下季说："做人父亲的，就必定要教育自己的儿子；为人兄长的，就必定要教诲他的弟弟。若是父亲不能教育儿子，兄长不能教诲弟弟，那父子兄弟这样的亲缘关系也就没有什么可珍贵的了。今天，先生您是当代的贤德之士，弟弟却是盗跖，为害天下，还不能挽救他，我可真为先生您害羞啊。请孔丘我代先生您去说服他吧。"

　　柳下季说："先生您刚才说做人父亲的，就必定要教育自己的儿子；为人兄长的，就必定要教诲他的弟弟。若儿子就是不听父亲的教育，弟弟就是不听兄长的教诲，虽然有先生这样的辩才，那又有什么办法呢？而且盗跖的为人，他的计谋与心眼一个接一个，总也用不完；他的意志坚强又如狂风一般，不可反对和更改；他的强悍与骁勇足以抵抗任何敌人；他的辩才无碍，足够掩饰他的错误。他这个人，只要顺着他的心意就高兴，逆着他的心意就发怒，还特别喜欢用话羞辱人。我看先生不去也罢。"

孔子不听柳下季的劝告，让颜回驾着车，子贡坐在自己的右边，三人去见盗跖。盗跖带着他那九千人马在太山南坡上休息，此时正在吃炒人肝。孔子远远地下了车，对传令的小毛贼说："我是鲁国人孔丘，久闻大将军骁勇无敌、义薄云天，所以敬请传令官您转达我拜见大将军的请求。"

传令的小喽啰兵向盗跖通报，盗跖大怒，双眼圆瞪发出凶狠的光，怒发冲冠，吼道："就是鲁国那个诡异加伪善的孔丘吗？你给我告诉他：'你花言巧语，狂妄得自比文王武王，可以说是不知何为羞耻；你头戴一顶柴火一样的帽子，腰勒一条死牛皮的带子，到处宣扬吃人不吐核的理论，可以算是饿狗乱咬人；你不耕而食、不织而衣，摇唇鼓舌、拨弄是非，以迷惑天下的君主，可以称得上是祸国殃民。是你使天下的书生失去了人的本性，是你别有用心地编造出孝敬与友善，你只不过是想侥幸讨个侯爵的位子、混个溜圆的肚子、弄个大腕的名头，好前呼后拥像点人样子而已。你罪大恶极、罄竹难书，趁着我正吃得高兴，快点儿滚吧！再不走，我就炒你的肝为我的午饭添道菜啦。'"

孔子听了传令兵的话，还是要求与盗跖见一面，他说："我孔丘有幸和大王的哥哥柳下季是好朋友，请看在令兄的面子上，就让我拜见您一下吧，哪怕只瞧一眼呢。"

传令兵只好再去通报，盗跖不耐烦地说："叫他上来。"

孔子迈着小碎步快速地走上前，刚站住又后退了几步，再次上前站住，并开始向盗跖施礼。盗跖一见他玩这冒着死人味儿的古周朝礼节，气就不打一处来。他愤怒地伸直两腿，双手按剑，怒目而视，厉声喝道："姓孔的你听着，今天你所说的合我的意就生，不合我的意就死。"

孔子说："我听说，大凡天地之间的美德，不外乎三种：生来强壮高大、貌美无双，老少贵贱各色人等，不论谁看一眼他，都喜欢得不成，这种人叫上德；智慧经天纬地，能把万事万物分析得头头是道，这算是中德；骁勇剽悍、坚强果断，能聚众率兵的，这算是下德。凡人只要有这三德中的一德，就可以背北面南、称孤称王了。如今您可是三德俱备啊，您瞧瞧您：身长八尺二寸，双目有神、唇如丹砂、齿如珠贝、声如洪钟，哪儿不透着精神啊？简直没挑儿了……只可惜名字叫盗跖，差了点儿意思。以我孔丘的见解，将军您应该因为这名字而感到羞耻，从而换一种活法、也好去掉这名字。如果您真想听从我的意见，我将替您向南出使吴国、越国，向北出使齐国、鲁国，向东出使宋国、卫国，向西出使晋国、楚国，让他们都出点儿资，为您造一个大到数百里的城池为国都；下辖七八个、十来个十万户的城邑算您的封地；让普天下的人都称您为侯爷，让您与天地一起代代相传、与日月一同轮回不息。您也好罢兵休卒、收养兄弟、养尊处优，闲来无事祭典一下列祖列宗……这才是具三美德的圣人、贤人该做的事情，也是天下人民所愿意看到的啊。"

盗跖大怒道："孔丘你站近点儿，听好了！凡是能被利益引诱、能被言语规劝的人，全是愚蠢而丑陋的小民罢了。我长得高大英俊、人见人爱，那是我父母的德行遗留给我的而已，难道你姓孔的不夸我，我就不知道么？

我听说，凡是当面说你好的人，肯定在背后会说你坏。今天你许愿给我广大的城市、众多的子民，无非是想用利益来引诱我，让我当一个听话的奴隶罢了。让所有的人当一个人的奴隶，这怎么能长久呢？再说了，城池再大，也大不过天下。尧舜占有天下，其子孙却无立锥之地；商汤、周武贵为天子，他们的后代都被斩尽杀绝。这就是他们贪图大，以为越大越对自己有利的结果。

我还听说，古时禽兽多而人口少，于是人民都在树上筑巢而躲避禽兽。人们白天拾橡子、栗子为食，晚上躲到树上休息，所以人称有巢氏之民。古时的人民不知什么叫衣服，于是夏天多积蓄些柴草，以备冬天生火取暖，所以人称知生之民。神农时代，人们睡下安安静静，起来无所事事，人们只知其母、不知其父，人们与麋鹿共处，耕而食、织而衣，人与人从没有相害之心，这是德性最为光大的时代了。然而黄帝却不懂得这些，他与蚩尤战于涿鹿之野，血流百里。尧和舜做了大帝，设立群臣百官，商汤流放了他的君主，武王杀了纣王。从此以后，以强凌弱、以众欺寡就成了见怪不怪的事情，天下大乱了。商汤和周武王以来所有的帝王，都是乱贼的徒子徒孙。

今天你拾起老得发朽的周文王、周武王的乱世之道，左右着天下舆论，以此来教后世子孙，岂不是乱贼的徒子徒孙的徒子徒孙？你穿着宽大的衣服，言语矫揉、举止造作，以迷惑天下的帝王而欲窃取荣华富贵，盗贼再大也大不过你了。可是全天下为什么没人叫你盗丘，而叫我盗跖呢？

你用甜言蜜语说服了子路不当大侠，而跟你去学儒学。于是子路摘下他的高帽子、解下他的佩剑，听你说教去了。天下人都说你孔丘能劝阻暴力、化解是非，可是子路是怎么死的呢？他想杀掉残暴的卫君，但因武艺丢下的时间太久、太过生疏，杀卫君不成反被剁成肉酱于卫国东门。这难道不是你的错么？这正是你教人无方造成的啊。

你自认你是有才学有见识的圣人吗？那你为什么两次被鲁国赶出来？为什么在卫国被人家铲除车迹？为什么到了齐国没人理？为什么在陈、蔡被围困？为什么全天下都没你的容身之地？你亲自调教的子路被剁成肉泥，你的学说上不能保全自身，下无法做人，你的学说哪里有可取之处呢？

世人所尊崇的人物，莫过于黄帝了。但黄帝尚不具有完备的德性，才有了涿鹿之战，流血百里。再往下说就更不成样子了：尧不仁慈，舜不孝敬，禹偏瘫残疾，汤逐放他的君主，武王伐纣，文王被囚禁。以上这六位，是世人认为的高人了，可是仔细想想，他们哪个不是以名利迷惑了自己的真性而强求那些违反人性的东西呢？他们的行为实在是令人感到羞耻啊。

世上所称谓的贤人，首推伯夷、叔齐了。可是这二位老头辞别孤竹国的国君而饿死于首阳山，尸骨都没人埋葬。再看其他的贤人：鲍焦行为做作，看谁都不顺眼，最后自己没办法活，抱着棵树死了。申徒狄屡次劝谏而不被采纳，一生气，自己背着块石头跳河去，最后成了鱼们和鳖们的口中餐。介子推是个极忠诚的人了，他曾在最困难时，割下自己腿上的肉让文公充饥。而后来文公背弃了他，他一怒走了，抱着棵树被火烧死。尾生和他的女友约会在桥下，谁知女友没来，洪水倒来了。为了不失约，他不敢离开桥下，最后抱着桥柱子让水淹死了。以上六个人，全称得上是有名的贤人了。但他们和被打死的狗、被淹死的猪、拿个瓢要饭的叫花子没什么区别啊。他们都太看重名节而轻生不惧死，哪里想到人的性命本是天地所生、父母所养，尊重生命才是为人的根本呢？

世上所谓的忠臣，莫过于王子比干和伍子胥了。子胥落得浮尸江上，比干落得被剖腹挖心。这两个人啊，虽然世人叫他们是忠臣，然而其下场又太让天下人讥笑了。

总之，从古至今，从圣人、贤人到忠臣子胥、比干，都没什么值得推崇的。

孔丘你听着，你想说服我，若跟我讲鬼的道理，我就不知道了；若跟我讲人的道理，不过如此而已，我都听过，都懂。

今天还是让我给你上一课，给你讲讲什么叫人之常情吧：

眼睛总想看到颜色，耳朵总想听到声音，嘴总想品尝味道，志气总想风发而充盈。

人活百岁算长寿，活八十算中寿，活六十算短寿。

除了生老病死、饥饿、忧伤等非正常情况外，正常时人的开口大笑，一个月中也不过有四五天而已。

天与地无穷，人之死有时。拿数得过来的人生岁月与无穷无尽的时空相比，越比这个人生越是短得如奔马过隙一样难以接受，越想越觉得人生一世只不过是在人间一晃……真让人没精神、不痛快。于是丧失志气、意冷心灰，连想活着的勇气都没有了。这都是不通大道的缘故啊。

孔丘，你所讲的，都是我早已丢掉的东西了，实在一点儿新意也没有。你快走吧，别再狡辩了。你的那个学说，洋洋洒洒、虚张声势，听起来挺唬人的，其实全是奸诈虚伪蒙骗百姓的把戏，不是可以保全人之本性的道理啊，哪里配得上让人们谈一谈、论一论呢？"

孔子赶紧拜了拜，转身快步离开此地。出门上车，不知为什么缰绳总是抓不住，连着掉了三回。双眼茫然呆滞，脸色铁青，扶着车围栏，呼吸不畅。等回到鲁国东门外时，正碰到柳下季。柳下季打量了一下说："一晃有好几天没见到你了，看你车马有外出的样子，是不是抽空到我弟弟那儿去了呢？"

孔子仰天而叹，说："可不是嘛。"

柳下季说："我弟弟是不是跟我说得一样，不听你的劝诫呢？"

孔子说："可不是嘛。我不但是没病找病，还自己往自己身上扎针呢。怎么形容才真切些呢？就好像一个人山中遇饿虎，不是回头就跑，反而快步迎上去，抱着虎头，替老虎梳理它的虎须……天啊，险些落入虎口啊。"

子张跟一个叫满苟得的说："你干吗不注重你的德行呢？德行不好，就不能取得别人的信任；没有信任，上级就不会重用你；得不到重用就得不到名与利啊。所以，仔细观察名声给人带来的好处、仔细研究利益给人带来的好处，可以断言：名利对于满足人的欲望是真真切切的，是很实惠的。可见大讲仁义实在是妙得很。如果抛弃名利不讲，那就违背了人的欲望。所以士大夫为人处事，一日都不可忘仁义这个大德行啊。"

满苟得说："无耻的人富有，经常许愿而无信誉的人显达。而那些既有名气又获暴利的大人物，几乎都是既无耻又无信誉的人。所以，仔细观察名声给人带来的坏处，仔细研究利益给人带来的坏处，可以断言：名利对于人的本性是有害的，而诚信才对人性有好处。可见大讲诚信实在是妙得很。如果人们抛弃名利不讲，一心反观自心而涵养真性，这才是士大夫们应该干的事情，难道还有什么比保持自己的本真天性更重要呢？"

子张说："过去的夏桀和商纣都贵为天子，富甲天下。可是今天你的仆人说你的行为如同桀纣一样，你一定生气，心里不服，认为这是小人在作践你。孔子和墨子，穷到只是个老百姓。可是如今你对宰相说，你的行为跟孔子和墨子一样，他也高兴得连连说还差得远、还差得远。可见当一个士大夫，是很高贵的了。所以，身为天子的未必贵，身为百姓的未必贱；贵贱的分别，在于他的行为丑或美啊。总而言之：有仁义就美，无仁义就丑。"

满苟得说："小的盗贼总是被抓，大的盗贼总是封侯，而只有诸侯的门下，才有仁义。换言之：大盗门下才有仁义。

过去齐桓公小白杀哥娶嫂，而管仲却辅佐他；田成子常杀国君窃王位，而孔子受他的赏钱。嘴上批判的无耻下贱之事，一做起来却正是这种无耻下贱的事。这不是言与行相悖于心中了吗？这不是知错犯错了吗？这怎么能解释得通呢？

所以《书》上说：'什么叫恶？什么叫美？不要这么分别吧，这样大家都尴尬。应该说成者为首，败者为尾，这样才能让大家都有脸面，才合历史本来面目。'总而言之：有权力就为上、就美，无权力就为下、就丑。"

子张说："如果说不讲究德行，那将导致亲疏无伦，贵贱不分，长幼无序。如此五纪六位全乱了套，那还怎么区分血缘与非血缘、上等人与下等人呢？"

满苟得说："尧杀了他的长子，舜流放了他的一母同胞的弟弟，这算是亲疏有伦吗？商汤放逐夏桀，武王杀纣王，这能算是贵贱有分别吗？王季夺谪位，周公杀其兄，这能算是长幼有序吗？儒家最擅长虚伪的辞令，墨家最愿讲兼爱，一个说假话，一个说泛爱，如此这般，那五纪六位还有什么用？血缘与非血缘、上等人与下等人同样不是没法子区别了吗？

况且，你争名，我夺利，名和利这两样东西，既不顺天理，也不合大道。我曾和你在无约面前争论过：'小人为财而死，君子为名而亡。这两种人都因为要得到个什么，而扭曲了自己的情感与本性啊。同时，这两者在抛弃人性的根本而为外物所殉情这一点上，又是何等的相同．'

所以说，不要做小人，要返回自己的本性；不要做君子，要顺乎人的天性。是曲是直，要根据天时而定；面对现实，要随四季变化而变化；是是非非，要站在圆心看问题；要坚持自己的观念与意志，与大道共徘徊。什么叫与大道共徘徊呢？那就是：第一，世上干什么都没有直路，你要懂得左右为中、彳亍为行，不要把固执当个性；第二，世上没有一个所谓的人造的正义，你要懂得正义只在自然中，不要把人为的东西当成你的理想，当成你的梦。如果你拼命地追求直达与正义，你会发现你将永远失去直达与正义。所以，不要学小人追求财富，不要学君子追求名声，那样你将失去你的本性。

比干被剖心，子胥被挖眼，这都是忠诚带来的祸根；直躬证明他父亲偷了羊，尾生守约被淹死，这是守信招来的祸因；鲍焦抱着树就死了，申生不为自己辩解冤情，这是廉洁惹来的祸害；孔子不见要死的亲娘，匡子不见要死的亲爹，这可是为了仁义造成的不仁不义的灾害。

这些仁义纲常啊，从上代传下来，还要往下代传下去。是谁定的这规矩？让我们世世代代用这些东西禁锢我们的言论与行为？束缚我们的身心？我担心中国人早晚要被这些东西害死！中国人会因为抱着这些古董，而遭灭顶之灾啊。"

无足对知和说："人没有不希望名声显赫、富贵满堂的。因为有了功名利禄，人们就会归顺他，归顺他的人肯定会对他恭敬谦卑，人们的恭敬谦卑就衬托出他的尊贵。用他人的谦卑而显出自己尊贵的人，就会感到快乐，一快乐就心宽体胖活得长，这也是一种长生之道啊。可是你为什么偏偏不修这种道呢？是智慧不够，还是有这意思，但能力不够而不能施行呢？难道你还念念不忘修正道而耻于此道？"

知和说："你说的这种显贵之人我见过，他们的心理我也知道。他们总是在暗地里拿自己和周围同岁、同乡、同行的人进行攀比。越比就越高兴，自己和他们基础是一样的，但名气、财富、官位却远比他们强，不说是辉煌得多，起码也高大不少，这太不同凡响啦。不同凡响的人，肯定就是超过世俗之人的奇才、高人。

这种人没有主心骨，所以，当他用古今中外的同岁同乡同行来进行攀比时，其攀比的标准仍是世俗的标准——名比命贵、钱大过人。这不正是世俗的看法么？

世人丢弃宝贵的性命、抛弃至尊的大道，去追求自己认为值得追求的东西。当他们得到了这些，就高兴而长寿了；没得到就不高兴而短寿。用这种观点来替代修身养性而尽天年的大道，那不是差得太远了吗？悲哀造成的痛苦、欢愉带来的安乐，只是生活中的人之常情，并不能代替人对身体的调理与锻炼；惊吓造成的恐惧、欢欣带来的喜悦，只是人生中的种种心态，并不能代替人于心灵上的磨砺与修养。知道自己奋斗的目标，也知道自己怎么奋斗，就是不知为什么要向那个目标奋斗，这种人就算是贵为天子、富有天下，也逃不脱灾难啊。"

无足说："财富对于人，实在是没什么不利的。一个人一旦有了钱，就可以说是世界上最美的人和最有势力的人了。连至人都不能比、贤人都不能及啊。他可能弱小，但他可以买来他人的勇敢和勇气为自己逞强；可以买断他人的智慧为自己思考和分析；可以用贤人的德行为自己增光；可以借权贵的威严提高自己的地位。更何况声色、滋味、权势对于人，不用学，人人都乐于接受；不用真正享受到，只是想一想心里都舒坦。一个人之所以有追求、厌恶、躲避、接近这些心态，根本不是老师教的，而是人的天性啊。这是人天生就有的。

综上所述，就算是天下人都骂我，我也不能丢掉财富。谁想让我丢掉都办不到。"

知和说："大智慧者的行为，是顺应百姓根本利益的，不会违背一个原则。这个原则就是：要让百姓富足而不与他们争利，要无为而治不要求百姓必须做些什么。

这个原则的道理在哪里呢？就在于：百姓们不富足，就会去追求，于是四处争夺而不认为这是贪婪。如果人们富足而有余，就会放弃争夺，就算放弃天下也不认为自己的行为是清廉，是什么典范。这就是人的心理，这就是人的本性。

其实，廉洁和贪婪的本质，不在外部的压力，而在于内心的是否满足。假如权势显赫的天子，不以权力之霸气欺凌人，富有天下的贵人，不以财富之傲气戏弄人，那么就可以使百姓内心得到满足而心理平衡。这就是大智慧者的智慧么？对啊，因为他们运用智慧在衡权利弊、总结正反的结果才得出这样的原则，不这样将会伤害百姓的心性。所以他们拒绝权力与财富，他们不是在伪善地沽名钓誉啊。

尧帝和舜帝在位时，天下祥和，这不是推行仁义的结果。祥和来自于——不人为地追求所谓的美好，不要伤害人之本性。善卷和许由不接受先帝禅让的帝位，不是他们伪善地在装高洁、充圣人，而是他们真的不愿意用操劳国事而伤害自己的身心。

以上都是亲近利而远避害的例子。大凡世上被人们称为贤德的人，都是这样的人。他们不是为了虚名在故意做作的人。"

无足说："你讲的大智慧的人，我知道。他们无非是为了保持自己的名节，故意地劳苦自己的身体，拒绝甜美的食物，用最低的物质生活来维持自己的生命罢了。这和久病缠身、厄运不断，但还在那里凑合活着，没什么两样啊。"

知和说："平常、平淡就是幸福，物质上的充足和富余反而有害。一闲出百丑，万物没有不是这样的，而尤其以财富的富余更是如此。你看天下的富人，耳朵里营绕着钟鼓管弦之声，嘴里品尝着鱼肉美酒之味，跟着欲望的感觉走，忘掉了自己的事业，可以说是昏乱之极；身体内的新陈代谢不通畅、胸腹凝聚着浊气，就好像背着重物上山，可以说是痛苦之极；贪财而换取欢乐、贪权而耗尽心机，一闲下来就想着色，身体臃肿而虚汗不止，这可以说是病得不轻；为了财富而追求暴利，胆子大得撞了墙也不知回避，听到耻笑也不觉脸红，这可以说是受辱也受得不小了；财产积累的太多而无用，受到凌辱而仍不舍弃，满心的焦虑、欲望又无止尽，这可以说忧虑没个边啊；在家总怀疑有盗贼来偷、在外总怕有强盗来抢，家中的房门紧闭、在外不敢一个人独行，可以说没什么是他不怕的了。以上六种状态，是天下最伤害人的事情啦，你却忘记这些而不详察。一旦六病齐发，性命不保、财产散尽，想过一天过去那样的日子也不可能了。

泯灭自己的天性、劳损自己的身体，就为了争得这样的后果，这不是太糊涂了吗？"

［延展思考］

《盗跖》的主人公就是柳下跖。柳家两兄弟，一个是君子，一个是强盗。同是一母所生，结果大相径庭，这显然是对简单的"性本善"或"性本恶"来了一个大调侃、大解构。是那个时代的后现代主义。

中国人与西方人最大的区别在哪里？显然不在皮肤上，而在思想观念上。中国几千年的封建社会，使人的等级观念久久萦绕于心头，难以抹去。一遇时机，总会以种种先进或落后的面目出现。例如人群分左右，人性分君子与小人，思想分进步与落后，品质分有德性与无德性……

说到君子与小人，不妨细看一看，也算挺有意思的。

先说君子。他们是上等人，一出娘胎就是"人之初、性本善"的典型人物。他们天生人种好、品质好，加上培养与锻炼，于是成了社会的栋梁、人类的中坚。他们天生就高洁得心中没有邪念，人性中欲望的东西少之又少以至于无（当然，为了传宗接代，性欲还是要留下一点儿的。不过少得可怜，刚好符合传宗接代的标准而已）。他们是堂堂正正的男子汉。上台讲得了《道德经》，下台走路影子正。也正是因为如此，对于他们就得"刑不上大夫"，因为他们不会犯错。偶然有那么个一念之差，也纯属小毛病，只当是交学费，给个警告就可以了。再说了，摸石头过河嘛，哪儿能没一点儿闪失？谁也不是算命先生啊！当官的也是人啊，这才是辩证法。退一万步讲，刚在台上做完了报告，一转身于勾栏中让人拿获，这就是蜕变的例子了，个别得很、特殊得很。肯定是意志不坚强、精神文明抓得不紧。一放松，一下子被妓女给拉下了水。从理论上说，这是他们人性中原本没有的东西，被坏人给整回来了。或者是让坏人把好的部分给污染了。如果社会上没坏人引诱，那好人就是好人，君子就君子。所以当务之急在于狠抓坏人、小人。更何况，现在全世界都有污染问题嘛，臭氧都出了个大洞，个别人被污染了不是很正常的吗？全世界哪个国家没这种事儿？外国还有红灯区呢。

另类就是小人了，他们一出娘胎就是"人之初、性本恶"的难以教化的小人。他们需要君子们天天敲打修理。但这些小人们总是恶习不改，人性中坏的那部分总是去不掉，人性中好的那部分总是没生出来。这也还罢了，更可恶的是他们还总是要拉君子们下水，把这人性之恶如艾滋病一样四处传开，故意使君子们染上这讨厌的病。

中国以礼仪之邦著称，所以必然有三教九流之别。上等人必以高官厚禄，这也是人之常情。难道让盗跖当皇帝吗？所以，人的三六九等，直接以官阶高低而呈现出来，也就是说官越大，德性就越大：皇上是皇皇巨德性；大官大德性，中官中德性，小官小德性，芝麻官芝麻德性……草民只剩下野性，妇女是水性，妓女是花性，小人是小性。

中国的当务之急，先要肃清的是封建观念。资本主义的观念还没有呢，因为它的基本特征是：自由、平等、竞争……

西方社会的建构，似乎是以"人之初、性本恶"为基础的。他们不相信有"诗书传家""书香门第""根红苗正"这一说。他们只相信法治与制度。所以克林顿偷情挺正常，只是别让人抓住，或是别让人告发。一切见不得光的东西，人人皆有，但要小心社会舆论。因此，在他们那里没有什么天生的或

是后天的等级，一切看你玩得高不高，是不是让人抓住了。于
是德性的大小与官职的高低没有必然的联系。

依盗跖所言，若是讲鬼的道理，我就不知道了，不论性本
善还是性本恶吧；但若是讲人的道理，那就应该是"人之初，
性本真"。所以，本篇的主题，就在于孔子与盗跖这一节。简
言之，儒家以有无仁义来评定是君子还是小人；庄子借盗跖之
口，用是否尊重人之本性来判定一个人是真实的人还是虚伪
的人。

当然，以人本主义来反对封建礼教，有它进步的一面。庄
子用极端的自由人、自然人，来反对社会人、民族人，是那个
时代的产物。因为人不但具有人的本性、人的个性，毕竟还具
有民族性、社会性。人性与社会性这两者，在每个学科、每个
时代，都有不同的侧重。当国家有难、战争年代，人们强调的
是社会性、民族性；当和平时期、建设时期，人们强调的就是
人的本性与人的个性。还有，政治、经济、哲学、军事等学
科，强调的多是集体性、社会性；人文科学、艺术、法律等学
科，强调的多是本性与个性……例子很多，不胜枚举。

当孔子用社会人的社会标准来和盗跖自然人的人本标准进
行争论时，那就有打不完的架了。当然，庄子是把孔子放到
"秀才遇到兵，有理说不清"的场景里来展开这个辩论，就增
加了本节的戏剧性。所以本篇文章是最像小说，而离说教最远
的一篇。

如果不是在写小说，而是真弄出个正方反方，到电视上争
上一争、辩上一辩，成，有得看了，这个仗一辈子也打不完。
因为人本身就具有社会与人本能的双重性啊，怎么可以分开来

争个谁高谁低呢？好像你的左手与右手非要争个高低一样，除了给电视台增加了收视率，还能有什么结果？

这种争论不会有结果，除非一方是秀才，一方是兵。不过，那时还用争么？

如果说孔子与盗跖是社会人与自然人之争，那子张和满苟得之争就是人的境界之争了。我们常说人生活在三种境界里：物质境界、伦理境界、审美境界。如果简单地说哪个境界好、哪个境界坏，这是对谁都不公平的，对人类社会的发展也会起到阻碍的作用。换言之，真的像老子或庄子所讲的君子国或"鸡犬之声相闻，老死不相往来"的小农业国，那中国亦如一些非洲的原始部落，仍在那里刀耕火种……不成，恐怕早在八国联军时就让人家给灭了。就算中国人多，没给灭掉，那也会像如今的非洲，部族之间仍在仇杀……

中国的儒家、法家、道家、墨家、兵家之五家，建立了中华文化圈的中华传统文明，这是中国至今能使五千年文明没被湮灭的原因。

所谓的文明，其间必含有许多内在的冲突。否则就不能算是文明了。正如刚才讲的"社会性与人本性的冲突""不同层次与不同境界的冲突""各个社会阶层之间的冲突"，等等。

而境界不同产生的冲突，最难让人讲清。追求境界而不重经济基础，就像刚才说的老庄的理想，整日的无为、空静、无所事事……那是会亡国的；不重境界，只讲实用，不管有没有德性、可不可耻，能有钱有势就是爷，怕也不成。说来说去该如何呢？我看每个人有不同的情况与个性，这个答案还是由每个人自己回答吧。

有人问：你既然敢写这本书，那你信奉的是"境界至上"，还是"物质至上"？或者是"骑墙至上"呢？我也学学庄子，先给诸位讲个故事吧。说是香港人过年过节或是老伴生日，总是要送东西的。送什么呢？李嘉诚在他夫人生日时，送给老伴一束玫瑰，他老伴乐在心里，总觉得甜甜的。街上有一对要饭的夫妻，男的好容易从要来的小钱里偷偷攒够了一束花钱，也给女叫花子送了一束玫瑰，这女叫花子激动得热泪盈眶，觉得天下就属她最幸福。但广大的香港市民小到送水果、补品，大到送汽车、别墅，简直是五花八门。

我这个故事什么意思？我是说：当你不再把赚钱看成是必然的事情后，你就送花，你就可以生活在高境界的神通、心通的灵犀之中。这就如李嘉诚，他已经不把赚钱看成是什么大事了，已经没有赚到钱后的乐趣了，他的乐趣转移了，更注重情调了。或者如街上的叫花子，他也把赚钱看成不可能的了，不再想着了，一切听天由命了，于是乐趣也转移了，也更注重情调了。当然还有，比如要死的人和已经死过一次的人，他们都想开了，不把赚钱当成多么了不起的事情了，他们情调转移了，开始注重生命的乐趣了。

如果你没到达这种人的思想境界，你上有老下有小，拖家带口的老婆还有病，我看就算了，老老实实地做人、规规矩矩地唱戏也是人性之本，也挺不错的。反正赚一百就比赚十块钱好、赚一千就比一百好、一万就比一千好……只要你懂得知足、有度，原本也不错，也算是高人，也算是活得明白。至于境界是不是高，那只有你自己知道了。

"安贫守志"这句话不能随便乱讲，它不能成为疏懒、享乐、不求上进的借口，也不能成为社会前进的障碍。它的针对性其实很强，例如庄子吧，你不让他在家修养，难道让他去当兵伐暴君？再说了，那年头的君王哪个不是暴君？挑一个不是的出来，让庄子、你加上我咱们三人一齐为他效力去。既然找不到，没处效力去，那凭什么不让人在家里敲鼓唱歌呢？都出去造反，成么？

社会是多元的，人性是多元的，人群更是多元的。有的人多富也不觉得富，总嫌钱少；有的人能过日子就感觉挺不错的了，总想好好静一下……

于是，安贫守志、安富守志都可以，对于一个活生生的人，祝你安详安乐，好人一生长寿，不错。

不安贫、不安富，总想着再富一些，这一辈子总不安生，总要奋斗，也不错，这对国家、对民族也挺有必要的，只是仁兄要知度、有节，别为了赚钱累死。

不安分、没有志……也没什么不好。因为人类社会从野蛮走到文明，一直都因为有了这些宝贝人物，才健全了法治。没有流氓不叫个镇，没有地痞不叫个村，没有汉奸不叫民族，没有叛徒不叫国家……如此看来，这些人功劳也算不小了。

只是小心啊老总，别给子孙万代留下骂名。

总之，境界之事最不值得争。谁是什么境界自是什么境界，都没错。想从争论中提升一下或是改变一下，那是大妄想。懂得品尝人生、学会独立思考，珍惜自己的经验、借鉴他人的经验，看清人之本性、看清人间诸事，本身境界就不低了。

当然要加上一句：大凡境界高的人，都不固执；大凡固执的人，根本谈不上什么境界。尤其是在镜头前说得云山雾罩的人，别信他的境界说。因为高境界本身就是一种流动式的美，哪里容得下固执在此作梗？高境界本身就只能是心领神会，哪里容得下说教在此作祟？

无足与知和的争论，表面上是财富与人性哪个重要的争论，其实是人的社会地位与人的本性哪个重要的争论。如果再往下剥离一层，仍如同孔子与盗跖的社会人与自然人之争，只是面目不同而已。

还是那句老话，都对，不应该有争论；时代与行业不同，所侧重的不同而已。

乱世需重典，更需要精神领袖；治世需要个性、德性，更需要人性和良心。

《盗跖》一篇，讲了三个故事，说了两种冲突。

社会人与自然人的冲突、不同境界存在着的冲突。

这本是没法争辩的冲突，说不上谁对谁错，不偏向庄子或孔子，所以等于什么都没说，所以也没错。

释迦牟尼临终时说："我说了四十八年法，如果有人说我讲过一个字，说过一句法，那是谤佛。"禅宗的马祖道一说"即心即佛"，看弟子们都不理解，都不懂，于是又说"非心非佛"。弟子们仍是不理解，仍是不懂，于是去问大师叔梅子禅师。梅子大师听后说："这个老骚胡，只知乱人心，何必讲这些啊？"然后闭上眼睛念经去了。

什么都不说的人，不是不懂，就是真懂。但绝对没错儿。

八　说剑

从前，赵文王喜好剑术，他养的剑客有三千人之多，不分昼夜地在文王面前捉对厮杀，每年死伤的剑客达上百人，但赵文王仍是兴趣如初，丝毫没有厌倦的意思。三年下来，国家的实力开始衰退，众诸侯都想趁机吞并赵国。

太子悝看在眼里，急在心上，他召集左右的人说："谁能说服大王远离剑术、遣散剑客，我将赏他千金。"

手下的人都说："庄子能胜任这事。"

于是太子派人带着千金来见庄子。庄子坚决不收重礼，并与使者一同来见太子，对太子说："太子有什么事情要问我，请尽管讲，何必赐千金呢？"

太子道："我听说先生是位明智贤达的圣人，所以奉上千金赠予先生的随从，并不敢以金钱买先生的指教啊。可是先生您不替您的随从收下这些薄礼，这叫我怎么敢开口呢？"

庄子说："传闻太子要用我，是让我说服大王断绝对剑道的喜好。我作为您的使臣去说服大王，如果大王不高兴，听不进我的话，那不是没完成您交给我的任务吗？到时候我也肯定被处死了，赏我的千金对我有什么用呢？如果大王很高兴，听从了我的劝告，我也完成了您交给我的任务，那时我向赵国要求什么都会得到的，您还在乎千金吗？"

太子想了想说："嗯，不错，是这样的。不过父王所接见的人，只有剑士，只怕是你连见大王一面都不可能啊。"

庄子说："太好了，只要大王能见剑士就成，我的剑道也挺不错的。"

太子一听大喜，说："不过我父王所见的剑士，个个儿都是披头散发大鬓角、头盔低压到眉梢、红帽缨子垂到肩；上衣的前襟长、后襟短，未曾开口先瞪眼，谈吐粗野、脏话连天，这样的剑士父王才喜欢。先生您身着儒服见大王，我看这事一定会办糟的。"

庄子说："这有何难，请给我做一套大王喜欢的剑士服吧。"

三天，剑服赶制出来了，太子派人把剑服送给了庄子。庄子试了试，挺合身的，于是穿着剑服、学着剑士的做派，来见太子。

太子一看还挺满意，领着庄子一同拜见文王。赵文王早就听说太子把庄子弄来说服自己，所以拔剑出鞘，在那儿正等着他们呢。庄子进了大殿既不急走，也不下拜，就站在那里看着文王。

文王说："先生用什么罕见的东西来指教我呢，值得惊动太子为你引见？"

庄子说："我听说大王喜好剑道，所以用罕见的剑法来见大王。"

文王心生欢喜，但疑惑地说："先生的剑法？你的剑法能克敌制胜么？"

庄子说："我的剑法于十步之外可以杀死人，于千里之内没人能阻挡。"

文王大喜，说："这是天下无敌的剑法啊。"

庄子说："剑道的最高境界，是先示敌于空当，大开门户让敌人觉得可以乘虚而入。等敌人欲动未动之时，后发而先至，克敌制胜。我愿为您做个示范。"

文王说："先生请到馆舍休息，等我命令他们做好比赛的准备，再请先生来。"

于是赵文王准备了七天，让剑士们相互拼杀，死伤六十多人，选拔出五六个剑术高超的剑士，携剑在殿下等候，赵文王派人请庄子。

庄子来到殿前，文王说："今天你可以和这些高手比剑了。"

庄子说："我盼望这一天好久了。"

文王说："先生要用什么样的剑啊？要长些的呢，还是短些的？"

庄子说："什么样的都可以，长些短些都无所谓。不过长、中、短三种剑，剑道不同、剑法不同、功用不同，不知大王您喜欢看哪种呢？干脆，我先给您讲讲这三种剑的剑道，您来选择吧。"

文王兴趣盎然，说："有点意思了。我还真想听听三种剑道、剑法与功用。"

庄子说："三种剑道，为天子剑、诸侯剑、庶民剑。"

文王说："天子剑有什么特点？"

庄子说："天子之剑，它的特点是：冶燕赵长城为剑锋，磨齐鲁泰山为剑刃，锻晋卫太行为剑脊，造周宋河曲为剑环，配韩魏吕梁为剑鞘；依四方为剑衣，披四时为剑套，牵渤海为佩带，连常山为缨绦。用阴阳五行、相生相克治理天下：有赏必有罚，公正分明；以文武之道、张弛有时管理天下：春夏亦静，以利作物生长；秋冬亦动，该赏则赏，该罚的就执行。

这天子之剑的剑法是：直刺，其锋一往无前；举起，其刃划破天外；按下，其形深不见底；此剑运行起来，凌厉而无物可挡，上断浮云，下裂山岳。

此剑的功用是：可以安诸侯、统天下、服万民。这就是天子之剑啊。"

文王听得有点儿茫茫然，随口问道："那诸侯之剑怎么样呢？"

庄子说："诸侯之剑啊，它的特点是：以智勇双全的人为剑锋，以清正廉洁的人为剑刃，以贤良之士为剑脊，以忠诚圣明的人为剑环，以豪杰侠士为剑鞘。

此剑的剑法：直刺，也算得上是一往无前；举起，也凑合着能划破天；按下，整个剑身也深得看不见了；运行起来，也碰不着什么挡它的东西。

这种剑的功用：上取之于天圆，顺应日月星三光；下取之于地方，顺应春夏秋冬四时；中和万民之意，可以安抚百姓。此剑一用，如雷霆而震撼大地，四方边境之内，没人敢不宾服的，全都俯首帖耳听大王您的命令。这就是诸侯之剑了。"

文王说："庶人之剑又如何呢？"

庄子说："庶人之剑嘛，就是找那么些人来，个个儿披头散发大鬓角、头盔低压到眉梢、红帽缨子垂到肩；上衣的前襟长、后襟短，未曾开口先瞪眼，谈吐粗野、脏话连天。让他们这些人在面前捉对厮杀，上砍脖子、下掏肝肺……这就是庶人之剑了，谈不上特点与剑法，和斗鸡一样，只是争强斗狠而已。一旦死了人，也就是死人了，对国家一丁点儿好处都没有。所以也谈不上功用。今天大王您持天子之威严而喜好庶人之剑，我都替您觉得太不值啊。"

赵文王激动地拉着庄子上了大殿，命人摆好盛宴，自己绕着桌子一圈一圈地走着。

庄子见了，说："大王您可以安坐下来定定心啦，我的剑道已经讲完了。"

从此，赵文王三个月没出宫，一边闭门思过，一边谋略国家大事，总想着天子之剑的道法与功用。再看那三千门客，皆羞愧地自杀了。

[延展思考]

《说剑》一篇，大有纵横家之风，后人多疑是他人所作，被庄子的弟子算在了庄子的名下。为什么这么讲呢？因为依照庄先生的哲学，定然还有一把特大号的"日月之剑"，融银河为剑锋，铸恒星为剑刃，锻彗星为剑脊，取卫星为剑环。总以"无为而无不为"，于天地玄黄之中、宇宙洪荒之时、开天辟地也。该剑的主人就是盘古。

其实谁写的这篇文章并不重要，算在庄子门下，正应了人的思想不是一元的这种观点。想战国之时，天下大乱，男人在年轻时练过一阵子剑是有可能的。再者，庄先生虽然有其主流思想，但诸子凡是好的文章与胸襟，拿过来用一用，再不成调侃一下，也是庄子的作风。三皇五帝、孔子墨子、鲲鹏螳螂、苏秦张仪，谁都是他笔下的素材，冷不丁学人家口气抒自己的胸怀，未尝不可。我是这么想的，在庄子的三十三篇文章中，于一片无为、空虚之中冒出一两篇"各色"的东西，岂不是增加了色彩和趣味？

不能认为庄子处处虚无、事事无为。具体到改变一个人的恶习时，说一说剑，谈一谈治国，也是挺不错的主意。庄子最恨的是虚伪的仁义之学，除此以外，并不是见了谁都是敌人。

上有所好，下必甚焉。赵文王好剑，想必赵国上下剑光森森，大街上走着的多是披头散发的剑士。这个国家可怎么办？一个单位的篮球是全市、全省业余大赛的冠军，甭问，这个单位的一把手一定喜好篮球；一个单位在歌咏比赛里拿了金奖，甭问，书记或厂长肯定有一个喜好文艺的；一个单位贪污成风，甭问……一个单位离婚的特别多……

文如其人，看文章可以看出作者的大概的脾气秉性。同理，看一个单位的风气，大概可以看出他们单位的领导是什么德行。并不需要纪检组、反贪局费工夫，瞄一眼就心里有数了。当然，立案是一回事，我是说你在挑选单位时，可以先学会瞄一眼。如果这个单位篮球好、那个单位唱歌好，还有技术革新好、茶道好、钓鱼好……也算是对文化多元做出了一点儿贡献。只是不要"领导好麻将、班子凑一桌"就成了。

封建社会是任人唯亲，我们不要弄成任人唯"好"（喜好的"好"）。

在中国，作为一个有权的人，最可怕的喜好是什么？不会是剑道、茶道、花道，那个东西功能有限。最可怕的喜好是

"串门"。串门在百姓寻常家，算是邻里关系好，稍弄不对付就算是挑拨是非之举。而作为领导，多走走关系只能算是"搞好兄弟单位的相互协作"，稍弄不好，就成了"带有黑社会性质"的东西了。例如，县委书记与法院院长是哥们儿，这是人权，私生活，谁也不能干涉。总不能让所有的领导都孤家寡人吧。而院长又与土地管理局的局长是哥们儿，这也是人之常情。而土地管理局局长的小舅子是省报社的记者，这也是谁都不能否认的亲戚关系。好了，县委书记的二大妈的儿子买了一大块地，又是房产又是养鱼，成了大款。后来让人告发，说是贿赂了有关部门和有关的人，所以才能低价买进土地。此消息一经透露，弄得全县人心惶惶。有嫉妒的，有不平的，有不明真相瞎起哄的，有唯恐天下不乱的，有真正公正廉明的……这么一搅和，事情闹到中纪委了。中纪委派了若干个检查组，都解决不了问题。因为县里那一伙人早就做好了一切正当的手续，更何况县委书记的小蜜——县剧团的"小香水"正和省纪委工作组的组长打得火热，还有就是省报上连篇累牍地大讲特讲该县工作如何先进，某某人如何污蔑党的领导……这个事件的后果，我不说诸位也就知道了。

儒家努力培养起有血缘关系的一个团体，如宗法、宗族、宗亲；

墨家努力培养起无血缘关系的一个团体，如同行的槽帮、盐帮；

两千年后，中国就有了形形色色的团体：青洪帮、天地会、同乡会……

九　渔父

[原文演绎]

孔子到缁帷的树林里来游玩，他坐在杏坛上休息。他的弟子们在读书，孔子在弹琴唱歌。

曲子刚弹唱到一半，有个打鱼的老头从船上下来。只见他雪白的须眉、飘逸的长发、随风舞动着的衣袖，很有神仙的味道。他走到杏坛边，蹲了下来，左手抱膝、右手托腮，很认真地听。曲终，他叫子贡和子路过去，跟二位打听事儿。

渔父问："那个人是干什么的？"

子路回答道："他是鲁国的君子啊。"

渔父又问他姓什么，子路告诉他说："姓孔。"

渔父说："姓孔的整天干什么事呀？"

子路没有回答，子贡上前告诉老者说："这位孔先生啊，是最讲忠诚信誉的人，他总是身体力行地推行仁义，恢复周朝时的礼乐，制定人伦的等级，他对上忠于君主，对下教化万民，这对天下来说是多么大的贡献啊，这就是孔先生的事业。"

渔父又问："他是有封地的爵爷吗？"

子贡说："不是。"

渔父说："那是辅佐君王的大臣了？"

子贡说："也不是。"

渔父笑着站起来转身走了，边走边说："仁义则仁义了，就怕身心要受连累啊。苦心劳神去危害自己的真性，呜呼！这种事业离大道也太远了吧。"

子贡回来，把这事告诉了孔子。

孔子推开手中的琴，站起身来说："这个人难道是圣人吗？"于是走下杏坛，追到河边。

老渔父正拿着船篙要把船撑离岸边，回头看见孔子来了，只好停下手来，站在那里。孔子一见，转身快走几步，再返身上前行三拜之礼。

一见这啰唆的周朝古礼，渔父有些不耐烦，问道："先生找我有什么事吗？"

孔子说："刚才先生有话没讲完就走了，孔丘我是个愚钝的人，没弄明白先生所说的意思。所以特地赶来站在您的下风处，请您随便说几句，以提高我的见识啊。"

渔父说："你可真好学啊。"

孔子连忙又拜了拜，起身说："孔丘我自幼好学，至今已经六十九岁了，可从来没听到过至理名言，哪敢不虚心啊。"

渔父说："同类相从，同声相应，这是天理啊。既然你想探索有关人类的至理名言，你我也算是同类同声了；既然是同类同声，我就不客气了，我用我的观点，谈一谈你的事业吧。

你所为之付出的事业，不过是人事而已。天子、诸侯、大夫、庶人这四等人，如果都安分守己，那就是人类最理想的时代了；如果这四等人都不安分，都想着往上换换位子，那可是天下大乱的时代啊。当官的恪尽职守，人人恪尽其事，就不会出乱子。

所以，田荒屋漏、衣食不足、交不上赋税、妻妾不和、长幼无序等事情，是庶人应该操心的；能力不胜任其职、公事越办越糟、行为不清白、下属散漫懒惰、业绩一点儿没有、官职眼看不保，这是士大夫所该操心的；朝廷无忠臣、国家一片混乱、工艺技术不精巧、贡赋与税收总完不成、对自然灾害束手无策、不听从天子的命令，这是诸侯所该操心的；阴阳不和、寒暑失常、万物蒙受祸殃，诸侯暴乱、相互攻伐、生灵惨遭涂炭、礼仪不予节制、国家财政匮乏、人伦纲常不整治、百姓淫乱伤俗，这是天子应该操心的。

而你今天上无君主诸侯的势力，下无大臣幕僚的官职，却擅自整饬礼乐、重定人伦，试图教化人民，这不是太多事了吗？

况且，人有八种毛病，事有四种祸患，不可不知道。

所谓八病是，不是你的事，你愣要管，这叫揽；没人听你的，你却偏要说，这叫佞；猜人家的意思，迎合着他人，这叫谄；不论是非曲直，拿起话来就说，这叫谀；总喜欢说人家坏话，这叫谗；挑拨是非、离间他人关系，这叫贼；为了打击自己的对手而称赞坏人、歌颂虚伪，这叫慝；不论好坏人，一味地取悦周旋，只为自己捞取好处，这叫险。这就是人之八病了。得了这八种病中的一种，都会外乱人和、内伤身心，君子不和你交友，明君不任你为臣。

所谓四患是，好大喜功、变化无常、一心只想着业绩和功名，这叫叨；独断专行、损人利己，这叫贪；知道自己的过错，不但不改，反而越说越来劲，这叫狠；顺我者昌、逆我者亡，赞成我的人怎么着都成，不赞成我的人多好也是坏，这叫矜。这就是人们办事时常遇到的四种祸患了。为人处事必须戒除八病、远离四患，更不要说推行你的仁义了。只有先清除了八病四患，才谈得上教化民众啊。"

孔子听了这番话，叹了口气，再拜，起身后说："孔丘我两次被逐于鲁国，在卫国连通行都让人家讨厌，于宋国蒙受伐树之辱，于陈、蔡又遭到围困。我不知道我做错了什么，为何连续四次受到这么残酷的打击呢？"

渔父的脸色变得有些同情了，他对孔子说："对啊，这个问题你早该问问自己了，看来是你的悟性太差啦。这么说吧：有一个人总是害怕自己的影子、讨厌自己的足迹，于是他拼命地跑，想远离这两者。但他越跑足迹越多，跑得越快影子也跟得越快。他想，这一定是自己跑得还是不够快，于是快跑不停，力竭身亡。他怎么就不知道在阴处可以脱离影子，在静处可以远离足迹呢？这个人是不是愚蠢得可以了呢？

而你在推行你的仁义事业时，都干了些什么呢？你考察他人的仁与义、辨别事物的同和异、观察动与静的变化、掌握接受和给予的尺度、清理善与恶的情感、调整喜与怒的时机，干这些事情，都免不了要得罪人啊。如果你谨慎地涵养自己的身心、守护自己的真性，把他人的事还给他人，这就没什么麻烦了。如今你不对内要求自己，反而对外要求和责难他人，这不是自找麻烦吗？"

孔子听了，有些伤心，勉强说道："请问，什么叫真性？"

渔父说："真性，精诚之至。也就是说，真性，是人精神世界中感情最诚实的境界了。不精不诚，就不能动人。换言之，不是精神世界里的情感、不是这种情感的最真挚的境界，是不能动人的。所以，强装哭泣的人，虽然哭声很悲痛，但总让人感到他心里并不哀伤；强装愤怒的人，虽然声音很严厉，但他身上就是没有那种威严；强装亲近的人，虽然脸上堆满笑容，但总让人觉得不可亲。真正悲伤的人，他不出声，也让你不由自主地掉下眼泪；真正发怒的人，他没说话，已经使你感到了他身上的威严；真正亲近的人，他还没笑，你就会觉得这个人很和蔼。

所以啊，真性在人的内心，我们是看不见的。但她可以通过神情表达出来，从而使我们觉察到她的存在。反之，我们通过她，可以洞察一个人是否是真情感，还是虚假伪善地在骗人，这就是真性所以珍贵的原因了。

用真性生活于世间，用真性去为人处事，那就会对亲人慈爱和孝敬，对君王忠诚而守节……喝酒了就高兴，有丧事就悲哀，真性就是这么简单而不做作啊。因为忠贞可以建功立业、喝酒就应该高兴、有丧事就应该悲伤、对亲人就应该顺着他们的意愿，只要我们这样做了，我们的情感就会得到满足，不会在乎其他的后果。这就是以真性生活于世间。

所以，对亲人要让他们高兴，不论用什么方法；喝酒要喝到高兴，不论用什么酒具；办丧事要办得庄重沉痛，不论用什么礼节。

礼节，是世俗的人们自己制定的；真性，是老天爷给予的，是自然而不可更改的。因此古今的圣人们全都师法天地、尊重真性，而不拘泥于世俗的条条框框和婆婆妈妈的种种道理。愚蠢的人正好相反，他们不懂得自然规律而总是怜悯于人，他们不懂得尊重真性而总是受制于世俗，所以他们的物质追求总是没个头。这时你再给他们讲仁义，有什么用呢？一个人的观念不改，指望着用仁义包装一下，那不更是伪君子了吗？

真是太可惜了，你这六十多岁啊，听世俗之声太早，闻大道之理太晚。"

孔子连忙再拜，起身后说："幸亏今天孔丘我遇到了先生您啊，这是我天大的福分。先生若不嫌弃，就收下我做您的徒弟吧。敢问先生家住何处？改天我一定亲自登门，聆听您对大道的最后阐释。"

渔父心中很是憋闷，心想：大道迢迢，就在脚下。我讲了这么半天，他一点儿没懂。于是婉转地说："我听说可以与之交往的人，是可以共享大道乐趣的人；不可以与之交往的人，是因为大家在一起也没有对大道的共识与乐趣。要小心不与这种人交往，才不会对自己造成危害啊。您自己努力修行去吧，我要走了，我走啦！"

只见渔父拿篙冲河岸一点，小船飞进芦苇丛中，一眨眼，一点儿踪迹都没有了。

颜回掉过车头，子路把车缰绳递给孔子，师徒几人打算回城了。孔子没理颜回和子路，只是呆呆地站在岸边看着芦苇丛，直到撑船的声音消逝，才敢回过身上车。

车子往城里走着，子路见孔子老大不高兴，就凑过车旁对车上的孔子说："老师，我侍奉您也很久了，从未见您对人如此恭敬过。万乘的天子、千乘的诸侯，见了您也不过是双方行宾主之礼，您还时常流露出高傲的表情。可今天一个渔父，拿了个船篙立在船头，您却对他又弯腰又曲背，还是先拜而后答话，这是不是太过分了？我们这些弟子们全都在怪您呢，认为您对一个打鱼的老头如此尊重，实在是太不像话了。"

孔子扶着车栏杆对车下步行的子路说："哎！子路啊，你这个人可是太难以教化啦。你学习礼仪的时间可也不算短了，怎么世俗到一些丑陋的观念还没去掉?你走近点儿,我告诉你:遇到长者不尊敬,那是失礼;见到贤者不恭敬,那是不仁。那个渔父虽然不是至人,但他却明了大道,我对明道的老人不尊敬、不恭敬,岂不是既失礼又失仁义,还弄得个心不诚?心不诚就得不到大道的真谛,得不到大道的真谛,只能是对我自己有害啊。

可惜啊,不仁义这种毛病,对人来说是最大的祸害了,怎么偏偏你子路总改不了呢?况且,大道是所有事物之源啊,万物失道者死,得道者生;万事逆道则败,顺道则成。因此,大道所在之处,圣人都要尊重它。今天渔父对于道,可以说是得道了,我哪里敢不尊敬他呢?"

[延展思考]

《渔父》一篇,庄子借一个打鱼老者的嘴,狠狠地批评了孔子不安分守己的行为。看来道家的政治理想,是恪尽职守、各自干好自己的本职工作,有点儿坐观动静、稳住阵脚的思想。可惜,由奴隶社会过渡到封建社会,大兼并、大战乱是必然的,这必定是一个痛苦而流血的过程。庄子想以恪尽职守、各自修养来避免这种大动荡,是妄想;孔子想用仁义礼智信来化解这种大动荡,也是个大妄想。说来说去,还只有纵横家和法家,看到了历史的必然,为社会的变革做好了准备。商鞅变法,可以说是秦国为统一全中国做了一次精彩的预演,而秦始皇统一中国,就算是法家的最终胜利了。那时的中国可以说是法家的一统天下,儒家、道家、墨家实在是衰微得很。后来秦二世丢掉王位,短命的秦王朝又让人怀疑法家是不是错误的，是不是偶然得天下的。在思想界一片混乱中，小流氓出身的刘邦与有法家倾向的政治家萧何、张良，兵家的韩信共同夺取了天下。草民出身的刘邦，刚一当上皇帝，就对古代的礼仪产生了浓厚的兴趣。你想啊，万民对他三拜九叩、口称万岁，那个滋味实在是太过瘾了。于是这个空子让儒家盯上了，儒家赶紧替刘邦弄出了朝纲与礼仪，哄得刘邦乐在心里。于是儒家趁机大讲秦王朝败在"焚书坑儒"上，因为他们对儒家不尊重，一次坑杀了儒士四百多人，这才招致了国家无栋梁之材而亡国……

大凡当皇上的最怕的不是天灾人祸外敌入侵，而是自己的位子坐不稳。所以一来二去，刘邦就听信了这种鬼话，在封建的郡县制的基础上，一定程度地恢复了奴隶社会的分封制。这是导致七国之乱的直接原因。分封制的恶果，直到唐朝的"安史之乱"才引起统治者的注意，而到了宋明才逐步被取缔。

从文中老渔父对人分四种等级也要安分守己这一观点来看，道家与儒家在此都太注重稳定，而看不到变革与变化。社会的繁荣在一定时期需要团结安定，人人需要安分守己；但在一定的时期又需要改革或革命，人人需要思考与想象。

过分强调稳定，一堆庸才控制着人们的思想，那将导致落后；过分强调变动，人人占山为王，国家四分五裂，那将导致混乱。不要说大的尺度，就说在一个国家里吧，过度的自由会出现什么现象呢？鲁迅说：那将导致人们的思想集体庸俗化。我看是有一定道理的。可是怎么才不庸俗呢？是否有比这种自由方式更好些的呢？这还要靠人们自己去摸索，没有天上掉馅饼的事儿。虽然庄子、孔子、韩非子在不同领域里的摸索有成功有失败，但对于人类文明来说，他们都是有贡献的。

真性情，就是"精诚之至"，这是庄子对人性所做的极大的贡献。

精，可以说是人的思想，也可以认为是人的感情。诚，就是思想的真实不虚和情感的真实不虚。如此，才能对社会有用，才能与他人建立友情。

而儒家认为真实是次要的，仁义、礼节才是最重要的，于是儒家到后来就成了"存天理，灭人欲"，没人讲真实了。外国人认为中国人善良好客，但难以琢磨，怕是和两千年的儒家思想的浸染有关系。此风流传到了海外，尤其是日本，那就更加注重礼仪与礼节，内心是怎么回事，随着年年有那么一拨人朝拜靖国神社，越发让人心冷。

如今重提庄子的精诚，阻力一定不小。我们在自己的事业上，可以做到这一点，尤其是搞自然科学的，我们出了不少的科学家，这个中的缘故就是精诚所至了。但在社会科学与人文科学上我们还差得太远。尤其人与人的关系上，我们现在只剩下网络关系，真正的亲情关系、友情关系少之又少，差不多只剩下用流行歌曲来提醒一下诸位"常回家看看，回家看看"……

"社会人性"需要人与人交流，交流是解除烦恼的良药。朋友、团体、圈子都是因交流才得以生存到今天的。

但交流必须建立在友谊之上，而友谊来自自爱、自尊、自知，同时懂得给他人带去关爱、尊重与理解。更为重要的是：友谊的品质源于真诚。

我们往往为了风度和文明而排斥真诚，但这是使自己内心更加痛苦的做法。为了捍卫我们的情感，我们必须抗拒理性的约束……

我听说："情人眼里的一滴泪，要比四大洋的海水更加动人。"你听说过吗？

说起真话、真情与精诚之至，不免想到如今很多投机者所玩的把戏——有保留地讲真话、动真情。这种现象从理论上说，就是——讲真话并不是实事求是。

世上有很多事情，比如，有一大批人在砍树，有一个人在种树。于是报社来了一个记者，绕过砍树的大批人，走到种树的那一个人面前进行采访。只讲这一个人种树，一字不提那一大批人砍树，虽然报道的是真话，但这是有选择的、有导向的真话，它不是全部的真话。这种讲部分真话的报道，并不是实事求是。

又比如，你很爱你的家，爱你的老婆、孩子，但你却在外面仍是养着一个二奶。不想这事打官司打到法庭上，你痛哭流涕地向法官讲述你是如何爱家……这时你说的是真话，一点都没有说谎。但你讲的只是部分真话，你为什么不讲你更爱那个住在别墅里你养着的情人呢？

已故青年作家王小波说：这种讲部分真话的人，是更隐蔽的阴谋家。尤其是名人讲部分真话，他们的嘴正是某些人所需要的。因为这样能堵住大家的嘴，能截断人民的思想。

——大凡替别人办实事的人是好人，大凡替别人思考的人就是当今的名人，这种名人是最坏的人，曰：汉奸。

为什么说他们是汉奸？因为他们说：如今我们的生活比过

去强多了——这是真话；但腐败、下岗、犯罪、专制、官僚、对人民麻木不仁……这他们不讲。"我们天天有肉吃了、有VCD了、有电视了……我们的生活比三十年前强多了，我们感谢……"这就是他们讲真话的嘴脸。这种讲部分真话的心，离"精诚之至"相距甚远。

恩格斯说："人类的一切进步，都产生于对现有的一切的批判，你要批判它，超越它，必须失去它。"失天地，到失乐园，到凤凰涅槃。

精诚之至与动真情、讲真话，都有一个张扬个性、鼓励反叛的内涵在里面。而讲部分真话、动部分真情、对国家对事业只是部分"精诚"的人，他们剔除了个性与反叛的因素，以真话、真情、精诚为幌子，内心十分阴暗地干着为自己谋私的勾当。这也算是一种腐败，一种高级的宣传腐败。

让我们为真诚、为实事求是而努力吧！

十 列御寇

[原文演绎]

列御寇，人称列子。有一次他要去齐国，但中途却又要返回郑国，此时碰到了齐国的隐士伯昏瞀人。

伯昏瞀人说："你怎么走到半路又回去了呢？"

列子说："太吓人啦。"

伯昏瞀人问："是什么事让你这么害怕？"

列子说："我在路上光顾了十家粥店，有五家不要钱，非要招待我。"

伯昏瞀人说："就这事，让你害怕成那样子？"

列子说："我内心中有很多高深的问题没能得到解决，这种深藏的忧郁溢于言表，就泛出冰冷而严峻的色彩。正是这种色彩震慑了他人，使人们以后只会尊重我而轻视贵人与老人啊，这将为以后留下祸患。再说了，粥店的老板只靠卖粥度日，他们的利润是很小的，他们也没什么权势，连他们都愿意白送我粥喝，何况万乘之国的国君呢？如果大王非要赠我官职、逼我为他卖命，这可怎么好呢？所以我害怕。"

伯昏瞀人说："如此看来，是再好不过了。你能有这种想法，天下人都会保佑你的。"

没过几天，伯昏瞀人来看望列子。走到院里，发现屋门外放满了鞋子，屋子里全是前来拜访的人，正在听列子讲话。于是伯昏瞀人面向北站在屋子门外，他拄着拐杖，把下颏轻轻贴近拐杖，侧耳听了一会儿，也没说什么，转身就走了。有个来宾看见伯昏瞀人来了，马上跑到屋里告诉了列子，列子急忙用手拎着鞋，光着脚追了出来，追到院门口，大声喊道："先生既然来了，为什么不赐教就走啊？"

伯昏瞀人转过身对他说："我早就赐教给你啦！上次我告诉你说：'天下的人都会保佑你'的，这不是赐教了吗？现在不是也应验了吗？不过你要是想听，我可以再说几句：你根本没有能力使人保佑你，也没有能力使人不保佑你。那你为什么会这么吸引人呢？这是因为你在生活中时常有些小的感悟，虽然这只是人性中的一小部分，但你却用尽心机来渲染和夸耀这些感悟，以一叶障目的手法把它们吹捧到人生真理的地步，从而使人忘记人性的根本是什么啊。你不是内心中有很多高深的问题没能得到解决吗？以你现在悟到的这些，还是没办法解决，因为这统统是些挺无聊的东西。

还有啊，如今那些亲近你的人，他们是不会对你提出好的建议的，他们所说的，全是毒害人的话。你和他们既没有共同的情感，又没有相通的思想，可是你却执迷不悟和他们厮混在一起，这离探求大道可差得太远了。那大道如何去求呢？这是你的事情了，跟我无关。不过我要奉劝你，不要被自己的聪明连累了自己啊。

技能好的工匠，连累到自己受累；智慧强的人，连累到自己担忧；没能力的人，反而无所求。他们饱食终日、无所事事、四处游荡，就像一叶没有系缆绳的小舟，漂浮在无边的大海里。"

郑国有一个叫缓的人，人称郑缓。他在裘氏这个地方学习儒学，只三年，就成了一位挺有名气的儒士。于是，借着他的名气，方圆九里、祖宗三代的所有人都受到他的恩泽，他的弟弟郑翟也趁机去学习墨学。当郑翟学业有成，成为墨家一员之后，哥儿俩就开始了儒家与墨家的争论，而他们的父亲却偏偏向着弟弟。十年后，哥哥郑缓实在受不了，自杀了。有一次他父亲梦见老大郑缓来质问他，说："使你家老二成为墨家大师的人是我啊，为什么你只偏着他而忘了我呢？这些年你怎么也不去我的坟前看看呢？怕是栽下的柏树都结籽了吧？"

造物者造人，并没有给人造出一个固定的行为模式或品质品德，只是给了人以天赋而已。是不同的天赋在不同的环境中产生了种种不同的人罢了。郑缓，他并没有给他弟弟一个墨家大师的头衔，他只给了他可以发挥天赋的机遇罢了，而一切的结果是他弟弟自己奋斗得来的。同时，他弟弟的学派和他对立，这也是正常的，不能因为你是哥哥，是你供弟弟上学的，就必须和你同一个观点。但郑缓总是自恃有功，总是认为儒家的观点才是最正确的，总是认为自己太杰出了，和他人不同。而所有的人都应该感谢他，都应该学习儒学，他甚至可以责难自己的亲人，这岂不是和齐国人争抢打井的功劳一样不讲理了吗？

而当今的世人全和郑缓一样不讲理啊。这是有德之人所不齿的，何况得道之人，更是不屑一顾的了。对这种自己给了人家滴水的好处，却逼着人家拿涌泉来相报的人，古人说他必遭天谴，不得好死啊。

圣人之道，是安于顺其自然，不安于违逆自然；众人之道，是安于违逆自然，不安于顺其自然。

庄子说："知晓大道容易，不说出来难。对大道知而不言，才是合于大道本性的啊；知晓大道而到处演讲，这个道就早已变了味，它已经失去了大道的天性而添加了人为的做作。古时候的人，只顺从天然的大道，不听人为宣讲的东西。"

朱泙漫向支离益学习杀龙的本领，耗尽了千金的家产，三年，总算学成了，但找不到施展他这门手艺的地方。圣人认为必定要发生的事，就不必理会它，所以天下无战事；众人认为不一定会发生的事，一定要先准备好，所以天下总有仗可打。也就是说：总有人先学屠龙之术，防着有一天龙真的来滋扰民众。喜好战争、顺应战争，将激起人们对欲望更大的追求。凭借战争而达到自己目的的人，是迟早要灭亡的。

匹夫的智慧，在于和他人互送个小礼品，写几封叽叽歪歪的信等这种肤浅的层面，以如此的智慧想兼济天下万物，想探究大道归一、一归何处的道理？其结果是越研究越乱，人搞得筋疲力尽，还是不知太极是什么。

而至人，他们不追求大道是什么样子，他们只把自己的精神返回到最原始的状态、畅游于虚幻缥缈的无何有之乡。

水流没有一定的形状，总是依地势由上而下，自然流淌。

世上最可悲的事，就是把精力花费在人为而琐碎的小事上，却不知自然而天成的大道。

宋国有个姓曹的商人，为宋王出使秦国。临行前，宋王给了他几辆车子；到秦国后，言语之间，秦王挺喜欢他的，赏给他一百辆车。在他返回宋国时，正碰见庄子。看着自己这一百多辆车子，他傲慢地对庄子说："你住在那穷街陋巷里，靠编草鞋过日子，弄得面黄肌瘦的，实在是让人不忍目睹啊，可你还活得挺好的，你可真行！我服你了，这样的日子我可没本事活下去；一句话就能把万乘之国的大王说欢喜了，然后一下子送我一百辆车，这一点你不行，我行，这就是我的本事啊。"

庄子说："我听说秦王一生病，就广招天下名医。能治好他那脓疮的，赏车一辆；能给他舐痔疮的，得车五辆。治病的法子越是龌龊卑下，赏的车子就越多。你怎么一下子得了那么多车呢？你是用什么样的嘴脸给秦王治病的呢？你行，你真行，谁都服了你了，你那本事实在让人不忍听闻，太恶心啦，你快走吧。"

鲁哀公问颜阖说："如果我委孔子以重任，这样鲁国能治理好吗？"

颜阖说："太危险啦！万万不可啊。孔丘他这个人只会修饰文采、雕琢辞令，把细枝末节说成主旨而大加推崇，把扭曲人性当成治世良方而夸示万民。如此治国，岂有不危险之理呢？他的学说既没有智慧，也没有诚信，只凭主观臆断、灵机一动就编造出仁义之说、礼乐之学，他哪有资格高居万民之上而担当国家重任呢？再说了，他那一套东西适合大王您的口味吗？能安养您的国民吗？我看不成，只会越弄越糟啊。让老百姓远离真实、亲近奸伪，这可不是教育百姓的目的。为子孙后代着想，还是不用孔丘吧，用了他，天下就难以治理了。"

布施恩惠于他人，但心里却念念不忘，那这个布施就不是发自于自然天性。这种人连商人都看不起他，虽然有的事情要和这种人交往，但商人们心里总会警惕着他。不是真心的东西，谁敢要呢？谁不警惕呢？真心与奸伪，你喜欢哪个？

能够惩罚皮肉的东西，有刀斧和棍棒；能够惩罚精神的东西，有冲动与悔恨。所以，小人犯法，先遭皮肉惩罚，动用刀斧棍棒来审讯他；再用精神惩罚来摧残他，使他愤怒冲动的阳气与失望后悔的阴气相交错、相交织，反复咀嚼、撕扯、蹂躏他的心灵……

能挺过这两般刑罚的人，只有真人啦。

孔子说："人心险恶，险过山川；人心难知，难过知天。天尚且有春夏秋冬、晨暮交替，这都能让人一目了然，而人的脸皮太厚、谋略太深，实在让人摸不着边际啊。为什么对人类这么悲观呢？因为有的人貌似诚实而内存奸诡；有的人貌似君子而实为小人；有的人外表急躁但心底通达；有的人看似坚强而内心软弱；有的人外露和蔼却心地残暴；有的人在学习仁义时就像沙漠里得到水，而背弃仁义时又像逃离火灾现场一样。

正因为如此，君子在了解一个人时，于远处观察他是不是忠诚；于近处端详他是不是恭敬；于繁杂的头绪中考验他的工作能力；以突然的提问来测试他的智能；以紧急的事务来检验他是不是守约；以巨额的财产来看他是不是仁义而不动心；通知他国家已经很危难了，看他是不是忠心；灌醉了他，看他行为是否检点；让他男女杂处，看他是否起淫乱之心。

用以上九种方式，可以发现不肖的小人。"

正考父是孔子的先祖，当他第一次被任命为士时，谦虚地弯着腰；第二次被任命为大夫时，恭敬地驼着背；第三次被任命为卿时，诚惶诚恐地伏在地上，见了人总是让出大路，自己溜着墙边走。像他这样为官，谁还敢图谋不轨啊。可是他的后代玄孙孔子就不是这样了，第一次任命孔子为官时，他洋洋自得、目中无人；第二次升迁时，他在车上连唱带跳、目空一切；第三次升迁时，他直呼他叔叔的名字，简直无法无天。像他这样的官，怎么会学尧帝与许由的禅让之风呢？

最凶恶的贼莫过于德行中有私欲，而私欲又以德行为掩护啊。正因为有德行的掩护，私欲才会任由自己主观臆断去膨胀、去发挥，而私欲的膨胀与发挥就注定它是要失败的。这种德中有私的行为，我们叫它凶德。凶德分五类：眼恶、耳恶、鼻恶、舌恶、心恶。其中以心恶为凶恶之首。什么叫心恶呢？就是：自以为是、自高自大，自己办不来的事别人谁也甭想办成，自己得不到的东西别人谁也甭想得到，这就是心恶了。

人之所以倒霉，要有八个条件；而人之所以通达，要有三件宝贝，如同人身上有五脏六腑一样。

当一个人的貌美、髯长、身材、高大、强壮、美丽、勇猛、果敢这八个条件都优于他人时，那这个人注定一辈子倒霉——这就是八个条件。

当一个人处处随缘、时时谦让、事事走在别人后头，有了这三件宝贝时，那这个人一定通达——这就是三件宝贝。

聪明、智慧必然外溢，勇敢、好动必结怨恨，仁慈、义气必遭责难——这就相当于人的五脏六腑啊。

通达人生情感的人，必是个豁达的人；

通达知识与技艺的人，必是宵小之徒；

通达天命的人，听其自然；

通达人命的人，总在算命、碰运气。

有个人见了一次宋王，就得了十辆车子，这个人乘着车向庄子夸耀。庄子说："黄河边有一家人很穷，靠着编苇席为生。一次他家的儿子潜水到了河底，得到了一颗千金之珠。他父亲对儿子说：'快拿石头来，把它砸碎了！这是千金之珠，它一直藏在黄河最深处、黑龙的嘴里。你能拿到它，一定是黑龙张着嘴睡着了。假若这黑龙醒过来，找这珠子找到门上，还不把你吃得一点儿都不剩了么？'如今宋国政坛之黑，连九重的深渊都算不得什么；如今宋王之恶，那条黑龙只能算是老实的。你能够从宋王手里得到车子，实在是宋王正在打瞌睡，没留神啊。你趁机快跑吧，一旦宋王醒过来，想起这十辆车，你一定会被碾得粉身碎骨。"

有人派使者来聘请庄子。

庄子对使者说："你见过祭祀时做牺牲用的牛吗？多少人在精心照顾着它、服侍着它呀：身披绣花的红袍，吃着最好的草和料，然后众星捧月般地被牵到太庙里……这时它想做一头啃野草的野牛都来不及了啊，大流血、大牺牲就在眼前，哪里还有什么自由可言呢？"

庄子快要死时，他的弟子们商议着怎么厚葬老师。庄子强打着精神留下遗言："我以天地为棺椁，以日月为双璧，以星辰为珠玑，以万物为我陪葬。这样的葬礼还不宏大吗？这样的葬具还不完备吗？有谁能比得上我呢？"

弟子们说："我们是怕乌鸦、老鹰什么的把您吃了啊。"

庄子用尽最后一点力气说："在上被乌鸦、老鹰吃，在下被蚂蚁、蝼蛄吃，不都是一个被吃的下场吗？你们干吗从鸟的嘴里夺过我，而送给蚂蚁呢？这不是也太偏袒一方了吗？"

以不公平创造出一个公平，原来公平的地方都不公平了；

以不经验证的东西去验证事物，那已经验证过的事物仍需要重新验证。

开明的君王只是自然地去办事，他死后，挖个坑一埋就算了，对与错交给神明去判断。所以开明君主不如神明，满处只见神仙庙不见明君的坟，也是由来已久的事情了。而愚蠢的君主持自己的一孔之见对待臣民，他死后不但是厚葬，还把所谓显赫的功绩刻在石碑上，让世代后人瞻仰。

从人性上来说，这不是最可悲的事情了吗？

[延展思考]

《列御寇》，篇名就是人名，此人就是列子，他是战国时期诸子百家中的一家。粗略地归类，可以算是道家中的一派。

从本文的第一部分中，我们可以看出列子与庄子的区别，前者想用人性中的真善美去感动世人，让世人抛弃仁义的说教，去追求大道和自然；而后者认为这一切不但是徒劳的，而且还会带来灾难，不如饱食终日、无所事事。

以我们现代人的眼光来看，列子总比庄子积极一些。但从实际的效果上讲，不论战国时期还是当代，超越物质境界、超越伦理境界、直接宣扬审美（泛宗教）境界，那可真是一件费力而不讨好的事情。这一点列子把问题看得太简单了，而庄子的看法是有道理的。

其实庄子从头一篇《逍遥游》中已经用大鹏与斑鸠来做了比喻。实际生活中也是如此，让一个大师与一个没文化的人谈审美境界，怕是难上加难。佛教中为什么有小乘、大乘之分？为什么大乘中还有"真常系""般若系""净土""华严""禅宗"等之分？就是因为所学的人根器不同。

根器，泛指人的见识、学识、思想基础与思维方式。这个不同，导致了众生对佛所说的精神大解脱的审美境界有不同的理解。

有的人认为学佛学好了，死后就可以到西方极乐世界；

有的人认为西方世界就在眼前、就在世间，就看你找得着找不着；

有的人认为西方世界就在一念清静的一瞬间……

凡在世间能推广的东西，必须是有教无类，让三教九流都喜欢。于是就必须先把自己分成三六九等不同的学说与门派。都像庄子似的只有一派，你爱学不学，那这个东西只有流传在文人士大夫中间……尤其是失意文人中间了。

庄子的徒弟们为什么不弄几个门派出来呢？如大鹏派、斑鸠派、麻雀派、老鹰派……既然无为是道，自然是福，那各派不都活得挺自然、挺无为、挺幸福的么？人家麻雀飞于树林间、审于房檐下、扎在草丛里，不是挺安逸的么？

审美境界虽好，也似大鹏一般，很少有人理解；物质境界虽低，但人人都要活着，小康也就挺不错的了；伦理境界虽不高，但多有人情味，多温馨，多有情调啊。以如此的方法大兴老庄哲学，道家将更加发扬光大了。看来庄子没什么有出息的弟子。

咳！如今大家都忙着赚钱，更没人弄这个境界、那个境界了。当代人解构了不少老的东西，不管好与坏。所以大家什么也不信了。

但还是有人相信——有钱虽然不是最好的境界，但没钱绝对没境界。

郑缓与郑翟之争，是庄子借郑家一事，把儒家、墨家都骂了个够。儒家是老大，但死了十来年，坟头上柏树结了籽，都没人来看他；墨家是老二，一成名就和父亲结成墨党，一起对付他哥哥，一直把他哥哥逼死。而庄子以道家之口从中调停说："儒家对墨家有那么点儿恩，总不能让人家一辈子都说你儒家对、儒家好吧。你这样的人不得好死啊。"

还有一个问题，即：机会与人生。

这世上根本没有一个书上说的、固定的、肯定的成功之路。世上有的只是机会、机遇，没有模式之路。打好基础、抓住机会，会工作、懂乐趣、能享受，这反而是振作自我、活得幸福的好办法。

第二部分，直接用庄子的口，说出"大道不言"的道理。

不是不想言、不会言，而是无法言、不能言。

言说大道，就是在卖弄屠龙之术。这世上所有玄学班、禅学班，绝大多数——百分之九十九点九九九是屠龙班、野狐禅。为什么这么讲呢？因为庄子郑重声明：研究玄学是小事，随从大道是大事。

也就是说：好好生活、不要胡思乱想，就是听其自然的最大的道、最玄的学了。

鲁哀公打算重用孔子一章，精彩之处不在于庄子借颜阖之口骂孔子，而是在颜阖讲完话后，庄子在评论中所讲的：整人有两套办法，一套对付肉身，一套对付精神。而精神惩罚就是使人愤怒冲动之阳，与失望后悔之阴相互交错、反复蹂躏人的心灵的惩罚。能总结出这些经验，也算庄子够狠的了。庄子预测道：能挺过这两般惩罚的人，只有真人。

其实庄子的意思是说：假的东西禁不住考验，真的东西是不怕考验的；假的东西早晚要受到精神惩罚，真的东西什么都不怕，如此而已。这个观点看来简单，但它却是庄子整个道学思想的基础。因为庄子所崇拜的自然与大道，都是以真实为基础的。

所以，庄子道学认为：真思想、真情感，就是人性，就合天性，就合大道。而任何人为的发展，都很可能是"美丽的谎言"。

所以干脆还世界一个最原始的洁白吧。

孔子的检验小人九法、凶德五类、倒霉八条等，主要是说人性的复杂，以策应和解释第一节中，庄子为什么反对列子简单地、不分人、不看环境就宣扬"审美境界"。

因为在现实生活中，有的东西不是能随便乱讲的。

佛祖拈花，全部听佛祖开示的五千弟子，都不解其意，只有迦叶会心一笑。一个拈花，一个微笑，正是两个人于审美境界里进行着对美的感受的交流。这种境界里的感触与感悟，只有对通达人生情感、通达天命的人讲，他才能听懂，自己也才能有一种难得的享受。

这也就是心有灵犀一点通时的……美了。

最后部分，庄子遗言，讲了一个以偏袒一方来寻求公平的故事。

庄子在告诉我们，连他的观点都不见得是对的，因为他的观点也是在偏袒一方的情况下产生出来的。进而思之，我们人类至今所有的观点，很可能都是在偏袒一方的情况下产生的。

这就出现了一个问题：迄今为止，我们所寻求的公平、公正，是不是真正的公平、公正？抑或这个世界上根本没有公平、公正？

我们除了人为地尽量去追求它，还有什么别的办法么？

看来是暂时没别的办法，或者说我们除了用带有偏袒性的东西去追求公平、公正之外，还没有一个更好的办法，这就是庄子所说的人世间最可悲的事情了。

其实这也没什么可悲的，庄子自己都承认一切都在流动着，所以这世上不会有一个固定不变的真理。因此，我们寻找真理不应该是要寻找一个静态的结论，而应该是寻找一个能解决动态问题的方法，一个很宽泛、适应力很强的办法。

我记得丘吉尔说过：自由民主未必是政治权力构成的最好的办法，但我们只有这个办法，最起码在找到比它更好的办法之前。

我国的教育制度亟须改革，年年高考时闹得人心惶惶。但我们的教委讲了：去掉了考试，腐败将难以收拾，中国将出现"特权大学""钱大大学"及南北朝时的士大夫门第。所以，考试虽然不是个最好的办法，但我们只有这个办法，最起码在找到比它更好的办法之前。

庄子无奈地指出，在他一生中，他找到的最公平的办法，就是无为而顺其自然了。他知道这个办法并不是真正的公平，但这是现实生活中最好的办法了，起码在人们找到更好的办法之前。

　　庄子说这是人性的悲剧。

　　我初一看，不服……

　　想了想，认可。

十一　天下

　　天下研究方术的人可谓多矣，他们的共同特点是：都认为自己的学术成果是顶峰，是无以复加的、到了头的学问。古时所谓研究道术的人，现在果真没有了么？我的看法是："这些人还在，并且无处不在。"

　　你要是问："既然道术无处不在，那精神从哪里来的呢？智慧从何处出的呢？"

　　我可以跟你说："圣人代表着精神、贤王代表着智慧，这二者的产生与成长，都源于大道的'一'啊。"

　　不离大道之本的人，是天人；不离大道精髓的人，是神人；不离大道真谛人的，是至人；以自然为宗，以德为本，以道为门，能预见变化的人，是圣人；以仁慈为恩惠，以正义为法理，以礼节为行为准则，以音乐来调和人的关系，和蔼慈祥的人，是君子。以上五种人，哪个不是道所生成的呢？

　　以法治为准绳，以贤名为师表，以多数为依据，以详查为结果，以上一二三四条，是考察官员的条例，同时也是官员们自我检查的标准、办理事情的规矩。百姓以衣食为主，兼繁衍生息、养殖、贮藏等事宜，使老弱孤寡生活有保障，这是当百姓应该做的事情啊。不论是官是民，哪一个不是依道理而行的呢？

"道理"，大道之理也，它也是源于大道这个"一"啊。

古时的人，都很完美。他们与天地相合，取法天地，养育万物，调和天下，恩泽百姓；他们明了道理，并使道理贯穿于事物的所有细节，于是六合之域、四季之时，无论大小精粗，都共同参与着大道的变化。大道真是无所不在、无处不在啊。

把道术作为文字而明确记录下来的，可见于旧时的法令法典或史书一类的典册。其中在《诗》《书》《礼》《乐》这些书中所记载的大道，邹、鲁的儒学之士是可以看得出来的。为什么这么说呢？因为《诗》是用道抒发人的感情与志向，《书》是用道讲解人的处事原则，《礼》是用道规范人的行为标准，《乐》是用道宣泄人的和谐的情绪，《易》是直接描述道的阴阳变化，《春秋》是用道划分人类的不同名分。

总之，对大道进行阐释的书流布天下，但得真传者只在中国。它渗透进了中国诸子百家的学说之中，不论百家中的哪一家，不论它是不是喜欢道，总会于字里行间不经意地流露出大道的端倪来。

当天下大乱时，贤圣就隐而不见了。这不是说世上没这些人了，而是说他们隐居起来而已。没有了这些领袖人物，于是天下对道德的解释也就杂乱不一。但不管如何纷杂，他们的种种学说都是各执正确的一端或一点，向自以为是、自己所喜好的方向无限地引申和发展了下去。换言之，他们的学说是从大道中正确的某点开始，指向了自己的所好，狂奔下去，直至荒谬。

这些学说如同眼耳鼻口的独门学科，虽然单看起来不错，挺正确，但就是不能整合成一张脸。这种现象也如同百家的技艺，吹笛子的、拉弦的、唱的、跳的……各有其所长，偶尔也能独当一面。但作为一台歌舞，就不能偏于一门，不能成为独奏或清唱会。这些独门独科的学术诸家，专以割裂天地为美，以离析万物为理，以挑剔古人在全面把握事物时于某一点上的不足为能事。因此啊，怎么想象这些独门专家们能看清天地完美的面貌？怎么能相信他们可以说出神明的全部容颜？

所以，于内为圣人、于外是帝王的人，他们的治国之道就是：不讲大道、不通自然，放任天下各种学派为各自认为正确的学术学说上努力研究下去、争论下去。这样的结果，固然是百家争鸣、百花齐放了，思想自由且放任了，但可悲啊，这又造成百家永远在走自己的路，不知看看他人，更不知回头看看。他们不懂得触类旁通，只会越走越窄，使学术的论坛永远在争论，永远难以整合。

而后世的学者太不幸了，他们从来没见过天地本来的纯真面目，从来没见过古人把握整体的学识与气魄，大道的学识与胆魄已经被天下诸家四分五裂了。

先看看墨家一派。

不以奢侈教导后世，不以靡费糟蹋万物，不以空谈扰乱思维；要以规矩约束自己，要时刻防备灾害的侵袭，这是古时有道之人所必备的素质。

墨翟、禽滑厘喜欢古风之纯朴，于是，二人建立起墨家，以原本正确的淳朴为出发点，依自己的愿望，向着他们认为正确的、更加纯洁、更加简朴的所在，大踏步走去。

于是，检点与节制终于让他们二人弄得太过分了，以至于没人敢学他们的墨家之道。例如，墨子就亲自作了《非乐》和《节用》两篇檄文，极力主张"生不唱歌，死不服丧"，这实在是有点儿吓人。他还宣扬泛爱、兼利和不要争斗，其主要精神是不要发怒，这恐怕只要是个活人都难以做到的事情。墨子这个人好学而博古通今，生活上不特殊，不认同先王的禅让之德行……他从崇尚大道之淳朴，走到了毁灭古时应有的、合道的礼乐之处。

那古时应有的、合道的礼乐是什么呢？黄帝有《咸池》之乐，唐尧有《大章》之乐，舜帝有《大昭》之乐，夏禹王有《大夏》之乐，商汤有《大濩》之乐，周文王有《辟雍》之乐，周武王和周公有《武》乐。古时的葬礼，因人之贵贱而不同，上下有其等级：天子的棺椁共七重，诸侯五重，大夫三重，士两重。而今天墨子宣扬活着不唱歌，死了不服丧，只弄个三寸的桐木棺材，无椁，找个地方一埋就成了，还要以此为制度。以这种方法教育后人，恐怕不是出于爱人之心吧？以这种方法对待自己，也不算是爱自己吧？就算这么个办后事的法子大家能接受，墨子的学说大家在这一点上认可了，可是人活一世该唱歌时不能唱歌，该哭时不能哭，该乐时不能乐，这算是什么人呢？依墨子之言，人活着要勤俭，死了就薄葬，这家的学说也乏味得可以了。人只能悲、只能忧，这一回算是合了墨子的心意，但他人做起来难。所以恐怕墨家之道不是圣人之道，而是反人性之道，是天下人不堪忍受之道。

就算墨子能受得了，可天下人受不了，怎么办呢？

背离天下人，只合于自己的道，是不是离大道太远了呢？

墨子曾说过："想当年大禹治水，为了疏通江河而踏遍四夷九州，勘测过名山三百座，河川支流三千条，小河小溪不计其数。大禹亲自拿着锄镐挖沟开渠，使天下之水汇入江河、注入大海。繁重的劳动使大禹腿上累得没了肉，小腿上的汗毛都磨光了；他老人家冒着大雨、顶着狂风，安置着天下的百姓……像大禹这样的圣人，尚且为天下如此吃大苦、耐大劳啊。"

墨子说这话是什么意思呢？他是在教导他的弟子们：我们墨家之道远远高于大禹之道，所以我们一定要身着粗布衣衫、足蹬草鞋，日夜为民操劳不休，不怕累死……那样死也死得其所，要把自己的痛苦看成是欢乐……他还亲自对弟子们说："如果我们墨家门人不能做到这一点，那不但不符合大禹之道，更不配是墨家门人了。"

"生不唱歌，死不服丧"的墨家啊，理论上不错，做起来吓人。

再看看墨子去世后的两个支派。

墨子死后，墨家分为两派，一派以相里勤的弟子五侯为首，一派以苦获、已齿、邓陵子三人为首。两派都诵读《墨经》、信奉墨子，但观点有所不同，都极力攻击对方是离经叛道的"别墨"邪派。要说观点不同在哪里呢？怎么会引起这么大的分歧？说来好笑了。一是对"坚白"的分歧：一个说坚白是以坚硬为主、白色为辅；一个说坚白是以白色为主、坚硬为辅。就这么点儿事，两派打得不相上下，撕破了脸面。

二是对于数字的始与终是由奇数开始并结束，还是以偶数开始并结束。一派说奇，一派说偶；这派说偶，那派就说奇……反正谁都忘了自己这派是奇是偶了，只知道与对方不一样就成了。于是两派又互不退让，一直争论至今。

其实他们两家争论的核心是什么呢？并不是什么坚白与奇偶啊，而是在争夺墨家正宗正派的位子。如果能把墨子当成自己的开山祖师，弄个牌位把他老人家的画像或什么手迹供在自己门派的大堂上，然后再把自己是墨子正宗嫡系某代玄孙的牌位放在旁边……万代流传下去……这才是他们所争的东西。直到如今他们不是还在争么？

平心而论，墨翟和禽滑厘开创墨家的本意是好的，但按他们的想法一行起来就不是那么回事了。因为一旦把某种行为定为道德标准，其后果将是出乎人们意料的啊。果然，墨家的后世门人就必先以两腿少肉且无毛为入门，一切门内座次以肉与毛来判定了：越无肉越无毛为门内大师兄、大师姐；稍有肉稍有毛有二师兄、二师姐；有些肉有些……依此类推、安排出道行的大小与深浅。这样做的结果可以安抚百姓——终于让草民们看见了有比自己还惨的文人，但却断了国家富强之路。

虽然墨家一派越来越不像样子，但墨子本人却是天下难得的一个好人，是求之不得的人才。他的一生总是拖着干瘦的身体，锲而不舍地寻求治国安民的道理……墨子是个真男人。

墨家的两个支派，实在是走火入魔得很。

以下说一说宋尹学派。

不为世俗所拖累，不用外物修饰自己，不苟同于他人，不违背众人的情感，愿天下安宁、百姓都能保全性命，如我与众生都能以最低标准去生活，就心满意足了。以上这种心态，是古时道术中含有的成分。

宋钘和尹文二人听说了这种做人的态度，十分喜欢，于是二人建立了自己的学派，从平等、谦和这个正确的出发点，依着自己的想法，大踏步地向着他们认为更为完美的前方一股脑走下去，头也不回。

首先，他们人人做一个上下一般粗的、圆筒一样的帽子顶在头上，美其名曰：华山之冠。用这种滑稽的帽子，以示与其他诸家的区别，并暗示着该门派对于"上下大小均等"的一种理想与追求。该门派崇尚不论男女老少、大王草民、诸侯囚犯，一律无偏见地平等。其次，他们强调要在内心里容纳下万物，要与万物说心里话，并冠以"心之行"为名的特殊功法。具体的要求就是：总要以和蔼的笑脸迎接万物，以此使四海之内犬哮鸡鸣、歌舞升平，这就是他们的理论与行动纲领了。

宋尹学派一出，便在社会上宣扬：不要把受侮辱看成是耻辱，应该看成是考验，要以笑脸相迎；不要让百姓争斗，要和睦相处；不要总想着打仗，要刀枪入库、马放南山……他们以此游说天下，对上说服君王，对下教化百姓。虽然天下各国、上上下下没一个人愿意听他们的，没一个人想听他们的，但他们仍是乐此不疲，闭着眼睛继续在说，昨天说、今天说、明天还要说……至今仍在说。天哪！所以（说）谁见了他们都烦，但总是躲不开满脸堆笑的宋尹派门人……遇到让人生不如死、痛不欲生地说、说、说……真不如见鬼好些啊。

虽然如此，但是他们这派的人确实为自己想得少，为他人想得多。宋、尹二人常说："请做五升米的饭就够了。"那么多人，只五升米？于是这派的先生们顿顿不得饱餐，这派的弟子更是饥肠辘辘。但他们痴心不改，心里总是想着天下，日夜为天下人的一团和气在操劳……每当他们饿得撑不住时，就心中念念有词，曰："我一定能活下去！我一定能活下去！"他们是真心地、拼命地想做一个救世之人啊。

在屡屡失败面前，他们信奉的是："君子不能对他人太苛求，不能依靠别人的推崇而成名。"这个理论本身就很古怪，他们解释道：通过别人的推崇而成名，实际上于众人的思想并没什么提高。所以，他们对百家学说和各种学派都冠以哗众取宠的头衔而加以否定。他们认为：摈弃宣传，以身作则，对外是禁攻息兵，对内要修身养性，以达到清心寡欲的境界。

总之，休战与养性，是这一派在思想、行动、大小精粗诸方面的总纲，如此而已。

天啊！理论如何且不说吧，只这喋喋不休和"心之行"的笑脸，哪个敢笑纳？

再看看法家。

公正而不结党，平易而不偏袒，依此法判断事物而不被干扰；对待事物有一致的标准，不左思右想、前怕狼后怕虎；不用计谋，于大千世界中不主观地选择善恶，一切与自然同变化。这种观点，在古时的道术中占很大的比重。

彭蒙、田骈、慎到三位听到这种观点，喜欢得不得了，于是三人结为法家，从"平等、自然"这个正确的出发点，向着自己认为更加辉煌的前方一溜烟猛跑下去。

三位法家的创始人宣布："天能覆盖万物，但不能承载之；地能承载万物，却不能覆盖之；大道能包容万物，但不能分辨出它们。可见，自然的万物连同天地，都有长处，也有短处。所以，只要人工地选择某一物，必然不会全面；只要对人施行教育，必定不能达到完美。只有把万物一刀切成齐刷刷的平等，然后眉毛胡子一把抓，才可使大道无所遗漏啊。"

天啊，一刀切下去，算不算是人工的痕迹呢？

先看看慎到一派。

既然"平等大法"如此万能，那么，慎到就抛弃所有的智慧和主观的选择，去顺应万物平等的道理。他曾说：智慧并不能使人学到什么，强迫自己学习，实在是伤人性的事情啊。依照此理再推理下去，慎到得出的结果就是：人就应该任性、任情，而耻笑天下推崇贤人的人；人就应该放任自流，而非难全天下的古今圣人；放弃好恶，才能与万物共变化；舍去是非，才可以免除灾难。人生在世，就应该不用智慧与思考，不论前因与后果，"哥哥你大胆地向前走"、"跟着感觉走"、"潇洒走一回"吧。

慎到提倡的是万事不必用心，时势推你，你就左走；时势拉你，你就右行。想象自己被风吹起啊，又轻柔地飘还……为人要如羽毛一样随风起舞，处事要如磨石一样溜圆而旋转。"轻""圆""转"这三宝啊，保你一生没有是非，动与静都不招灾不惹祸，哪里有倒霉的道理呢？

为什么会这样？慎到解释说：因为没有想法的人，就没有建功立业之心，也就不会招来灾患；不用脑子，也就不会疲劳，于是也不伤身心；动静无心，也符合万物无心的道理，所以终身无是非。由此可见，对于没有思想、没有知觉的人民啊，哪里用得着圣贤呢？人人都和土坷垃一样，哪里能不合道呢？

因此，豪杰们都笑话慎到："慎到的道啊，实在不是人之道，而是死人之道，这种道太古怪啦。"

法家慎到的这一派啊，阴气太重、阳气太虚。正想杀人的人学一下无妨，而久病在床的人千万学不得。

再看看田骈一派。

　　田骈这一派也差不多，他从师于彭蒙，学到了不教就懂的大道。

　　他老师的老师曾说过："古时的得道之人，对事物的是非并不重视，而是以一个平等的态度来对待万物。这种学风当时在社会上一闪而过，并没引起人们的注意。为什么呢？因为这种万物平等的观念，怎么可以用语言传教呢？"

　　看来，不可言传、只可领悟的平等观念，使法家总是站在反人性、反人情的角度上看问题，而不能服众啊。所以，他们所宣扬的道并不是真正的大道；他们认为对的，也并不见得正确。彭蒙、田骈、慎到三人并不懂得大道。虽然他们不懂，但他们的观念里也确实含有一些大道的成分。

　　总之，田骈一派的法家，平等得不讲道理啊。

　　再看道家关尹与老子一派。

　　认为事物的根本是精神，事物的物质形态是表象；以不断积累显示不足，以心地淡然与永恒共存。这种思想观念，在古时道术中就早已存在了。

　　关尹与老子接触到这种学说，一下子非常喜欢，于是建立起一个"有常""无常"的思想体系。这个思想体系以"太一"为核心，以柔和谦下为外表，以不毁伤万物的精、气、神为实体，这就是道家了。

　　他们沿着精神永恒（常有）的大路，将一切物质看破、打碎并归于虚无（常无），毫无顾忌地向着太一（亦称泰一、太极，是产生阴阳二气的最初的混沌）这个终极走去。

　　关尹说："物质方面属于自己的东西，不必看重它。这种有形之物自有它的生灭、自有它的去处。而无形的精气神却是：虽然看不见它，但它却动如水、寂如镜；它对事物的反应如山谷回声啊，它的运行没有踪迹，也没有声音，一切如同空虚一样静且清；不论人和事物，有了它则和谐、则生，没有它则枯萎、则死；它并不先于人或事物而产生，但它却跟随人或事物一生。"

老子说："智慧本性属阳，但要学会守阴，要做天下最低处的溪水，动而不停；智慧本性清白，但要学会承受耻辱，要敢于做天下的山谷，让心胸承受万物。"人人都愿意争先，但他们却偏要学会落后，这叫接受天下的污垢；人人都愿意得到实惠，但他们却偏偏只想得到空无的精神享受。道家认为：精神财富不用储藏却可以富有，不用赫赫然积累到多少才感到欣慰，它只需一丝，却已甘甜醇厚。

在他们看来：一个人的立身行事，本应效仿精气神的运行那样自然而不做作，要无为而不耻于机心造伪。人皆求福，我却独爱委曲求全，这是不想招来不必要的灾患。以灵魂深处的安详为根本，以检约自己的行为为纲纪。为什么外表要这么柔弱呢？因为外表刚毅容易被摧毁，外表尖锐容易被挫断。要常常宽容外物与他人，不要苛求外物与他人啊，这才能解脱精神，使之达到最完美的境界。

关尹和老子，是从古至今最博大精深的真人啊。

道家庄子一派。

空虚而无形、变化而无常、生与死共在、天与地并存，只有精气神往来于其间，这就是道，这就是真。天地间真正的主宰精气神啊，你要去哪里？到哪里驻足停顿？万物皆茫然啊，谁也不知它的最后归宿。以上这种对审美境界的崇拜，在古时的道术思想中早已存在。

庄子听说了这种审美境界，简直信服得五体投地。尤其在他亲自体验了这种人生境界后，索性再也不顾其他的境界，一股脑儿地从这里直冲出去。他以悠远的传闻、荒唐的故事、不着边际的言辞，宣扬、塑造并渲染着这个无拘无束、没有偏见的美好境界。于是庄子的道家一派诞生了。

庄子一派认为人世间太浑浊，根本不可以用理性的语言来交流和对话。于是他讲无心之言以缓解礼教的气氛，讲极为庄重之言表达自己的真意，讲寓言来阐释深层次的道理。他的高洁和对审美的要求，使他不愿意，或者说是只能在审美的精神世界里孤立独行。他不傲视万物、不陷入是非，用这种方式生存于世间。这个世界本是有舍有得啊，为了精神享受，生活上只有舍掉许多许多……这恐怕是所有要追求审美境界的人都不能避免的吧。

庄子的著作虽然瑰丽而飘逸，但也能入世让百姓接受，并不伤害什么人；庄子的言辞虽然前后矛盾、左右相悖，但还算可以看、有趣味。他善于营造幽深玄远而无穷无际的境界，足够让你的想象力任性发挥发展：上可接天，与造物主共游；下可入地，与生前死后的"无始无终""真常无常"这些神明为友。

对于精气神这个根本，庄子阐幽发微，向我们讲述了它的宏大与无穷的能力，讲述了它的神奇与无限发展的可能；

对于精气神所能发展的方向与主流，庄子向我们讲述了它在理性上和情感上将趋于复杂与多样……终将不可测。

虽然庄子努力地讲审美境界，但大道的变化实在是太复杂，导致万物的变化成为无穷大。所以，变化的无穷尽与变化的无止尽，使一切变得茫然而不可预测，使得审美永远成为说不清的事情啊。

不要说庄子，今天的人谁能说清呢？

最后看一看名家。

惠施这个人是名家的代表人物。他博学，且著述极多，但他的学术论点错乱驳杂，言语也不中肯。他在分析事物时总带有所指，好像与谁争论一样。

惠施的主要论点有以下几个：

他说，最大的东西，是大到外边再也没有东西了，所以叫"大一"；最小的东西，是小到里边再也没有东西了，所以叫"小一"。

没有厚度的东西，积累多少也没有厚度，但这种东西的面积却可以大到千里。

天与地相接，所以一样高；山与水相连，所以一样平。

太阳刚到正中时就会偏；万物一生下来就会死。

大同与小同是有差异的，这叫"小同异"；万物完全相同或完全不同，叫"大同异"。

南方可以是无限远，也可以说有限；今天要去越国，可以说昨天就动身了。

一个连接着的环，是可以解开的。

我知道天下的中央在哪里，就在燕国的北边、越国的南边。

泛爱万物吧，天地都是一体的，爱天地间任何一个小东西，那就是无所不爱了。

以上九条不三不四的东西，就是惠施所谓的天地间最大的道理了。他不觉得没趣，反而认为深奥无比。他总是以这九条道理找天下善于辩论的人争辩，那一伙人还乐此不疲。人们觉得他们实在是无聊得有意思，所以叫他们是名家——出了名的家伙。诸位要是不信，可以看看他们的成名作：

鸡蛋肯定有毛，否则鸡哪里来的毛？

鸡有三条腿，一只鸡，加两条腿，一加二等于三，所以是三条腿。

楚国郢都占有天下，不信你到那儿抬头看看，低头看看，都是什么？

狗可以说它是羊，你把羊再说成是狗不就得了。

马有蛋，否则哪里来的小马？

青蛙有尾巴，小时候有，大了肯定也有。

火不热，你被火烧，是你在热。

山有嘴会喊，要不回声是哪里来的？

轮子不沾地能走，轮子的边能算是轮子么？

眼睛看不见东西，光才能看见东西，没光眼睛能看见什么？

你要说明一个东西总归是说不清，要想说清你就永远说不完。

乌龟比蛇个头长，不信你拿个大海龟和一条小草蛇比一比。

矩尺画不出正方，圆规画不出正圆，我就不信你画时手不颤抖。

不是钉子钉进木头里，而是木头咬住了钉子。

飞鸟的影子根本就没动，不信你抓住影子咱们量一量。

射出去的箭有动的时候，有不动的时候，不信你把时间弄停了，咱们看看是不是没动。

狗不等于是犬。犬在家为狗，在野叫野狗，所以单提狗只是指家犬也。

一匹黄马加一头黑牛等于三。一加一再加上颜色等于三。

白狗黑。我说眼睛是黑的，不对么？外国狗的眼睛就不黑么？

孤马驹子没娘，有母马还叫什么孤马驹子呢？

一尺长的竹竿子，一日截去一半，万世也截不完。不信你就试试。

……

天哪，这就是名家风范。他们总有话题在那里辩啊，辩啊……一辈子辩个没完。

咱们没工夫陪着了，这就是名家。你要是不明白，走到街上看谁正在吵架，那大概就是名家后人了。

桓团、公孙龙都是辩士的徒弟，他们继承其师辩才无碍的本事，并变本加厉地"无碍"下去。他们影响人的思想，改变人的观念，说得人张不开嘴，但就是不能说服人心，这就是辩者的局限了。

总之，惠施每天都用自己的智慧找人辩论，并与天下的辩士弄出了独特古怪的理论，这就是名家的大概情况。

惠施这个人啊，一辈子以口才好而沾沾自喜，进而以为自己是天下最大的贤士了，恐怕只有天地才可能比自己更圣贤些。惠施这个人只会辩论，根本没什么学术观点。南方有个怪人叫黄缭，有一次他问惠施：天为什么不掉下来？地为什么不沉下去？风雨雷电是怎么产生的？惠施毫不客气，想都不想张嘴就答。但都是所答非所问，什么万物起源、张家李家、风马牛羊骆驼鸡……说个不停，没完没了。人家早听烦了、听怕了，他还嫌不够，又加上些奇谈怪论，搞乱人的逻辑、混乱人的思想……那个可怜的黄缭早吓跑了，他还在那里说啊说。

总之，他把反自然、反常理说成是真实的，以战胜他人而获取名声为目的，所以他和世人相处得都不和睦。他轻道德、重强辩，自认自己的学问太高深、太奥妙。其实用天地之道来看惠施的观点，只不过是蚊子和飞虻一样的伎俩而已。他的学问对理解事物实在是一点用处没有。把惠施的学说当作是百家之中的一家，这就罢了。林子大了，什么鸟没有啊！但要说他这一家和真理有多么贴近，那可是差得太远了。如果他懂得罢手、歇一歇，也可以息事宁人，让论坛上静一会儿，让大家也喘口气。但他做不到，只要他活着，就会在各个学科、各种学术问题上乱搅和一起，逮谁跟谁辩论，也不见他累，也不见他烦。

惠施这个人真可惜啊。他把自己一生的精力用于和百家争辩而不得要领，追逐万物而不知返观自心。这就像用回音去追自己的声音、用身体去追自己的影子一样，虚度了一生……

真是可悲。

[延展思考]

《天下》一篇，是庄子文集中的最后一篇，这是他最不飘逸、最具说教性，也是极重要的一篇。

文章全篇从严谨的学术角度，论述了战国时期诸子百家中最有影响力的几家，态度中肯、见地精辟、影响深远。

首先，庄子论述百家的方法，是以合道为基础。他认为大道是天地人、万物的根本。这倒没什么不可以的。但他对大道的解释，却也是"言语道断、心行处灭"而难以讲清。当一个论点它的基础都无法讲清时，这个论点就显得有些摇摇欲坠了。同时，对大道含糊的解释，也为以后的玄学、道教和各种曲解与批判开辟了无限发展的可能。

当审美境界的"天人合一"被物质境界、伦理境界所采用时，不着边际的指责和让人痴迷的疯狂就产生了。

自战国以后的中国文人多喜欢庄子。但他们中的绝大多数不是喜欢他的思想与境界，而是喜欢他的语言、文辞与想象力。正如林黛玉所说："论文采，还是庄家的好。"这就是后世文人喜爱庄子的原因了。

还有一类人，属于仕途不顺而喜爱庄子。他们对庄子的文采如何倒不太看重，他们主要是喜爱他的退隐姿态或不与当权者合作的志气。也有些人的退隐主要是在心理上寻找安慰，并不见得要修什么道。无论这两种人是哪一种，他们都追求"独钓寒江"的意境，并不需要真人、至人的功夫。

而真想修炼成仙、真想得道的人，只凭老子的《道德经》和庄子的三十三篇是不够的，所以道教只是要老庄的名和他们说不清的大道，把佛家与儒家的东西充填进大道之中，形成道教。如《太乙真经》《阴符经》就是这么产生的。

其次，庄子评点百家的标准，是以其合道、合理的地方先予以肯定，再以此为出发点，按着人性中"好为人师""好著书立说"的本能与天性，寻着人的思想脉络一路分析下去。于是有了从正确至荒谬这样一条清晰的思维轨迹。

庄子这种评点学术观点的方式，是很有特色和其独特见地的，只可惜从此失传，再也没人用这种办法了。如果说西方的文艺复兴是人本主义的思潮，如果说我们如今要适当地补一补人本主义这一课，那这种思路是值得推荐与学习的。我们总不能只在口头上讲一讲人性，然后就把它供起来，放在神龛里一点儿也不用它吧。

诸位有兴趣，不妨试一试，只不过一定要有心理学的一些常识和基础。

在庄子评述墨家两个门派时，特别嘲笑了墨家把腿上有无肉、有无毛作为本门本宗的一个标准。这事听起来可笑，但想一想又有些可怕。把道德弄出个等级、定下个标准，然后把这个等级标准与官阶对应起来，这难道不可怕么？科考取士本是破除魏晋门阀制的先进之举，但程朱理学非要定下个"存天理、灭人欲"的入仕台阶。从此，在中国最虚伪的人、最无耻的人就是当官的人或文人士大夫了。如果当不成官，仕途也无望，那最不虚伪的人、最贞洁的人也是罢了职的官或失意的文人士大夫了。如：陶渊明、蒲松龄、曹雪芹。

如果说中华传统文明中有部分是糟粕，那总把道德人品与人的职位挂钩，定是糟粕无疑。因为德性好的人理应是官，德性不好的人理应是草民，这从道理上讲是对的，但实际却是另一回事。为什么实际上是另一回事呢？因为理论与实际是一回事，那这话就能反着说；理论与实际不是一回事，这话就不能反过来说。什么叫反着说？那就是："当官的人一定就比不当官的人德性好。"对么？两千年来的封建社会一直认为这是对的，极个别的贪官例外；也许历史上的观念总是会有惯性吧，现在也有人是这么认为的，如果有极个别的例子，那是被坏人腐化了。

在宋尹学派中，庄子从人性的角度上对此派的喋喋不休做出了批评。但我们当代人似乎对此并不在意。我们总是喜欢连篇累牍地讲一些东西，总是铺天盖地地宣传一些东西。从历史经验上看，这里的弊病有两个：一是让小人钻空子；一是让百姓耳朵生茧子。康生、张春桥之流就算是钻空子这路货色；人人开会打瞌睡织毛衣，就算是生茧子的草民了。

真理与真情是可以打动人心的，这种东西不用多，一次就能让人刻骨铭心。

再看看"平等大法"在中国的流弊。

法家绝对平等的观念为什么不能为人们接受呢？我们知道，讲平等，一般是指政治意义、人权意义上的平等。也就是解放奴隶，使大家都成为自由人的平等。不论怎么说，这种思想都是进步的。但法家错在哪里了呢？错在他们用物质境界里人的生存权的平等，一下子推行、泛滥到伦理境界、审美境界里，使原本的生存权、人权平等，一下子延伸到经济的平等、权力的平等、知识的平等、伦理上的平等及美与审美能力的平等诸方面。

我们知道，经济平等首先是不可能的。虽然经济平等也属于物质境界，但王侯家与草民家不可能在经济上是平等的。这种不平等，社会是允许的。人类通过近两千年的努力，这个经济平等至今还没有实现。世界上的移民潮，就是这种不平等的写照。当西方国家在指责我们人权时，总是心怀鬼胎地不敢提经济平等。有一个笑话，说想当年里根和邓小平谈人权问题，邓小平说："好吧，为了达到您说的平等，我们打算每年向你们美国移民两千万。"里根一愣，把手伸进裤兜里，在自己的大腿上狠狠地掐了一把，再也不说话了。这里讲的就是平等不可以泛用的道理。当然，到了共产主义那就是另一回事了。

权力的平等，这属于伦理境界了，但这也是不可能的。只要国家还存在、管理机制还存在，就不可能没有领导与被领导。只有在老子的乌托邦似的小村庄里，这种平等才有可能。

知识的平等，也属于伦理境界，这也不容易做到。生在山区的孩子和生在北京的孩子受教育的机会不一样，受到教育的质量不一样，连高考分数线都不一样，这哪里能做到知识平等呢？其实在这个范畴要求平等并不合理，正因为有不平等，才有三教九流，才有精彩的世界。也许我的观点是站着说话不腰痛吧。

伦理观念上的平等，更是天方夜谭。爷爷、儿子、孙子、重孙子，男女老少、老婆孩子、军人百姓……怎么个平等法呢？大家都以哥们儿相称？

以上还是伦理境界，如果说到审美境界，那所有的审美境界全不可能达到平等。且不说大家的欣赏水平全一模一样将是多么无趣又乏味的事情，只是美的产生就源于不平等。没有红蓝绿、没有黑白灰这些反差与对比，哪里来的绘画？没有声音的高低、音色的软硬，哪里来的音乐？说到底，没有不同、没有对某些因素的爱好或憎恶，哪里来的艺术呢？

当法家扛起平等的大剪刀时辉煌得很，他们也得意得很。但当他们从解放人类的领域出发，一走出这个圈子，就已经犯错误了；在他们到达伦理境界时，这个错误已经不能容忍、无人喝彩；而到达审美境界后，已经是臭不可闻、人人喊打了。

总之，"一刀切"的法家，为打倒奴隶社会、为封建社会的建立立下了汗马功劳。说它在解放人类的历史长河中功不可没，是不管怎么说都不过分的。也正因为这一点，它带给人类的害处却常常被人忽略。直到太平天国，中国人都在做着大同的梦，甚至毛泽东都认为大同是不错的主意，于是在中华大地上产生了人民公社这种大同社会的实验品。

明智的方法不是一刀切，而是充分地利用各种因素所能产生的动力。人性中有两种相反的东西：利益驱动，即人性恶的一面；同时也有美的追求，即人性善的一面。虽然恶的一面常是多数，但它却是基础的推动力，并在社会中起到决定性的作用；而善却是更高的层次，有更深刻的意义。

——恶，推动了社会的向物质的发展；善作为恶的反动，她推动了社会向文明的发展。一刀切则是毁灭一切的法子。

关于道家，庄子总结为：老子一派重自然无为；庄子自己重审美境界中精气神的绝对自由。所以我们应该分清老子的"道可道，非常道"的不可言说，与庄子的不可言说，是有区别的。一个指自然规律，一个指人的审美感受。

关于名家，庄子一点儿也没给自己的老朋友惠施面子。看来庄子有时也冷得很，友情归友情，学术归学术。在学术问题上是不能讲友情的。

其实庄子与惠施的根本分歧在于：一个学术研究，是不是对认知事物有用。庄子认为天地万物的本质是大道，人生最大的幸福是精神的绝对自由；而惠施只是在要贫嘴而已。

说得不少了，打住吧。

《杂篇》小结

一《庚桑楚》，顺其自然地活着，就合道、合德、合人性，人活得就有味、有光彩。

二《徐无鬼》，人生的困惑全部来自对人性的歪曲。只要合人性，不解之谜正是人生中的乐趣。

三《则阳》，人世间正人君子与卑鄙小人共存；对待生活和生命不可鲁莽与草率。

四《外物》，人生在世要有颗平常心。

五《寓言》，要尊重"社会人性"中的反叛性，同时学会无为。

六《让王》，生命远比一切都重要；理想远比一切都美好。

七《盗跖》，人性无善恶，它是多重而复杂的。

八《说剑》，上有所好，下必甚焉。所好者是人性使然，甚焉者是反人性的奉承。

九《渔父》，人生在世要恪尽职守；精诚之至是人能成就事业的根本。

十《列御寇》，不可与不懂美的人谈审美；不可有恩于人就对人百般索取；更不可宣讲大道。真性情是一切的基础，更是美的关键。

十一《天下》，当你从一个论点出发时，你可能站在正确的地方，但要小心地往前走啊。

人性第五项小结：①

生活中的人性

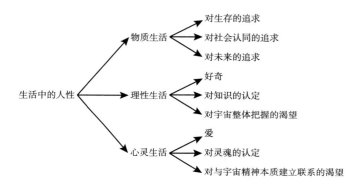

前四项我们在前边已经总结完了，所以不再重复。

生活中的人性包括三大层次，也就是物质生活、理性生活、心灵生活，它们对应于形而上的物质境界、伦理境界、审美境界。前面讲过，也不再重复。

物质生活，包括对生存的追求，也就是对食色、工作、成绩、安全等的追求。

对社会认同的追求，也就是尊重、友情、友谊、交流、互助等的追求。

对未来的追求，也就是对理想、希望等的追求。

说到理性生活与心灵生活，我们要感谢周国平先生了。他

———————————

① 人性第一至四项的小结在《〈外篇〉小结》中。

在《心智生活》的讲演中，对我们所说的理性生活与心灵生活做了很好的解释与阐述。

周国平，被认为是当代的诗人、散文家与心理学大家。他的论点：人需要两种生活，一是"智力生活"，一是"心灵生活"。

智力生活（理性生活），是用脑的一种生活，它具有泛科学的探索性（广义科学精神）。

它的三要素是：①好奇心。好奇是智力生活的起点。好奇心具有神圣性，它使人更接近神，它是科学的原动力。

②头脑对知识的认证。

③对宇宙整体把握的渴望。

心灵生活，是用心来感受的一种生活。它具有泛宗教性（广义宗教精神）。

它的三要素是：①爱。一切爱都出自对生命的爱。

②理性对灵魂的认证。

③与宇宙中的某种精神本质建立起联系的渴望。

我想，对人性的讨论应该尽可能地宽松和马虎。因为人性太复杂，变数太无穷。过分地细致与雕琢，总是适得其反、弄巧成拙。比如：一个饿得要死的人，你非跟他讲好奇心、讲爱，那还不如什么都不讲，请他撮一顿比什么都实际，你也更加像上帝。我们过去在批判《红楼梦》时常说：林妹妹没有无产阶级感情，她不会爱上焦大；捡煤核的老太太不会看上股市的大老板……如此的种种说法，全是在混淆了不同生活层次与不同生活境界时产生的。人类进入 21 世纪了，我们该不会再犯这种简单而幼稚的错误了吧？

所以，我们不把人性的事情讲得太细，谁也不可能讲得太细。我想，只要诸位有个纲，自己私下里去提纲挈领，什么问题想不通，自己去具体情况具体分析。换言之，我们只要知道人性有五大类（"本能""人性的基本特点""社会人性""人性在发展中的特点"及"生活中的人性"），而每一大类包括什么、有什么特点就可以了。真正的运用，放到每个人的实际生活中自己去体会吧。

综上所述，懂得物质生活是基础，懂得理性生活是初级的，懂得心灵生活是高级的。

懂得心灵生活的人，愿意承认宇宙是有这样那样自己所喜爱的精神的。例如他们愿意认为宇宙就存在着规律性和反叛性，存在着开放性与复杂性（具体内容放到后记中讲），这和宗教无关。

也可以说他们认为自己灵魂深处有某些与宇宙精神相通的地方，或是和神灵相通的地方。

他们在生活中有独处的习惯。因为心灵是内在的、个人的。

后　记

　　庄子的三十三篇文章总算是讲完了。不论诸位是正襟危坐地看，是睡前当闲书看，还是在卫生间里看，也算是费了精力。真有点对不住大家，浪费了大家的时间。问题是：耗费了诸位的时光来看这本书，是否能有益处呢？这我还真不敢说。有时说不定哪句话和谁对劲了，那就对他有用处；有时候洋洋洒洒几十万字，谁看了谁烦，完了，毫无用处可言，成了地道的屎书、垃圾书。

　　可能人性的事情就是这么奇怪吧。

　　但是不管怎么说，我还是努力往能对大家有用的方面做，所以好歹也来个后记，希望用最后一点篇幅尽量唤起诸位的灵感。

　　我们前面讲过：要想了解庄子，首先要有一个足够大的场子和一个公正的裁判。这个场子要大得容得下人的非理性的情感，这个裁判必须是个有血有肉的人。

　　今天我就把这个场子小结一下，而这个裁判则是你们诸位了。也就是你们当这个裁判，一切由你们判断吧。

　　人的一生总会有得意与失意。得意时你尽可以与家人共享，失意时你最好独处，不要把忧伤带给亲人们。喜事告诉亲友，会得到加倍的欢乐；愁事独自吞下，可以使自己成熟。所以独自好好想想、学学庄子的襟怀，并不是什么坏事。

　　庄子的襟怀有多大？有道那么大；道有多大？有天那么

大；天有多大？……这就是宇宙物理了。据宇宙物理学家们说：宇宙无限大，与庄子的道一样本是无何有之乡……

在"生活中的人性"中，我们讲心灵生活的第三要素，是"与宇宙本质建立联系的渴望"。这种渴望是人类中最杰出的人物内心深处所依赖的泛宗教的信仰了。那宇宙里有什么本质可以为我们所依赖呢？

看来我们得要先浏览一下宇宙物理学。

宇宙、天下、万物源于一：霍金先生说宇宙大爆炸时，本来只有一个羊粪蛋那么大。它在几千万分之一秒的大爆炸时，一下子膨胀开来，终于形成今天约200亿光年那么大的宇宙……而且至今仍在膨胀着……看来万物源于"一"，是没什么问题的了。庄子凭直觉找到了与宇宙相联系的点。

万物都在变动之中：在牛顿以前，人们认为时间与空间是静止的。牛顿首先打破了空间静止的观念；爱因斯坦打破了时间是恒常不变的观念。所以不要试图找一个宇宙和人类的"普适性"和"常量"，那都是伪科学。庄子也说"道在通流"，看来这一点庄子与宇宙的本质建立了联系，他的这个渴望是实现了。

自然科学的三个基本精神：科学的基本态度是怀疑，基本精神是批判，基本特征是不断前进。这一点庄子做得也蛮不错。他对静止的仁义观这个当时的社会主流意识，是敢于怀疑、敢于批判的。但非要说庄子前进了多少，这就见仁见智了。

宇宙中的四种力：强核力、电磁力、弱核力、引力。这庄子可不懂，但庄子知道这都是"天道"，是不可抗拒的。

量子力学的测不准原理：这我们在前面讲过。其意思是说：不可能对一个粒子的位置和速度进行准确的测量。一个参数测得越准，而另一个就越不准。这一点庄子早就信服啦！他总是宣扬弄不懂的东西，就先不要弄，因为要紧的是过日子、修道。当然庄子并不是懂"测不准原理"，他明了的是事物的变化太复杂，没必要花心血在这些地方。

弯曲的时空观：时空之所以没有边界，正因为宇宙是一个球形，因此时空在这里面是弯曲的。如一个球的球面，它没有头，没有边，它是无限的。换言之，它只有中心，没有边际。而庄子在《齐物论》中讲了"道枢"，也是只讲圆心。也许你说拿庄子的道枢和宇宙比太牵强了，但咱们也不得不佩服庄子的想象力。

宿命论与自由意志：从宇宙这个大尺度上说，一切是注定的。宇宙有生有死，有大爆炸之始，也有大坍塌之终。那人活着有什么意思？正是测不准原理和随机性量子力学，造成了一切事物在小尺度下的不可预测性，这就让人的自由意志有了充分发挥的余地。庄子也是在听其自然的前提下，让人们先学好庖丁或是扁轮的本事，再来学道的。不论人生的规定性有多大，总是有"游刃有余"的海阔天空之处。宇宙与庄子的这两种宿命与自由的模式，是相同的。

时间的本质与特征：时间有不同的定义，有文学上的、哲学上的、量子力学上的、物理上的，等等。但要从热力学上看，时间和热的耗散最为相近。所以从热力学角度看，时间是能量耗散所呈现的顺序性。

从大尺度上看问题，它的特征是：单向性、不可逆、不对称。

从小一些的尺度上看，宇宙热寂化过程中有平衡—非平衡—

平衡的"自组织现象"。也就是说，从严格意义上看，时间不是均匀流逝的，它也是弯曲的，是变化而不等的。例如：水平面的钟要比高空的钟走得慢，高速运动的钟比静止的钟走得慢。也就是说：高速运动的人和住在海边的人要比静止的人和高山上的人活得长一些。

引力越大、速度越快，时间越慢。这显然是和宇宙中热力耗散的不均匀有关。

这一回庄子是一点感悟都没有了，因为他把这一切全归到了听其自然中去。

而我们当代人有这些知识，那我们就应该懂得：人有悲欢离合，月有阴晴圆缺，此事古难全。所以不要为得意、失意而弄得自己欲生欲死。看破这一切，连宇宙尚且如此，何况咱们人生呢？

所以"听其自然"也不错，也算是与宇宙相合。

热力学两定律：热力学第一定律是：能量总是守恒的；热力学第二定律是：能量具有不可逆的耗散结构。

怎么理解能量既守恒，又耗散呢？守恒是说的热交换；耗散是说能量总是从高处向低处流动。从宇宙大爆炸一开始，这个流动就随着宇宙的膨胀、时空的产生而产生了。

热的散失，在热力学上叫作"熵"的增加。所以，熵的增加是和时间方向一致的。

这些东西与我们学庄子有什么用呢？诸位别着急，往下看。

统一、随机的世界：时间、人生、热量的耗散都具有同一个方向，这个方向告诉我们个人经验和科学经验是统一的，这是个统一的世界。同时时间也告诉我们，未来的演化和创新是难以预料的，但机遇和必然使我们懂得：服从规律与发展自由意志并不冲突，这里有极其广阔的天地。

非线性动力学、非平衡热力学已经震撼了 21 世纪。混沌到有序的不可预测性告诉我们，绝对不能把这个世界简单化。追求单纯是科学家的陷阱。想把这个世界简化，是一件注定失败而又危险的事情。别忘了中医理论，别忘了这个世界是真实而又丰富的。因为它的随机性太强了，它不受任何东西的束缚。

总之，生命的开放性、单向性、不可逆性、复杂性提醒我们：生命之可贵……学问要跨学科……预报要短期……发展有着无限的可能……

诸位一定听得烦了吧？没办法，有的东西是一定要听听的。哪怕不懂，看看科学家们是怎么说的，也会对咱们有好处不是？

下面谈一点儿别的。

先来看看生命科学。

基本粒子与人：最小个体——基本粒子是物理界中最小的物质。

基本单元：一个东西如果可以单独存在，它就叫基本单元。

物理世界中，基本粒子只是一个点，它必须与其他的点结构成一定的空间（看来最起码要四个点，否则只能形成一个面，而不是立体的空间），才能单独存在。所以我们管原子叫基本单元。

人类社会中，人是社会中最小的个体。但一个人不能单独存在，最起码亚当还要加上夏娃以及蛇与苹果。所以人类范畴的"群体"叫基本单元（不能限制在家庭这种模式中，因为原始社会没有家庭，只有群体的群居）。

于是我们可以说物理上点与点形成一种函数关系；人类社会中人与人组成的"群体"也是一种函数关系。这种函数关系组成了结构。有了结构就有了空间，也就有了时间。

最小个体、基本单元、函数关系、结构、时间、空间，这是万物包括人在内的要素。正是因为有了这些要素，才有了"社会人"。

所以，人是自然人，但更是社会人。抛开社会谈人等于是研究"最小个体"不是研究"基本单位"，这是不切实际的事情。它不是人文特色，而是生理解剖。

生命的单向性：物质在时间的流逝中消耗着热量，人与所有生物在时间中消耗着能量。这些都是单向性的，不可逆、不可重复的。

我们可以说：时间与生命，是以消耗能量来维持它们运行的。它是单向的、不可逆的、消耗能量的，一切长生不老和转世轮回全是人们情感世界里的东西，于现实中是不可能的。

原始递归函数与生命：原始递归函数 $F(X) = X + 1$。

说通俗些：一个东西甲，它里面有个小点儿的东西乙。当乙变化时，甲肯定变化；它们呈伺服关系；而当甲变化时，乙并不一定变化，也就是非伺服关系。这两种关系组成递归函数。而生命就是生命个体为甲，而 DNA 为乙，它们组成递归函数关系，成为生命。

其实这里说得并不严谨，因为当甲变化时，也就是人在自然环境中受到某些刺激，这也会引起乙也就是 DNA 的变异。当然，这种变异要在历史的大尺度上才能看清。

以上这些东西，可能太费解了些。但是没关系，看不懂就得过且过。有时得过且过也是一种悟性。

其实原始递归函数对我们来说，就是：事物是相互依赖、相互影响的；天马行空独往独来的大侠，只是金庸先生笔下的东西而已。

生命的三要件：反馈、伺服、自复制。

无论是在物理世界还是在逻辑世界，总有一些对象是复杂的，并且它们的构成中含有一般递归函数，则它们是自控制的，也就是具有反馈、伺服和自复制的特性，是近生命的。

我们只知道人文是复杂的，文明是相互影响的、互动的，并可以自复制就成了。

意向性：意向性活动本质上是生命现象，人文现象就是意向性现象和生命现象。

讲了这么多枯燥的东西，不知诸位是不是早已扔下了此书，凡没扔下的，接着看，马上你就知道我为什么要讲这些了。我也是不得已而为之。

与宇宙本质建立联系后的一些结论。

宇宙中一切事物的发展，都是沿着单向的箭头于时间维度中呈现出"单向非线性进程"的时间形态，和空间维度上"混沌—秩序—混沌"的空间状态来发展着的。同时，这种发展趋于无穷的开放性、反叛性和复杂性。

所以，人类的一切发展，都是沿着单向的箭头于时间维度中呈现出"单向非线性进程"的时间形态，和空间维度上"混沌—秩序—混沌"的空间状态来发展着的。同时，这种发展趋于无穷的开放性、反叛性和复杂性。

于是，开放性、反叛性、复杂性，是我们讨论人性、人文乃至一切问题的一个必须遵守的原则。

再看看西方哲学概况。

哲学是什么？你查一下词典，非让你更加糊涂不可。词典上说："哲学是关于世界观的学说。"看来这只和人有关系，也就是人的、社会的学说。但词典又接着说："是自然知识和社会知识的概括和总结。"一下子又把物理学、宇宙科学等东西弄进来了。换言之，哲学成了宇宙发展和人类发展的一门综合性学科。

正是这种错误的综合，在西方哲学一开始时，就产生了唯物与唯心的争论。当时因为人类在自然科学上的需要，造成唯物主义占了上风，用以反对唯心主义和宗教对科学的桎梏。

随着文艺复兴和对人性的注重，人们看到唯物主义在解释人自己本身时是被动和错误的，于是有了马克思把辩证法加进来的对唯物主义的改造。

这种改造是很粗糙的，辩证唯物论只能用来勉强解释人的问题，不可能解释物的问题。因为宇宙物理不含"人的主观能动性"，所以马克思的哲学是单纯的人的哲学，只含社会知识，已经不含自然知识了。仔细想一下，我们可以说：唯物主义只对物理世界有用；辩证唯物主义只对人类有用。

随着人类的进步、文明的发展，人们习惯上慢慢把对外在物理世界的研究和知识放到物理学、化学、医学等门类中去了，而哲学只是单纯地剩下了对内在的人和社会的研究和知识。这样，哲学向前发展了（有人说是后退，因为这就割裂了自然与人的关系）。

如果说这个发展之前唯物主义是进步的，有功的，那这个进步就在于它破除了人类童年期对上帝造人的迷信，解放了人的思想。但当人类发展到 20 世纪，随着人类对理性崇拜的失望，随着哲学向只研究人与社会这个内容的转移，唯物主义的副作用就显现了出来。因为唯物主义只承认"存在决定意识"，而之后才有"意识也可以反作用于存在"的观念，这就如同当年的宗教一样，桎梏了人的思想。为什么这么说呢？可以打个比方：儿子肯定是父亲所生，所以儿子永远比父亲小。但唯物主义者忘了，在人权上讲两者是平等的。也就是说，当人类从原始社会进化到资本主义社会，已经是人的意识、人的欲望、人的行为在左右人类和社会的进程了。这里早已没了上帝，也没了自然对人类绝对的束缚，人类从农业经济、工业经济到了知识经济。这个变化来自于西方哲学家们对人的研究的结果。而我们还在一次次地试图证明物质是第一性的，人是第二性的……只是……有时……偶尔……也……

古典理性主义已经加快了向现代非理性主义哲学的转变。从哲学上看，人的本质是理性包藏下的本能冲动，是占有的意志，这才是真正的自我。必然地，哲学家的兴趣由外在的社会决定意识，转向内在的人性方面的研究。

研究外部世界构成唯物主义；研究内心世界构成人本主义和实证主义。而人本主义和实证主义演变出了 20 世纪以来的西方哲学的基本框架。

接着来看中国哲学主体。

中国哲学的特点：中国哲学研究的对象是自我；思维的方式是整体的、直觉的艺术性思维；哲学的构架是建立在天人合一的基础之上的；而研究的方式是以渐修和顿悟组成的。

因此，中国哲学需要实践才能把握住。这个实践是人来进行的，所以个人情感的意向就显得十分重要了。这有点儿主观，不太像"量"的研究，而像后现代的"质"的研究。

总之，康德为基础的西方哲学是以理性为主，强调自由意志；而中国的哲学是以感性为主，强调的是情感意志、人格人品、气质魅力，等等。

自我反思性思维之特点：自我觉悟或自我知觉，显然不是一种开放的形态。但这种封闭形态一旦到了"空"与"无"的心本位时，它就超过了人本位，达到天人合一的"开悟"了。这是一种无"机心"的"自然之性"，中国人叫这个为"真性情"。用西方哲学的话讲，这是另类的宗教情感需要，是另类的，西方哲学、心理学无法达到而中国人可以做到的自我实现。

这种封闭形态的开悟，是情感体验型的意向思维。其代表人物可以说是庄子了，也可以说这是种美学体验。于是，中国的自我反思型的思维，属于审美范畴。

从心理学的角度看中国的思维特点：从心理学角度上看，中国的思维方式是"人格心理学"，西方的思维方式是"认识心理学"。

西方心理学上的自我实现，在思维和思辨里最后走上不可能的道路。而东方心理学的自我实现，在躬行践履和庖丁解牛中得以完成。只有这种自我实现得以完成的人，才呵师骂祖，才说得出"佛法在世间，不离世间觉"的话来。

看看这种思维方式给中国文人带来了什么：中国文人喜爱立志、喜爱自然，长于自我克制、重视自我修养。他们追求一种"进而平天下""退而合道"的境界。前者的外在表现，就是一个兢兢业业的文人，如孔子、杜甫；后者的外在表现，就是一个有气韵、有神韵、潇洒、豁达的高人，如庄子、李白。

能进能退，是完人，佛教上叫圆融、圆通，如苏东坡、弘一大师。

最后，中国当今的五种思潮。

一是"后学"。它是反思启蒙运动遗产的、反西方主流的，也叫"后现代主义"。"后学"满足了中国知识分子赶上潮流的心理，质疑了西方文化，增强了民族情结。但它很容易由对外文化的批判转而成为对内权势的政治献媚。"后学"很容易和政治上的保守和极端民族主义相融。

二是基督文化。这种文化在中国主要是提供了"超越性"、法治、平等的精神资源。

三是伊斯兰社会主义。崇尚伊斯兰教的信仰，崇拜牺牲精神、平民主义、反对世俗化，反抗当今世界的主流体制。

四是文化保守主义。它分"新儒学"和"文化保守主义"两家。一个依靠的是传统，一个依靠的是近代道统。

——新儒学不是过去意义上的复古，而是变革现代社会的精神资源，它来自自身的传统。新儒学近代的代表有：梁漱溟、熊十力、张君劢、唐君毅、徐复观、牟宗三；当代有杜维明、刘述先等。新儒学极易被政治所利用。

——文化保守主义的精神资源来自中国近代的人文道统，其代表有：王国维、陈寅恪、钱穆、张东逊、吴宓。"陈寅恪现象"是一方面吸收外来之学，一方面不忘本来民族之地位。这与当代"文化多元主义"是相通的。它给我们昭示的是一条兼容中西的文化方向。其学品是：独立之精神、自由之思想，反对曲学阿世。

——还有一派是"附会"派，即空想派，如康有为，主张全盘重来，具有乌托邦色彩。

五是现代自由主义。其实是政治自由主义。它以胡适为代表，以"王小波现象"而进入文化精神的自由主义思潮中。王小波作品自由轻松，不戴面具，充满智慧，富于幽默。王小波是一位自由主义战士，他喜爱罗素，崇尚宽容、理性和人的良知，反对一切霸道的、不讲理的、教条主义的东西。

当今很多人看好的是"文化保守主义"与"现代自由主义"的联姻，认为这将是 21 世纪中国强盛的文明的基础。好是好，但这里有一个问题：中国的道德是把人弄成圣贤；而西方的道德是对普通民众的，他们认为没有必要让人因为精神理想而做出道德牺牲。这种低调的道德要求，在现实的第三世界中出现了暴力、阴谋、列宁式的政党……除此以外就只有人格力量了（我们中国的领袖们走的也是这条路）。

这样问题就出来了：我们是要把道德推崇为圣人才有的东西，还是人人都应该有的品质？这个问题不解决，所谓的道德回归，就成了圣人回归，成了新一波的造神运动。

——我看全民的素质教育，重点先应该是道德观念的普及，然后再谈文化等方面的普及。

总之，人格的形成是由相当复杂的因素在起作用的，甚至有很多是偶然因素。把它直接地单线条地与某种思想体系联系起来恐怕有简单之嫌。

发掘和承接近代中国自由主义和文化保守主义的遗产和精神资源，是极关键的一环。

我想，中国文化经过涅槃，是可以成为凤凰的。

试着用我们刚学到的东西分析一下以下诸题目。

（1）爱情为什么是永恒的？因为它追求的是复制中的变异，它的本质是开放的，是在制造反叛、制造复杂！同时她又归于一种不变的"纯一"之中。

（2）美的定义是什么？美贴近人的情感，而情感是变化而多样的，所以美的本质是开放的，同时也是一种反叛，是对复杂性的歌颂，当然它也是变化着的。不要试图给她下一个简单而固定不变的定义。

（3）时尚是什么？时尚是对未来的预测和预言，同时她必须符合美的定义。也就是开放的、反叛的、复杂的。所以，无法说清、无法预测，本身就是时尚的一个特点。

（4）良心是什么？良心是利他的，利他的本质是保持和维护人类的开放、反叛与复杂。良心与伦理情感有关，与社会责任有关。一个人有了责任感和伦理观，我们称之为有了良心。所以良心是由伦理行为和社会责任感所组成的。

（5）人性最基本的东西是什么？就是"食色，性也"。前者为了生存，后者为了繁衍。生存和繁衍都具有趋向复杂、趋向否定过去。所以，人性的本质是不安分、喜新厌旧、寻求惊奇、喜爱明天。

（6）个性是什么？这是一个人不同于一般的、不同于安定的、不容易熄灭的、性格中最具革命性的一种品质。

（7）艺术是什么？是对已知的过去的批判，对未知的未来的呼唤。未来的不确定性，使艺术具有了特殊的魅力。当这个不确定性无穷大时，她的魅力就无穷的大。这就是世界名著的特点。同时，当今的人们无法确定未来，只好用已知的最理想的方案处理艺术品的结局，于是往往弄得虎头蛇尾。这就是世界名著为何具有这种常见的毛病，根本原因在此。

（8）永恒的东西是什么？应该说什么具有永恒的性质？这样就好回答了。我们可以说：

爱情是永恒的，因为它喜新厌旧；

艺术是永恒的，因为它歌颂未来；

科学是永恒的，因为它的本质是批判过去；

人类是永恒的，因为他们努力地制造复制中的变异；

人性是永恒的，因为人这种动物总是要寻找刺激而新奇的东西来尝尝；

良心是永恒的，因为它是维护人性的，是变动着的，所以它常常是"今不如昔"；

时尚是永恒的，因为它本身就是由变动才产生的；

时髦是永恒的，因为时髦就是变动。

（9）道德是什么？维系秩序的一种社会性的观念。就真正的人性来讲，它是反动的；就一个国家、一个民族在一定秩序下的发展来讲，它又起到了保障的作用。

（10）伦理是什么？保证复制时的变异，避免种族灭绝的一种人类血缘上疏离的观念。

（11）分析一下"出世与宗教"——宗教的消极性会使我

们走上出世之路。但宗教情结却是人能成为完人所不可缺少的。当多元化的时代到来后，这种宗教情结更是人们"怎么活着才更文明"的元素。

为什么这样说呢？因为这个世界太复杂，我们有太多的机会去抱怨，却很少有机会满足。不尽人意的事年年月月、时时刻刻都有，它会消磨掉一个人的信心和自爱自尊。

试着用宗教的虔诚和充满希望来换掉抱怨吧。真懂禅宗的人，全是入世的人。

（12）谈一下"欲望与需要"——欲望总是让人觉得不是什么好东西。但需要却可以让人接受。其实欲望就是需要，是生命不可缺少的本性。这种本性具有永不知足的性质，而这性质把人类从猿带到21世纪。

（13）有趣与心情——人活着的质量，就是心情好坏的等级。多想些有趣的事，多干些有趣的事……这就有好心情，这就是好生活。

（14）幼稚与年龄——就是无成年人的责任和能力，以及不懂他人的感情。

幼稚的儿童人人爱，幼稚的成人招人嫌。

（15）独处与生命——不管你多么喜欢热闹，也必须要有独处的时间。因为很多事是你必须独处才能完成的，如读书、学习、思考、解决问题、做出决定、付账、写信……

既然独处是你生命的一部分，那就不要怕寂寞。

（16）自爱与友谊——友谊的根本来自：自爱、自尊、自知，同时懂得给他人带去关爱、尊重与理解。

（17）交流与烦恼——交流是解除烦恼的良药。朋友、团体、圈子都是因交流才得以生存到今天的。

（18）古典与浪漫——古典其实是一种传统、稳定、秩序与可预见性。而浪漫则是反古典的，它的特征是反传统、反个性、与众不同和标新立异。

浪漫还赋予我们另一种自由：尴尬或愚蠢。情人说傻话，没人会笑话他。

（19）婚姻与灵感——似乎夫妻间的爱情始终无法点燃人们心头的创作灵感，可是偏偏又是爱情和孤独才能激发我们的灵感……于是我们不是选择爱的新生，就是选择孤独。

我们不得不承认真实的人他的心里必定含有邪恶的成分。如果一个人看似完美无缺，那这是个戴着面具的人，不是真实的人。真实的人内心含有各式各样的情感，而最具活力的就是反传统、反安定、反既定婚姻的恶之华。

正是这个恶之华，它和灵感同源。

（20）合作与单干——"人多力量大"这句话是有前提的。如果人的素质不高，那多好的合作理论也不如单干。

哪位觉得有意思，可以自己接着练。

说得实在是不少了，让我们结束庄子这个话题吧。

学庄子，我们到底学到了什么？

首先是学会顺其自然地处世。

太平盛世时，儒学思想往往抬头。因为儒家提供了适于当时人际关系的伦理基础，能维系社会秩序。

乱世，道家思想应运而兴。庄子，就是于乱世里给我们设计了自处之道。道家并不抱持着冠冕堂皇的道德原则，而是能深入人性、切中时弊、彻察动乱的根由、正视人类的不幸、体味心不安的感受，对于饱经创伤的心灵尤能给予莫大的安慰。

冯友兰说："庄周哲学并不能使不得志的人成为得志，也不能使不如意的事成为如意。它不能解决问题，但它能使人有一种精神境界。对于有这种精神境界的人，这些问题就不成问题了，它不能解决问题，但能取消问题。人生之中总有些问题是不可能解决而只能取消的。"

所以，让我们先学会取消烦恼，再学会迎接欢乐。

这叫会生活。

其次是学会阴阳和合的人格完整。

当动到极大与静到极处，这样才能形成开阔的人性空间，才算得上是人格完整。如果只知其一，则人生是狭隘的。如只知上进，不知后退的人，哪里懂得"四渡赤水，二占遵义"的奥妙呢？同理，只知入静，不知运动的人，哪里懂得"乘天地之正，御六气之辩"是什么样子的呢？

西方心理学家弗洛伊德和他的徒孙马斯洛，都认为"人格完整"是不可能实现的，这和我们的学问家认为"绝对自由"的"优游"是不可能实现的一样的不明白。他们错在了把审美境界里的完整与自由放到了物质境界与伦理境界之中。如果我们通过学习庄子，明了了这种完整与自由的土壤在哪里，不就可以实现这个美好的理想了吗？

试一试，如人饮水，冷暖自知。

最后是明白"道在通流"是一切的根本。

一切都在变化和流动，要看破名利，要体会一切都是相对的。

只有看破名利，人才可能从狭窄的思维中解放出来，才能看清这世上原本还有很多的路和很多美好的事物。于是他明白了：道在通流。

悟了道在通流，才能让人知晓事物全是在两个相对的极端中间变动着。正是这种变动，在激励着人和蹂躏着人。于是人活在世上就有喜怒哀乐……有人追求出世的清，有人追求宽厚的忍……庄子说：超越这些吧，人的生活是一回事，而精神的完整才是最美妙的事情，那是另一回子事。于是庄子把人的精神自由和人格完整放到了我们面前。

精神自由与人格完整，只有进入一个空灵明净的境界里才可能达到。据庄子说，这是一个天人合一的境界。进入这个境界，就是合道了，庄子认为这是大自然的本来面目。

从另外的角度上看，庄子追求的可以说是人性的觉醒。

到此打住吧！

祝各位能有个好心情！
祝各位能活得快乐和心想事成！

图书在版编目（CIP）数据

大道与优游／见君著. －－北京：社会科学文献出
版社，2017.9
（磨镜书札）
ISBN 978 - 7 - 5201 - 1102 - 7

Ⅰ.①大… Ⅱ.①见… Ⅲ.①道家②《庄子》－研究
Ⅳ.①B223.55

中国版本图书馆 CIP 数据核字（2017）第 168640 号

·磨镜书札·
大道与优游

丛书主编／宫晓冬
著　　者／见　君

出 版 人／谢寿光
项目统筹／恽　薇　高　雁
责任编辑／宋淑洁　詹　鸿

出　　版／社会科学文献出版社（010）59367226
　　　　　　地址：北京市北三环中路甲 29 号院华龙大厦　邮编：100029
　　　　　　网址：www. ssap. com. cn
发　　行／市场营销中心（010）59367081　59367018
印　　装／三河市东方印刷有限公司

规　　格／开 本：880mm × 1230mm　1/32
　　　　　　印 张：18.375　字 数：424 千字
版　　次／2017 年 9 月第 1 版　2017 年 9 月第 1 次印刷
书　　号／ISBN 978 - 7 - 5201 - 1102 - 7
定　　价／79.00 元

本书如有印装质量问题，请与读者服务中心（010 - 59367028）联系

▲ 版权所有 翻印必究